Oaxaca
de mis
amores

Guadalupe Loaeza

Oaxaca
de mis
amores

AGUILAR

AGUILAR

D. R. © 2014, Guadalupe Loaeza

De esta edición:
D. R. © Santillana Ediciones Generales, S.A. de C.V., 2014.
Av. Río Mixcoac 274, Col. Acacias
C.P. 03240, Del. Benito Juárez., D.F.
Teléfono (55) 54 20 75 30
www.librosalaguilar.com.mx
f: /aguilar.mexico
t: @AguilarMexico

Diseño de cubierta: Ramón Navarro

Primera edición: julio de 2014.

ISBN: 978-607-11-3061-7

PRISA EDICIONES

APR - 4 2017

Me contó mi ángel de la guarda, que es bien chismoso, que no hace mucho el maestro pintó a Martita vestida de novia pero con la banda presidencial. La pintó en una bicicleta, llevaba una bolsita blanca y un delantal con el águila sobre el nopal bordada. "¿Por qué la pintas?", le preguntó San Pedro. "Porque me vinieron a decir de Ocotlán que la señora quiere ser presidenta", le contestó Rodolfo. "Qué bueno que yo ya me morí, porque si viera algo así me moriría de nuevo", agregó el pintor con un rosario de lágrimas que le caían de los ojos y que formaban unos charcotes. Bueno, eso lo que me dijo mi angel de la guarda, quien, aquí entre nos, es bien exagerado.

Cuando el maestro vivía en Ocotlán de Morelos, cerca de 30 kilómetros de la capital del estado, solía sentarse en una larga mesa de madera, frente a unas ollas de barro que colgaban en la pared. Allí siempre lo estaba esperando su plato de sopa de fideo.

Todos los días iba a Ocotlán a comer. Le gustaba llegar desde las 7 de la mañana, se ponía a trabajar, a las doce iba al ex convento de Santo Domingo, Y antes de las tres de la tarde regresaba a Oaxaca. Allá seguía con la pintura hasta las 12 de la noche, y al otro día de vuelta se iba a Ocotlán.

El maestro Morales siempre tenía la conciencia tranquila, porque sabía que nunca había matado a nadie, que nunca le había quitado el dinero a nadie. También tenía su conciencia tranquila porque siempre decía lo que pensaba. Eran precisamente por esos decires por los que más sufría. Nunca se programó para nada, ni mucho menos para la fama. Las cosas le salían así. Nunca estuvo acostumbrado al despilfarro ni a tener carros último modelo. Todo eso no le era nada nacesario. Por eso se sentía tan satisfecho en emplearlo en algo que sirviera a la comunidad. No le interesaba la inmortalidad.

El pueblo pequeño de Morales, dice Monsiváis, es a la vez "cerrado, previsible, variado en su monotonía, alegre y triste a horas fijas, espectacular en sus silencios, diáfano y ruin, infernal y risueño, seco, fiestero, hosco, comunicado de casa en casa al son de los pensamientos más íntimos, aislado del mundo, prejuicioso, dicharachero. Carlos encuentra muchas semejanzas profundas entre Morales y López Velarde, "dos grandes adeptos al mito estético de la provincia que han transformado las vivencias de la infancia en horizontes creativos". Jerez y Ocotlán: "en ambos lugares pasean las vírgenes insumisas y tras las fachadas de la reverencia se despliegan los gozos rituales..."

Por su parte el crítico neoyorquino Edward Sullivan, otro admirador de Morales, señala que el artista oaxaqueño "recalca sus vínculos con México en numerosas imágenes. Pinta con mucha recurrencia la bandera mexicana y entreteje sutilmente los colores verde, blanco y rojo en numerosos lienzos. Aun elementos como las alas de un ángel se transforman en la representación de la bandera patria". "Sin embargo", agrega Sullivan, "esto no es simplemente un acto de patriotismo del artista. A base de estos colores, subraya su sentimiento de unidad con el paisaje mexicano, el pueblo mexicano y la esencia de sus nexos con el lugar de su nacimiento". Pero Sullivan concluye que la mexicanidad en la pintura de Morales "difiere por completo de la de artistas como Diego Rivera y otros de su época, quienes ofrecían al espectador vastos panoramas de la historia y su interpretación esencialmente nacionalista de las tradiciones mexicanas". Morales expresa su mexicanidad en "la luz y el color oaxaqueños", y "la leyenda y la realidad" de su país, afirma el crítico neoyorquino.

Ayer en la noche, tuve el privilegio de haber soñado con el maestro Rodolfo Morales. Me dijo que les recordara los objetivos de su Fundación, que nació en 1992. *Háblales de los objetivos*, me pidió con su mirada triste pero llena de paz. *Así lo haré*, le dije sintiéndome como su verdadera novia. Como no quiero fallarle a mi novio Rodolfo, me aprendí de memoria los objetivos. Permítanme enumerarlos:

1. Conservar e incrementar la cultura y el arte de Oaxaca, mediante la instalación y funcionamiento de un centro cultural que divulgue los valores culturales y artísticos de la Ciudad de Oaxaca.
2. Contribuir las obras sociales del Distrito de Ocotlán y comunidades vecinas.
3. La Asociación no tendrá fines de lucro, políticos o religiosos.
4. Restaurar, rehabilitar y conservar monumentos de valor histórico, así como ex conventos, templos, fachadas, atrios, pinturas, retablos y demás.
5. Formar y apoyar viveros comunitarios, contribuir a la ecología a través de la reforestaciones áreas del distrito de Ocotlán, mediante la siembra de plantas nativas y arboles de la región.
6. Formas e integrar talleres de restauración y rehabilitación en las comunidades que se intervienen para el rescate del patrimonio histórico del Estado de Oaxaca.
7. El Patrimonio de la Fundación Rodolfo Morales se constituirá con la A aportación de sus asociados y en lo futuro con la participación de fundaciones internacionales.

Extraño a mi novio, a mi novio Rodolfo, a mi novio con el que nunca me casé porque me dejó plantada, me dejó vestida y alborotada. Lo extraño, porque ya no hay mexicanos como él, lo extraño porque sin él Oaxaca ya no brilla tanto y lo extraño porque lo extrañan tantas mujeres con las que nunca se casó. ¿Ahora quién va a acompañar a todas las novias tristes? ¿Quién las va a imaginar y a pintar? Ay, Rodolfo, ¿por qué te tuviste que ir? Nos dejaste tan solos en este México tan incierto. Desde que te fuiste está cada vez más amolado, más pobre y confundido. Por lo menos nos dejaste tus pinturas y tu Fundación. Gracias, Rodolfo Morales.

"Agua de la memoria"

El olvido es la verdadera muerte.
No hay otra muerte que el olvido. No hay otra vida que el recuerdo.

ANDRÉS HENESTROSA

El martes 30 de noviembre de 1999, don Andrés cumplió 93 años. Sin embargo, cuando le fui a dar un abrazo en la reunión bohemia que le organizara su amigo Miguel Ángel Porrúa en su maravillosa librería en la calle de Amargura por su cumpleaños, juro que me pareció de 39. Para nada se veía como un señor a quien nada más le faltaban siete para cumplir ¡un siglo! Todo lo contrario: estaba chapeado; le brillaban sus ojos oscuros como capulín; su sonrisa parecía como la de un galán acostumbrado a romper muchos corazones; pero lo que más me impresionó fue su postura totalmente enhiesta. Parecía como la que deben tener los guardias de la reina Isabel. Así de derechito lo vi. Así de vital y de feliz me pareció por haber cumplido otros 365 días más. Pero sobre todo, por haberle ganado a las predicciones de esa vieja bruja húngara.

"Vas a vivir catorce veces seis años", le dijo a Andrés, una tarde que estaba jugando en la pequeña plaza de su pueblo natal, Ixhuatán. Entonces, el niño tenía 12 y creía todo lo que le decían las gitanas. "Es que le preguntan a la luna y ella siempre les contesta con la verdad", pensaba Andresito. De ahí que lo primero que hizo fue preguntarle al único profesor que había cuántos días eran catorce veces seis años. "Treinta mil 660 días más los bisiestos", le contestó don Damián con los dos únicos dientes que tenía. A partir de esa revelación, Andrés empezó a pensar en el tiempo como si se tratara de una naranja que daba vueltas y vueltas sin parar. Al cabo de algunos años se le olvidó la profecía, pero dice don Andrés que "cuando faltaban tres para que se cumplieran las catorce veces seis años, se convirtió en una obsesión contar el tiempo que faltaba". El día que salvó el año noventa, se dijo mirándose frente al espejo con una sonrisita muy pícara: "La lengua se le haya hecho chicharrón a la cabrona húngara."

Aunque don Andrés le temía mucho a la muerte, era tan grande su voluntad que todos los días, al abrir los ojos se decía lo mismo: "hoy voy a vivir." De hecho, pasó los últimos años jugando a las escondidillas con ella, con la muerte. "La trato como a dama, como a señora; pero también como a casquivana, meretriz, mujerzuela, alcahueta; la enamoro, me he acostado con ella y hasta creo haberla empreñado alguna vez…", escribió en su libro *Cartas sin sobre, confidencias y poemas al olvido*. He aquí lo que le dijo a don Gume en el mes de julio de 1992: "Siempre le temí a la muerte, don Gume; pero de dos años a esta parte, más. No es ella, sino los años que he vivido los que me han puesto sitio. Me cuento los dedos y cuando llego al número de años que tengo, me admiro de estar vivo. Pero yo no soy ante mis ojos un anciano; tengo muchos años, cosa que es distinta. Mi cuerpo tiene arrugas, troneras, goteras, pero el alma no registra arrugas, o las registra pocas. Manejo muy bien mi memoria, mis recuerdos de los cinco años en adelante. No ceso de buscar el hombro en qué apoyar la frente; el pecho, el regazo femeninos; el beso que me prolongue y en que me prolongue. Sí, pero hay noches en que no quiero dormir por temor de no amanecer. Cuando muere un hombre, si es de mi edad, creo, siento que soy yo el que ha muerto; cuando es más joven, me creo un superviviente. De mis amigos y compañeros, sólo tres, que puedan hablar y se consideran vivos, quedan; cuando lo recuerdo, atranco mi puerta, me oculto en un rincón y me niego a salir, no vaya a ser que el paso que debí dar a la izquierda lo dé a la derecha: ése que conduce a la muerte. ¿Por qué siempre creí que la muerte, de la que somos la sombra, va a vuestro lado en espera de que erremos el paso, lo demos del lado en que no se espera?"

Todo lo anterior lo leía en el capítulo "El temor de la muerte" del libro arriba mencionado, mientras me disponía a ir a buscar al autor a su casa, cuya dirección no podía ser otra más que: Andrés Henestrosa, número 42, colonia Las Águilas. La víspera, en su fiesta, él, junto con su hija, habíamos quedado muy formalmente que pasaría a buscarlo a las cinco de la tarde para después dirigirnos al World Trade Center y grabar en el estudio de CNI Canal 40 la entrevista que hacía los miércoles y que pasaba a las 10.30 horas. Una de mis preocupaciones era, ¿cómo se podían meter 93 años en siete minutos que duraba mi intervención semanal? Era evidente que durante ese lapso tan pequeñito resultaba prácticamente imposible hablar de toda una vida, sin embargo, pensé que el auditorio hubiera estado feliz de ver en su pantalla chica a un mexicano tan entrañable como es Andrés Henestrosa, que tanto le ha dado a este país.

Mientras Lucio y yo intentábamos atravesar la ciudad en un tráfico imposible para llegar a nuestro destino, me acordé de lo que me contó Kathryn Blair de la manera en que Andrés Henestrosa había llegado a México desde Juchitán, Oaxaca, con un único objetivo: conocer a José Vasconcelos, el Secretario de Educación, quien había prometido a todos los jóvenes de México que les abriría el camino para una mejor educación. Entonces, Andrés tenía apenas 16 años. Al llegar a México conoció a Rodríguez Lozano: "Quiero ser escritor", le dijo. El pintor no nada más le dio hospedaje en su casa sin cobrarle un centavo sino que lo ayudó a ingresar a la escuela. Allí empezó a tomar clases de todo. En esa época conoció a Antonieta, quien para entonces había abierto sus salones literarios a donde asistían jóvenes estudiantes y universitarios con grandes deseos de comerse al mundo. No hay duda de que a Antonieta le llamó la atención la enorme avidez por aprender de este joven indígena que apenas hablaba español. Lo advirtió tan sensible e inteligente que no tardaron en convertirse en grandes amigos. Incluso Antonieta lo hospedó en su casa de las calles de Monterrey. A lo largo de un año se podría decir que Rivas Mercado le abrió todo un mundo: el de los grandes escritores universales. Le prestó libros, lo llevó a museos, le presentó a otros intelectuales, pero sobre todo, creyó en su talento. En 1929, finalmente Andrés ingresó en la campaña de Vasconcelos. "¿Por qué no me prestas tu Cadillac para ir a buscar al candidato y entrar al Distrito

Federal con mucha pompa?", le pidió un día Andrés a Antonieta. Ella aceptó, sin imaginarse lo que pasaría unas horas después. Junto con otros jóvenes vasconcelistas, se fueron todos a Toluca. Al llegar al hotel donde se hospedaba Vasconcelos y su comité, Andrés le dijo a Antonieta. "Espérame tantito. Te lo voy a presentar". Seguramente Antonieta estaba muy nerviosa porque conocería al que tal vez podría haberse convertido en presidente de la República. Coqueta como era, tal vez, se arregló el pelo y hasta se acomodó su conjunto de tejido de punto que quizá había comprado en París. "Mucho gusto", se dijeron sin más. Y a partir de ese momento, Henestrosa fue el primer testigo y también el cupido de la relación amorosa de esta pareja que, sin saberlo, compartía la misma visión, un nuevo México.

En todo esto pensaba cuando de pronto llegamos frente a la casa de nuestro escritor. Más de diez minutos se tardaron en abrirnos la puerta. "El señor está enfermo", nos dijo la muchacha. Pedí hablar con su hija. "Ella no está, pero está su marido", me contestó. Salió un señor que se veía muy pálido: "don Andrés no está bien. Cuando llegó al mediodía estaba temblando. No está bien", agregó con una voz muy seria.

No quise insistir más. Lucio y yo nos regresamos sumidos en un profundo silencio. Durante el regreso, recordé aquella mirada tan alegre de un cumpleañero de 93 años que no dejaba de cantar, junto con su hija y un magnífico trío, canciones oaxaqueñas que hablaban de amor y de la vida.

Como bien decía Octavio Paz, Andrés Henestrosa es como agua de la memoria.

Ángeles
oaxaqueños

Dicen que Ocotlán se quedó sin los ángeles de Rodolfo Morales. Lo que sucede es que la mayoría voló primero para Alemania y luego para Budapest. Más bien volaron hacia Pest donde se encuentra el Museo de Arte Moderno. Allí, justo enfrente de la Plaza de los Héroes, tenían cita los primeros días de agosto con José Luis Martínez, entonces el embajador de México en Hungría. Se tienen que lucir porque hay miles de húngaros que los están esperando con mucha curiosidad, les recordaba el diplomático al mismo tiempo que supervisaba el montaje museográfico. Las más entusiastas con la exposición del pintor oaxaqueño eran las novias enfundadas en sus vestidos blancos transparentes. Iban y venían de una columna a otra cubiertas con óleo que forman la colección titulada Columnas del Mercado. Las que estaban también felices por encontrarse en tierras extranjeras eran las indias vendedoras venidas desde pueblos oaxaqueños muy remotos. Las que habían venido del mercado del pueblo natal del pintor reacomodaban sus flores de todos colores en sus respectivos canastos. Una de ellas de rebozo de ala de paloma hasta empezó a recitar algunas estrofitas del poeta Ramón López Velarde: "Suave Patria / tú vales por el río / de las virtudes de tu mujerío / tus hijas atraviesan como hadas / o destilando un invisible alcohol / vestidas con las redes de tu sol, / cruzan como botellas alambradas." Dicen que al ver tanto alboroto en la sala, de pronto José Luis Martínez recordó lo que escribiera Fernando Solana a propósito de la obra del pintor mexicano Rodolfo Morales; el memorioso; pintor de la vida diaria y los sueños de día; pintor de imágenes filtradas en la memoria por el recuerdo, imprecisas e indelebles como los sueños; pintor de relicarios personales donde las mujeres flotan en cielos participantes, en los que encarnan la fecundidad, el desdoblamiento del ser en pasión inventiva, alucinación y añoranza… Cuánto alboroto, cuánta emoción manifestaba cada uno de los personajes de Morales al saber que en unos días todos los diarios húngaros hablarían de la inauguración de esta exposición.

Y así sucedió. En uno de estos periódicos, cuyo nombre se nos escapa decía: "La obra de Rodolfo Morales constituye en la imaginería popular una de las mayores fuentes de inspiración del artista. Sus colores vivos y sus representaciones han provocado que algunos lo llamen 'el Chagall del pobre'." En realidad muchos de estos diarios ya se habían referido a otras tres exposiciones presentadas también al público húngaro durante el verano próximo a terminar. La primera de ellas formaba parte de "las leyendas vivientes" para mostrar algunos de los mejores artistas del arte moderno y contemporáneo mexicano, más allá del arte tradicional prehispánico. Fernando González Gortázar fue el primer invitado para impartir una conferencia a los estudiantes de la Academia de Bellas Artes de Budapest, quien nos sedujo por su gran carisma y conocimientos. En seguida vino la exposición de José Guadalupe Posada en la Galería Centralis: por sus dibujos fue un maestro en el arte de representar y reproducir los conflictos sociales y políticos de principios de siglo, cuestiones cruciales durante el periodo que precede la Revolución de 1910. "Posada también es capaz de evocarnos en un universo simbólico tradicional de la cultura mexicana, las relaciones muy estrechas que existen entre la vida y la muerte", dice *Le Journal Francophone de Budapest*. Por último, nos referiremos a la exposición de Laura Anderson Barbata presentada en el museo Kiscelli. Bastaron catorce instalaciones con sus miniaturas de cinco por cinco centímetros para impresionar a todos los visitantes de la capital húngara. Como bien escribiera el periodista M. G. Hubler, "El hecho que una joven artista de arte contemporáneo como Laura Anderson Barbata pueda exponer en una galería tan reconocida como el museo Kiscelli traduce muy bien la avidez por la cultura y el arte mexicano".

Y si a todo lo anterior le agregamos la exposición del maestro Rodolfo Morales, pues entonces los húngaros se pueden sentir más que consentidos y privilegiados. Bueno, pero ¿quién los consintió y privilegió tanto? José Luis Martínez. Así se lo dijimos y ¿saben qué nos contestó? Que él también se sentía muy consentido y privilegiado de representarnos en un país como Hungría. De hecho, nos confesó que estaba enamorado de ese país.

208

Independientemente de los sentimientos y de toda la labor del entonces embajador, podemos decir con orgullo que se siente requetebonito admirar la obra de pintores como Toledo, que nos tocó ver en Madrid hace dos años, o ahora a Rodolfo Morales en Budapest. Se siente bonito ver a tanta gente ir y venir entre las salas con tanta pintura de artistas mexicanos. Qué conmovedor resultaba ver a todas esas viejitas y viejitos húngaros quedarse horas frente a los biombos que representaban rostros de mujeres indígenas asomadas detrás de las montañas o de los angelitos femeninos sosteniendo la bandera mexicana. Lo más llamativo de todo era observar a un buen número de personas que atendían el video de una entrevista a Rodolfo Morales en español y sin subtítulos. Se hubiera dicho que después de haber visto la exposición, ellos ya no requerían de ningún tipo de explicación o traducción, ya habían entendido el mensaje del maestro. Un mensaje universal que tiene que ver con todos los pueblos del mundo. Un mensaje que nos habla de la autenticidad, de la sencillez, pero sobre todo de la importancia que resulta ver el mundo con los ojos del corazón. Para este tipo de mensajes no hacían falta subtítulos.

Por último diré que me gustó más Rodolfo Morales en el corazón de Budapest que en el de mi país. Aquí me pareció todavía más mágico, más entrañable y más mío. Ojalá que siempre me encontrara con sus ángeles, sus mujeres y sus novias en todos los países que visite en el futuro. Ojalá que siempre me acompañen y que me guíen. Pero sobre todo, ojalá que siempre los inviten por todo el mundo para que lleven los buenos recados de uno de nuestros mejores pintores mexicanos. Por lo pronto, cuentan por aquí que por la noche han visto sobrevolar el Danubio, docenas de angelitas llevando recados a los novios que viven entre Buda y Pest, por ello las húngaras y los húngaros no quieren que se vayan; dicen que todavía hay muchísimas novias que se quieren casar, entre ellas Edtih y Bea...

Francisco
y Natalia Toledo

Francisco, el padre, es un gran pintor y Natalia, la hija, es una poeta y escritora que escribe en zapoteco y en español. Si algo le preocupa a Natalia (Juchitán, Oaxaca, 1968) es que desaparezcan por completo las lenguas indígenas, por eso un buen día decidió enseñarle a hablar zapoteco a su loro Nguengue "para que cuando no queden hablantes del didxazá (el idioma de las nubes) sobrevuele los tejados y arroje desde las alturas, mientras soñamos, las lecciones que aprendió". Cuando Natalia era pequeña, su papá le platicaba de su padre zapatero. Según Francisco, "lo que más le gustaba era tomar las medidas de los pies de las mujeres, de esa manera podía verles los pies a las mujeres". Lo anterior lo escribió cuando el pintor era adolescente. Nostálgico, como siempre ha sido Francisco, aún añora "el cantar del zapoteco, con su sonoridad. Porque con la misma palabra puedes decir piedra o flor, dependiendo de los tonos, de la sonoridad más alta o más baja". (Angélica Abe-lleyra, *Se busca un alma*, Plaza y Janes). Gracias al maravilloso "retrato biográfico de Francisco Toledo" de Angélica me enteré de que la hermana del padre de Francisco también era zapatera, la única mujer del pueblo con ese oficio. Él la recuerda como una mujer valiente y muy fuerte, que solía comprar las pieles al otro lado del río. Esto no era una tarea fácil, ya que por las tardes el río crecía mucho y la tía Felícitas lo tenía que atravesar nadando, con su sobrino Francisco sobre sus hombros.

Para regresar, se amarra las pieles a la cabeza para no mojarlas y aunque el río venga crecido, no le da miedo. A mí sí, porque hay peces que nos van siguiendo. Mi tía sabe dónde se esconden los peces.

A veces la gente tira sus zapatos viejos al río y mi tía los saca porque hay peces que viven dentro…

Natalia creció con todas estas historias fantásticas en que aparecían conejos y coyotes y vacas que volaban sobre los techos de las casas. Aunque de niña no veía mucho a su papá porque siempre estaba lejos, le escribía cartas con sus poemas. Olga, su madre, era una juchiteca muy bella. "La primera mujer que le dio una hija a Toledo". No obstante no vivieron juntos, lo acompañaba constantemente en Juchitán. Una vez le preguntó a su padre por qué se había enamorado de su madre, pues, según su hija, no tenía una plática interesante sobre temas de arte. "¿Sabes? La mujer más bella del istmo era tu madre. Y él siempre se ha rendido ante la belleza. Mi madre, lo fue y mucho. Ser bello es también un valor. Ella era bella y habitada, doble chingadazo para los pintores". A Natalia le fascina ser hija de Francisco Toledo. Dice que es una "palomita" para su *curriculum*. Afirma que son muy diferentes e independientes. "No me cuesta trabajo vivir sola o no tener a mi padre durante un año. No pasa nada. Sé que está y que siempre ha estado. Además, me cae muy bien, es chistoso, tiene mucho sentido del humor. No nada más uno sufre. Él estuvo en esos momentos de caminar las dunas y las playas, tal vez algo más importante que haberlo tenido todos los días. Con eso me quedo".

Llevan dos libros publicados juntos, padre e hija. El primero, *Cuento del conejo y el coyote*, y el más reciente, *El niño que no tuvo cama*. Ambos están escritos en zapoteco y en español. En la presentación del libro, Natalia escribe de qué trata: "Esta historia que se va a contar es la de mi abuelo. Él se la contó a mi papá y mi papá, que también se llama Francisco, nos la contó a sus hijos y así sucesivamente. Ésta es la forma más efectiva que tenemos los zapotecas para desgranar las palabras y conservarlas en la memoria, así sobrevivirán hasta que la tierra abrace al cielo. Cuando yo la escuché tuve un sueño, una flor se estiraba de mi corazón a mi oído y me decía: 'ponla sobre el papel' y eso hice, sólo que pensé que tenía que contarla mi abuelo porque es a él al que le sucedió. Siéntense y paren orejas." Por lo que a mí respecta, ya me senté toda la tarde sobre la cama de mi habitación de una casa muy bonita que se encuentra justo frente a la iglesia de La Soledad y paré las dos orejas. Leer este libro y al mismo tiempo admirar las ilustraciones de Francisco Toledo, en la ciudad de Oaxaca, es un verdadero privilegio. Afuera, tañen las campanas de la iglesia, mientras leo: "De niño no tuve cama, dormí siempre sobre la piel que usaba papá para hacer zapatos, él me despertaba con el silbido de las tres sílabas que forman mi nombre Chi-co-Min.

"En cuanto conseguía levantarme, él comenzaba a recortar la piel ra, ra, ra, para hacer el par de zapatos que le habían encargado; cada día mi cama se hacía más chiquita, al final de la semana sólo existía un lienzo lleno de hoyos con la figura de todos los pies: patas chicas, patas grandes." En la imaginación de este niño, cuya cama se fue haciendo chiquita, chiquita, pasan muchas cosas desde vacas perforadas hasta ejércitos de estos animales blancos y con manchas negras que lo persiguen por las noches.

No hay duda, Oaxaca ahora es ese señor que se llama Francisco Toledo y que a veces duerme hecho bolita en el suelo porque su cuerpo extraña la piel con que su padre hacía zapatos. Oaxaca también es el abuelo zapatero, Olga, la bella Juchiteca y Natalia, la poeta, que sueña en zapoteco y que escribe cuentos para niños. Todo eso es Oaxaca, incluyendo mi corazón enredado como los quesos que se venden en sus mercados.

"Oaxaca
de Juárez"

Mientras todo el mundo está en la Guelaguetza, yo sigo soñando con los sueños del pintor oaxaqueño Sergio Hernández. Digo sueños pero a lo mejor se trata, más bien, de puras pesadillas, imágenes que trae consigo desde que era niño; un niño que en lugar de escribir las letras del abecedario, las dibujaba. Un niño que cuando estaba en primaria, dice Fernando del Paso, soñaba con "apoderarse del pizarrón y, en la ausencia del maestro, llenarlo, a escondidas, de caricaturas y garabatos, de penes y palabrotas". ¿Qué sucede en realidad detrás de las imágenes de las pinturas de Sergio Hernández? ¿Por qué se referirán tanto a la muerte, al caos y al horror? Quiero y no quiero soñar los sueños de Sergio; generoso como es, sé que gustoso me los regalaría, pero qué haría con tantas calaveras, brujitas, arañas, cocodrilos y centenares de diablitos bailando frente a mí?

"Ay, Sergio, mejor regálame tus Juárez, el Juárez de mi Oaxaca del que tienes diez diferentes series. El mismo que has llevado a pasear por todo el mundo con la exposición llamada 'Oaxaca de Juárez', a Nueva York, a Cádiz en España, a París y a Berlín. Pronto irás con esta exposición a Rumanía y a Turquía. Ay, si Juárez no hubiera muerto… ¿Qué tendrá tu estado que vio nacer a dos ex presidentes del siglo XIX, Juárez y Díaz; y en el siglo XX, a los exponentes de las artes plásticas más importantes del país, Tamayo, Toledo y Hernández? ¿Qué tendrá tu estado del que todo el mundo se enamora de sus conventos, de sus ruinas, de sus arracadas de filigrana, de sus mercados, de sus alebrijes, de su barro negro y de sus moles? ¿Qué tendrá la ciudad de Oaxaca, la más sofisticada de toda la República Mexicana?, sofisticación que se aprecia en las grecas de las ruinas de Monte Albán y Mitla, es decir, se trata de una sofisticación y sensibilidad milenaria. Sergio, ¿te digo un secreto? Quiero pasar los últimos años de mi vida, no en París, sino en Oaxaca; quiero que mis restos descansen en la tierra de mis antepasados. Quiero que seamos vecinos de la calle de Reforma, y que cuando sea muy viejita, me invites a comer tu delicioso mole amarillo y tu nieve de pitaya, la cual sirves con leche quemada. Con todo y bastón, quiero que me lleves a las ruinas que se acaban de descubrir, las de Atzompa, allá por Tlacolula, de las que dices que son 'el ombligo de Oaxaca' por su luz y su espacio. Dices haberte impresionado por la bóveda celeste y la definición de todos los espacios, que se aprecian desde sus taludes horizontales del último edificio del juego de pelota. Dices que allí muy cerquita hay una tumba donde apareció la máscara roja. Cuántas cosas nos platicaste en la comida del domingo en tu casa. Éramos casi quince invitados (entre muchos amigos estaban: Rafael Tovar y de Teresa con Mariana, con un vestido blanco de Remigio; Graco Ramírez y Elena con sus hijos, Cristina Faesler con una túnica de algodón comprada en la *boutique* de Natalia Toledo). De pronto, le pediste a tu colaboradora más importante, Marisol Espinosa de los Monteros, que te buscara tu pequeño álbum de fotos donde apareces de niño y de adolescente junto con tu maestro Abraham Jiménez López, el mismo que hizo las puertas de Chapingo y la mascarilla mortuoria de Goitia. Don Abraham era uno de los "cachuchas" (el grupo de preparatorianos de San Ildefonso), novio, antes que Diego Rivera, de Frida Kahlo. "Yo tengo dos cartas de Frida", nos contaste. También nos platicaste de cuando vivías en el estudio de don Abraham, muy cerca del mercado Abelardo Domínguez; hacías tus alimentos en el comedor de ciegos y te dormías en una banquita de madera. En otras palabras, en esa época no tenías en qué caerte muerto. Después de comer fuimos a tu taller de dibujo, construido por Alberto Kalach, y allí estuviste dibujando con las hijas de Rafael, María y Natalia; les regalaste varios pliegos del papel que tú mismo elaboras y les prestaste tus pinceles, los más gordos, japoneses. También yo quería pintar pero no te dije nada. Hubiera querido pintar unos girasoles y regalártelos, me hubiera gustado haber pintado un grillo gigantesco y una casita de adobe como las que se construían en Jamiltepec, en el siglo XIX. Por la noche, fuimos a cenar a un restaurante llamado Origen y allí nos platicaste algo de tu vida personal. Nos contaste de Eva, tu única novia, con la que te casaste tres veces. Nos contaste de la época en que vivías en la azotea de un edificio de la colonia Condesa, en las calles de Veracruz, llamado El Barco, por la forma cilíndrica de sus ventanas. Hace poco

217

fuiste con tu entrañable amigo Guillermo Ibarra y juntos recorrieron todo el edificio, a las tres de la mañana, incluyendo los baños, en cuya pared aparecía una lista con los horarios en los que deberían ir los otros inquilinos que también vivían en la azotea. Ah, cómo nos hizo reír Guillermo contándonos con lujo de detalle esta aventura. '¿A qué le atribuyes el éxito de Sergio Hernández?', le pregunté a tu amigo, que te conoce desde hace tantos años. 'A su generosidad', me dijo con absoluta contundencia.

"Ay, Sergio, por estar escribiéndote, no fui a la Guelaguetza. Lo lamento enormemente, porque sus bailables y su música tan vital e intensa me conmueven mucho. Por otro lado, te confieso que estuve feliz platicando contigo, desde mi habitación del hotel Victoria (en esta ocasión, puesto que ya no había lugar, la dirección me hizo favor de hospedarme en la *suite* presidencial), desde donde tengo a Oaxaca a mis pies, cuando es exactamente lo contrario. Desde hace unos años, me he rendido a los suyos, por ser la única ciudad en el mundo tan bonita como París."

Injusticia
im-per-do-na-ble

Para Dora Luz, una de las tantas novias del maestro.

El domingo en la madrugada soñé con Rodolfo Morales. Sí, con el pintor oaxaqueño que nos dejó el 30 de enero de 2001. El sueño lo tuve en la ciudad de Oaxaca, adonde fui invitada por la fundación que lleva su nombre para rendirle un homenaje. Creo que soñé con él, porque esa noche me dormí sumamente impresionada. Lo que sucede es que me enteré de una injusticia im-per-do-na-ble. Cuando me lo dijeron no lo podía creer. ¡Ay, no es posible!, le dije al arquitecto Esteban San Juan, su albacea, un señor físicamente igualito al actor norteamericano César Romero, que era el Guasón de la serie de televisión Batman. No lo puedo creer. Pero si el maestro Morales es uno de nuestros pintores contemporáneos más importantes que tenemos. Pero si su exposición ha viajado por muchas partes del mundo. La acabo de ver en Budapest. Pero si él hizo tantas cosas por su estado y fue un mexicano de primera. No lo puedo creer. Dígame que no es cierto. Dígame que estoy escuchando chueco, le decía afligidísima a Esteban. El arquitecto me miraba sorprendido. Tal vez creyó que yo ya sabía. Le dio un traguito a su mezcal y con un aire triste como de luto me dijo: "Así es, Guadalupe. El Palacio de Bellas Artes nunca le ha hecho una exposición al maestro Morales. Tampoco tiene una pintura de él en la permanente. Así como tampoco el Museo de Arte Moderno tiene obra suya. Ya le dijimos a la señora Sari Bermúdez, pero nada más nos promete y nos promete, pero nunca ha hecho nada." Seguía sin creerlo. Sentí vergüenza. Me dio coraje. Esta omisión tan im-per-do-na-ble me parecía no nada más un gesto de ingratitud hacia el maestro, sino que se trataba de una gravísima falta respecto a un pintor de la calidad de Rodolfo Morales. ¿Cómo era posible que en su propio país no se le reconociera? ¿Cómo era posible que luego de muerto no se le hubiera hecho un homenaje? Después, en esa misma cena, me enteré de que Tere Franco había tenido muchos problemas con el maestro y que por lo mismo había obstaculizado la posibilidad de una exhibición del pintor en Bellas Artes. La razón me pareció totalmente absurda. "El que ya escribió sobre esto fue Andrés Oppenheimer, un gran admirador del maestro", agregó Esteban. En efecto, Andrés escribió el 3 de febrero de 2001 un artículo titulado "El pintor del alma de México": "Descubierto por Rufino Tamayo y celebrado por intelectuales como Monsiváis, Morales no pudo ver cumplida su aspiración de llevar su arte a un público masivo. Increíblemente, la miopía de algunos funcionarios hizo que Morales nunca pudiera cumplir su sueño de tener una exposición en el

Museo de Arte Moderno. Ojalá la tenga pronto. México se lo merece."

Tiene razón Andrés, nuestro país se lo merece. Las y los mexicanos nos lo merecemos. Sus seguidores y admiradores se lo merecen. Pero sobre todo, es el maestro Rodolfo Morales el que más se lo merece. Estoy segura de que a Sari Bermúdez también le encanta cómo pinta el maestro. No puede ser de otra manera. El caso es que esa noche, después de haber cenado deliciosamente en el restaurante Los Tres Patios (chile de agua con requesón, sopa de garbanzo, tasajo, chorizo, chapulines, queso de Oaxaca, cecina y un postre que me supo a gloria), soñé con Morales. Estaba igualito que siempre: un poco despeinado, vestido con su camisa y pantalón de overol. Nada más verlo entre sueños, ya le estaba pidiendo disculpas por lo que me había enterado.

—¡Ay!, maestro, qué pena que Bellas Artes nunca le hubiera hecho una exposición ni en vida, ni ahora que está muerto. Ya ve usted cómo es la burocracia mexicana y, claro, algunos funcionarios… Le prometo que voy a escribir algo para remediar esa falta tan imperdonable.

Él me miraba con sus ojos tristones, ojos de niño tímido. Lo sentí tan solo que tuve ganas de abrazarlo. Pero no me atreví.

—Eso ya no importa. Lo que me interesa es la fundación, me dijo muy muy quedito como siempre solía hablar.

—Es que no puedo dejar de sentirme indignada. Estoy furiosa, maestro. ¿Acaso no llegó usted a donar tres millones de dólares? ¡Tres millones de dólares! ¿Se da cuenta? Por eso su fundación ha podido heredar al pueblo de Oaxaca cinco casas. Allí está la Galería de Murguía 105, en donde le da cabida a todos los pintores jóvenes oaxaqueños. Allí está el Templo de

Santo Domingo de Guzmán, de Ocotlán, restaurado por la misma fundación. Allí están los instrumentos de percusión que donó para la Orquesta Sinfónica de Oaxaca. ¡No, no se vale, maestro!…

—Tranquila. No se ponga así… Le repito que lo importante es que la fundación siga funcionando. Que continúe conservando e incrementando la cultura y el arte de Oaxaca, mediante la instalación y el funcionamiento de un centro cultural que divulgue los valores culturales y artísticos de la ciudad de Oaxaca. Que siga contribuyendo con las obras sociales del distrito de Ocotlán y comunidades vecinas. Que prosiga con la restauración, rehabilitación y conservación de los monumentos de valor histórico, así como ex conventos, templos, fachadas, atrios, pinturas, retablos y demás. Que forme y apoye viveros comunitarios; que contribuya a la ecología mediante las reforestaciones de áreas del distrito de Ocotlán, por medio de la siembra de plantas nativas y árboles de la región. Y que forme e integre talleres de restauración y rehabilitación en las comunidades que intervienen para el rescate del patrimonio histórico del estado de Oaxaca.

—Tengo entendido que todo eso ya se está haciendo, maestro. No se preocupe. Mire usted, me enteré de que ya está la escuela de música de Ocotlán. Ya están instalaciones del Instituto de Investigaciones Estéticas con la UNAM. Ya está el inicio del proyecto sobre el rescate del Río Atoyac, que se está haciendo junto con Francisco Toledo. También ya está lo de la asesoría sobre el rescate de monumentos en diferentes poblados del distrito de Ocotlán. Por cierto, también ya está rescatado el mural del salón de cabildos de su pueblo. Y además, maestro, su obra sigue viajando por Europa. Estará en Alemania.

Todo esto ha logrado su fundación, pero, claro, todavía falta más… Pero por lo que se refiere a Dora Luz y a Esteban, créame, maestro, que no paran ni un minuto en lograr todos estos objetivos. No se puede usted imaginar qué bonita se veía la casa de los dos patios con sus árboles y sus plantas, con sus espacios magníficos llenos de gente, llenos de amigos. Esta casa que fue su sueño, y que sobrevivirá a ese sueño…

—¿Qué bueno! Me da mucho gusto.

—Por cierto, maestro, ¿qué está pintando en estos momentos?

—A Martita vestida de novia. La estoy pintando en bicicleta, con su bolsita, sus calcetas y zapatos blancos. En la mano lleva una bandera mexicana. Pero no sé si pintarla con la banda presidencial. ¿Es cierto que se quiere lanzar como candidata?

—Me temo que es verdad, maestro. Bueno, también dicen que ahora se va a lanzar como candidata pero del gobierno del Distrito Federal, pero seguramente esto le servirá como trampolín para llegar a la Presidencia en 2012. ¿Se imagina al pobre de Andrés Manuel como presidente tener que lidiar con ella como Jefa de Gobierno?

—No, prefiero no imaginármelo, porque me volvería a morir. Ya me voy porque me está esperando mi madre. Muchas gracias por todo.

Cuando me desperté, me acordé lo que cita con frecuencia mi cuñado Agustín: justicia es la perpetua y constante voluntad de dar a cada quien lo que le pertenece. En el caso de la exposición de Rodolfo Morales, es lo que merece.

El paraíso

Perdone, señorita, ¿no sabe dónde puedo encontrar a mi marido? Se llama, bueno, se llamaba Rufino Tamayo. La última vez que nos vimos fue el 24 de junio de 1991, justo a las 9:14 de la mañana, así que lo más probable es que haya llegado el mismo día o el 25 por la mañana. Estoy segura que está aquí. ¿Sabe por qué? Porque siempre fue muy bueno con todos: sus sobrinos, sus amigos y su país. Bueno, en realidad los dos fuimos muy buenos con todo el mundo. Allá en la Tierra ayudamos a mucha gente. Fíjese que construimos dos casas como asilo para ancianos. Una está en Cuernavaca y otra en Oaxaca. También dos museos que llevan el nombre de mi marido. ¡Ay, pero no le he dicho que Rufino era uno de los mejores pintores de México! ¿Sabe lo que dijo el presidente Salinas el día de su entierro? Dijo: "Los colores que Tamayo enfatizó en su obra, la luz, son parte del arte universal. Es algo que nos enorgullece a

224

los mexicanos y mantiene viva su presencia en todos nosotros."
Bueno, pues para el primer museo donamos una colección de
más de 300 obras de 172 artistas. Y para el segundo, que está
en Oaxaca, se donaron más de tres mil piezas de arte preco-
lombino. ¿Qué le parece? ¿No cree que Rufino Tamayo y yo
hemos dado mucho?

Cuando estaba en la tierra, cada vez que me pedían cola-
boración para algo, siempre donaba obra de mi marido. A lo
largo de toda su trayectoria artística fui su promotora perfecta.
Además, siempre fui una excelente administradora, en otras
palabras, una *dealer* ejemplar. Nunca hice descuentos a nadie.
Porque, aquí entre nos, la que llevaba las riendas en la vida social, en la de galerías y en la mercantil de arte, era yo. Mi marido perdió completamente la noción de lo que era el dinero.
Dicen que gracias a mí Rufino se pudo echar un clavado hacia
su interioridad y pintar con ese talento. Y encima de todo fui
su musa. Sirviéndole yo como modelo pintó más de 20 cuadros. Entre ellos, el más célebre es el de 1964. Pero no crea
que era un marido tan fácil, ¿eh? ¡Para nada! Era más bien ne-
cio y muy problemático. No le digo que en nuestro matrimonio
todo era color rosa. Teníamos conflictos. Pero, ¿sabe qué?
Éramos cómplices en muchísimas cosas, casi en todo. Creo
que él me quiso mucho. Fíjese que desde 1935, y como pequeño homenaje a mí, anteponía una letra "o" a la fecha de
cada uno de sus cuadros. Bueno, pero me lo merezco, ¿eh?

No me lo va a creer, pero en unos meses cumpliremos
exactamente sesenta años de casados. Por eso estoy contenta
de que me mandaran para acá, a festejarlo juntos. Mire, lo conocí en 1933. Un día que fui al Conservatorio Nacional de
Música, a tomar mis clases de piano, de repente vi a un joven

pintando un mural. Me acerqué. Y cuál no fue mi sorpresa al ver que pintaba unos monos horrendos. Entonces me morí de la risa, me vio y me preguntó de qué me reía. "Pues de sus monos", le dije. Creo que a partir de ese momento le cayó bien mi sinceridad, porque con toda calma me explicó de qué se trataba el famoso mural. Pero yo me seguía riendo. Después me invitó a merendar tamales, y como siempre he sido muy comelona, acepté. Unos meses después, en 1934, pidió mi mano. Yo creí que mi papá, militar muy destacado de la época de Porfirio Díaz, y mi mamá, típica dama de la aristocracia oaxaqueña, le dirían que no. Pues no, le dijeron que sí, y nos casamos en Oaxaca. Después, Rufino me propuso viajar a Nueva York y como no tenía dinero suficiente para pagar el avión de los dos, vendí varios cuadros y conseguí los 35 dólares de mi boleto. Desde que llegamos a Estados Unidos me convertí en su más fiel y entusiasta promotora. ¿Qué le parece? Y de allí pa'l real. Bueno, pero me urge verlo, ¿no sabe dónde lo puedo encontrar?

El ángel la miró fijamente, alzó su mano derecha y le dijo, con una voz tan vieja como el mundo: "Diríjase hacia aquella puerta. Allí lo encontrará pintando a su musa Olga. Desde el 24 de junio de 1991 la está esperando. Bienvenida, y que sean muy felices en el Paraíso."

Oaxaca, el lugar

O-A-X-A-C-A

En memoria de Miguel Aguirre Castellanos,
compañero entrañable de Infored.

Si tuviera que dejar definitivamente el Distrito Federal por diversas razones, me iría a vivir a Oaxaca. Si me dieran a elegir un estado de la República para que lo estudiara y descubriera hasta su último rincón, escogería Oaxaca. Si me ganara la lotería y tuviera que invertir mi dinero en bienes raíces, compraría una vieja casa en la parte vieja de Oaxaca. Si tuviera que huir de mis enemigos, me ocultaría en cualquier municipio de los casi seiscientos que tiene Oaxaca. Si por azares de la vida me viera obligada a pedirle la mano a una de nuestras tantas y bellísimas ciudades mexicanas, sin pensarlo, se la pediría a Oaxaca. Una vez que le hubiera dado cita en cualquiera de las bancas de la Plaza de Armas, le diría algo como:

Mi queridísima Oaxaca, permíteme decirte que después de haberte palpado, comido, paseado, pero, sobre todo, admirado a lo largo de tres días, he llegado a la conclusión de que estoy perdidamente enamorada de ti. Me quiero casar contigo. Te suplico que no me contestes en seguida. Piénsalo. ¿Que cómo puedo estar tan segura de mis sentimientos? Porque a pesar de que no te he tratado mucho (nada más he estado en Oaxaca en tres ocasiones), siento que te advierto lo suficiente para darme cuenta de todo lo que vales. Mi intuición, que casi nunca me falla, me dice que me harías muy feliz. Sin hipérbole te puedo decir que me encantaste. Qué tanto me habrás encantado con tu magia que sigo, literalmente, en-can-ta-da de tu gente, del color de tu cielo, de la seda de tus rebozos, de la fantasía de tu artesanía, de la diafanidad de tu aire, de tus platillos tradicionales, de tu música, de tus monumentos históricos, de tu museo-convento de Santo Domingo, de tus pintores.

En realidad, con quien debería estar más que agradecida por todo este amor que ahora siento por ti, es con la Universidad Mesoamericana, que tuvo a bien invitarme a dar una plática sobre "Ética y moral". He allí dos conceptos, mi querida Oaxaca, que cada vez nos parecen más lejanos y difíciles de entender. Entre más trataba de darles un poquito de luz, apoyándome en las tesis de A. Sánchez Vázquez a propósito de estos dos valores fundamentales para que podamos vivir lo más civilizadamente posible entre nosotros, más me enredaba en mis explicaciones. Llegó un momento en que fue tanta mi confusión, que tuve ganas de proponerles cambiar de tema y hablarles mejor de la profunda inmoralidad y de la poquisísima ética de Raúl Salinas. Finalmente, concluí que los adultos estamos mil veces más confundidos que los jóvenes de hoy y que lo mejor sería que no nos hicieran mucho caso para no perturbarlos aún más.

Fíjate, mi querida Oaxaca, que lamenté que mi intervención ante los universitarios hubiera sido al principio de mi llegada, ya que de haber sucedido al final, estoy segura de que hubiera contado con más argumentos. ¿Por qué? Porque en los tres días que te disfruté, tuve tres vivencias que aparte de haberme enriquecido mucho, tienen que ver precisamente con la ética y con la moral. La primera de ellas está relacionada con el pintor Rodolfo Morales. Gracias a mi ángel de Rodolfo-Morales-la-guarda oaxaqueño, Alex Álvarez, se pudo concretar una cita para cenar con el maestro en el restaurante del maravilloso Hotel Camino Real. Cuando lo vi, lo sentí tan familiar que sin el menor empacho lo saludé de beso como si se hubiera tratado de un tío que hacía mucho que no veía. Lo primero que me llamó la atención fue su mirada. Era como la de un niño triste pero extremadamente curiosa. Asimismo, me impresionaron su sencillez y su autenticidad. En la cena platicó acerca de sus proyectos con relación a viejas iglesias y conventos a los que urge restaurar, en especial, se refirió a San José Segache, cuya comunidad está tan deseosa de participar que se juntaron y entre todos hicieron cincuenta mil adobes. "El que no está muy convencido es el clero, que afirma que lo único que queremos es arreglar las iglesias para hacer museos. No entiendo por qué no nos dejan trabajar tranquilamente si no hacen nada para restaurarlas." Al terminar de cenar, nos propuso ir a su taller que se encuentra en una vieja casona restaurada justo enfrente de Santo Domingo. Allí nos mostró parte de su más reciente obra. ¡Ay!, mi querida Oaxaca, no te puedes imaginar cómo me impresionaron sus cuadros; pintados primero en acrílico para luego terminarlos al óleo. Prácticamente en todos aparecen caras de mujeres que bien podrían ser modelos de Modigliani. Muchas de ellas parecen ausentes y muy solitarias. ¡Cuánta soledad se advierte en sus miradas! Todas parecían absolutamente dejadas por la mano de Dios. De allí que en muchas pinturas aparecieran brazos extendidos, salidos de los muros o de las ventanas, como pidiendo ayuda. También se ven entre los paisajes de nubes muy esponjadas muchos pies calzados; como si se estuvieran dirigiendo hacia el infinito. En varias de ellas aparece la iglesia de Santo Domingo como un personaje imprescindible para entender el paisaje oaxaqueño. Estoy segura de que nunca se imaginará el maestro Morales todo lo que provocan sus pinturas. Nunca se imaginará la cantidad de fibras que pueden tocar con una intensidad casi dolorosa. Esa noche no pude dormir. En mi memoria tenía pegada la pintura de aquella niña en bicicleta que llevaba a sus espaldas un perrito que se veía tan solo como su dueña. ¡Sentí tanta ternura y compasión por los dos que hasta se me hizo un nudo en la garganta! Cuando nos despedimos de él, supe que le daba la mano a un mexicano profundamente moral y ético.

Esa misma sensación experimenté cuando comimos con Francisco Toledo. Llevaba una camisa azul súper deslavada; unos pantalones blancos súper arrugados y unos guaraches súper gastados. Fíjate, Oaxaca, que me fijé que Toledo no camina en el suelo, se desplaza como si estuviera levitando, como si flotara. ¿No se tratará en realidad de un ángel de uno de los retablos de Santo Domingo? Siendo un genio de las artes plásticas, se comporta con tal humildad, que más bien parece un franciscano. Su voz tan varonil contrasta con su mirada de adolescente. Francisco Toledo es guapo. Francisco Toledo es tierno. Francisco Toledo es de a de veras. Francisco Toledo no es rollero, ni prepotente, ni mucho menos vanidoso. Pienso que si lo fuera, sería totalmente normal. Francisco Toledo siempre se ha preocupado por Oaxaca, por sus artistas jóvenes. Él también ha intervenido para que se restauren los conventos. Así lo hizo con Santo Domingo. Él también ha defendido el patrimonio de su estado. Francisco Toledo es una persona moral y ética.

Para terminar, déjame decirte, Oaxaca, que cuando entré a tu convento de Santo Domingo, me dije: "¡Aquí vive Dios!" Así de restaurado parece un verdadero milagro. Y eso, Oaxaca, lo hicieron artesanos mexicanos. De seguro todos ellos eran mexicanos morales y éticos. De lo contrario no se hubieran obtenido esos resultados. ¡Cómo me hubiera gustado contarles todo esto a esos alumnos tan deseosos por creer en algo! Les hubiera dicho que crean en su Oaxaca, así como Toledo, Morales y todos aquellos que hicieron posible Santo Domingo. No me queda más que pedirte tu mano y volverte a decir, mi querida Oaxaca, que te quiero y que siempre te seré fiel. De ahora en adelante te visitaré mucho más, al fin que con la nueva carretera estás a tan sólo cuatro horas y media de distancia. Entonces qué, ¿nos casamos?

Un mole
de cultura

Todo fue tan rápido, tan apresurado, así como a veces son los sueños que tiene una en la madrugada, que me pregunto si en realidad pasé veinticuatro horas en Oaxaca. La salida fue el martes a las 6 p.m. y el regreso fue al otro día a la misma hora. Sin embargo, sé que es cierto porque varias horas después de regresar del aeropuerto, todavía me encontraba digiriendo, no sin dificultad, un exquisito mole negro. Era tan negro y brillante que parecía cubierto de charol.

A pesar de la hora tardía y de mis males estomacales, me senté frente a mi computadora con el objeto de reseñar la presentación del Programa de Cultura 1995-2000.

La ceremonia se llevó a cabo en el maravillosísimo ex convento y museo de Santo Domingo. Un poco después de las diez de la mañana, prácticamente ya estaba todo el mundo en sus respectivos lugares aguardando la llegada del presidente de la República. A pesar de las bandas en tela que fungían como toldo, los rayos del sol empezaban a caer implacables sobre el patio del noviciado. Mientras unos se encontraban de lo más a gusto a la sombra, otros comenzaban a asolearse muy a pesar suyo. Entre escritores, arqueólogos, antropólogos, historiadores, músicos, arquitectos, actores y representantes de artes visuales, del teatro, de la danza, culturas populares y artistas e intelectuales de otros estados, había más de 120 personas que, impacientes, esperábamos conocer el programa de cultura. Entre tanto, la banda de los niños de Tlahuitoltepec tocaba la característica música oaxaqueña. Los más impacientes se paraban e iban a saludar a sus amigos de un lado a otro. Así vi cómo María Rojo se moría de la risa con Sealtiel Alatriste; Froylán López Narváez se moría de la risa con Luis de Tavira; Pedro Armendáriz se moría de la risa con Sabina Berman; Tania Libertad se moría de la risa con Óscar Chávez; Silvia Molina platicaba con Arnaldo Coen; Fernando del Paso saludaba a Andrés Henestrosa; Federico Campbell discutía con Armando Labra; Juan Urquiaga charlaba con Francesca Saldívar; Fausto Zerón comentaba con Cristina Gálvez; Abraham Zabludovsky le señalaba las restauraciones de las bóvedas a Teodoro González de León; don José Luis Martínez hablaba con don Leopoldo Zea, etcétera, etcétera. De pronto, frente de mí, vi aparecer a un ángel. Era un ángel muy moreno que tenía los ojos como las canicas que llaman "agüitas", es decir, transparentes y llenos de luz. Era un ángel sencillísimo, vestido con un pantalón beige de algodón y una camisa blanca de lino. Cuando caminaba parecía que se elevaba. Lo vi sonreír, platicar y hasta manotear un poquito. "A Francisco Toledo nada más le faltan las alas", pensé.

Cuando eran casi las once, por tercera vez una voz en el micrófono nos pidió que regresáramos a nuestros lugares. Y por tercera vez así lo hicimos. Pero seguía sin pasar nada. "Es que el presidente va a llegar justo a las 11:10 horas", comentó alguien por allí. Pero sonaron las 11:15 y no pasaba nada. 11:20 y nada. 11:25 y nada. 11:30 y nada. Diana Bracho se tuvo que ir. "Esto nos pasa por ser cultos", comentó sonriente Froylán. "Seguramente a Zedillo no le interesa la cultura, es que no se vale llegar así de retrasado", dijo alguien de la fila de atrás. Y la orquesta seguía tocando la marcha "presidente Zedillo", pero nada que hacía su aparición para quien había sido especialmente compuesta. Después de veinticinco minutos de la hora oficial, hizo su entrada el primer mandatario. "Decididamente no es muy M. G. B.", pensó la autora del *Manual de la gente bien*, que también andaba por allí.

Dos minutos después, en medio del presídium aparecieron tres chamarras. La de Ernesto Zedillo era de gamuza azul marino; la de Diódoro Carrasco, toda de piel caramelo y la de Miguel Limón, de pana y de piel. Nilda Patricia estaba vestida de azul y blanco. Se veía guapa y muy digna. "Lástima que parezca tan lejana y con una actitud como si estuviera medio aburrida", reflexioné. Y en tanto Rafael Tovar decía: "Con el Programa de Cultura 1995-2000, el gobierno de la República entrega el resultado de una labor iniciada hace diez meses con la convocatoria del Poder Ejecutivo Federal a la participación de la ciudadanía en una amplia consulta, que permitió conocer las iniciativas y propuestas de todos los sectores de la sociedad en cada uno de los ámbitos de la vida nacional", el presidente no dejaba de comentar quién sabe cuántas cosas al gobernador de Oaxaca. Después pidió a uno de sus ayudantes un vaso de agua. Se lo llevaron. Le ofreció un poquito a su mujer. Leía algunas páginas del Programa de Cultura. Hacía caras. Subía la ceja. Escribía unas notitas y luego se las daba a alguien del Estado Mayor. No se concentraba. Tenía un aire de que lo que estaba sucediendo allí, no le interesaba. Parecía disperso. Como que por segundos, se le olvidaba que era el presidente de la República. De pronto se acordaba. Entonces ponía cara de galán. Pasaba las hojas de ¿su discurso? Seguía sin concentrarse. De pronto, arriba en el cielo, pasó un avión y se distrajo más. Le dijo algo a Diódoro. (Mientras tanto, por allí en el patio, la autora del *Manual...* pensaba que toda esa actitud no era muy M. G. B.) De los tres de chamarra, sin duda el más atento era Miguel Limón. Nilda Patricia también parecía que escuchaba con atención.

Todo el mundo aplaudió mucho el discurso de Rafael Tovar. En seguida vinieron las palabras de Andrés Henestrosa. Con una manera de ser muy oaxaqueña, comenzó en zapoteco. "Tihui-tihui" (adelante, adelante), decía con una vitalidad sorprendente. Dijo que a Oaxaca le decían "la nueva Babel", por sus múltiples dialectos. "Uno es México, uno es la bandera, uno es la Constitución", leía Henestrosa con mucha emotividad. "Cultura es la soberanía. Bajo un árbol se puede aprender a leer y a escribir." Y todos emocionados aplaudimos al escritor. Después, habló Andrés Fábregas Puig, el entonces rector de la Universidad de Chiapas. "Nuestra mayor riqueza es nuestra diversidad cultural. Nuestra mayor pobreza son nuestras diferencias económicas", decía muy serio con su barba de sabio.

Por último, habló Ernesto Zedillo. Allí sí se conectó. Allí sí se concentró. Allí sí hizo contacto con un público que pesaba cada una de sus palabras sentidas e inteligentes. Casi sin ver sus notas, explicaba mirando hacia su auditorio la importancia de la cultura en nuestros días. "Se lo aprendió de memoria", comentó alguien muy quedito en la fila de atrás. "¿Quién se lo habrá escrito?", se preguntó otra voz.

Al finalizar el acto, algunos lamentamos que la banda Tlahuitoltepec no tocara el Himno Nacional. "Ojalá que todo esto sea cierto", me comentó Sabina Berman al salir. "Ven, vamos a ver las restauraciones del ex convento que ha hecho Juan Urquiaga. No te puedes imaginar cómo está quedando. Créeme que cuando terminen las obras va a ser uno de los museos más bonitos del mundo", me dijo entusiasta Francesca Saldívar. Y dicho y hecho, minutos más tarde estábamos paseando por un mundo de cultura lleno de magia y de pasado.

¿Qué pasa en Oaxaca?

He allí la pregunta que miles y miles de oaxaqueños y turistas internacionales y nacionales nos hicimos respecto a la remodelación del Centro Histórico de una de las ciudades más bellas de nuestra República. Recibí una carta que me preocupó sinceramente. Es tan elocuente y transmite de una forma tan espontánea la angustia de esta ciudadana, que me permito transcribirla literalmente, como una manera de protesta y de solidaridad con la mayor parte del estado que está totalmente en desacuerdo con el proyecto del gobernador.

Querida Guadalupe, te escribo para contarte todo lo que está pasando en Oaxaca, pero antes te cuento que formo parte del Comité Ciudadano de Vigilancia. Bueno, pues todo empezó el 18 de abril, cuando un amigo nuestro, alertado por las meseras de los cafés del zócalo (El Bar Jardín) nos llamó para decirnos

que "habían tumbado" uno de los laureles centenarios del zócalo. Ya circulaba el rumor de que existía un proyecto de remodelación del zócalo y que se iban a tirar árboles. Se decía además
que Luis Zárate (uno de los pintores oaxaqueños, conocido,
pero no muy bueno) estaba implicado. Todo eso se confirmó
luego.

Evidentemente, el árbol no se cayó solo, quedó marcado en
la base, y hay varios testigos (vendedoras ambulantes sobre
todo) que vieron cómo las máquinas retroexcavadoras lo ayuda-
ron a caerse. Unos días antes habían dejado las raíces al descubierto como resultado de las obras para levantar toda la cantera.
Cuando llegué al zócalo el espectáculo fue desolador, parecía
un verdadero campo de batalla: todo el piso estaba levantado y
los pedazos de cantera estaban amontonados en varios lugares.
El gigante tumbado absurdamente sobre lo que fue el Palacio
de Gobierno (pronto, museo de quién sabe qué, la idea del actual gobierno es de impedir que el pueblo o cualquier ciudadano se apropie de este espacio para expresarse, impedir plantones
y otras manifestaciones políticas desde luego). Me acuerdo de
una vendedora de chicles que gritaba poco después de que se
derrumbó el árbol, "Ulises, si cortas otro árbol, o una rama, que
te corten una ¡pata!"

Ya desaparecieron las bancas y los faroles antiguos de hierro forjado, así como una fuente de piedra que eran parte del
zócalo como lo conocimos.

Una semana antes de ese hecho, Luis Zárate había presentado el proyecto ante un pequeño comité (unas veinte personas
todas de ProOax, A. C.).

Los responsables del proyecto son:

Saúl Alcántara, arquitecto del proyecto.

Carlos Melgoza, director del Instituto del Patrimonio, ex presidente municipal de Oaxaca.

Luis Zárate.

Alejandro de Ávila (socio de ProOax), responsable y diseñador del Jardín Etnobotánico.

Jesús Ángel Díaz Ortega, presidente municipal.

El mismo día que cayó el árbol, empezamos a organizarnos. Formamos brigadas y turnos para permanecer en el zócalo y proteger los laureles, sobre todo en la noche. Durante el día hablábamos con los transeúntes, escuchábamos sus quejas, el enojo de la sociedad era evidente. Algunos nos decían "queremos ayudarlos, queremos frenar este proyecto, no queremos que se toquen los laureles… pero ¿qué se puede hacer? Si el gobierno avaló este proyecto, sin preguntarle la opinión a la sociedad, ¡eso es autoritarismo! ¿Qué puede hacer la sociedad?" La gente buscaba respuesta en nosotros.

Dos días después, se organizó en la Casa de la Ciudad (con la intervención de Isabel Grañen de la librería Porrúa que se propuso como intermediaria y mediadora) un encuentro entre la ciudadanía y los responsables del proyecto. Ahí estalló la indignación que ya teníamos acumulada. Los funcionarios responsables no pudieron contestar con claridad a ninguna de nuestras preguntas, tales como si será respetada la vegetación del lugar, en qué consiste exactamente el proyecto de remodelación, si tuvieron licitación para hacerlo, qué otros espacios públicos abarca, cuál es el costo real de la obra (se habla de setecientos u ochocientos millones de pesos). Las respuestas no eran más que contradicciones y evasivas. Al final, se apareció el secretario de gobierno para anunciar que la obra seguiría adelante. Todos nos levantamos y salimos, algunos gritando y quejándose. Poco después el secretario salió, casi corriendo, rodeado de unos treinta guaruras y policías de civil (no sé si eran de seguridad pública o qué, todos estaban vestidos de negro). El autoritarismo fue evidente esa noche, pero también, quedó claro que la sociedad enojada también puede impactar a las autoridades. El secretario y los demás responsables del proyecto se fueron espantados...

El siguiente domingo, organizamos una consulta ciudadana para saber lo que pensaba la gente (cuatro preguntas, entre otras, ¿están de acuerdo con que se remodele el zócalo? ¿Piensan que esta es una obra prioritaria para Oaxaca?, etcétera, etcétera). Los niños pintaron lo que pensaban de todo esto. Acudió mucha gente, y más personas ofreciéndose para ayudarnos, desesperadas por poder hacer algo.

Vino el presidente del Consejo Internacional de Sitios y Monumentos Históricos (avalado por la UNESCO), Javier Villalobos Jaramillo, para ver qué pasaba. Nosotros habíamos mandado una carta a la UNESCO para denunciar lo que estaba sucediendo, y por eso lo enviaron. Se quedó apenas unas horas en Oaxaca, se supone que vio el proyecto (el documento) y visitó el zócalo. No supimos qué pasó, pero la prensa el día siguiente contó que las conclusiones de este personaje fueron que "sí, hubo muchos errores, sobre todo por la falta de comunicación, pero que el proyecto es bueno", y agregó que le dio gusto saber que este gobierno tenía buenas propuestas para Oaxaca y que visiblemente estaba asesorado por profesionales.

ProOax tuvo que deslindarse de este proyecto e incluso nos invitaron a participar con ellos. Organizamos una marcha al zócalo y ProOax se juntó a nosotros para ayudarnos.

Constantemente recibimos *mails* que descalifican a nuestra organización/comité, inventando otro nombre (Comité Único de Salvamento del Zócalo) y hablando en nuestro nombre. Inventaron, por ejemplo, que Sergio Hernández iba a donar cincuenta mil dólares para el proyecto. También inventaron que tú firmaste un comunicado, al parecer.

La cosa es que este proyecto lo puso en marcha un pequeñísimo grupo de funcionarios y "artistas" arrogantes, con el objetivo de "embellecer" un espacio que es de todos.

Hasta aquí la carta de esta ciudadana.

Mientras miles y miles de oaxaqueños marcharon por las calles del Centro Histórico para protestar contra el autoritarismo del entonces gobernador Ulises Ruiz, lo más probable es que se encontrara en su casa, muy contento tomando su mezcalito, acompañado por sus tacos de chapulines. Imaginemos de qué manera les explicaría a sus invitados lo maravilloso que es su proyecto. Miren ustedes, el Palacio de Gobierno será un museo como el Universum de la UNAM, la casa oficial se convertirá en una escuela de hotelería y en 2006 todas las oficinas públicas serán movidas del centro... De lo que se trata es de hacer mucho más habitable el Centro Histórico de la ciudad, pero también mucho más atractivo para el turismo y la cultura... De ninguna manera se trata de derribar árboles, ni de cambiar y modernizar una zona histórica. No, eso nunca... El proyecto está hecho por profesionales, por arquitectos restauradores, está hecho por gente que sabe lo que está plantando (y desplantando, digo yo), no es improvisación (¿noooooooooo?), no se trata de afectar el patrimonio de los oaxaqueños (¿noooooooooo?) sino, al contrario, aprovecharlo...

Enredo
oaxaqueño

Mientras lo veía en la televisión, tenía deseos de romper la pantalla. El personaje que estaban entrevistando hacía todo por provocar mi irritación. Tenía una mirada viscosa y una sonrisa totalmente falsa. Sus palabras se escuchaban huecas, mentirosas y muy hipócritas. Por más que trataba de relajarse, se le advertía extremadamente tenso. "Entonces, ¿no hay posibilidades de que el gobernador de Oaxaca renuncie para darle una solución al problema que vive en estos momentos el estado?", le preguntaba, grosso modo, su entrevistador Víctor Trujillo en el programa *El cristal con que se mira*. Cada vez que el conductor le hacía la misma pregunta pero utilizando otras fórmulas, las pupilas negras, más negras que un par de capulines, de Ulises empezaban a brincotear de un lado al otro. No, no podía fijar la mirada, como tampoco podía dejar de sonreír. Era una sonrisita como muy cínica. Más de media hora se quedó en el programa, lapso en el cual imaginé que había llenado de muy malas vibraciones todo el estudio de Televisa. "Aquí huele a azufre", hubiera podido decir parafraseando a Chávez cualquiera de los camarógrafos del estudio. Por cierto, esa mañana cómo compadecí a los compañeros camarógrafos. Los compadecí por toda la sarta de mentiras y falsedades que tuvieron que escuchar del invitado. Pero si de algo se pueden sentir satisfechos es del trabajo que hicieron. Gracias al profesionalismo con el que manejan las cámaras, pudimos ver a ese señor sin maquillaje, pudimos ver lo que había detrás de esa sonrisa tan falsa y pudimos conocer al típico priista de los años ochenta. Confieso que también pensé en los de la APPO y de todo corazón me solidaricé con ellos en su demanda: "Fuera Ulises." No, no veo otra solución. Aunque fuera el gobernador y represente una "institución", ¿cómo lo vamos a respetar si él mismo no se ha dado a respetar por sus gobernados? ¿Cómo lo vamos a respetar si se trata de un gobernador represor, un gobernador golpeador que en plena madrugada desalojó a tiros a los maestros de un plantón en el Centro Histórico de Oaxaca, hecho que no hizo más que radicalizar aún más el movimiento? Su permanencia en el gobierno polarizaría todavía más a la sociedad oaxaqueña. Es cierto que los de la APPO han sido violentos y no muy respetuosos de la ciudadanía, es cierto que han cerrado calles con sus barricadas y que han afectado a mucha gente. Seguramente muchos oaxaqueños se preguntan: ¿por qué buscar el beneficio de setenta mil profesores sin importar que se dañe a más de cuatrocientos mil ciudadanos? ¿Por qué convertir las demandas laborales en demandas políticas por intereses de grupo o individuales, sin importar que se asfixie una ciudad que vive del turismo? Es cierto y por ello también me solidarizo con ellas y ellos que han visto su vida alterada.

Recibí un correo de un lector de Oaxaca que decía: "Te invito a que vengas a Oaxaca, intentes salir más allá de las 11 de la noche, por la mañana busques rutas alternas para llegar a tu trabajo, acompañes tu viaje con el silencio de las radiodifusoras, veas a los niños no hacer nada y a los appistas mirarte retadores porque, de acuerdo con lo que piensan, sólo ellos tienen la razón y si no los apoyas, entonces eres su enemigo. Pero se me olvidaba, en tus textos no has hecho una sola crítica a la APPO, entonces no creo que te consideren su enemiga."

Qué triste resulta que las y los mexicanos nos veamos como enemigos. No, eso tampoco debemos permitirlo. Pero qué pueden hacer ante la cerrazón de Ulises, ante los priistas que no quieren perder el estado y que por eso están pidiendo ayuda federal. Así como la mayoría de las y de los oaxaqueños están en contra de la intervención, también están en contra de la violencia, en especial la que utilizó el gobernador Ulises.

Respecto a la marcha de los integrantes de la APPO y de la Sección XXII, tengo entendido que conforme avanzaban y pasaban por las poblaciones de Telixtlahuaca, Nochixtlán, Yanhuitlán y Huajuapan de León, la gente que los veía pasar los apoyaba dándoles comida, agua, sombreros, fruta. Al llegar los marchistas a estas poblaciones se les recibía con cohetes y también con muchas pancartas. Las abuelitas les daban bendiciones. Estos pobladores (mujeres, personas mayores y niños) también tienen sus propios agravios contra Ulises, ellos también quieren que se vaya porque desde que tómo la administración se han agudizado aún más los conflictos agrarios. Ellos saben que en la Mixteca ha habido violaciones graves a los derechos humanos. "Ustedes nos están representando. Ustedes están caminando por nosotros", les dicen al pasar. Y en cada población se suma gente. No hay que olvidar que estos marchistas deberán recorrer más de quinientos kilómetros a través de cinco estados. Vamos a ver cómo les irá en Puebla, por ser un estado gobernado por un amigo priista igual de deshonesto que Ulises.

Si muchas y muchos oaxaqueños se rebelaron fue en contra del gobierno de Ulises Ruiz, porque ya no quieren un gobierno que maneje los recursos del pueblo en beneficio de un sector privilegiado de la sociedad. Ya no quieren instituciones que no cumplen. Y ya no quieren más discursos con palabras vacías, así como las que utilizó Ulises en la tele.

Habrá paro estatal, convocado por empresarios. Antes de eso todo mundo corría en Oaxaca cargando gasolina, yendo a bancos, abasteciéndose de víveres porque no saben si sólo serán dos días o qué viene después, mientras en el Senado siguen pensando cuándo constituir su comisión. Ya se rumora que habrá actos de provocación (grupos de choque contratados por el gobierno del estado) para justificar y concretar de una vez por todas el temible y esperado desalojo. En Oaxaca se ve terrible el panorama. Ojalá esto no sea cierto…

Todo esto le quería decir a mi lector oaxaqueño…

Oaxaca
mágica

Siempre he sostenido que, después de París, la ciudad más bonita del mundo es Oaxaca. Pero ahora digo, con toda la contundencia del caso, que Oaxaca, junto con París, es la capital más bella del planeta. Créanme que no miento ni exagero. Acabo de estar allí, estuve dos días y se los juro que ya no quería regresar al D.F. Quería comprar una casita, un terrenito, un jacalito, una *suite* chiquita o, mínimo, un *loft* pequeñito para poder pasar largas temporadas en la ciudad de mis amores. Durante mi corta estancia, quería pedir en los restaurantes los siete moles y, al mismo tiempo, correr al mercado para comer unos deliciosos tacos de chapulines. Quería que esos dos días duraran cuarenta y ocho horas para visitar iglesias, museos, archivos, tiendas de artesanías, plazas y bibliotecas de todo el estado. Quería ver a Francisco Toledo para ayudarlo con el tapiz que debe entregar cuanto antes para la biblioteca Carlos Monsiváis.

Quería ir al convento de Yanhuitlán del siglo XVI para ver el claustro restaurado, los retablos y el museo que hizo el INAH. Y, ya estando allí, quería visitar, a tan sólo treinta minutos de distancia, la extraordinaria capilla abierta que se encuentra en el convento de San Pedro y San Pablo Teposcolula. De regreso a Oaxaca, quería visitar otra joya del siglo XVI, el convento de Coixtlahuaca. Quería conocer la casa donde habían vivido mis antepasados, los que pertenecían a "la raza de valientes", y platicar con los bisnietos de los que habían sido sus vecinos. Quería escuchar toda la música de Macedonio Alcalá y cantar los boleros de Álvaro Carrillo. Quería tocar a la puerta de la casa de Margarita Maza y preguntarle dónde podía localizar a su marido, porque sabía que Juárez nunca había muerto. Quería beberme todo el mezcal de Santiago Matatlán, la capital mundial del mezcal. Quería transformarme en un alebrije, convertida en gacela, como los que crea Noel Martínez Villanueva, y correr por los corredores de Santo Domingo. Quería comprar media docena de máscaras creadas por Alejandro de Jesús Vera Guzmán y comprarle la de María Lencha. Quería comprarme unas arracadas de filigrana enooooormes como las que hace don Delfino García Esperanza con ese alambre tan finito de plata. Quería abordar un taxi y rogarle al operador que me llevara volando a San Pedro Amuzgos para adquirir uno de los maravillosos huipiles que bordan las manos expertas de Eva Hernández Tapia. Como de rayo, quería dirigirme a Teotitlán del Valle, en las faldas de la Sierra de Juárez, y comprar un par de velas ornamentadas con flores. No podía regresar a México sin llevarle a mi hija Lolita un cinturón de piel de charrería con adornos de pita de maguey, como los que fabrican en Juxtlahuaca. Y, por último, quería ir al Mesón de la Soledad para entrevistarme con doña Petrona y decirle que muchos mexicanos quieren que regresen a Oaxaca los restos de su hijo, don Porfirio Díaz. ¡Dios mío, cuántas cosas quería hacer en Oaxaca! De todos los estados de la República, éste es el que más me inspira, seguramente se debe al alto porcentaje de sangre oaxaqueña que corre por mis venas.

Dice Carlos Tello que su bisabuelo, don Porfirio Díaz, hablaba mucho de Oaxaca antes de morir. Que tenía planeado regresar para trabajar en una hacienda platanera. "Me dará con qué vivir mientras muero", solía decir. Lo que más recordaba era el Mesón de la Soledad, en donde acostumbraba jugar de niño con su hermana Manuela. Durante su exilio en París, lo que más extrañaba don Porfirio a la hora de la comida era la cecina y el mole negro.

Ya me dio hambre, ya me dieron ganas de regresar y ya me quiero ir para allá. Lo que me tiene muy contenta es que ya convencí a Enrique de que fuéramos a la Guelaguetza. Le dije que, el sábado 21 de julio, no nos podíamos perder el Desfile de las Delegaciones. Éste parte de la Explanada de la Cruz de Piedra y recorre la calle de Macedonio Alcalá hasta llegar al zócalo de la ciudad. Le dije que, después del desfile, podíamos caminar en la Plaza de la Danza, lugar donde se encuentra el Palacio Municipal y la Iglesia de la Soledad, patrona de la ciudad. En la explanada de esta plaza, podríamos disfrutar del espectáculo "Fiestas Tradicionales de la Región del istmo", que se presenta por primera vez. Le dije que podríamos apreciar pasajes de la vida en el istmo representados por delegaciones de las ciudades de Juchitán, El Espinal, Santo Domingo Tehuantepec e Ixtepec. Le dije que el domingo podíamos recorrer el centro y comer en el restaurante Casa Oaxaca, del chef

Alejandro Ruiz, reconocido como uno de los grandes expositores de la cocina tradicional y comida fusión. Que podíamos ocupar una de las mesas situadas en la terraza, desde donde se puede disfrutar de una vista hacia el Templo de Santo Domingo y parte del andador turístico.

¿Saben de qué manera pueden ustedes ayudar a este estado tan maravilloso? ¿Saben cómo? ¡Visitando Oaxaca!. ¡Yendo a Oaxaca! Y, ¡turisteando en Oaxaca!

El "góber horroroso"

"…reyezuelo despótico", lo llamó Jorge Zepeda Patterson en su editorial de *El Universal*, el 24 de septiembre de 2006. "Un patán de la política", comentó al aire, Raymundo Riva Palacio, en el programa de Víctor Trujillo. Por mi parte, yo lo llamé el góber horroroso… Pero, ¿qué opinaron las y los oaxaqueños a propósito de la forma de gobernar de Ulises Ruiz?

Si algo nos queda claro es que Ulises, impuesto por Madrazo, llegó a la gubernatura de su estado sumamente cuestionado. Incluso su supuesto triunfo fue llevado al Trife, quince días antes de que tomara posesión. Sin embargo, la mayoría de los oaxaqueños afirmó que ganó Gabino Cué. En otras palabras, el ex gobernador de Oaxaca empezó muy mal. De entre las muchas torpezas que cometió el góber horroroso a lo largo de su gestión, sólo mencionaremos algunas. En primer lugar cambió la sede de los poderes al municipio de Santa María Coyotepec, justo al lado de la Secretaría de la Protección Ciudadana. Es decir, que lo que era el Palacio de Gobierno lo convirtió en museo. Después se le ocurrió mudar el Congreso local al teatro Álvaro Carrillo. Luego construyó un edificio en San Raymundo Jalpan y a partir de entonces estuvieron cambiando de sede, debido a las innumerables protestas de los maestros. Hay que decir que posteriormente regresaron a su sede original en donde, por cierto, anunciaron una reforma de Estado. Por su parte, el Congreso del estado se convirtió en el Teatro Juárez. Bueno pero, ¿qué decía la gente respecto de todos estos cambios? Todo el mundo se indignó. Decían que el de Ulises era un gobierno que no daba la cara, que se estaba escondiendo. Nadie entendía por qué muchas oficinas del gobierno estatal habían sido cambiadas sin previo aviso. Esto, naturalmente, generó una gran confusión. ¿Se debía a que el gobernador no quería gobernar frente al pueblo? Ulises se negó a dialogar, especialmente con la sociedad civil. Su gobierno se caracterizó por una terrible cerrazón. No contento con todos esos cambios y las protestas, al góber horroroso todavía se le ocurrió remodelar el zócalo de la ciudad. Con esa nueva iniciativa, Ulises incurría, una vez más, en la prepotencia, es decir, en el más puro estilo priista. Jamás consultó a la ciudadanía. Un buen día el zócalo amaneció sitiado para que las máquinas pudieran levantar el piso de cantera. "Es que el gobernador quiere modernizar el Centro Histórico. Vamos a poner un nuevo alumbrado, estacionamientos y hasta pasos a desnivel", comentaban los funcionarios de su gobierno. El costo político fue elevadísimo, así como el financiero. Nada más la remodelación del zócalo ascendía a casi ochocientos millones de pesos. ¿Para qué tanto gasto en algo que no era indispensable tratándose de un estado tan pobre y con necesidades apremiantes como, por ejemplo, el agua? Muchos municipios (Oaxaca tiene más de quinientos) no tienen agua. Toda esta confusión, pero sobre todo indignación de la sociedad oaxaqueña se daba en el mes de abril de 2005. A partir de todas estas arbitrariedades, se inició una movilización ciudadana en Defensa del Patrimonio Histórico. Se suponía que estos trabajos estarían terminados en julio para la Guelaguetza. Finalmente no se terminaron. Para colmo se pusieron unas esculturas en el zócalo que costaron una fortuna y que fueron muy criticadas. "Es una exposición itinerante. Recorrerá otros estados de la República", decían sus achichincles. Pero no era cierto. Al cabo de unos meses estas mismas esculturas fueron abandonadas en el parque El Tequio, en calidad de chatarra. Pero sin duda lo que más molestó a las y los oaxaqueños fue el impedimento para realizar cualquier tipo de manifestación, incluso cultural, en el zócalo. He allí una limitante al derecho de la libertad de expresión. La policía municipal, es decir, los llamados "jaguares", estaban encargados de evitar cualquier tipo de manifestación. Una vez que pasó la Guelaguetza, durante todo 2005, la policía preventiva se encargó de evitar que llegara cualquier manifestación ya sea de mujeres, de estudiantes o de otras comunidades.

Todo lo anterior contribuyó a crear el profundo enojo e indignación de la ciudadanía. En Oaxaca nunca quisieron a Ulises. No lo quisieron por su forma tan autoritaria para gobernar. La diferencia entre Murat y Ulises fue que con el primero sí había posibilidades de negociación, de diálogo, y con el segundo, sucedió todo lo contrario. Todo era a puerta cerrada. Por temporadas desaparecía. No daba la cara. Nadie sabía dónde estaba. Cuando las y los oaxaqueños se topaban con el góber horroroso, era porque lo veían en la tele.

Y al hablar de Ulises no podemos dejar de hablar de los actos de corrupción. Para todas y todos los oaxaqueños es sabido que los recursos para Oaxaca fueron canalizados a la campaña de Madrazo en 2006. Muchos de los funcionarios públicos que no llevaban ni dos años en el gobierno cuentan ya con mansiones. Algo que resulta muy evidente para la sociedad civil oaxaqueña es que en la obra pública prácticamente no existen licitaciones. Se simula que las hay, pero no es así. Como que licitan una obra pero todo el mundo sabe que de antemano ya se decidió qué empresa será contratada. Como que llaman a un conjunto de empresas para que presenten sus cotizaciones, pero es una mera simulación. Por ejemplo, con relación a la obra del zócalo, que representó un costo tan elevado, lo que hicieron fue fraccionarla. Es decir que la dividieron en treinta partes, aunque se hubiera tratado de una sola obra. Esto lo hacen con el objeto de evitar una licitación pública nacional.

Para entonces, una gran parte de la sociedad oaxaqueña tenía miedo de decir lo que pensaba de verdad. Temía unirse al clamor general que a gritos pedía: "¡Fuera Ulises!" En un gobierno represor es natural que se tema por las consecuencias. Oaxaca es una ciudad pequeña, todo el mundo se conoce. No hay familia que no tenga un pariente en el gobierno. Era normal que se temiera a sabiendas de que el gobierno tenía la consigna de fotografiar a todas aquellas personas que se manifestaran en contra de Ulises. Tomaban videos de las marchas. Había un grupo enorme de paramilitares que circulaban por toda la ciudad. Rondaban las oficinas de las ONG. Había mucha intimidación.

De seguro muchos pensarán que hubo demasiadas pérdidas por culpa de los manifestantes de la APPO, que los niños no fueron a la escuela casi cuatro meses, que se alejó al turismo y que, por consiguiente, era necesario que intervinieran las fuerzas del gobierno federal. Como Jorge Zepeda Patterson, me pregunto también: "¿A quién pueden recurrir los movimientos populares para protestar contra un gobernador que actúa como reyezuelo despótico?"

"¡¡¡Ya cayó Ulises, ya cayó!!!"

"¿Duerme usted bien por las noches, señor Gobernador?", le preguntó Pepe Cárdenas a Ulises Ruiz telefónicamente durante su noticiario. De inmediato se hizo un silencio, para que en seguida el entonces gobernador dijera que no, que no dormía bien porque estaba, según él, muy preocupado y ocupado por lo que estaba sucediendo en Oaxaca.

En efecto, el ex gobernador seguramente no podía cerrar los ojos por las noches, pero no porque estuviera preocupado por Oaxaca, sino porque estaba muerto de miedo. Sí, Ulises Ruiz tenía miedo de caer; tenía miedo de verse obligado a renunciar porque la permanencia en su cargo no hacía más que irritar aún más los ánimos; tenía miedo porque no gobernaba a su estado; tenía miedo porque nadie le creía y tenía miedo porque nadie lo quería en Oaxaca. Incluso los priistas de la Cámara alta lo exhortaban a "reconsiderar separarse de su cargo", y contribuir así al establecimiento de la gobernabilidad.

Ulises y su bigotito ridículo; Ulises y su mirada turbia; Ulises y su cinismo exasperante; Ulises y su autodefensa chafa; Ulises y sus mentiras; Ulises y sus chanchullos; Ulises y sus tranzas; Ulises y sus mañas; Ulises y su soberbia de quinta; Ulises y su importamadrismo; Ulises y su arcaico discurso priista; Ulises y su absoluta falta de ética. Y por último, Ulises, el antónimo del Ulises de la *Odisea* (en lo único que se parecía al héroe de Homero es que Ulises Ruiz nunca estaba en su casa, en Oaxaca).

Es evidente que el gobierno del estado y el Gobierno federal querían dar la impresión de que las acciones que habían tomado estaban en el marco de la ley, que el "operativo arrojó un saldo blanco", pero en realidad no fue cierto. No fue así. Hubo muertos, desaparecidos, detenidos y se reportó que una caravana que salía de Tlaxiaco hacia la ciudad de Oaxaca fue detenida y agredida por aproximadamente doscientos elementos de la PFP que la esperaban para impedirle el avance a la capital del estado. Aún no se sabe el paradero de muchos de ellos. De ahí que insistamos en decir que no es cierto que la situación en Oaxaca estuviera bajo control. Todo lo contrario. Lo que intentaron tanto el gobierno del estado como el federal fue mandar señales de que la gran mayoría de la población fue víctima de los grupos en conflicto, es decir, la APPO, la Sección XXII y el gobierno del estado. Se esperaba que con la intervención la gente se escondiera en sus casas, que no saliera a la calle, pero no fue así. Al contrario. Nada más sabían que había balazos o avanzada de la PFP, para que de inmediato se congregaran en el lugar de los hechos. Hay que decir que la ciudadanía en general se volcó a las calles. Que hubo tres marchas simultáneas que llegaron al zócalo y rodearon a la PFP. Después de lanzar la consigna más sentida del pueblo: ¡Ya cayó, ya cayó, Ulises, ya cayó!, para evitar una confrontación que pudiera tener consecuencias mayores, decidieron alejarse unas cuadras y dirigirse a Santo Domingo. Allí hubo un mitin y se decidió establecer el plantón permanente día y noche resistiendo de manera pacífica. Hubo una rueda de prensa organizada por la Red Oaxaqueña de Derechos Humanos que informó que el saldo de aquella jornada fue de tres muertos, cinco heridos graves, veintitrés detenidos certificados y cinco desaparecidos. Pensamos que hubo muchas más víctimas; sin embargo, esos fueron los datos oficiales. De la caravana que iba de Tlaxiaco, la PFP detuvo a diecisiete personas y los detenidos fueron golpeados desconociendo el lugar donde fueron recluidos. En el documento se lee: "Estos hechos de represión tanto del gobierno estatal como del gobierno federal constituyen diversos delitos del orden local, nacional e internacional que son: ejecución extrajudicial. Uso excesivo de la fuerza pública. La desaparición forzada de personas. Cateos ilegales y allanamiento de morada. Violación de derecho a la libre expresión y manifestación de las ideas. Todos estos delitos violan tratados y convenios internacionales suscritos por el Gobierno Mexicano."

No hay duda de que la muerte del periodista norteamericano Bradley Will fue el pretexto del Gobierno federal para intervenir en Oaxaca. Vayamos a la reconstrucción de los hechos. Bradley tenía dos meses en Oaxaca cubriendo el proceso político. Era reportero y pertenecía a la organización de medios alternativos Indymedia. Su trabajo se enfocaba sobre todo al aspecto humano del conflicto, por eso tenía que estar presente donde se generara la noticia. El 27 de octubre salió con un compañero observador internacional de derechos humanos, rentaron una moto para movilizarse mejor. Estuvieron al mediodía haciendo entrevistas alrededor del local de Radio Universidad y ya entrada la tarde, les avisaron que había en algún lugar una balacera, a donde se dirigieron. Cuando llegaron, según testimonio de los periodistas, había mucha agitación, porque momentos antes habían quemado un vehículo y se había dado un enfrentamiento entre simpatizantes de la APPO y priistas locales, encabezados por integrantes del Ayuntamiento de Santa Lucía del Camino. Un grupo de personas se reorganizó para manifestarse contra estos hechos. Apenas había empezado la marcha y de nuevo comenzaron los disparos. La gente se replegó, pero un grupo de cuarenta jóvenes trató de repeler la agresión con cuetones. Luego fueron por un camión que habían retenido e intentaron usarlo como barricada para protegerse de los balazos. Detrás del camión venía el grupo de reporteros, entre ellos Bradley, Francisco Olvera de *La Jornada*, un camarógrafo de Televisa, el fotógrafo de *Milenio*, Oswaldo Ramírez, y el periodista Diego Osorno. Llegaron a la altura de la casa de una supuesta líder priista de la que salían los balazos y se ubicaron a la mitad de la calle. De otra parte empezaron a salir personas armadas. Eran aproximadamente las 5 de la tarde. Diego Osorno especifica que vio a dos tipos con rifles R15 que comenzaron a disparar una primera ráfaga. La gente en el lugar se tiró al suelo y Oswaldo Ramírez recibió un rozón en la rodilla. Se detonó una segunda ráfaga y allí fue cuando una bala pegó en la boca del estómago de Bradley. En seguida vino otra que le entró por un costado. A partir de ese momento fue el caos.

¿Cuántos periodistas y cuántos oaxaqueños más tendrán que caer?

¡Peligro!
¡Peligro!

Por las treinta primaveras de Proceso.

No hay duda de que Ulises Ruin fue un verdadero peligro para Oaxaca. Por eso los que querían que se fuera ya no sabían a qué métodos recurrir para lograrlo: ¡Ya cayó, ya cayó, Ulises, ya cayó!, gritaban las veinticuatro horas del día los integrantes de la APPO y de la sección XXII, al mismo tiempo que lanzaban a los efectivos federales piedras, resorterazos, canicas, palos, tuercas, tubos, navajas, petardos, tachuelas, bombas molotov y cohetones. A ellos no les asustaban los gases lacrimógenos ni las bombas "aturdidoras" lanzadas desde los helicópteros FP305 y FP306, ni mucho menos los atemorizaba el chorro de agua que vomitaban las tanquetas. El único objetivo de su protesta era la salida de Ulises Ruin. Su demanda duró más de cinco meses. Recapitulemos:

20 de abril de 2006. En el Primer Congreso Político de la Sección XXII de la CNTE, realizado en abril, los maestros manifestaron: que el Movimiento Democrático de los Trabajadores de la Educación de Oaxaca (MDTEO) establezca la reivindicación del socialismo científico como ideología y plataforma política de la lucha por la construcción de una nueva sociedad en contraposición al proyecto capitalista del Estado. Impulsar una escuela político-sindical con carácter permanente en cada centro de trabajo. Luchar por la desaparición de las diferencias de la clase social.

1 de mayo de 2006. Los maestros de Oaxaca tomaron las calles de esa ciudad, y en ella al gobernador Ulises Ruiz lo calificaron de asesino.

Los gritos de "¡Ulises ya cayó!", "¡Asesino de menores!" y "¡Ulises criminal!" fueron las consignas más escuchadas en la megamarcha. Los profesores marcharon siete kilómetros y cantaron: "Que llueva, que llueva, que no deje de llover, que el pinche Ulises se tiene que caer." Más de cien mil personas se extendieron a lo largo de dos kilómetros sobre la carretera a Huitzo. Los maestros reportaron cuatrocientos mil. A ellos se unieron sindicatos, universitarios y profesores de otras regiones. A su paso dejaron pintas que decían: "Ulises, ya caíste", "Ulises, te vamos a matar."

En esa marcha hacia el centro de la ciudad de Oaxaca, la demanda principal fue realizar un juicio político a Ulises Ruiz para desconocerlo como gobernador del estado de Oaxaca por su práctica represiva en contra de la sociedad y exigir la salida inmediata de Jorge Franco Vargas de la Secretaría General de Gobierno.

5 de junio de 2006. Enrique Rueda Pacheco, líder de la Sección XXII del SNTE declaró: "Los delitos que está cometiendo

el señor Ulises Ruiz son: la represión, el hostigamiento, la persecución y el encarcelamiento de dirigentes y organizaciones sociales."

14 de junio de 2006. Día en que Ulises Ruin manda desalojar la manifestación de la APPO.

8 de septiembre de 2006. Enrique Rueda, dirigente de la Sección XXII del SNTE, dijo que en la Secretaría de Gobernación se trabajaba en una salida jurídica e institucional del conflicto en Oaxaca, incluido el retiro del cargo de gobernador del estado a Ulises Ruiz. "También está trabajando el equipo jurídico la salida legal, la salida institucional que plantea la Secretaría de Gobernación respecto a la salida de Ulises Ruiz", señaló el dirigente. Sin embargo, el secretario de Gobernación, Carlos Abascal, aseguró que la renuncia de Ruiz tenía un cauce institucional. "Y ahí yo no tengo nada que decir, porque, como he dicho, ni pongo ni quito gobernadores. Es el pueblo de Oaxaca el que lo eligió y por lo tanto hay procedimientos constitucionales para atender ese reclamo", señaló Abascal.

13 de septiembre de 2006. Presidentes municipales denunciaron que el gobierno del estado no les había entregado más de 570 millones de pesos asignados a los ayuntamientos de Oaxaca para la realización de obra pública. Doroteo García, presidente municipal de San Francisco Lachigoloo, a nombre de los 570 alcaldes, señaló que la administración del gobernador Ulises Ruiz congeló los recursos provenientes de los ramos 28 y 33, a raíz del conflicto político de la entidad.

19 de octubre de 2006. El senador del PRD Carlos Navarrete dijo que Ulises Ruiz era "un cacique, un hombre enamorado del poder, un hombre sin principio alguno, y sin la menor consideración por el pueblo que gobierna, ha decidido

por su propia autoridad y por su propia decisión, contra todo y contra todos, quedarse a gobernar el estado, pese a que no tiene ninguna posibilidad de ejercer el Poder Ejecutivo." Y más adelante agregó: "(Ruiz) es el heredero de Gonzalo N. Santos, de Rubén Figueroa, es el hombre de horca y cuchillo, que pasa incluso por la sangre de sus paisanos, con tal de sostenerse."

27 de octubre de 2006. Muere asesinado el periodista Bradley Will a manos de personas que trabajaban para Ulises Ruin.

30 de octubre de 2006. La Red Oaxaqueña de Derechos Humanos informó que el saldo de la jornada de ese día fue de tres muertos, cinco heridos graves, veintitrés detenidos certificados y cinco desaparecidos (y los que se han ido acumulando desde entonces).

2 de noviembre de 2006. "Fue una tarde, en las inmediaciones de la Universidad Autónoma Benito Juárez de Oaxaca (UABJO). Algunos dicen que la PFP dio el primer paso al arrojar gases lacrimógenos contra los integrantes de la APPO; otros, que un grupo de provocadores les arrojó cohetones a los policías. Alrededor de las 13:00 horas comenzó el mayor enfrentamiento. La PFP arremetió contra las barricadas con camiones y utilizó las ya famosas tanquetas. Sus tropas llevaban armas y equipo antimotines; pero sobre todo agotaron su provisión de gases lacrimógenos contra los inconformes. Estos los repelieron con piedras, canicas y tuercas arrojadas con resorteras. Además, utilizaron bombas molotov, palos y tubos. El choque duró casi siete horas, hasta que la PFP se replegó" (*Proceso*, 5 noviembre de 2006).

Por último citaremos lo que recogió Diego Osorno reportero de *Milenio*, entre las consignas que se gritaron durante la última marcha de la APPO contra Ulises Ruin un domingo. "Ulises, hermano del perro y del marrano", a lo que un perro cocker responde en un cartón que carga en su cuello: "Protesto, Ulises no es mi hermano."

Después de esta somera recapitulación de los hechos en Oaxaca en ese 2006, ¿cómo hacerle entender a Ulises Ruin que no nada más fue un peligro para su estado, sino para México? Y pensar que quería ser el Benito Juárez del siglo XXI...

Cáncer
en Oaxaca

En lo que se refiere a derechos humanos, nuestro país está enfermo; padece de "un cáncer con raíces largas". Aunque las y los mexicanos ya lo sabemos, resulta muy doloroso que una organización tan importante como Amnistía Internacional (AI) (que ha ganado el Premio Nobel de la Paz) nos lo confirmara en la persona de su entonces secretaria general, Irene Khan. En 2007, la activista originaria de Bangladesh reiteró que existen fallas sistemáticas en la justicia mexicana, pues en México se percibe una y otra vez la incapacidad de procurar justicia de las autoridades y, por ende, se propicia la impunidad. Esto también ya lo sabemos; sabemos que la impunidad en nuestros medios también es como un cáncer que requiere ser extirpado. Sabemos que ya sea en Ciudad Juárez o en Guerrero, Yucatán o Atenco, o en cualquier otro lugar de México, las historias contra los derechos humanos son muy semejantes: "el fracaso en obtener justicia por violaciones a los derechos humanos, frecuentemente una negación de parte del Estado y, en muchos casos, la colusión de las autoridades", dijo Khan, egresada de la Harvard Law School, cuya experiencia data de 1979, año en que empezó su labor como activista en la Comisión Internacional de Juristas.

Antes de que vinieran Irene Khan y la comitiva de Amnistía Internacional a nuestro país para realizar una gira de trabajo (especialmente por Oaxaca), y de que escuchara doce testimonios de los familiares de los desaparecidos durante la "guerra sucia", así como el de la periodista Lydia Cacho, ya sabíamos de la responsabilidad que tenía el gobierno de Ulises Ruiz con relación a las violaciones cometidas a los oaxaqueños. Ya sabíamos de sus humillaciones y de lo abandonados que se encontraban respecto a las autoridades de su estado. Entonces, si ya lo sabíamos, ¿por qué tuvimos que esperar que Amnistía Internacional viniera a recordárnoslo? ¿Por qué si existían estas violaciones a los derechos humanos documentados en Oaxaca entre julio del 2006 y abril del 2007, no supimos de ningún tipo de averiguación seria? ¿Por qué esperar hasta que AI redactara un informe titulado "Oaxaca: clamor por la justicia", en donde se manifestó que dieciocho personas han muerto violentamente en Oaxaca y en donde se habla de uso excesivo de la fuerza pública, detención arbitraria, malos tratos y tortura, amenazas, hostigamiento y violaciones? ¿Acaso no es evidente para todo el mundo que estas fallas del sistema tienden a afectar más a la sociedad más marginada: los pobres, los indígenas y las mujeres? ¿Por qué México tiene que seguir pasando ante los ojos de todo el mundo como el país en donde se violan las garantías individuales sin que nadie se responsabilice?

¿Cómo se podrían impedir nuevas violaciones si la Comisión Nacional de los Derechos Humanos no ha investigado todos estos abusos no obstante saben que participaron funcionarios y empleados de instituciones municipales, estatales y federales? En este aspecto, mi país me da vergüenza y me pregunto, ¿cómo diablos podríamos extirpar este terrible cáncer con raíces tan largas?

El 31 de julio de 2007, Irene Khan presentó su informe a funcionarios del gobierno estatal. El entonces gobernador, el patán Ulises Ruiz, no nada más llegó tarde a la cita sino que se atrevió a decir que el reporte del organismo internacional había sido escrito por consejeros de la APPO, "Nosotros no compartimos el informe de Amnistía Internacional. Quienes escriben el informe incluso son consejeros de la APPO… Mi impresión es que está muy parcializada la información. No hay conflicto en Oaxaca —afirmó—, éste culminó el año pasado con las negociaciones políticas y económicas con el magisterio oaxaqueño, aunque sigan con inconformes de la APPO", dijo con toda su ignorancia e irresponsabilidad. De seguro ignoraba que personal de Amnistía había visitado Oaxaca en cuatro ocasiones, y que en ellas se había entrevistado con sectores amplios de la población, incluyendo representantes del estado.

Es evidente que su actitud decepcionó terriblemente a Khan y lamentó que el gobernador haya tomado con tan poca seriedad el trabajo de Amnistía. "La reputación de AI habla por sí misma, nuestra organización ha ganado ya un Premio Nobel de la Paz. Queremos dejar en claro que quienes redactan nuestros informes son relatores que se encuentran en la sede de Londres", destacó.

¿Por qué se habrá puesto tan nervioso Ulises con el reporte de Khan? ¿Por qué lo habrá descalificado con esa vehemencia?

¿Será por machista? ¿De qué tuvo tanto miedo? Lo que es un hecho es que Ulises Ruiz fue el cáncer de Oaxaca.

La que ciertamente no tuvo un ápice de temor es Irene Khan. Días después de esas declaraciones, participó en un chat organizado por el periódico *Reforma*, en donde la abogada consideró que la administración de Ulises Ruiz no había hecho nada para proteger a la ciudadanía oaxaqueña. Incluso, durante la plática con los ciberlectores, se refirió a las acciones de la APPO cuando afectaron a miles de niños que no pudieron asistir a la escuela, al uso de armas y a la quema de edificios: "No estamos diciendo que todos los abusos han sido cometidos por las autoridades, pero la mejor manera es investigar de forma independiente e imparcial, y determinar qué es lo que está pasando... al promover los derechos humanos queremos promover la estabilidad y seguridad para todos los oaxaqueños", sostuvo.

¿Por qué los afectados por violaciones a sus derechos humanos terminan siempre acudiendo a las instancias internacionales como la Comisión Interamericana de Derechos Humanos? Porque en su país se les niega la justicia, como en el caso de Aurora Cortina, a quien le admitieron su queja: fue cesada del Tribunal Fiscal que fundó su padre, Alfonso Cortina, por redactar un artículo en el que proponía la creación de una carrera judicial y el Consejo de Judicatura. Hay que decir que estas reformas ya están incorporadas en la ley orgánica del tribunal faltando únicamente su promulgación por el presidente de la República. Si el Estado mexicano no llega a una negociación con la Comisión Interamericana para que Aurora sea reintegrada a su antiguo puesto, el gobierno de México se verá en la vergonzosa situación de que la comisión dicte una resolución en su contra. Ésta es la primera vez que un tribunal mexicano está demandado ante un tribunal internacional.

Es muy penoso que estas dos instancias internacionales, la Comisión Interamericana y Amnistía, sean las que tienen que corregir las violaciones a nuestros derechos humanos. Por eso insisto en decir que en este aspecto, mi país me da vergüenza y mucha pena por su "cáncer con raíces largas…"

McIndignación

De todos los estados de la República Mexicana, sin duda, mi consentido es Oaxaca. Después de París, la ciudad que más me conmueve por su belleza es Oaxaca. De todos los pintores contemporáneos que conozco me obsesionan Rodolfo Morales y Francisco Toledo, los dos son oaxaqueños. De todos los moles que existen en el país el que más me gusta es el mole negro. De todos los atuendos femeninos mexicanos el que más me agrada es el de las tehuanas. La única catedral en la que quiso casarse mi hijo fue en la de Santo Domingo. En el único lugar en el que me he vuelto a enamorar de mi marido ha sido en un rinconcito del atrio de la iglesia colonial de Ocotlán. En el único presidente mexicano en que he creído siempre es Benito Juárez. Las únicas mujeres verdaderamente feministas son las del istmo. Además, dicen que las juchitecas cuentan con los senos más perfectos que algún escultor haya esculpido. Si en un lugar no puede morirse Dios es en Oaxaca. Por eso dicen que durante la conquista se multiplicaron los conventos y las iglesias y se establecieron franciscanos, dominicos, jesuitas, agustinos y concepcionistas, entre otros. Después de vivir un año en tierras oaxaqueñas, todos rehusaron regresar a Europa. Hace muchos años tuve una nana que era de Yanhuitlán, cuyo pelo negro le llegaba hasta la cintura. Los mejores viajes hasta mundos inimaginables son los que provocan los hongos de Oaxaca. Las arracadas más bonitas que he tenido las compré en una joyería en Oaxaca. Los coros de niños más tiernos que he escuchado han sido oaxaqueños. Lo mejor que había en la personalidad de Porfirio Díaz era su lado oaxaqueño. Si la Virgen de Guadalupe volviera a aparecerse a un indígena, de seguro sería a un zapoteco. Las sandías que más se han exportado por todo el planeta han sido las que solía pintar Rufino Tamayo. Los insectos más deliciosos y digeribles del mundo son los chapulines chiquitos. El bejuco en filigrana de oro más bonito que tenía doña Lola era oaxaqueño.

El mejor restaurante de la *nouvelle cuisine* mexicana en el que he comido está en la ciudad de Oaxaca. El único café bien cargado que no quita el sueño es el oaxaqueño. Los desayunos mexicanos más suculentos que existen los sirven en los mercados de Oaxaca. El único chocolate caliente que todavía puede digerir mi cansado sistema digestivo es el de Oaxaca. Las pirámides que más me han impresionado por su magia y energía son las de Monte Albán. De todos los grillos del mundo, los que cantan con más armonía son los que habitan en la imaginación de Francisco Toledo. Las novias más felices del universo eran las que pintaba Rodolfo Morales. Los sueños más fantasiosos y sofisticados son los que sueña con los ojos abiertos el pintor

Sergio Hernández. Estoy segura de que existen un sol y una luna oaxaqueños mucho muy superiores que los astros que se advierten en el Distrito Federal. Sus estrellas y sus nubes también son distintas, son mucho más estéticas. En el único estado en que se respetan los derechos de los indígenas es en Oaxaca. Los únicos tamales que no engordan son los de Oaxaca. El único estado mexicano que cuenta con 570 municipios es Oaxaca.

En 1987, la UNESCO declaró Patrimonio Cultural de la Humanidad el Centro Histórico de la ciudad de Oaxaca. Su plaza es tan bonita y señorial, que cuando una está de turista por ahí, se la pasa dando vueltas y más vueltas, al grado que las palomas hasta se marean. Casi todas ellas, oaxaqueñas de nacimiento, son mensajeras. Dicen que son mucho más veloces y eficaces que cualquier fax e internet. Lo que más me gusta del centro son los portales: son ¡preciosos! Siempre que voy, me siento en una de las mesas de cualquier restaurante y pido un café. Ahí me quedo, horas y horas admirando el paisaje y viendo a la gente pasar. A todos los oaxaqueños los veo tan decentes, tan buenas personas que incluso siento deseos de saludarlos aunque no los conozca. Tanto me extasío que se me pone cara de tonta. Qué expresión tan extraña he de tener, que cuando me encuentro con algún conocido, me pregunta: "Oye, pero, ¿qué te pasa?" A lo cual respondo: "Nada. Lo que sucede es que Oaxaca es demasiado bonito. Como vengo del D.F., creo que ya me desacostumbré a la belleza. Entonces, tomo tiempo en volverme a acostumbrar. Pero en menos de cuarenta minutos ya voy a estar normal otra vez. Es que los defeños ya no estamos impuestos a esta tranquilidad y mucho menos a este ambiente tan amable. Lo que sucede es que por allá, ya todo es 'chafa'.

Estamos rodeados de cosas 'chafas'. Todo es gris, el aire, el paisaje, el Periférico, los árboles, el cielo, las casas, las fuentes, las tiendas, las avenidas, el sol, hasta el bosque de Chapultepec tiene este mismo tono. Por allá, ya casi no hay colores. Siempre estamos irritados, de mal humor, así como si estuviéramos enojados. Además, nos sentimos, constantemente, cansados y muy estresados. Contrario a ustedes los oaxaqueños, los chilangos estamos como contaminados, enfermos y desvelados. Ya no distinguimos entre lo feo y lo bonito. Nos da igual. Ya tampoco distinguimos entre lo bueno y lo malo. Entre lo caliente y el frío. Entre lo moral y lo inmoral. Entre lo inseguro o lo seguro. O entre lo destructivo o lo constructivo. Todo nos da igual. No tenemos tiempo para hacer la diferencia. Por allá no hay tiempo para nada. Además, ya no existen lugares bonitos a donde ir. Los únicos sitios que nos quedan para pasear y cambiarnos las ideas son los centros comerciales. Por eso, siempre están hasta el tope. Ellos representan la modernidad, nuestros sueños, nuestras metas e ilusiones. De hecho, nos hemos vuelto todavía más consumistas. Aquí la gente no gasta, ¿verdad? No necesitan. Algo me dice que la Providencia los tiene muy consentidos. Claro que también tienen sus problemas, el de los maestros y del rezago de los indígenas, pero por lo menos tienen su ciudad tan bella, sus costumbres, sus portales, su comida tradicional, sus bailes, su música y su plaza. Créeme que ya con todo esto, se pueden sentir privilegiados. Nunca se permitan chafear y perder su autenticidad. De lo contrario, les puede suceder lo que a nosotros. Es decir, convertirse en una ciudad gris, con habitantes grises, cuyas vidas son asimismo grises." Así le respondí a una amiga oaxaqueña la última vez que estuve por allá.

Nunca me imaginé que unos meses después me enteraría de la posibilidad de la apertura de un McDonald's, justamente, en la plaza del Centro Histórico de Oaxaca. Cuando me enteré, di un grito. Era un grito de dolor. Un grito de frustración. Pero sobre todo, era un grito de in-dig-na-ción. De pronto me sentí ofendida y ultrajada. Me dolió por todos los oaxaqueños, por Toledo, por Juárez, por Santo Domingo, por la lucha de tantos indígenas, por el turismo que sueña con ir a una ciudad auténtica, por los novios, por las palomas, por los artesanos, por los jóvenes pintores, por los niños cantores y por la parte de la sociedad civil que se opone a este proyecto.

Me siento tan triste e indignada por mi Oaxaca, que a partir de hoy, estoy dispuesta a ponerme en huelga de hamburguesas McDonald's. ¡Ni una más! De ninguna marca, de ningún sabor, de ninguna talla. Nada más en pensar en una de ellas, se me revuelve el estómago. Si logré quitarme por completo el hábito del consumo de Coca-Cola también como un acto de protesta; estoy segura de que lograré olvidarme por completo de las hamburguesas.

Estoy con ustedes queridísimas y queridísimos oaxaqueños.

La memoria
de Oaxaca

Me gustaría contarles un secreto… un secreto de mi estancia en Oaxaca, pero todavía no es momento… Lo que sí puedo compartir con ustedes es la experiencia vivida en la Biblioteca Fray Francisco de Burgoa que se encuentra en el Centro Cultural Santo Domingo.

Gracias a la directora de la biblioteca (desde hace veinte años), la doctora María Isabel Grañén Porrúa (Presea Mujer del Tiempo, 2013), me enteré de muchos secretos que contiene el acervo bibliográfico que data del siglo XVI, cuando el dominico oaxaqueño Francisco de Burgoa (1606-1681) comenzó la aventura de escribir la crónica religiosa, filosófica y hoy diríamos histórica de Oaxaca. Y que sin saberlo, iniciaría la aventura más enriquecedora de la memoria escrita del estado. También me comentó que: "Con la llegada de la imprenta a la Nueva España, en épocas muy tempranas, es decir, en 1539, por lo que las 'librerías', como entonces se les llamaba a las bibliotecas de los conventos oaxaqueños, se enriquecieron con obras impresas en el nuevo mundo." Fue Francisco Toledo, preocupado por la cultura de su estado, quien buscó a María Isabel para invitarla a que montara una exposición de libros que derivó en otro proyecto, el de clasificar el acervo bibliográfico de la Universidad de Oaxaca. Nunca se imaginó la bibliotecaria con lo que se encontraría en aquella "pocilga" del ex convento de San Pablo, donde estaban arrumbados más de veinte mil volúmenes de todo tipo de temas: desde ciencia, filosofía, religión, geografía, medicina, arte hasta libros de cocina de principios de siglo xx. Entre libros húmedos y en muy mal estado, María Isabel también se encontró con el primer manuscrito en latín impreso en el siglo xvi de fray Bartolomé de la Casas, que trata de cómo atraer a los indígenas a la religión; igualmente, se dio cuenta de que estaban las primeras ediciones de sor Juana Inés de la Cruz, la Biblia Políglota, completita en ocho tomos y el primer mapamundi impreso, además de otras obras incunables.

Entre las muchas cosas que me platicó María Isabel, me llamó la atención lo que ella denomina el "hospital de los libros", el cual consiste en un taller en el que se restauraran, preservan, cuidan y protegen cada uno de los libros que conforman la biblioteca: "Todos los días se limpia hoja por hoja cada una de estas obras. Cuando se termina de revisar todos los libros, volvemos empezar. El proyecto comprende asimismo el apoyo a los archivos de las comunidades indígenas de Oaxaca, donde también existe una enorme tradición escrita. El patrimonio que hemos heredado es de los más ricos del mundo. Además, nos favorece el clima. ¡Bendito clima de Oaxaca, porque es muy seco y eso nos ayuda para la conservación del papel! Cómo no enamorarse de esta biblioteca si contiene toda la memoria histórica de este estado."

María Isabel hizo una pausa en nuestra conversación para recordar algo que la llenaba de orgullo, el hecho de que don Porfirio Díaz también fue bibliotecario. En 1854, lo fue del Instituto de Ciencias y Artes de Oaxaca, inaugurado en 1827. En ese año, Díaz sustituyó a don Rafael Unquera; ese fue el primer sueldo que tuvo, doce cincuenta pesos mensuales, lo cual mejoró enormemente su situación financiera. Pero muy pronto tuvo que renunciar por estar en contra del gobierno de Santa Anna.

Mientras escuchaba a la directora, no pude evitar evocar a mi bisabuelo, el doctor Juan Antonio Loaeza Caldelas que nació en Jamiltepec. Seguramente él, junto con otros, consultó varios libros de la hoy biblioteca Burgoa de las materias que llevaba en 1862: medicina legal, patología, farmacia, anatomía. La mayoría en francés. Entonces era maestro y ganaba 33 pesos mensuales con 33 centavos.

Por último, me referiré a la gran nave que alberga la biblioteca, en donde solían resguardarse los soldados. Un enorme espacio, rescatado en 1994, al mismo tiempo que se hacía la restauración del convento de Santo Domingo a cargo del arquitecto Juan Urquiaga. Los muros están cubiertos por estanterías de madera de cedro rojo, realizadas por el ebanista oaxaqueño Fernando Hernández y rematadas con los frescos restaurados por Manuel Serrano.

Con relación a las bibliotecas, qué razón tenía Jorge Luis Borges cuando escribió el prefacio del Diccionario Grijalbo: "Hay quienes no pueden imaginar un mundo sin pájaros; hay quienes no pueden imaginar un mundo sin agua; en lo que a mí se refiere, soy incapaz de imaginar un mundo sin libros. A lo largo de la historia el hombre ha soñado y forjado un sinfín de instrumentos. Ha creado la llave, una barrita de metal que permite que alguien penetre en un vasto palacio. Ha creado la espada y el arado, prolongaciones del brazo del hombre que los usa. Ha creado el telescopio, que le ha permitido indagar el alto firmamento. Ha creado el libro, que es una extensión secular de su imaginación y de su memoria."

Cuando visiten Oaxaca, un recorrido imprescindible es esta biblioteca que encierra una infinidad de secretos.

Oaxaca
y Puebla

Oaxaca: "Seguramente habrá fraude", admitía la mitad de la población del estado respecto a las elecciones del domingo 4 de julio de 2010. Tanto Eviel Pérez del PRI, impuesto por uno de los gobernadores más odiados de la República Mexicana, Ulises Ruin (Ruiz) como su detractor, Gabino Cué, candidato de la alianza Unidos por la Paz y el Progreso, coalición formada por el PAN y el PRD, contaban, cada uno, con 48 por ciento de intenciones del voto. Estaban empatados. Era la primera vez en la historia de Oaxaca que existían altas posibilidades de que el PRI perdiera. De hecho ya había perdido desde que se dieron a conocer las grabaciones del gobernador, hablando con el presidente del Instituto Estatal Electoral, a propósito del operativo para trasladar las boletas. Mientras eso ocurría, Ulises temblaba, tenía la boca seca y no dormía por las noches pensando en estrategias y más estrategias perversas para que ganara el PRI. El martes, unos presuntos priistas amenazaron con pistola en mano a las hermanas de Gabino Cué, Pamela y Janeth. "Ésta es la última vez que se les advierte, no habrá más avisos", les dijeron a las dos promotoras del voto de la coalición. "De un camión urbano con propaganda de Beatriz Rodríguez, candidata a la alcaldía de Oaxaca por el PRI, bajaron unos treinta hombres armados con palos y machetes, y amenazaron a las hermanas. A unos cuatro compañeros nos golpearon y nos quitaron nuestra propaganda", dijo Armando, uno de los integrantes de la brigada opositora que luce con los párpados reventados por los golpes. A los que no les pagaban y los acarreaban a mítines de Eviel, les golpeaban su dignidad dándoles manoplas, gorras y playeras. "Tiene que decir 'viva Eviel', ¿entendió?, 'viva Eviel', ¿cómo? ¡No, señora! Lo tiene que decir en voz alta 'viva Eviel' o no hay playera", le decía un líder de Otzolotepec a una mujer que extendía la mano en espera de una prenda.

"Es que nada más vienen por las cosas y no se trata de eso, si quieren playera, hay que gritar, 'Eviel, Eviel, Eviel'", relataba indignado mientras le arrebataban algunas prendas que quedaban en una bolsa gigante de plástico tirada en el piso.

Puebla: estuve en la ciudad de los ángeles. Fui a apoyar a la candidata ciudadana a diputada local del distrito cinco por la coalición Compromiso por Puebla. Se llama Josefina Buxadé, tiene 35 años, es licenciada en comunicación por la Ibero, con una maestría en periodismo por la Universidad Autónoma de Barcelona. A Josefina le interesa Puebla porque está convencida de "que necesitamos un cambio, y de que los ciudadanos tenemos que participar directa o indirectamente —por medio de representantes confiables— en las decisiones de gobierno, de tal manera que respondan a los intereses y las necesidades de la ciudadanía." Josefina, maestra de periodismo, ha sido articulista semanal en los periódicos *El Heraldo*, *El Sol de Puebla*, *Cambio*, *La Quinta Columna*, *Síntesis* y *Momento*. Josefina es una mujer comprometida, inteligente y "muy buena persona", como dice de ella Ángeles Mastretta. Por eso su contrincante, Édgar Chumacera, ex esgrimista, quien a pesar de estar tan pero tan apoyado por el PRI estaba nervioso; tenía miedo de perder. Pero todavía tuvo más miedo Javier López Zavala, el candidato del priista más desprestigiado del país, Mario Marín. El domingo 4 de julio, por primera vez en la historia del estado, el PRI podía perder, no obstante que este partido no ha dejado de aceitar la maquinaria para el "acarreo". Existe una copia de los documentos de la estrategia priista, con la cual pretende asegurar el traslado de 616 personas por cada sección electoral entre activistas y familiares de éstos, de sus comunidades de origen hasta las casillas. "Tenemos que llevar nuestros teléfonos celulares porque de ahí a cada uno de nosotros nos mandan por la gente y desde la casa nos hablan: 'Oye, por dónde andas. Hay dos más que no han votado. Ve por ellos y llévalos.' Así funciona", explicó uno de los brigadistas. Mientras que los promotores intentan organizarse lo mejor posible para que no les vaya a fallar "el acarreo", tal como sucedió el 27 de junio en el estadio Cuauhtémoc, Rafael Moreno Valle, candidato a la gubernatura por la coalición Compromiso por Puebla, siguó subiendo en las encuestas; de allí que llamó a todos los poblanos a que cuidaran las urnas el próximo domingo. Por lo pronto, Mario Marín temblaba como Ulises, tenía la boca seca y no dormía por las noches, pensando en cómo poder "acarrear" a todo el estado, incluyendo a los muertos.

Sea por quien sea, lo importante es que tanto las y los oaxaqueños como las y los poblanos tienen que salir a votar. Estén o no estén desencantados, hartos o frustrados; la única manera que tiene la ciudadanía para no dejar morir nuestra raquítica democracia es votando. Para sacar al PRI de estos dos estados hay que ¡votar! Ésa es la única solución. No hay de otra. No se olviden que México no sólo está enfermo, está gravísimo, por eso lleva tanto tiempo en terapia intensiva. Sólo las y los ciudadanos pueden salvarlo y revivirlo con su voto. Urge la alternancia, en especial en Oaxaca y en Puebla. De lo contrario, nuestro país jamás saldrá de terapia intensiva...

¡Renovarse
o morir!

¿Está usted hasta la coronilla y lo único que desea, en estos momentos, es largarse y bajar la cortina? ¿Se siente harto, fatigado, desencantado y, por si fuera poco, está usted endeudado? ¿Últimamente está confuso, duerme mal por las noches y ya no soporta el tráfico de la ciudad, ni las lluvias, ni los baches, ni las obras viales? ¿Ya no quiere escuchar hablar de las incertidumbres de las pasadas elecciones, ni de los dimes y diretes entre los tres partidos, ni mucho menos de las más recientes declaraciones de Diego Fernández de Cevallos? ¿Se siente explotado por sus jefes, discute todo el día con su esposa y le ha perdido gusto a la comida? ¿Ya no quiere ver noticiarios, ni hacer corajes con los Juegos Olímpicos, porque hasta el momento, México no ha ganado una sola medalla de oro, y le dan mucha envidia los otros países que sí obtienen los primeros lugares? ¿Su libido está por los suelos, ya no le cae en gracia su pareja y siente que los años le pesan cada vez más? ¿Lo están presionando sus hijos porque aún no han decidido dónde ir a vacacionar y todo el día discuten sin ponerse de acuerdo y todos gritan y dan su opinión? ¿No le alcanza el dinero para boletos de avión, para colmo, aún no tiene ninguna reservación en ningún hotel, en ninguna parte y los días pasan y pasan y sus vacaciones están por terminarse? ¿Ya vio todas las películas que están en cartelera, nunca como ahora, le dan flojera las reuniones familiares y no soporta ir a matar el tiempo con sus hijos a un solo *mall* más? ¿Todo el día se queja su esposa de que no tiene detalles con ella, de que lo siente particularmente lejano y que por añadidura está súper aburrida?

Si contestó afirmativamente a más de tres preguntas de las que se formularon en el párrafo anterior, le queda una solución: hacer cuanto antes sus maletas e irse con toda su familia al único destino turístico, el cual, a mi manera de ver, reúne todas las virtudes posibles para que usted se re-nue-ve, porque de lo contrario puede usted morir en el intento: ¡Oaxaca, Oaxaca, Oaxaca! Algo tienen este estado y su capital, que después de haber pasado tres o cuatro días descubriendo, a cada ratito, tantas cosas tan bonitas, una se siente reconciliada con la vida, con los demás, con la música, con la comida, con el mezcal, con la pintura, con los textiles, con las artesanías, con los conventos coloniales, en suma, con México. ¿Acaso no es exactamente lo que nos urge a todos los mexicanos en estos momentos tan aciagos? (Así de reconciliada me sentí después de haber asistido a la Guelaguetza.)

Todo lo que se vende en Oaxaca es tan seductor (igual que en París, la ciudad más bonita del mundo después de Oaxaca…), barato, original y muy artístico, que nunca en mi vida había hecho tantos cheques posfechados. Todo quería comprar:

los chales de Remigio, los aretes de filigrana de las antigüedades de la calle de Matamoros 307, los alebrijes de Reyna Fuentes, los huipiles bordados a mano de doña Silvia en San Antonino, los papalotes y aretes de Toledo del museo de Arte Papel Vista Hermosa, los moles del restaurante Los Pacos, los marcos de hoja de lata, los collares de la *boutique* de oro de Monte Albán.

¿Exagero? No creo. Nada más corroboro lo que han escrito muchos otros que también se enamoraron de todo lo que representa este estado. Decía Julio Cortázar que "De Oaxaca me habían dicho muchas cosas, turísticas y etnográficas, climáticas y gastronómicas; lo que no me dijo nadie es que allí, además de un zócalo que sigue siendo mi preferido en todo México, habría de encontrar la más densa congregación de cronopios jamás reunida en el planeta con excepción de la de Estocolmo." En su libro *Papeles inesperados*, escribió: "Oh pequeño pueblo maravilloso, cómo te guardaré siempre en mi corazón." De todas las bebidas preferidas del escritor inglés Malcolm Lowry, el mezcal se convirtió en su verdadera adicción, sentía que lo inspiraba, como ninguna otra. El autor de *Bajo el volcán* estuvo preso en Oaxaca durante la Navidad de 1937, en esa época se volvió muy devoto de la Virgen de la Soledad, madre "de los desamparados y que no tienen a nadie con ellos". También a ella le rogaba que no dejara que se le escapara la inspiración. ¿Qué decir de Italo Calvino? Cuando llegó a la ciudad, lo obsesionó el sonido de su nombre: Ua-ja-ca, Ua-ja-ca, repetía divertido, pero sobre todo intrigado. Para él, su "Uajaca" era "el arte de encantar los sentidos con seducciones alucinantes".

D. H. Lawrence vino a Oaxaca con su esposa dos veces; la primera en 1923 y la segunda, en 1924; esta ciudad, "estaba llena de sol, rosas… ¡Color, color por todas partes!" Allí terminó de escribir su libro *La serpiente emplumada*.

Si en realidad quieren regresar de sus vacaciones totalmente re-no-va-dos, vayan a Oaxaca, donde, por cierto, no les he dicho, existen 1 500 bandas de viento, la mayoría integradas por niños y jóvenes. Y si no pueden ir a Oaxaca, por lo menos asistan al Palacio de Bellas Artes. Se presentará ahí una orquesta integrada por oaxaqueños pertenecientes a las mejores orquestas del país que se reúnen para formar esta orquesta sin precedentes.

Jamiltepec

"En estas elecciones, Oaxaca se pintó de amarillo", nos dijo Braulio Hernández Ocampo, secretario del Ayuntamiento de Jamiltepec, la tierra de mis antepasados. Mientras lo escuchaba a lo lejos veía la gran iglesia de este pueblo mixteco fundado desde las épocas prehispánicas y colonial. "¿Por qué está cerrado el templo?", le pregunté a don Braulio. "Por el temblor del veinte de marzo. Está muy cuarteada y las autoridades prefirieron cerrarla", contestó. En seguida nos explicó el mural del Palacio Municipal que se encuentra frente a las escaleras. "La leyenda cuenta que la fundación de Jamiltepec es de la misma época de la Conquista. Todavía hay muchos ancianos que dicen que 'vino un señor alto, güero, vino a hablar, enseñar en castellano; era un representante de México; así todos los de Yucuchacua lo vinieron a escuchar y se quedaron a vivir aquí. Después hicieron la iglesia'."

Cuando salimos de las oficinas, acompañados por Braulio, hacía un sol espléndido. Sin la necesidad de consultar mi reloj, en ese momento supe que eran exactamente las 12:10 horas. Lo supe gracias al reloj de sol, que se encuentra en la punta de una gran columna. Este reloj, junto con el de la luna, da la hora desde que los dominicos construyeron la iglesia. A pesar de que efectivamente sus puertas se mantenían cerradas, vimos frente a la entrada de una pequeña capillita que se encontraba a un costado del templo, una novia muy joven, acompañada por sus padres y abuelos. La abuela estaba vestida a la vieja usanza, es decir, una enagua rayada a colores y un huipil de algodón, que apenas le cubría los senos. Iba descalza. Su mirada triste y melancólica decía lo que llevan siglos diciendo mujeres como ella: "Dios lo da, el indio lo trabaja y el mestizo lo gasta." El abuelo, visiblemente mixteco, estaba vestido con su calzón blanco y zapatos negros. Poco a poco fueron llegando los invitados, los de la novia, indígenas, y los del novio, mestizos. Ya estaban todos allí, menos el novio. En esos momentos, me acordé de las novias "plantadas" de Rodolfo Morales. Después de haber visitado, gracias al padre Héctor Magallón, el interior de la iglesia y ver con nuestros propios ojos todas las cuarteaduras de las paredes y del domo, subimos unas escaleras de caracol que daban vueltas y más vueltas. La vista desde el campanario con sus tres antiquísimas campanas era impresionante. Desde allí se veía todo Jamiltepec. En medio de tantos techos y copas de árboles, no pude evitar imaginar la casa de adobe de la familia Loaeza Caldelas. Vi a mis tatarabuelos, don Manuel y doña Manuela, en su respectiva cabecera de la mesa. Vi a muchos niños muy bonitos de ojos claros comiendo un delicioso pan de pico. "¿Y tú cómo te llamas?", le pregunté a uno que tenía un ojo azul y el otro verde. "Yo me llamo Juan Antonio", me dijo. "Tú serás mi bisabuelo, serás un gran médico y seguirás por todos lados a don Benito Juárez", le dije. Luego me acerqué a uno de los mayores y le pregunté quién era: "Me llamo Francisco." Lo miré enternecida: "Tú serás un gran general; un héroe muy importante de la batalla de 5 de mayo." Viví tan intensamente ese viaje en el tiempo que cuando regresé a la realidad me sentía agotada pero, sobre todo, sumamente conmovida de haber imaginado una escena familiar una tarde de julio de 1845.

Al salir del templo, todavía estaba la novia esperando al novio. "Ay, que no la vayan a plantar por favor, virgencita…", le recé a la Virgen de los Remedios, la patrona del pueblo, cuya estatua estaba colocada en medio del altar de la pequeña capilla. Nos despedimos del padre. "Mi abuelo se murió a los 108 años. Me acuerdo muy bien que él me contaba del general Loaeza y de su familia. Allí tengo mis apuntes en mi cuaderno", me comentó el joven sacristán de veinte años, Juan Carlos Carro Callejo. "Te prometo que un día regreso a Jamiltepec y me cuentas todo", le dije emocionada.

Como habíamos desayunado maravillosamente bien en el hotel La Casa de los Ángeles de Claudia Marina Scherenberg en Puerto Escondido, no teníamos hambre. Decidimos entonces recorrer los alrededores para darnos cuenta de los daños de uno de los peores terremotos en Oaxaca (7.4 grados en la escala de Richter) en los últimos ochenta y un años. Es bien sabido que Oaxaca es uno de los estados de mayor actividad sísmica. Lo anterior "se debe al contacto convergente entre dos importantes placas tectónicas, en donde la placa de Cocos subduce bajo la placa de Norteamérica", según el Sistema

Sismológico Nacional, y cuya interacción tiene lugar en la costa del Pacífico desde Chiapas hasta Jalisco. En Oaxaca me informaron que había dos mil viviendas afectadas y sesenta edificios de valor histórico. De allí que les urja materiales de construcción y despensas. El gobernador Gabino Cué informó que se requerían 90 millones de pesos para reparar tantos y tantos daños. Para colmo, vino el huracán Carlota y arrasó con lo poco que le quedaba a miles de familias de estas localidades. Sé que en el discurso que dio en Pinotepa Nacional, Gabino Cué dijo: "vamos a trabajar todos por la costa, vamos a dedicar toda la fuerza del gobierno para sacar adelante a Jamiltepec y sus pobladores que durante años han estado marginados, que este año sea por la región costa", concluyó. "También tenemos que atender a todas las regiones del estado pero vamos por la costa en el 2012."

¡¡¡Mucho gusto!!!

Jamás imaginé que contestaría su celular. ¿Qué candidato lo haría unas horas después de conocer un triunfo tan debatido y esperado? Sí, un triunfo sumamente esperado desde hacía seis años y un triunfo que muchos dudaron que llegaría. Sin embargo contestó. "¿Habla Gabino?", pregunté con la voz entrecortada. Me dijo que sí, que era él, que era Gabino Cué. "¡Ay, muuuuuuuuucho gusto!", dije para en seguida repetir lo mismo pero con más entusiasmo. ¡Muuuuuuuuchíííííísimo gusto! Y es que para mí representaba un enoooooooorme gusto escuchar la voz de quien, por fin, había sacado de Palacio a uno de los gobernadores más detestados por la opinión pública mexicana, Ulises Ruiz. A partir de ese momento, comencé a hablar sin parar; le dije que por mis venas corría orgullosamente sangre oaxaqueña, que el general Francisco Loaeza y sus hermanos, todos nacidos en Oaxaca, habían combatido con Juárez y

Díaz, y que estaban enterrados en el panteón de Oaxaca; le dije que para mí esa ciudad era la más bonita del mundo después de París; le dije que admiraba y que me conmovía el compromiso ciudadano de Francisco Toledo; le dije que había sido una de las novias de Rodolfo Morales y que era muy amiga de la familia Obregón Santacilia, choznos de don Benito Juárez, y por último le dije que estaba a sus órdenes, que para lo que se le ofreciera allí estaba… El pobre de Gabino escuchaba con paciencia, de vez en cuando intentaba comentar algo, pero mi euforia no se lo permitía. Nos despedimos y al colgar mi corazón seguía latiendo muy fuerte. Hacía mucho tiempo no me daba tanto gusto y orgullo hablar con un político mexicano. Pero luego de despedirme de inmediato me arrepentí por no haberle dicho cosas más serias y trascendentes.

De haber estado más serena, le hubiera dicho en esa llamada telefónica algo como: "Permítame felicitarlo, Gabino. Sin hipérbole le podría decir que todo el Distrito Federal se congratula de todo corazón de su triunfo. Qué gran gusto nos ha dado, especialmente, a los que estábamos a punto de ya no creer en la democracia. Sin duda fue gracias al pueblo oaxaqueño que salió a votar el domingo 4 y que quiso emitir su voto de castigo hacia un gobierno que no ha hecho más que desdeñarlo. Ya era hora del cambio. Como bien dijo usted en la entrevista que le hiciera el reportero Benito Jiménez. Le dijo que su candidatura había contado con el respaldo de la gente, la misma que había creído en sus propuestas, lo cual no hizo más que generar confianza. Dijo usted que había visto su triunfo desde la mañana del domingo, que desde muy tempranito había visto un Oaxaca muy echado para delante. Claro, era evidente que tenía sus preocupaciones en especial respecto a la guerra sucia, temiendo que ésta fuera a inhibir la participación de la ciudadania. Siempre le resultó evidente que sus detractores tenían una estrategia muy clara de polarizar la elección y de generar condiciones de inestabilidad. Pero no les funcionó, porque los oaxaqueños ya estaban hartos, ya estaban hasta la coronilla de ese gobernador tan insensible, cínico y prepotente.

"'Sin duda, lo que ha vivido Oaxaca en los últimos años no le ha gustado a mucha gente. Entonces sabían que había una cita con la historia y salieron a votar y se decidió. El hartazgo se expresó por medio de la participación', expresaría. Vaya que había hartazgo, no nada más por parte de los oaxaqueños, sino de millones de mexicanos de muchas partes de la República que nos sentíamos profundamente indignados por los horrores que hacía Ulises Ruiz. Todavía recuerdo lo que escribí: 'Ulises, y su bigotito ridículo; Ulises, y su mirada turbia; Ulises, y su cinismo exasperante; Ulises, y su autodefensa chafa; Ulises, y sus mentiras; Ulises, y sus chanchullos; Ulises, y sus transas; Ulises, y sus mañas; Ulises, y su soberbia de quinta; Ulises, y su importamadrismo; Ulises, y su arcaico discurso priista; Ulises, y su absoluta falta de ética. Y por último, Ulises, el antónimo del Ulises de la Odisea (en lo único que se parece al héroe de Homero, es que Ulises Ruiz nunca está en su casa, en Oaxaca)'. ¿Se da cuenta de que este señor ya se va a ir para siempre a su casa? Parece increíble que finalmente ganara la oposición en un estado que llevaba más de ochenta años gobernado por el PRI. ¡Viva el gobierno de la alternancia! Claro que este triunfo ha sido gracias a su perseverancia. Sé que desde que era niño soñaba con ser gobernador, que este deseo no es una ocurrencia de ahora, no en balde fue usted presidente municipal de la ciudad de Oaxaca en el 2001. Tres años después, en el 2004, fue candidato a gobernador, también por una alianza entre PAN, PRD y Convergencia, y que en 2007 fue elegido, por una amplia mayoría, senador de la República. Lo que todo el mundo sabe, mi querido Gabino, es que usted cree firmemente en la paz que le urge al Estado, para generar progreso. Usted está obsesionado por que las cosas cambien en Oaxaca, por eso estoy segura de que construirá un gobierno eficiente, honesto, transparente y muy participativo. Es decir, todo lo contrario, de lo que hizo Ulises Ruiz." Algo así le hubiera dicho al próximo gobernador de Oaxaca, de haber estado en el teléfono mucho más tranquila…

Guelaguetza

Regresé a Oaxaca. Aquí estoy. Desde hace dos días, duermo y despierto en la habitación de un hotel maravilloso que se llama Victoria, desde la cual se percibe todo Oaxaca, incluyendo su catedral. Todos aquí son muy amables y sonrientes, su único deseo es darle gusto en todo al huésped. Hace apenas un ratito, Lucía me trajo de regreso un viejo huipil que usaré para ir a la Guelaguetza. "Oiga, fíjese que no me lo puedo meter por la cabeza, porque la apertura del cuello está sumamente estrecha. ¿Usted cree que se puede arreglar?" Quince minutos después lo tenía de regreso. En el hombro del lado derecho habían sido colocados, por las mágicas manos de Lucía, tres broches de presión miniatura. No lo podía creer. Tan rápido y tan bien hecho.

Así es la ciudad de Oaxaca, por donde se le vea, está muy bien hechecita y a todos lados se llega bien rápido. El lunes 23, llegaremos en un santiamén a donde se llevará a cabo la Guelaguetza, muy cerquita del hotel. En esta ocasión será todo un acontecimiento porque se festejan los primeros ochenta años de la máxima fiesta de los oaxaqueños. Con este motivo se inauguró hace unas semanas una exposición titulada Homenaje Racial, con veintidós fotografías del artista Aarón Pérez Yescas. Allí aparecen las primeras imágenes de lo que, con los años, se convertiría en la Guelaguetza. En ese año de 1932, el 6 de enero, Alfonso Caso había descubierto en la Tumba 7 de Monte Albán el tesoro más importante de la arqueología mexicana. En el mes de mayo, el gobierno organiza con motivo del cuatrocientos aniversario de la ciudad un evento llamado "Homenaje Racial", en donde se realizaba anualmente "La Fiesta de las Azucenas". En las fotografías se ve cómo llegaban centenas de personas, ataviadas con sus trajes de fiesta, de muchas partes de Oaxaca y subían al Cerro del Fortín. Las fotografías, en blanco y negro, son bellísimas, aunque los rostros de algunos indígenas se aprecian muy melancólicos. No era para menos. Un año antes, en 1931, Oaxaca había sufrido un terremoto que destruyó prácticamente toda la ciudad. Conventos, monumentos, iglesias, plazas, residencias de ricos y casas pobrísimas de adobe aparecen totalmente destruidas en la extraordinaria película filmada por el cineasta soviético Sergei Eisenstein.

No hay duda, el pueblo oaxaqueño ha sufrido muchas inclemencias, las naturales y las no naturales. No en balde sus compositores más famosos, como Macedonio Alcalá y Tata Nacho, le han escrito a su estado las composiciones más tristes que una se pueda imaginar. En el primer caso, "Dios nunca muere", el himno del estado y, en el segundo, "La borrachita".

Entre sus músicos, cómo olvidar a Álvaro Carrillo, nacido en el distrito de Jamiltepec, con sus canciones, igualmente tristonas como: "Amor mío", "Sabor a mí", "Como se lleva un lunar", "El andariego", "Luz de luna", "Sabrá Dios", "Seguiré mi viaje" y "La mentira".

No todo es tristeza, temblores e inundaciones en Oaxaca. Allí están, para fortuna de todos los mexicanos, los triunfos de algunos de los héroes más importantes de nuestra historia: don Benito Juárez, Porfirio Díaz, los hermanos Flores Magón, José Vasconcelos, Matías Romero, Ignacio Mariscal y muchos más. Allí están las sandías frescas recién cortaditas, de Rufino Tamayo; las novias voladoras "quedadas", de Rodolfo Morales; las luciérnagas brillantes, de Sergio Hernández, y el "sentido sagrado de la vida", de Francisco Toledo. Allí están los libros conmovedores de Andrés Henestrosa y los relatos de los hongos alucinógenos de María Sabina. Allí está la Banda Sinfónica Infantil y Juvenil Benito Juárez y las canciones de la costa de Susana Harp. ¿Cómo no agradecerle, igualmente a Oaxaca, algo tan importante como es su parque eólico inaugurado en un poblado llamado La Ventosa, cuya energía cinética se obtiene del viento? Recientemente leí en el libro *El desafío de Oaxaca*, de Martín Vásquez Villanueva, que su capacidad generadora total era de 2 579 megawatts, "en la inteligencia de que dadas las condiciones eólicas en el istmo de Tehuantepec consideradas como de las mejores a nivel mundial, se estima que el potencial total de generación puede llegar a los 8 800 megawatts..." Y como contraste a lo anterior allí están, recién descubiertas, las ruinas de Atzompa, en Monte Albán.

Por último, quiero compartir algo que me llamó la atención. En el siglo XVIII, Oaxaca vivió una expansión económica inusitada gracias a la grana cochinilla, insecto que habita en variedades específicas de nopal. De los dos sexos, es la pobre hembra la que se hierve, después se pone a secar, se muele y de esta manera se obtiene el color carmín para colorear los textiles. A pesar de que su producción era un secreto durante la colonia española, el tono de su tinte era tan bonito que de inmediato se hizo muy famoso, a tal grado que mandaron espías de Francia, Inglaterra y Portugal para tratar de descubrir la fórmula y poder implantarla en sus respectivos países. Pero no se pudo; no obstante, para finales de siglo Europa estaba toda pintada de roja. Pero lo más llamativo fue que gracias a la grana oaxaqueña los uniformes de los soldados napoleónicos (los mismos que nos hicieron la guerra), de los casacas rojas ingleses y de los soldados prusianos estaban teñidos con un carmín maravilloso que habían creado las manos de las indígenas oaxaqueñas.

Doce
chapulines

Para mi amigo el flamante gobernador de Tabasco, Arturo Núñez.

Recibir el Año Nuevo en Oaxaca es de suyo un espléndido augurio. Por ello y porque llevo en mis venas sangre oaxaqueña desde hace cuatro generaciones, me gustaría dedicarle mis doce deseos para el año de 2013.

1. Deseo que Oaxaca sea para el próximo año la región más visitada de toda América Latina. Deseo asimismo que vengan turistas de todo el mundo, desde la isla de Sri Lanka hasta la península de Kamchatka. Para los compatriotas que aún no conocen Oaxaca (en especial los del norte), les quiero decir que se han perdido la oportunidad de extasiarse frente a Santo Domingo, o ante las pirámides de Monte Albán. Se han abstenido, igualmente, del silencio milenario que se respira entre las ruinas de Mitla y de la sombra del ahuehuete más viejo y

más grande del mundo llamado El Tule, cuya edad rebasa los dos mil años: está como nuevo, bien regadito y muy frondoso. Por último, diré que no conocer Oaxaca significa la imposibilidad de entender la pintura de Francisco Toledo y Rodolfo Morales, desconocer la historia de nuestro país y, por si fuera poco, no comprender a cabalidad que: "Dios nunca muere…"

2. Deseo que Oaxaca encuentre el punto de equilibrio entre el derecho de los niños a una educación de mejor calidad y los derechos del magisterio, con un nuevo entendimiento con la autoridad estatal, para que con la reforma educativa todos salgan ganando. Con ello, deseo que Oaxaca deje de ocupar los últimos lugares estatales de aprovechamiento escolar en el ya de por sí bajo rendimiento de México entre los países de la OCDE.

3. Deseo que Oaxaca exporte por todo el mundo sus artesanías, incluyendo su barro negro y el verde, cuyas soperas están cubiertas de alcatraces y pájaros. Deseo que sus maravillosos vestidos de San Antonino y sus huipiles del istmo de Tehuantepec y de Yayala sirvan de inspiración a los grandes diseñadores de moda de Francia e Italia. Deseo que las mamás irlandesas, danesas y francesas envuelvan amorosamente a sus bebés con rebozos oaxaqueños de lana y seda natural y que les canten canciones de cuna en zapoteco.

4. Deseo que el derecho constitucional a la salud sea una realidad en este estado milenario, en especial, que no existan más muertes de mujeres durante el parto y que no se vean privadas de sus derechos políticos en ninguna comunidad oaxaqueña.

5. Deseo que el mezcal de Oaxaca se convierta, por decreto, en la bebida nacional por excelencia. Que además de que se exporte a todo el planeta, se sirva generosamente en todas las

bodas, bautizos, primeras comuniones y banquetes oficiales del sexenio de Peña Nieto. Deseo que este "elixir de los dioses" sea servido en todos los vuelos de todas las líneas de aviación, ya sea en primera o en clase turista. Deseo que el mezcal oaxaqueño sea distribuido en los *duty free* de todos los aeropuertos del mundo, incluyendo las *sex shop*, como una bebida afrodisiaca, cuyos poderes milenarios y mágicos no tienen límite.

6. Deseo que los enfrentamientos que, desafortunadamente, aún persisten entre hermanos de etnia y cultura cesen en toda la geografía oaxaqueña. Para que reine la paz y la unión entre ellos, ojalá que nuestro Himno Nacional, actualmente traducido en seis lenguas indígenas, y algunas variantes del mixteco, chatino, ngigua, mixe, ngiba y cuicateco, sea traducido el año que viene en las lenguas que todavía faltan.

7. De todo corazón deseo que para 2014 se presente la fiesta de la Guelaguetza ya sea en los jardines de Versalles o en la Plaza de la Concordia, para que miles de franceses y turistas de todo el mundo conozcan las costumbres y tradiciones de las ocho regiones que conforman el estado de Oaxaca.

8. Deseo que todas las carreteras que los presidentes panistas de la República prometieron ahora sí se terminen, como la que comunicará a la capital del estado con el istmo y la que la conectará con la costa. Cuando el ex presidente Calderón dio el banderazo de construcción en 2011 del último tramo de noventa y cinco kilómetros de la súper carretera Oaxaca-istmo, entonces se dijo que la entrega sería hasta dentro de treinta y seis meses. En cambio, la de la costa se entregaría en veinticuatro meses. Toda la vía, desde Oaxaca hasta Puerto Escondido, tiene una longitud de doscientos kilómetros.

9. Deseo que el campo oaxaqueño produzca ahora sí los alimentos que la población local necesita, lo que los técnicos llaman autosuficiencia alimentaria. Y que Oaxaca genere los empleos suficientes para que esta tierra prodigiosa deje de expulsar mano de obra a otras entidades y al extranjero.

10. Deseo que haya buena comunicación entre todos los actores políticos de este estado para que las diferencias no sean un obstáculo en su desarrollo. Deseo que todos ellos se digan que lo importante es Oaxaca y por ende, México.

11. Deseo que el XII Congreso Mundial de la Organización de Ciudades Patrimonio Mundial, titulado "Ciudades patrimonio, ciudades sustentables", que se llevó a cabo en Oaxaca, del 19 al 22 de noviembre de 2013, sea todo un éxito. Oaxaca de Juárez es la única ciudad del mundo que tiene dos sitios denominados Patrimonio Mundial: el Centro Histórico y la zona arqueológica de Monte Albán.

12. Deseo algo que miles de mexicanos y oaxaqueños desean: que regresen a Oaxaca los restos de don Porfirio Díaz. No hay que olvidar que antes de morir las últimas palabras del dictador fueron: "ya tranquilo el país que se lleven mis huesos a descansar en la Iglesia de la Soledad."

Este ejemplar se terminó de imprimir en Julio de 2014,
En COMERCIALIZADORA DE IMPRESOS OM S.A. de C.V.
Insurgentes Sur 1889 Piso 12 Col. Florida
Alvaro Obregon, México, D.F.

Índice

Índice

OAXACA, EL LUGAR

batallones. Cuando apareció el de Oaxaca, me imaginé a los seis hermanos Loaeza que combatieron bajo las órdenes de Díaz; allí estaban el bisabuelo, su hermano Francisco, general de Brigada; Domingo, coronel de Caballería; Joaquín, teniente coronel; Félix, quien era mayor y hasta imaginé a mi tocayo, al más joven de los hermanos, a Eleazar Florentino Guadalupe Loaeza, no obstante, él pertenecía al grupo llamado "los inmaculados" que guerrearon con sus mentes y que eran los fieles seguidores de Juárez pero que nunca empuñaron un fusil y jamás lo traicionaron. Pero eso sí, cuando la República venció al Imperio estuvieron al lado de Juárez para reconstruir el concepto de Estado-Nación. Todo esto lo imaginé con el corazón en una mano y, en la otra, con la medalla de plata con la efigie de Zaragoza, la cual me fue entregada un día antes en una recepción elegantísima, junto con un reconocimiento, por el presidente de la República, el señor Felipe Calderón.

Ya te podrás imaginar, bisabuela, lo orgullosa que me sentía, como de seguro se hubieran sentido cada uno de los hijos de tu nieto, Enrique, es decir, mi padre. Esa noche, con la medalla pegada a mi camisón, no dormí por la emoción. Mentalmente les daba las gracias a los seis hermanos Loaeza por haber peleado con tanta valentía por la patria. Quiero que le platiques todo esto al bisabuelo. Pero sobre todo, quiero que le cuentes que a su bisnieto, el doctor Manuel Cárdenas Loaeza (hijo de tu nieta Emilia, tu tocaya, y el mejor cardiólogo de México), le entregaron una medalla de oro por sus 55 años de servicio académico en la UNAM.

No sé si conoces esta anécdota, querida bisabuela. Fíjate que un día iban por la calle tu hijo, el doctor Antonio Loaeza, y su sobrino. De pronto se encontraron al militar y político Sós-

Índice

OAXACA, EL LUGAR

Oaxaca mística, mágica, señorial

Sólo de llegar a Oaxaca la atmósfera despierta nuestros sentidos, un cielo dibujado por nubes muy blancas es marco de un sol resplandeciente. De inmediato sentimos en el ambiente un perfume de cordialidad y misticismo, árboles y pájaros estimulan nuestro asombro y las calles saludan con sus aromas de cocina y encanto, mientras plazas, iglesias y palacios antiguos murmuran sus secretos en cada rincón, en cada hermoso y viejo ventanal, en cada portón y en cada celda, misteriosos y conmovedores.

En este libro comparto las emociones que me produce la cultura de Oaxaca, su gastronomía, su colorido regional, sus expresiones artísticas, sus bailes y la gran personalidad de sus personajes históricos, transmitir el misterio de sus leyendas, el rubor amoroso de sus mujeres y el temple de sus caballeros, protagonistas de numerosas páginas en la historia de nuestro país, y hombres y mujeres entrañables en la cotidianidad.

¿Quién no ha sentido la piel chinita con los bailes de La Guelaguetza, o se ha conmovido con la majestuosidad de sus ruinas arqueológicas?, sin olvidar los vivos matices y sabores de sus platillos deliciosos, la variedad de sus moles, sus tlayudas vestidas de carne, queso y salsas; sus nieves y dulces, sus bebidas frescas y la magia de sus mezcales.

Porque Oaxaca es colorido y sabor, tradición y sincretismo, magia y seducción; tierra de pintores extraordinarios −Rufino Tamayo, Rodolfo Morales, Francisco Toledo, Rodolfo Nieto...−, y hombres de gobierno –Benito Juárez, Porfirio Díaz, José Vasconcelos…– que marcaron la historia de México, de artesanías y paisajes, noble geografía, lugares de ceremonia y culto.

Oaxaca de mis amores es una pequeña invitación a saborear la diversidad y diversa región, conocer su grandeza, asomarse a la ventana de sus artistas y sentir intensamente al riqueza y colorido de su cultura.

Oaxaca histórica

Una batalla
entre caballeros

El 30 de abril de 2006, Fidel Herrera Beltrán, gobernador de Veracruz, presidió los festejos del 142 aniversario de la batalla de Camarón. En compañía del embajador de Francia, Richard Duqué, y de autoridades civiles y militares, el Ejecutivo Estatal depositó ofrendas florales en los mausoleos de los combatientes franceses y mexicanos de la batalla de 1863, cuando Francia intervino en México.

En esta ceremonia se recordó la fecha simbólica en la que un batallón de la legión extranjera francesa llevó a cabo una de las acciones más heroicas de su historia, cuando dos compañías del primer regimiento de la legión destacado en México, compuestas por poco más de sesenta hombres, confrontaron un ataque de dos mil soldados del Ejército mexicano.

¿Cuáles fueron los acontecimientos que desencadenaron dicha batalla? Recordemos los antecedentes: el 17 de julio de 1861, el presidente Benito Juárez, líder del Partido Liberal, decretó una moratoria en los pagos de la deuda externa mexicana. Las razones de esta medida eran consecuencia de la cruenta Guerra de Reforma entre 1857 y 1860, y que concluyó con la derrota de los conservadores. Aquellos recursos eran necesarios para la reconstrucción del país. Sin embargo, en octubre de ese año tres potencias acreedoras, Gran Bretaña, Francia y España, protestaron contra la medida tomada por Juárez. El emperador francés Napoleón III se comprometió con los monárquicos mexicanos, residentes en Europa, en el proyecto de instaurar una monarquía en México. Soñaba con construir un imperio latino que sirviera de muro de contención a la expansiva república de Estados Unidos, por lo que la suspensión de pagos le venía como anillo al dedo para intervenir y crear en México una monarquía al frente de la cual estaría un príncipe católico europeo. Napoleón III convocó a España y Gran Bretaña para llegar a un acuerdo. Se reunieron en Londres para asumir una posición conjunta con respecto a la decisión del gobierno mexicano. Los tres países firmaron una alianza y organizaron una expedición armada a México para obtener el pago de la deuda por la fuerza, sin intervenir en la política interna.

A fines de diciembre de 1861, las primeras fuerzas europeas llegaron a Veracruz. Se trataba de un contingente español al mando del general Juan Prim. En enero, arribaron los franceses y británicos, al mando de Dubois de Saligny y *sir* Charles Wyke, respectivamente. Juárez ordenó no oponer resistencia para evitar el estallido de una guerra y propuso negociaciones para buscar una salida a tan compleja coyuntura y consiguió, mediante los Tratados de la Soledad, que se retiraran los ejércitos inglés y español. Pero el francés, no. Francia se quedó sola, pero resuelta a imponer una monarquía en México. Contaba con un numeroso ejército expedicionario, del cual el general Charles Ferdinand de Lorencez, como comandante en jefe de las fuerzas francesas en México, declaró: "Somos tan superiores a los mexicanos por la raza, la organización, la disciplina, la moral y la elevación de los sentimientos que a la cabeza de seis mil soldados ya soy el amo de México".

El general galo cometió un gravísimo error de apreciación. En la mañana del 5 de mayo de 1862, el mejor ejército del mundo fue derrotado en Puebla. El humillado Lorencez tuvo que solicitar refuerzos y más armamento a París. Entre las nuevas tropas que llegaron de Francia a Veracruz se encontraban tres batallones de la legión extranjera al mando del coronel Jeanningros, quien había participado en la batalla de Moulay-Ishmael en Argelia. Los mexicanos disponían de un ejército de veinte mil hombres en el norte, al mando del presidente Juárez, y otros veinte mil en el sur, comandados por Porfirio Díaz. Estas tropas ejecutaban constantes ataques a la línea de comunicaciones francesa entre Veracruz y las afueras de Puebla, por lo cual la legión tenía como misión asegurar la circulación y la seguridad del envío de provisiones y municiones.

Un convoy compuesto por sesenta y cuatro carretas que llevaban varios cañones destinados a demoler las defensas de Puebla, además del oro para pagar a los soldados, debía partir desde Veracruz. El coronel Jeanningros ordenó que la tercera compañía del regimiento extranjero fuese a la vanguardia con el capitán D'Anjou al mando. La inteligencia mexicana era buena y pronto tomaron conocimiento de la existencia de este convoy. Se desató una batalla feroz entre las tropas mexicanas y la legión extranjera francesa. De hecho, el 30 de abril de

1863, miembros del Ejército mexicano derrotaron a los legionarios franceses. Sobrevivieron unos cuantos, entre ellos un oficial francés. Imaginamos la carta escrita por uno de ellos a su hermano en Francia.

Veracruz, 12 de agosto de 1863

Querido Ferdinand

Te escribo después de haber salido de un caos, de las tinieblas del delirio y de la inconsciencia. Nunca podrás imaginar lo que he pasado. He vuelto a nacer. Apenas puedo detener la pluma para escribir estas líneas. Si no fuera por los cuidados que he recibido por iniciativa del capitán Talavera del Ejército mexicano, después de la derrota que sufrimos, ya estaría yo en el Valle de Josafat en espera del juicio divino.

Como recordarás, te anuncié en mi última misiva que Napoleón ordenó que se enviaran refuerzos militares para la conquista y regeneración de este país. Tuvieron que recurrir a la legión extranjera y por eso me encuentro aquí. Nuestra ayuda, en un principio, fue bienvenida, pues las tropas de infantería francesa habían sufrido muchas bajas. Después, como esperábamos, los franceses tomaron mucha distancia y si había algún trabajo sucio se lo confiaban a la legión. Nos mandaron a la zona más insalubre, la zona tropical de Veracruz, en donde reina la malaria. Un verdadero infierno. El calor es insoportable y los insectos son peores que un tigre al ataque. Para colmo de males, nos asignaron tareas menores como resguardar convoyes. Yo trataba de remontar la moral a todos esos pobres muchachos aislados de su hogar y que se sentían rechazados por la gente a la que venían a ayudar. A consecuencia de este rechazo, nos unimos mucho más y se creó un extraordinario *esprit de corps* entre nosotros. Los legionarios, como sabes, hemos servido a Francia desde hace muchos años, pero *legio patria nostra*, la legión es nuestra patria.Ya está probado que la legión es igual a cualquier cuerpo de infantería, pero déjame decirte que aquí, en México, probamos ser el mejor del mundo. Te cuento.

Para apoyar al general Forey, que se encontraba en Puebla el 15 de abril, los franceses mandaron desde Veracruz un convoy compuesto por sesenta y cuatro carretas con varios cañones, municiones, provisiones y cofres cargados de oro. Como la seguridad de este convoy era de particular preocupación para los franceses, nuestro comandante en jefe, el coronel Jeanningros, recibió órdenes el 29 de abril en su cuartel general en Chiquihuite (no trates de pronunciarlo) de escoltar el convoy mientras recorriera el área bajo su responsabilidad. El coronel decidió que la tercera compañía del primer regimiento debía llevar a cabo esa tarea. Pero la mayoría de los oficiales se encontraban enfermos. Tres oficiales nos ofrecimos como voluntarios: Napoleón Villain, D'Anjou y yo. Permíteme decirte que D'Anjou era un tipo formidable. Se distinguió en Argelia, Italia y Crimea. Ahí perdió una mano y la reemplazó por una de madera. Nuestra compañía sólo contaba con sesenta y dos hombres. D'Anjou propuso que saliera una avanzada y el 30 de abril nos integramos al convoy.

Habíamos caminado unos veinte kilómetros, cuando nos detuvimos para tomar la ración del desayuno, a un kilómetro y medio de la aldea de Camarón, o como decimos los que no hablamos español, Cameron, en donde estaba la Hacienda de la Trinidad, una pequeña vivienda. De pronto, vimos que un contingente de caballería mexicana se acercaba hacia el lugar. D'Anjou dio la orden de preparar los rifles. Nos colocamos estratégicamente y al grito de "¡Viva el emperador!", abrimos fuego. Justo es decir que causamos algunas pérdidas del lado mexicano. Pero cuando D'Anjou ordenó una retirada hacia el único lugar donde podríamos resistir, o sea, la Hacienda de Camarón, se desató el infierno. Tiroteos por todos lados. La mayoría logró llegar al patio de la destartalada propiedad, con muros exteriores de tres metros de altura pero, a costa de perder las mulas con las municiones y las raciones. Se fueron dejándonos sin agua y comida. Varios compañeros cayeron muertos o heridos y otros fueron tomados prisioneros.

Aunque resguardados, estábamos en una posición muy complicada. Éramos unos cuarenta y sólo contábamos con sesenta balas por hombre. Nos dimos cuenta de que los mexicanos eran más de mil. No temíamos por nuestras vidas, sino porque nos abandonara el valor para soportar los ataques. Nos atacaron desde las alturas. ¿Qué podíamos hacer? Sin embargo, matamos a muchos de ellos, porque hay que reconocer que de cada doce balas que disparábamos una la poníamos en el blanco. Los legionarios somos muy buenos tiradores. Pero una lluvia de balas pasó silbando por encima de nosotros. A cada momento se desplomaban mis compañeros. D'Anjou no podía hacer nada para neutralizar al enemigo, pero no le faltó valor para seguir la defensa. De pronto, los mexicanos dejaron de disparar sobre aquel espacio cubierto de muertos y heridos. Un mexicano, el Coronel Milán, se presentó para exigir nuestra capitulación. D'Anjou contestó con un rotundo ¡no! Y agregó: "¡Aún tenemos cartuchos y no nos rendiremos!" Levantando su mano de madera juró defenderse hasta la muerte.

Aproximadamente a las 11 horas, vi como D'Anjou se llevó las manos a una de sus piernas, luego vi cuando una bala le pegó en el corazón y la mano de madera voló por los aires. No sabes la tristeza de perder a un hombre cuyo valor siempre será mi ejemplo. Villain asumió el mando, pero pronto cayó muerto. Sólo yo quedaba a la cabeza de unos cuantos valientes.

Cerca de mediodía escuchamos unos clarines, los zuavos ubicados en los techos nos avisaron que se trataba de refuerzos del ejército francés. Pero eran refuerzos mexicanos, tres batallones de infantería: el Guardia Nacional de Veracruz, el de Jalapa y el de Córdoba. Me invadió el horror y la compasión hacia mí mismo al verme rodeado de cadáveres. Comprendí que todo estaba perdido. Estábamos sedientos, hambrientos, adoloridos, heridos, bajo los rayos de un sol implacable. Una vez más, Milán nos propuso la rendición garantizándonos la vida. Una vez más rehusamos rendirnos. Nuestros enemigos emprendieron un asalto frontal, pero nuestros certeros disparos e implacable disciplina los contuvieron un buen rato. Los mexicanos, aunque aguerridos, son desordenados e insubordinados. Hacia las seis de la tarde sólo quedábamos doce legionarios dispuestos a morir. Una hora más tarde, sólo éramos cinco. Disparamos nuestra última andanada de balas y preparamos nuestras bayonetas para morir con honor. Dos más cayeron muertos. Wensel, un polaco; Berg, un alemán, y yo retrocedimos hasta ponernos frente a una de las paredes de la hacienda, presentando nuestras bayonetas como única y última defensa. Ante este espectáculo, los mexicanos no sabían si acabarnos o perdonarnos la vida. "Ahora supongo que sí se rendirán", dijo el coronel Ángel Lucio Cambas. Es de lo último que me acuerdo.

21

Los veracruzanos nos brindaron las mayores consideraciones, son la mar de generosos. Yo, junto con otros legionarios heridos, fui atendido en un hospital en Huatusco. Posteriormente me trajeron a casa de doña Juana Marredo de Gómez, por órdenes del Capitán Talavera. (Curiosamente, esta señora no deja de fumar ni de tocar piano.) ¿Qué te puedo decir? No puedes imaginarte el respeto y la admiración que los mexicanos nos han manifestado por la batalla de Camarón. Nos consideran muy hombres y muy machos, lo cual significa un gran elogio en este país.

El trato que he recibido, la atención y sobre todo la belleza de Adela (yo le digo Adelita), la sobrina de *Madame* Marredo, me han conquistado a tal grado que tengo toda la intención de establecerme en Veracruz. Creo que alguien debe decir a Maximiliano que si viene aquí no es por voluntad de la nación mexicana. Pero sé que es demasiado tarde y que en unas semanas desembarcará en Veracruz. Sorpresa la que se llevará, porque no todos los mexicanos lo recibirán muy bien, muchos de ellos piensan que Benito Juárez sigue siendo su presidente.

Por lo pronto, regresaré a Francia a recibir la Legión de Honor. Pero Adela me habla mucho de una bella ciudad llamada Tlacotalpan. Pronúnciala despacio, muy despacito, para que se escuche con más musicalidad: Tla-co-tal-pan. Este pueblo está ubicado en la ribera del Papaloapan, que quiere decir "río de las mariposas". Te fijas qué hermosos nombres. Parece que es un lugar encantador, en medio de la selva. Te extiendo una invitación formal para que regreses conmigo. Podríamos dedicarnos a lo que queramos, aquí todo crece, todo se da y todo florece con un brillo especial. Ya conociendo más a fondo este lugar y a su gente tan simpática, acogedora y gentil, puedo decirte que esto es lo más cercano al paraíso. ¿Será que estoy enamorado de *ma belle* jarocha? Esta mujer que no deja de peinar su cabello largo y abanicarse como si fuera una reina.

Con todo mi afecto,
Robert

P.D. La mano de madera del capitán D'Anjou fue encontrada en las ruinas de Camarón y ahora es guardada como reliquia. El convoy llegó a Puebla y la toma de esa ciudad se debió en gran parte al uso de los cañones que transportaba.

Carta
a la bisabuela

Querida bisabuela

Nada me hubiera gustado más que haberte conocido y llevarte el día de hoy un ramo de alcatraces por el día de las madres. En la fotografía que tengo en donde apareces al lado de mi bisabuelo, advierto a una mujer de carácter y de mirada sumamente bondadosa. Llevas un vestido oscuro largo de tafeta, en cuyo *jaccard* se dibujan algunas flores. Tus hombros están cubiertos con un velo de fino encaje. Tu peinado es como de la época de Eugenia de Montijo, y tus accesorios, tal vez de oro, son una leontina larga que da varias vueltas alrededor de tu cuello y un par de aretes muy discretos. Tus manos, que reposan sobre el respaldo de una silla de estilo imperio, son bellísimas. Sé que pertenecías a una de las familias más ricas de Durango, sé que tu padre, el señor Vargas Flores, era dueño de varias recuas de mulas que transportaban todo tipo de mercancías que venían de Europa. Sé que en tu casa había una vajilla de porcelana preciosa con las iniciales de la familia. Y sé que te casaste con mi bisabuelo, tres días antes de que ejecutaran a Maximiliano. Lo sé, a ciencia cierta, porque don Benito Juárez le escribió una carta con su puño y letra a su amigo, el doctor Juan Antonio Loaeza Caldelas: "A la que en efecto conozco porque fui presentado a ella en el baile, con el que se me obsequió cuando estuve en Durango. Doy a usted las gracias, lo mismo que a su señora por la fina atención que han tenido en participarme su matrimonio, en el que les deseo todo género de felicidades. Ya le escribí a mi familia (que estaba en Nueva York) para participarles de este suceso..."

Hoy, mi querida bisabuela, quiero festejarte con dos muy buenas noticias. En primer lugar, permíteme contarte que el 5 de mayo de 2012 se cumplieron 150 años de la Batalla de Puebla. Para conmemorar una fecha tan importante, el gobernador de ese estado, Rafael Moreno Valle, organizó una serie de festejos verdaderamente espectaculares; desde un espléndido congreso de historiadores de diferentes partes del mundo, que vinieron para hablar con diferentes enfoques respecto a la intervención francesa, hasta una extraordinaria escenificación de la batalla con diez mil soldados uniformados, entre zuavos, juaristas y zacapoaxtlas con la presencia de la caballería. Había cañones de verdad, fusiles que no dejaban de disparar y muchas banderas mexicanas y francesas. Al fondo se escuchaban los himnos tanto de México como de Francia. Por momentos, aparecían humaredas como en una verdadera batalla. En medio de toda esta puesta en escena, estaban el general Zaragoza y el coronel Porfirio Díaz dando órdenes a sus respectivos batallones. Cuando apareció el de Oaxaca, me imaginé a los seis hermanos Loaeza que combatieron bajo las órdenes de Díaz; allí estaban el bisabuelo, su hermano Francisco, general de Brigada; Domingo, coronel de Caballería; Joaquín, teniente coronel; Félix, quien era mayor y hasta imaginé a mi tocayo, al más joven de los hermanos, a Eleazar Florentino Guadalupe Loaeza, no obstante, él pertenecía al grupo llamado "los inmaculados" que guerrearon con sus mentes y que eran los fieles seguidores de Juárez pero que nunca empuñaron un fusil y jamás lo traicionaron. Pero eso sí, cuando la República venció al Imperio estuvieron al lado de Juárez para reconstruir el concepto de Estado-Nación. Todo esto lo imaginé con el corazón en una mano y, en la otra, con la medalla de plata con la efigie de Zaragoza, la cual me fue entregada un día antes en una recepción elegantísima, junto con un reconocimiento, por el presidente de la República, el señor Felipe Calderón.

Ya te podrás imaginar, bisabuela, lo orgullosa que me sentía, como de seguro se hubieran sentido cada uno de los hijos de tu nieto, Enrique, es decir, mi padre. Esa noche, con la medalla pegada a mi camisón, no dormí por la emoción. Mentalmente les daba las gracias a los seis hermanos Loaeza por haber peleado con tanta valentía por la patria. Quiero que le platiques todo esto al bisabuelo. Pero sobre todo, quiero que le cuentes que a su bisnieto, el doctor Manuel Cárdenas Loaeza (hijo de tu nieta Emilia, tu tocaya, y el mejor cardiólogo de México), le entregaron una medalla de oro por sus 55 años de servicio académico en la UNAM.

No sé si conoces esta anécdota, querida bisabuela. Fíjate que un día iban por la calle tu hijo, el doctor Antonio Loaeza, y su sobrino. De pronto se encontraron al militar y político Sóstenes Rocha. Mi abuelo le presentó a su sobrino. "Si es un Loaeza, es raza de valientes", le dijo. Pero cuentan que el más valiente de todos, sin duda, era Joaquín, jefe de las armas en Tampico. Una noche se encontraba jugando dominó, de repente llegó su asistente y anunció: "En el cuartel están gritando muera Juárez y viva Maximiliano." En un dos por tres, se levantó Joaquín, se fajó la pistola y exclamó "¡cabo de guardia!". "¡Muera Juárez!", gritó al mismo tiempo que mi tío bisabuelo lo tendió de un balazo. "Oficial de guardia", volvió a decir con su vozarrón, y también éste dijo desde su ronco pecho: "¡Muera Juárez!" Lo mata. En seguida los soldados bajaron los rifles contra él y lo acribillaron. De todos los hermanos Loaeza fue el único que murió en plena guerra.

A Juárez,
de una chismosa

Estimado Licenciado Benito Juárez
Cementerio San Fernando

Con todo respeto me permito escribirle para ponerlo al corriente de una situación que, sin duda, le concierne directamente. No sé si sepa que desde que usted murió —aunque, como dice la canción oaxaqueña, "nunca debió de morir"— el 18 de julio de 1872, se ha tomado como costumbre bautizar a muchas calles del país con su nombre. Créame que no hay ciudad, municipio, pueblo o ranchería que no tenga una avenida o calle que no se llame Benito Juárez. Por ejemplo, en la Ciudad de México, la Avenida Juárez que prolonga la Alameda Central y que se encuentra a unas cuadras de la Catedral, es una de las más importantes del Centro Histórico. De hecho, allí está usted, perdón, su escultura en el famosísimo

Hemiciclo a Juárez. Su nombre nos es tan institucional e imprescindible para el conocimiento de la historia de los mexicanos, que esta costumbre además de aplaudirla, siempre nos ha parecido justa y necesaria.

Sin embargo, licenciado, no faltan los necios e ignorantes que osan poner en tela de juicio su memoria. Éste es el caso de un triste individuo, que de seguro siempre se sacó cero en historia de México y que se llama Noé Aguilar Tinajero. De allí que se haya desatado en la Cámara de Diputados una discusión sumamente acalorada a propósito de posibles cambios de nombres a las calles de algunos municipios gobernados por el Partido Acción Nacional (el PAN es un partido de oposición de tendencia centro-derecha que existe hace más de cincuenta años y que, *beleive it or not*, ha gobernado varios estados de la República), ya que dicho personaje se atrevió a afirmar que se debería de quitar el nombre de Benito Juárez a una de las calles porque según él era un "traidor a la patria".

¿Se da cuenta? ¿Llamar de esa forma al "presidente de la República Universal" como en Italia se refería a usted José Mazzini? Encuentro tan aberrante la torpeza de Aguilar Tinajero que hasta pena ajena me da. Por otro lado, no me sorprende, tenía que venir de un panista cuyo partido, aquí entre nos, suele pecar de un enorme conservadurismo y cerrazón. Ahora que se acercan las elecciones (6 de julio) para elegir, por primera vez, gobernador del Distrito Federal, muchos votantes me han comentado que jamás votarían por el PAN precisamente por su conservadurismo y su "mochismo" (porque son muy clericales). Fíjese, licenciado, muchos de ellos están en contra del condón (le escribiré otra carta explicándole de qué se trata y para qué sirve); no toleran que las mujeres usemos minifaldas (no se asuste licenciado, pero ahora las faldas se usan mucho más arriba de la rodilla. Si supiera qué bien nos vemos…); odian el "Wonderbra" (éste es un sostén muy práctico ya que levanta todo, incluyendo la imaginación…), y se oponen al aborto (antes de que frunza el ceño, permítame decirle que éste es otro asunto que, por su complejidad, me gustaría comentarle en otra oportunidad). Sin embargo, debo decirle que hubo algunos de este partido que por fortuna reaccionaron en contra de Aguilar Tinajero. Por ejemplo, Eugenio Ortiz Walls lo reconoció a usted como "un mexicano de excepción y prócer de la República." Asimismo, Gonzalo Altamirano, líder del PAN en el D.F., desaprobó a Aguilar Tinajero y el cambio de nombres de las calles. Como para deslindarse, sugirió "guardar prudencia". Más tarde, su partido mandó un comunicado y subrayó que todo debate y esclarecimiento sobre las figuras históricas debe darse sobre bases objetivas para "coadyuvar al fortalecimiento de la identidad de México como pueblo."

Los que están fu-ri-bun-dos por lo que dijo el dirigente panista, son los priistas (el Partido Revolucionario Institucional [PRI] lleva en el poder más de sesenta años y ya no lo aguantamos. Si usted supiera de todo lo que son capaces los del PRI, se lo juro que no me lo creería. Otro día, prometo escribirle una carta larga, larga, en donde le contaré hasta dónde han llevado el país). Pues bien, el priista José Antonio Hernández Fraguas dijo en la tribuna de la Cámara que las acciones y declaraciones de los panistas tienen el claro propósito de "trastocar la identidad nacional." Asimismo, Carmelo Soto, también del PRI, llamó al PAN, partido del campanario y de la reacción y los calificó de narcisistas por querer poner sus nombres a las calles (el alcalde Alfredo Reyes Velázquez cambió en Aguascalientes el nombre de la calle de Juárez por el suyo), a lo que el panista Eugenio Ortiz Walls contestó furioso: "No me vengan de patriotas liberales, son gente (los priistas) que en realidad sirven a lo peor de las reacciones y de los peores grupos conservadores del país. Y lo malo es que han hecho su dinero de robar, de engañar al pueblo, asesinos hasta de sus propios compañeros como en el caso Colosio." (Luis Donaldo Colosio, ex candidato a la Presidencia por el PRI, fue asesinado y hasta la fecha no se sabe quién es el verdadero culpable.)

Y bueno, para no hacerle el cuento largo, Licenciado Juárez, fíjese que desde la tribuna, ¿qué creé?, que comenzaron a decirse cosas horribles: que si tenían madre y que si no la tenían y que sí, que sí tenían y que tenían mucha, mucha madre (¿Habrá existido esta expresión en su tiempo? Me imagino que sí. De lo contrario, créame que sería demasiado largo explicárselo. Además por el respeto que se merece, no me atrevería). Lo curioso de todo es que entre estos diputados ya se había firmado un acuerdo dizque de "paz", con relación al cambio de los nombres de las calles. "No se vale, nos hicieron firmar el acuerdo y ahora se echan para atrás", decía muy exaltado desde su curul el panista Ricardo García Cervantes.

Unos días antes, el presidente del PRI que se llama Humberto Roque Villanueva (el más mal educado de todos los priistas. Nunca se imaginaría todos los ademanes que sabe hacer), dijo en una entrevista: "Entendemos por qué les molesta el origen humilde de Juárez a quienes nacieron (los panistas) en élites perfumadas; les molesta el origen indígena de Juárez a quienes (*sic*) no quieren cruzarse con los indígenas en su camino."

¿Se da cuenta de todo el relajo (confusión, desorden, desconcierto, lío, revoltijo, embrollo, olla de grillos) que se ha

31

provocado? ¡Qué barbaridad, se me olvidaba decirle! ¿Con qué nombre cree que muchos diputados y dirigentes del PAN en el Estado de México quieren sustituir la calle de Juárez? Estoy segura de que si se lo digo, se va a ir de espaldas. Con el nombre de Porfirio Díaz, ¿se da cuenta? Por otro lado, debo reconocer que yo sí estaría de acuerdo en que se cambiara el nombre de la Avenida Hank González (un priista súper, súper, súper, súper corrupto) por el de Manuel Gómez Morín (gran mexicano y fundador del PAN); pero de allí a cambiarlo por el de Agustín de Iturbide, me opongo mil por ciento. Estoy segura de que Noé Aguilar Tinajero quiere cambiar el nombre de la Avenida Juárez por el de Maximiliano.

Por último, licenciado Benito Juárez, le diré que el PRI ha convocado a los indígenas del país y al pueblo "juarista" a iniciar una campaña para "defender los valores y símbolos patrios", igualmente llamó a los demás partidos a "clarificar sus ideas y a guardar mesura respecto a los valores y símbolos nacionales." Asimismo quiero reiterarle (ya se habrá dado cuenta) que su "servilleta" (servidora) es sumamente "juarista" (como lo era mi papá), a tal grado que en una de las paredes de mi comedor tengo una pintura de usted (preciosa), donde aparece con una expresión de hombre inteligente y muy sensible a la vez. No hay duda de que "el respeto al derecho de llamarse las calles Benito Juárez es la paz".

Con todo respeto y absoluta admiración.

Suya: Guadalupe

P.D. Por cierto, nunca apareció su retrato pintado a óleo en 1948 por Diego Rivera y que se encontraba en uno de los salones más importantes de Los Pinos. ¿Quién de todos los priistas se lo robó? A saber…

Juárez
y su familia

Querido don Benito

Con todo respeto me dirijo a usted para comunicarle puras buenas noticias que tienen que ver con su familia. Una familia, oiga usted, obsesionada por mantener vivo su recuerdo, pero sobre todo su enorme legado a los mexicanos. ¿Por dónde empezar? Tal vez por decirle que desde hace aproximadamente seis meses he tenido el privilegio de estar en contacto directo con algunos de sus tataranietos y choznos, Obregón Santacilia. Además de ser personas de bien, son "gente bien", todos ellos son "bien nacidos", educados, cultos, sensibles, inteligentes y con un corazón totalmente juarista. Gracias a ellos, don Benito, lo he redescubierto ya no tanto como nuestro Benemérito sino como un hombre de carne y hueso. No hubo reunión de trabajo, en las oficinas del historiador Enrique Márquez para afinar los preparativos de la presentación oficial de la Fundación de la Familia de Benito Juárez García en Palacio Nacional, en que no termináramos por hablar de don Benito esposo, don Benito el padre y don Benito el abuelo. Gracias a ellos, y en especial a Arturo Carrasco Bretón, sé que a usted le gustaba levantarse todos los días en punto de las siete para bañarse con agua fría, sí, ¡helada!, costumbre, dicen, muy saludable pero que para mí sería mortal. Después de desayunar, se iba a su despacho a recibir las nuevas de ese día, dándole prioridad a los asuntos más importantes. Así se le iba el tiempo hasta las seis de la tarde, hora en que concluía sus labores abordaba el coche oficial en el que, acompañado de su esposa e hijas, se dirigía al Paseo de Bucareli y luego rumbo a la Alameda, donde acostumbraba pasear. Me pregunto cómo habrán hecho usted y su esposa para que nadie percibiera su presencia en la calle. No obstante, previsora como era, doña Margarita, y estando las cosas como estaban, llevaba en su bolso un pequeño revólver. Todos estos paseos los hacían sin guardias, sin escoltas, exclusivamente "para ir a contemplar aparadores". Algunas veces llegaban en forma sorpresiva al café La Concordia, en donde, por cierto, se encontraban muchos opositores. Pero usted, don Benito, no tenía miedo, como se dice coloquialmente, "no tenía nada que esconder". Mientras tanto, "los serenos iban encendiendo sobre la antigua calle de Plateros esos viejos faroles". Una vez que doña Margarita y usted se habían tomado un pocillo humeante de chocolate, se despedían de todo el mundo de una forma muy cortés para después caminar hasta la Plaza Mayor, evitando pasar frente a la Catedral a fin de no avivar viejos rencores. Finalmente, entrando por la calle de Moneda, llegaban hasta Palacio, donde tal vez se encontraba el barbero esperándolo, con quien, por cierto, le gustaba sostener largas conversaciones en tanto lo afeitaba. Los fines de semana los pasaba escuchando la voz de su hija Manuela o jugando con sus nietos.

Pero vayamos, don Benito, a las espléndidas noticias que quiero comunicarle. En primer lugar me quiero referir a la "Semana de Homenaje Nacional a D. Benito Juárez", organizada por la Fundación de la Familia de Benito Juárez García, la Comisión Para los Festejos del Bicentenario de la Independencia y Centenario de la Revolución en la Ciudad de México (Bi100) y el municipio de Dolores Hidalgo. El 12 de julio a las 12:00 horas, con la participación de la familia Obregón Santacilia y la comisión, se hará una guardia de honor en el Monumento a los Héroes en Dolores Hidalgo, Guanajuato. A las cinco de la tarde habrá una ceremonia en el Portal de Juárez, y a las siete se presentará una función del robot educativo de Miguel Hidalgo y Costilla, además de los cortometrajes sobre la Independencia, producidos por la comisión. El 13 es el día de la ceremonia de homenaje por el triunfo de la República y la entrada de don Benito Juárez a la Ciudad de México. Este acto se llevará a cabo en el Jardín Central de la delegación Azcapotzalco. El 14, a las 19:00 horas, se presentará la gaceta *Bi100, Juárez y la generación de la Reforma*. Asimismo se presentará, en el antiguo templo de Corpus Christi, una miniserie de televisión e internet *Juárez y el triunfo de la República* producida por Linterna de Hidrógeno. Y por último, el día 15, a las seis de la tarde, en el recinto a Juárez, en Palacio Nacional, habrá una ceremonia solemne, con la presencia del jefe de Gobierno. Allí intervendrán representantes de la familia Obregón Santacilia, el licenciado Manuel Jiménez y Marcelo Ebrard

Casaubón. Y para cerrar con broche de oro, el gran actor Héctor Bonilla dará lectura al discurso que usted pronunció, desde el Palacio Nacional, el 15 de julio de 1867.

La otra noticia tiene que ver con la fundación, presidida por su tataranieto Andrés Sánchez Juárez y por su chozno (el más entusiasta y apasionado con todo lo que tenga que ver con el juarismo) Leonardo Obregón Santacilia, como secretario del consejo. Pues bien, la Fundación de la Familia de Benito Juárez García se encargará de llegar al mayor número de indígenas posible, llevándoles cultura, educación, capacitación; en fin, todas las herramientas que los ayuden a avanzar, trascender y crecer interiormente.

¿Se da cuenta, don Benito, que doscientos años después del inicio de la encarnizada lucha en la que usted participó por el nacimiento de México, desde trincheras diferentes, la fundación llegará a los indígenas que aún hoy, en el siglo XXI, carecen de libertad, legalidad y atención por estar relegados de la sociedad? Lo que más quiere su familia (la cual ya forma siete generaciones, entre todos suman trescientos familiares) es llevar su mano (la suya) a estos indígenas, por medio de la fundación, cuya estructura básica tiene bien establecidos los parámetros para buscar proyectos sustentables que las propias comunidades indígenas promuevan, porque sólo ellos saben lo que necesitan. Afortunadamente la fundación, por medio de su Centro de Estudios Juárez, cuenta con el apoyo del gobierno del Distrito Federal, mediante la Comisión Bi100, ya que le han dado un lugar muy especial en las actividades de estas conmemoraciones. Otros dos temas que apoyará la fundación son el ecoturismo y darle valor agregado a los productos básicos del campo para su exportación.

Por último le diré, don Benito, que otra de las metas de la fundación es obtener lo que será la sede para el Centro de Juárez, donde se pueda mostrar quién fue realmente Benito Juárez como hombre. A la familia le gustaría que fuera en una de esas viejas casonas del Centro Histórico, ojalá que este sueño se les haga realidad muy pronto. Ya lo mantendré informado.

No me queda más que felicitarlo por su descendencia y por todo lo que usted le dio a mi país y le sigue dando… G. L.

Carta
al bisabuelo

Querido bisabuelo Juan Antonio

Ésta es la primera vez que me dirijo a ti y créeme que lo hago con un enorme respeto y orgullo. Te confieso, y no obstante eras abuelo de mi padre, que desconocía cuán cercano eras al presidente Benito Juárez. Es cierto que mi primo, tu bisnieto, el doctor Manuel Cárdenas Loaeza ya me había contado acerca de esta amistad, pero no fue sino hasta unos días que tuve acceso a cuatro cartas y cuatro documentos, todos ellos originales y firmados por mano ya sea del gobernador de Oaxaca o del presidente interino constitucional de los Estados Unidos Mexicanos. Cuando mi hermana Enriqueta, guardiana desde hace mucho tiempo de dicha documentación, la puso en mis manos, de pronto el corazón me dio un vuelco: estaba sosteniendo el mismo papel en el que don Benito Juárez te había escrito con tanta cordialidad. No lo podía creer. Lo mismo le sucedió a Enrique mi marido cuando se las mostré. Después de que leyó con absoluta reverencia cada una de las misivas, me dijo emocionado: "Ahora quiero más que antes a la bisnieta del amigo de Juárez." Ya te imaginarás lo orgullosa que me sentí. Pero vayamos al grano. Antes de comentarte el contenido de las epístolas, hagamos lo propio con los "despachos". El primero data del 12 de agosto (día de mi cumpleaños) de 1857, firmado por Juárez cuando era gobernador constitucional y comandante general del estado de Oaxaca. En él te nombra segundo escribiente de la Tesorería General del estado con "la dotación de treinta pesos mensuales que le designa la ley citada". Dos años después, en 1859, "en atención a la aptitud, sanas ideas y buenos antecedentes del joven estudiante de medicina", te nombra ayudante segundo del Cuerpo Médico Militar con un sueldo de 45 pesos. Este nombramiento, además de Juárez, lo firma, asimismo, Melchor Ocampo. El tercer documento tiene fecha de diciembre de 1861, un mes antes de que las escuadras inglesa y francesa llegaran a Veracruz. En este reconocimiento, por haber combatido los años 58, 59 y 60, Juárez te hace comandante de batallón por tu "acendrado patriotismo y abnegación del ciudadano que tuvo la gloria de salvar a su patria en que por cuarenta años la tuvieran las clases que se han creído privilegiadas en la República". ¡Ay!, bisabuelo, si supieras cómo la tienen ahora esas mismas clases… En el cuarto documento, firmado por Juárez cuando ya era presidente interino constitucional, te hace ayudante del Cuerpo Médico Militar con un sueldo de 66 pesos y 90 centavos.

Pero sin duda fueron las cartas lo que más me impresionó de toda la documentación que me entregó mi hermana.

Es curioso que las cuatro estén fechadas en 1867, es decir, el mismo año del fusilamiento de Maximiliano. Escritas en una caligrafía preciosa y con tinta color sepia, todas empiezan diciendo "Mi estimado amigo." En la que está fechada el 29 de mayo, se refiere a la petición que le haces de unos amigos Robinson y Hall. Para esas fechas, Maximiliano, Miramón y Mejía ya habían sido trasladados al ex convento de Capuchinas. Incomunicados como estaban no tenían ni idea de que ya se estaba instalando el Consejo de Guerra. Tampoco sabían que la princesa Salm Salm, esposa de un militar que vino a México con Maximiliano, hacía todo lo posible para que el emperador pudiera huir. Dime, bisabuelo, ¿conociste a esta neoyorquina guapísima? Ha de haber sido una mujer muy valiente. Incluso fue a ver a Benito Juárez para suplicarle que no fusilaran a Maximiliano. Pero el presidente le dijo que no le podía conceder su petición, pero que no se preocupara por su marido, que él no iba a ser fusilado. La princesa se arrodilló ante sus pies, suplicándole por la vida de un hombre que podía hacer mucho bien en otro país. Y fue cuando el presidente Juárez le dijo: "Me causa verdadero dolor, señora, verla así de rodillas. Mas aunque todos los reyes y todas las reinas estuvieran en vuestro lugar no podría perdonarle la vida. No soy yo quien se la quitó, es el pueblo y la ley que piden su muerte; si yo no hiciese la voluntad del pueblo, entonces éste le quitaría la vida a él y perdería la mía también." Ay, bisabuelo, qué temple y visión tuvo siempre el presidente Juárez. Por eso se le han hecho tantos honores. Pero volvamos a las cartas. A las dirigidas a ti. Tres días antes de que ejecutaran a Maximiliano, Juárez te escribe para felicitarte por tu matrimonio con mi bisabuela, Emilia Vargas, "a la que, en efecto, conozco porque fui presentado a ella en el baile, con el que se me obsequió cuando estuve en Durango. Doy a usted las gracias, lo mismo que a su señora por la fina atención que han tenido en participarme su matrimonio, en el que les deseo todo género de felicidades. Ya le escribí a mi familia (que estaba en Nueva York) para participarles de este suceso…"

¿Cómo es posible que en esos momentos de tanta tensión y preocupación el presidente Juárez todavía tuviera cabeza para escribir una carta de felicitación a su amigo? Qué orgulloso se ha de haber sentido el joven matrimonio Loaeza cuando recibió esta carta. ¿Qué te decía mi bisabuela? ¿También ella era muy juarista? ¿Qué comentaban respecto al inminente fusilamiento de Maximiliano? ¿Qué decía la bisabuela de Carlota? ¿Acaso hablaban de las infidelidades de Maximiliano?

En la carta del 19 de noviembre del mismo año, Juárez te dice que ya se dictaron las medidas convenientes para atajar los escándalos de ese estado (Durango) y suponía que para esa fecha estarían en esa ciudad las fuerzas de infantería y caballería, que debieron de haber salido de Zacatecas desde hacía algún tiempo "y espero que el buen sentido de la población apoyará las determinaciones del gobierno". En la última que tengo en mi poder (porque sé que mi hermana tiene varias más) acusa recibo de tu carta del 10 diciembre y te comenta que tendrá presentes tus indicaciones. "Por acá todo marcha bien", escribe antes de despedirse. ¿Cuáles habrán sido tus indicaciones? ¡Ay!, bisabuelo, ¿a poco le dabas indicaciones al presidente de la República? ¡Y qué presidente!

¡Qué orgullosa estoy de la familia Loaeza porque también tus hermanos, Domingo y Francisco, participaron en la Batalla de Puebla! Ellos también son héroes como tú. ¿Te das cuenta de que si no se hubieran casado tú y mi bisabuela, yo no estaría en estos momentos escribiéndote esta carta? Hubiera sido una lástima…

Me despido de ti con el corazón henchido de orgullo y te agradezco todo lo que hiciste por la patria. ¡Viva Juárez! ¡Viva el doctor Juan Antonio Loaeza! ¡Viva mi bisabuela! ¡Viva México! Te prometo que mostraré estas cartas a tus dos choznos Tomás y María. Tu bisnieta, Guadalupe.

El baile
de los 41

Parece increíble que aún existan personas que aprovechen su espacio en los medios para emitir comentarios homofóbicos, como el conductor Esteban Arce, quien en su programa de televisión *Matutino Express* criticó la homosexualidad y expresó que las relaciones normales son las que forman los hombres con las mujeres. El Consejo para Prevenir la Discriminación (Conapred) inició una queja contra el locutor por considerar su postura pública como inaceptable e ilegal. Aunque el conductor dice que "le vale gorro" si el público está de acuerdo o no con sus opiniones, hay que preguntarse si la discriminación es parte de la libertad de expresión.

A propósito de la homofobia, quisiera recordar el episodio más famoso de la vida gay en nuestro país, es decir, el baile que se celebró el 17 de noviembre de 1901 en la antigua calle de La Paz, la actual Ezequiel Montes. Como dice Carlos

Monsiváis en "Los 41 y la gran redada" (*Letras Libres*, abril de 2002): "Hasta ahora, nada más esto se sabe de la vida gay en el Porfiriato." Claro, era una sociedad represiva que no permitía que la homosexualidad fuera un asunto público. Entonces, a nadie se le ocurría pensar en salir del clóset, o en vivir abiertamente su preferencia sexual. Era tan fuerte la censura al respecto que casi no hay testimonios sobre esta manifestación de la vida social en México antes de 1901. Pero, ¿qué sucedió exactamente?

La Ciudad de México entonces era mucho más tranquila y, generalmente, después de las ocho de la noche, las casas estaban en silencio. De ahí que a uno de los gendarmes de la Colonia Tabacalera le llamara la atención que de un elegante carruaje bajara una pareja vestida con mucha ostentación. "¡Qué extraña se ve esa mujer!", pensó, por lo que se acercó a la lujosa casa de donde salía el sonido de una orquesta.

Con mucha curiosidad el gendarme vio que poco a poco iban llegando más carruajes. De pronto se dio cuenta de lo que estaba pasando. Las mujeres que llegaban no eran más que jóvenes disfrazados. El oficial avisó a la comandancia y llegó con otros policías hasta la casa e hicieron una redada. Eran 42 hombres los que participaban en el baile, de los cuales la mitad estaba vestida de mujer; además, había una dama, aunque nunca se supo quién era.

No obstante, cuando la sociedad quiso saber quiénes eran estos jóvenes a los que la prensa llamaba "pervertidos" y "lagartijos", los reporteros corrigieron la cifra: en realidad no eran 42 los detenidos, sino 41. Esta "corrección" no hizo más que despertar la suspicacia de los lectores. ¿Quién era el invitado número 42? ¿Sería cierto que se trataba de Ignacio de la Torre, el yerno de Porfirio Díaz, casado con su hija más querida, Amada? Como los invitados a la fiesta eran miembros de las familias más pudientes de la época, es natural que sus nombres no hayan aparecido en la prensa. Dicen que cuando los invitados se dieron cuenta de que la policía había llegado, muchos corrieron por las azoteas de las residencias colindantes y lograron escapar, por lo que tal vez había más de 42.

Curiosamente, por más que muchos investigadores han intentado averiguar qué ocurrió, nadie ha logrado encontrar documentos policiales de la redada. Ignoramos si Díaz mandó desaparecer todos los papeles para que su familia no se viera implicada en un escándalo, ya que el dictador siempre quiso que ésta pasara por muy honorable. Lo cierto era que los familiares de Díaz sabían desde siempre de la homosexualidad de Nacho de la Torre y de sus continuas "escapadas".

Desde que se casó con Amada, Ignacio llevaba una doble vida. Todos sabían que había estado en el baile de los 41, pero jamás se volvió a hablar del tema. ¿Quién iba a decir que el amor de Amadita por su esposo se iba a sobreponer a ese escándalo? Ambos se llevaron bien siempre, Amadita quiso a Nacho e incluso años después, cuando fue encarcelado por Emiliano Zapata, lo visitaba con frecuencia.

Nos preguntamos quiénes más acudieron esa noche al baile de los 41. Se sabe que estuvieron Antonio Adalid, Jesús M. Rábago, Alejandro Redo de la Vega y el Chato Rugama, un actor de teatro de revista. Acerca de Adalid, cuenta Salvador Novo en *La estatua de sal* que luego de la redada, su padre lo desconoció y lo desheredó, por lo que tuvo que exiliarse en San Francisco, en donde dio clases de inglés: "Era el hijo mayor al que habían enviado a educarse en Inglaterra. A su regreso

—en plena juventud— solía participar de las fiestas privadas; 'Toña la Maromera', como le apodaban por su destreza amatoria, era el alma de esas fiestas." Rábago era un conocido periodista al que le gustaba pasear por la calle de Plateros, en donde se daban cita los "lagartijos", llamados así porque acostumbraban tomar el sol en las aceras con su inconfundible traje blanco y su pañuelo azul, y eran considerados la expresión más acabada de la decadencia del Porfiriato. Alejandro Redo de la Vega fue perdonado por su familia y se fue a vivir a Sinaloa para administrar los negocios de su padre. Finalmente, estaba el Chato Rugama, quien tenía fama de ser "el lagartijo mejor vestido de México" y que con los años fue considerado uno de los mejores imitadores de teatro.

De los 41 hubo anécdotas, canciones, novelas, obras de teatro y coplas. No faltaba el chistoso que llegaba a las fiestas y decía: "Uno, dos, tres, cuatro, cinco, / cinco, cuatro, tres, dos, uno, / cinco por ocho cuarenta, / con usted cuarenta y uno." El número 41 se volvió tabú, pues como decía el escritor Francisco Urquizo: "No hay en el Ejército, División, Regimiento o Batallón que lleve el número 41. Llegan hasta el 40 y de ahí se saltan al 42."

Hay que decir que a todos aquellos que las influencias de su familia no lograron o no quisieron salvar los obligaron a barrer las calles desde la comisaría hasta la estación de Buenavista y, días después, fueron llevados a Yucatán para hacer trabajos forzados. Mientras tanto, circulaban por la ciudad hojitas con grabados que hacían burla de esta detención con el título: "Aquí están los maricones muy chulos y coquetones." Afortunadamente, un siglo después de esas escenas de escarnio, una actitud similar es considerada ilegal y discriminatoria.

Los logros de los Lumière:
Porfirio Díaz y el cine

"Mientras que México era gobernado por el dictador Porfirio Díaz, que tanto desconfiaba de lo norteamericano como admiraba lo francés, buena parte de la población mexicana compartía esos sentimientos. Quizá tuvo algo que ver eso con dos hechos sucesivos: el kinetoscopio de Edison no mereció mayor atención al ser presentado en 1895 en la ciudad de México; el cinematógrafo Lumière, llegado a la misma ciudad en agosto de 1896, fue muy bien recibido por un público burgués y entusiasta de los nuevos inventos", dice Emilio García Riera en su libro *México visto por el cine extranjero.*

Dos fueron los enviados de los hermanos Lumière: C. J. Bernard y Gabriel Vayre. Por primera vez y en una exhibición privada en el Castillo de Chapultepec, Porfirio Díaz y su gabinete pudieron apreciar *La sortie des usines* (*La salida de los obreros de las fábricas*). Unos días después, doña Carmelita

47

invitó a sus "amigas pantufla" (damas de compañía), familiares y demás conocidos a una matiné donde proyectaron parte del material que los hermanos Lumière tenían incluido en su catálogo.

Una vez que terminó la función, imaginemos los comentarios que suscitó este maravilloso invento. Vemos a varias señoras salir de uno de los grandes salones del Castillo. Todas llevan sombrero. Unos están hechos con plumas de avestruz; otros, por tules en colores pastel; algunos lucen flores de organdí. De pronto, una señora que sostiene sus impertinentes de oro, con su mano enguantada, exclama con una voz pitosa: "Ay, doña Carmelita, ya no saben ni qué inventar. Lo que acabamos de ver parece cosa del enemigo." De seguro muchas de ellas al llegar a sus casas le comentaron tanto a su marido como a sus hijos: "No me lo van a creer, pero con estos ojos vi los jardines de las Tullerías. Son preciosos, igualitos a los de Chapultepec."

Nada le gustaba más a Porfirio Díaz que verse en las películas. Por esta razón los dos representantes de los Lumière filmaron varios documentales y cortometrajes. En su libro *Louis Lumière*, el crítico George Sadoul comenta lo siguiente: *Le président prenant congé de ses ministres* (El general Díaz despidiéndose de sus ministros), *Transport de la cloche de l'independence* (La llegada de la campana de la Independencia), *El General Díaz paseándose a caballo en el Bosque de Chapultepec*, etcétera.

El historiador Aurelio de los Reyes, en su libro *Los orígenes del cine en México*, menciona otra lista de películas filmadas en 1896 por Bernard y Vayre: *Escena en los baños de Pane* (la famosa alberca pública que era un lugar muy frecuentado),

Alumnos del Colegio Militar, Doña Carmen Romero Rubio de Díaz en carruaje, Pelea de gallos, Duelo a pistola en el Bosque de Chapultepec (duelo que seguramente fue menos importante que aquel en que Irineo Paz, abuelo del poeta, privó de la vida a Santiago Sierra, hermano de don Justo).

A propósito de estos duelos, dice García Riera: "Al fin y al cabo, los duelos con pistolas o los procesos y ejecuciones de delincuentes no eran para los franceses sino pruebas de la civilización mexicana, entendiendo por tal la ajustada al modelo de Occidente. La retribución francesa al afrancesamiento de Díaz queda ilustrada por un hecho: México fue el único país latinoamericano favorecido por las filmaciones múltiples de los enviados de los Lumière. Sólo varios países europeos, además de Turquía, Egipto, Japón, Australia y dos colonias africanas de Francia (Argelia y el "protectorado" de Túnez) merecieron una atención semejante."

De-si-lu-sión

Mi querido don Porfirio

Me dirijo a usted como una ciudadana desesperada. Más que desesperación lo que siento es una profunda desilusión. Estamos a unos días de celebrar nuestro bicentenario de la Independencia y centenario de la Revolución y lo que nos espera es realmente para llorar. Bien a bien no sabemos qué es lo que estamos celebrando porque en realidad no hay nada que celebrar. Hoy por hoy la situación del país es verdaderamente lamentable. Vamos dizque a "celebrar" nuestra independencia de España después de trescientos años de yugo español, pero por desgracia en el siglo XXI dependemos económicamente, noventa por ciento, del yugo estadounidense. Vamos dizque a celebrar cien años de nuestra Revolución, y el país está más "revolucionado" que nunca a causa de la delincuencia organizada. Y por último, vamos dizque a celebrar la unión, la paz y la libertad, cuando hay mucha desunión entre los partidos, los gobernantes, los empresarios y las cámaras legislativas; cuando millones de mexicanos, de todos los niveles, quieren salir de la patria por miedo y por falta de trabajo. ¿La libertad? Las y los mexicanos no nos sentimos libres, cuando ni siquiera podemos salir a la calle y mucho menos viajar por la República, sin sentir un miedo pavoroso. El 15 de septiembre, el dizque presidente dará el "grito", sí, pero finalmente será el pueblo el que dará un grito: un grito de dolor, de coraje, de frustración; pero sobre todo, de desesperanza. ¿Qué nos sucedió, don Porfirio? ¿Cuándo se pensó que habría una nostalgia por el Porfiriato? Lo extrañamos, don Porfirio. Cuando pasearon los restos de los héroes que forjaron nuestra patria, por el Paseo de la Reforma, muchos, pero muchos pensamos: "¿Cuándo se pasearán los restos de don Porfirio para recibirlo con aplausos y darle el sitio que se merece?" Dicho lo anterior, no se me olvida, mi querido don Porfirio, lo que usted significó para el país: dictadura, analfabetismo, miseria, racismo, autoritarismo, represión y, lo más grave de todo, una absoluta falta de democracia. Pero imagínese nada más, en qué estado nos encontraremos en estos momentos los mexicanos, que no podemos dejar de evocarlo y extrañarlo, especialmente en estas fechas. Todavía lo veo, tal como aparece en las imágenes de *Memorias de un mexicano* de la Fundación Toscano, el día de la inauguración del Ángel de la Independencia, acompañado del vicepresidente Ramón Corral, además de todo el gabinete y los representantes que enviaron a México treinta y un gobiernos, los miembros del cuerpo diplomático y los comisionados de los tres Poderes de la Unión. Tengo entendido que el monumento costó 390 685 pesos y nosotros vamos a gastar más de seiscientos millones de pesos y no vamos a inaugurar ningún monumento. Usted tardó diez años en organizar la fiesta del primer centenario, y el gobierno de Calderón comenzó con las festividades hace tan sólo unos meses. Sólo para alumbrar los edificios públicos se instalaron cerca de millón y medio de bujías eléctricas, en la actualidad esto no sería posible en el Distrito Federal porque constantemente se va la luz. Todo el mes de septiembre de 1910, la ciudad se vistió con un traje de luces. Todos los días hubo festejos, desfiles, inauguraciones, bailes, banquetes, discursos, tés danzantes, congresos, exposiciones, kermeses, funciones de cine, desfiles de carros alegóricos, brindis, homenajes, actos cívicos, fuegos artificiales, excursiones a Xochimilco y a Teotihuacan, develaciones de placas conmemorativas, procesiones militares, funciones de gala en todos los teatros y fiestas en todas las ciudades de la República. Actualmente, todos los días de todos los meses, las y los mexicanos estamos de luto por los asesinatos cometidos por la delincuencia organizada. Treinta y un países mandaron representaciones diplomáticas para festejar el primer centenario y fueron invitadas muchas personas de muchos países extranjeros. En estos momentos, nadie quiere viajar a nuestro país; por añadidura, nuestra imagen ha caído hasta lo más bajo que se pueda usted imaginar. De manera muy generosa, muchos miembros de las familias más distinguidas prestaron sus residencias para instalar a nuestros huéspedes, ahora muchas de estas familias se han exiliado y sus residencias están resguardadas por alarmas y "guaruras". Tal vez la obra que más despertó la admiración del país fue la inauguración del Manicomio General que se hizo en los terrenos de la antigua hacienda de La Castañeda. Este complejo de veinticuatro grandes edificios y dos pabellones costó 2 243 345 pesos. Tenía capacidad para mil internos, los cuales eran atendidos en el edificio de enfermos distinguidos, y también en los de alcohólicos, imbéciles, tranquilos y enfermos peligrosos. De existir La Castañeda, créame don Porfirio, que habría, por parte del gobierno, una larga lista, esperando su ingreso… El 23 de septiembre ofreció un gran baile en el Palacio Nacional al que fueron invitadas ocho mil personas. En uno de los muros de los corredores se instaló la enorme mesa oficial para el banquete, con capacidad para doscientos cubiertos. Usted llegó muy puntual, a las diez de la noche, vestido de civil, para encabezar la ceremonia. Luego de saludar a sus invitados, se hizo una suntuosa columna a sus espaldas, doña Carmelita y usted iniciaron el baile hasta las doce de la noche. A esa hora pasaron al comedor…

Claro que después vino la Revolución… ¿Acaso en el presente no estamos viviendo algo muy semejante…?

Cuidado,
el tigre

Ayer soñé con don Porfirio Díaz. Era el año de 1911. Me veía en la Cámara de Diputados. A pesar del silencio, sentía que los legisladores estaban muy inquietos. No era para menos, se esperaba la llegada del presidente, quien anunciaría a la nación su renuncia después de treinta años en el poder. Los diputados estaban hablando entre ellos y decían que Díaz se encontraba desprotegido porque sus principales asesores políticos estaban fuera del país. "Afortunadamente en la frontera hay veinte mil soldados norteamericanos que vienen a poner un poco de orden", dijo un diputado, aunque no ocultaba su preocupación. "Afuera hay un motín, hay cientos de personas gritando: '¡Muera Díaz!', 'Abajo la dictadura'. Qué bueno que el Ejército está resguardando la Cámara", comentó otro diputado con bigotes igualitos a los de don Porfirio. De repente se abrieron las puertas y todo el mundo corrió hacia su curul. Fue entonces que el presidente de la Cámara, Agustín Sánchez de Tagle, anunció que acababa de llegar la carta de renuncia del mandatario: "Llegó una carta del Presidente. Les pido silencio", decía a la vez que se oía, insistentemente, una campanita. "Voy a leer el documento del general Díaz: 'El pueblo mexicano, ese pueblo que tan generosamente me ha colmado de honores, que me proclamó su caudillo durante la guerra de intervención, que me secundó patrióticamente en todas las obras emprendidas para impulsar la industria y el comercio de la República, ese pueblo, señores diputados, se ha insurreccionado en bandas milenarias armadas'…" Todo el mundo escuchaba con un silencio reverencial. Sobre todo cuando, finalmente, el presidente de la Cámara confirmó la renuncia del general Díaz. Me llené de curiosidad y salí corriendo hasta la calle de Cadena (hoy Venustiano Carranza) en donde don Porfirio tenía su residencia. Cuánta gente, cuántos reclamos y cuánto odio había en el ambiente. La casa estaba completamente rodeada de soldados. Algunos estaban diciendo que un grupo le había prendido fuego al periódico *El País,* ese diario que tanto había halagado al Presidente. Pobre Díaz, en ese momento, tal vez estaba con su familia haciendo maletas o guardando sus papeles personales. De seguro doña Carmelita estaba tratando de calmar a la servidumbre, quizá diciéndoles cosas como: "Nosotros nos vamos a París. Los que quieran irse con nosotros serán bienvenidos." Vi cómo en la madrugada Victoriano Huerta llegó hasta la casa del Presidente para escoltarlo en su salida a Veracruz. De pronto me encontré en una escena como de película de *cowboys.* Por increíble que parezca, era una pandilla de asaltantes a caballo con la cara cubierta que atacaba el tren que llevaba a toda la familia Díaz a Veracruz. La máquina tuvo que frenar súbitamente y fue en ese momento que apareció Huerta junto con el Presidente para ver lo que pasaba. "Todo está bajo control, mi general. He aquí las monedas de plata y oro que esos bandidos intentaban robarse." Díaz se veía pálido. "Que el botín sea repartido entre los soldados. Se portaron como valientes", dijo con una voz gravísima. En seguida estábamos todos en el puerto de Veracruz despidiendo a Díaz. Había muchísima gente que lo veía con respeto, pero también con ternura. Finalmente se trataba de un hombre viejo, que al mismo tiempo era un símbolo de poder, pensé. Era el 31 de mayo de 1911, un día particularmente caluroso. El general y su familia se dirigían lentamente hacia el buque alemán Ipiranga. Pude ver cómo se despidió, con mucho afecto, de su escolta. Y poco antes de subir al barco, se dio la vuelta para despedirse de la gente que había ido para decirle el último adiós. Lo que sí escuché muy clarito es que volteó a ver a uno de sus compañeros de viaje y le dijo: "Madero ha soltado al tigre, habrá que ver si puede controlarlo." Poco a poco el barco empezó a alejarse y, en ese momento, comenzaron a escucharse veintiún cañonazos y una banda del Ejército tocó el Himno Nacional. Allí sí me emocioné porque, en mi sueño, pensé que Díaz jamás regresaría. Yo creo que el general también pensó lo mismo porque por primera vez se vio notoriamente abatido. Pensé que ya nadie le iba a rendir honores; pensé que se habían acabado para siempre sus aduladores; pensé que cuando él preguntara la hora, ya no habría nadie junto a él para responderle: "la que usted diga, señor Presidente"; ya no podría ver a María Conesa en el teatro cantando "La gatita blanca"; ya nunca más se pasearía por la Alameda; ya nunca más comería mole oaxaqueño que tanto le gustaba; pero sobre todo ya no volvería a mirar nunca el Valle de México, desde el Castillo de Chapultepec. Como por arte de magia, se esfumaban tres décadas de un régimen autoritario, en el cual supuestamente había habido "paz y progreso". De pronto me di cuenta de que el barco donde viajaba el ya ex presidente no era más que un puntito en el horizonte. En ese momento, me desperté sobresaltada preguntándome si no andaría por allí el tigre… el mismo tigre que tanto temía despertar don Porfirio…

"Une vieille histoire…"

Para mi nieto Tomás, por el día del niño.

Al transcribir la entrevista imaginaria de Douglas Johnson, de la revista *Prospect*, al general De Gaulle acerca de la guerra de Irak, se me ocurrió hacer lo mismo pero con el general Porfirio Díaz. Más que hablar de la invasión de Estados Unidos, le pregunté la opinión que le merecía Vicente Fox y de la relación que solía tener con el país vecino en la época en que fue presidente de México. Dada la prontitud con la que el general Díaz apareció y desapareció ante mis ojos, no tuve oportunidad de preguntarle una duda que tengo desde hace muchos años. De ahí que haya resuelto recurrir, otra vez, a mis poderes mágicos, y hacer que mi imaginación vuele hasta el panteón Montparnasse para convocar, una vez más, a la persona del general Porfirio Díaz.

—Abusando de su confianza, mi general, la última vez que tuve el privilegio de verlo, no tuve tiempo de preguntarle a propósito de la Batalla de Puebla que, como usted sabe, en unos días celebrará un aniversario más.

—*Mon Dieu!*, hace tantos años que ya no pienso en eso. Sin embargo, le puedo decir que fue una victoria inesperada, que verdaderamente nos sorprendimos con ella, y pareciéndome a mí que era un sueño, esa noche del 5 de mayo de 1862 salí al campo para rectificar la verdad de los hechos con las conversaciones que los soldados tenían al derredor del fuego y con las luces del campamento enemigo. Nuestro triunfo se debió a una suma de factores muy diversos. Pero en fin... *c'est une vieille histoire...*

—Mi general, quisiera preguntarle si se acuerda de alguno de mis antepasados que participaron en la batalla contra los franceses. Mi padre me hablaba mucho de ellos, pero bien a bien no conozco cuál fue en realidad su participación en esta batalla tan importante para los mexicanos.

—¿Cuál es su nombre de familia, *chère madame*?

—Loaeza.

—¿Loaeza? *Mais bien sûr...* Tengo muy presente a Domingo y a Francisco. Eran mexicanos muy patriotas. Ahora verá, el 4 de mayo de ese año el combate había sido sumamente reñido. Lo fue tanto que mi batallón, que era el segundo de Oaxaca, perdió a su abanderado. Si mi memoria me es fiel, se llamaba don Manuel González. Muerto éste tomó la bandera el capitán don Manuel Varela, que cayó muerto también pocos momentos después; entonces, la tomó el capitán don Crisóforo Canseco, quien era general y diputado al Congreso de la Unión, el cual por atender a su compañía tuvo que entregarla al subteniente que era precisamente, señora mía, don Domingo Loaeza, en cuyas manos continuó hasta el fin del combate.

—No lo puedo creer, mi general. ¡Qué acto tan heroico el de mi tío!

—Pero eso no es nada, mi querida señora. Una vez que el oficial subalterno don Domingo Loaeza la tuvo en sus manos continuó hasta el fin del combate. Pues bien, fue tan seria la refriega que la bandera recibió cinco balazos en el paño y uno en su asta.

—¿Me lo jura, mi general? Pero ¡qué maravilla! No sabía todo eso. Ahora me explico tantas cosas…

—Pero la historia no termina aquí. Muchos años después su antepasado, ya siendo general, con el también general don Francisco Loaeza y el general don José Guillermo Carbó y el general don Marcos Carrillo, me presentaron la misma bandera con un acta suscrita. Y ¿sabe qué? Durante muchos años la conservé en la sala de armas de mi casa como un recuerdo honroso y muy grato para mí. Tengo entendido que mi mujer, doña Carmelita, quería que me enterraran con ella. Pero no fue así. ¡Qué bueno! Porque imagino que se encuentra en un museo para que todos los mexicanos puedan admirarla.

—Le prometo, general, que voy a averiguar dónde se encuentra esa bandera que defendió con tanto ahínco mi tío Domingo. Ahora, si no tiene inconveniente y si no le quito mucho su tiempo, platíqueme de mi tío Francisco. Tengo entendido que él participó en la guerra contra la invasión estadounidense y que luchó contra los conservadores durante la guerra de los Tres Años, pero después ya no sé nada de él…

—Mire usted, el teniente coronel Loaeza y el ciudadano coronel Alejandro Espinosa fueron dos actores fundamentales en los batallones primero y segundo de Oaxaca. Ambos formaban una sola columna y siguieron al enemigo con tal impulso, que lo fueron desalojando sucesivamente de las sinuosidades del terreno que era, recuerdo muy bien, una continuación de parapetos sobre la llanura. Hubo muchos muertos y heridos. Andando el tiempo, Francisco fue diputado federal y senador de la República. En otras palabras, señora mía, puede usted sentirse muy orgullosa. Desciende usted de una familia muy patriota...

—Ahora, si no le parece un atrevimiento de mi parte, ¿por qué no me platica un poquito alrededor del conflicto que tuvo con el mariscal del Ejército francés, Bazaine? Tengo entendido que al finalizar la Batalla de Puebla, hubo entre los dos un intercambio de cartas bastante rijosas. ¿No es así?

—*Oh, là, là, voilà, encore une histoire...* Lo que sucedió es que el mariscal Bazaine autorizó a don Carlos Thiele, quien fungía como intérprete, para que me propusiera en venta fusiles, municiones, vestuario y equipo, ofreciéndome esos objetos a precios fabulosamente bajos, esto es, a peso por fusil y a peso también por vestuario de lienzo con zapatos, lo mismo que materiales para fabricarlos, caballada, mulada y sus respectivas monturas y arneses. Me negué a comprarlos, pues teniendo que dejarlos me era más barato ocuparlos como propiedad del enemigo que comprarlos a un a vil precio. Pero eso no fue todo, todavía el mariscal me mandó a decir con Thiele que me haría entrega de la capital, y acaso del mismo Maximiliano, siempre que yo accediese en recompensa a sus propuestas de desconocer al gobierno del señor Juárez, con el objeto de que la Francia pudiese tratar con otro gobierno antes de retirar sus fuerzas de México. Sus palabras textuales fueron: "Diga usted al general Díaz que yo pagaré con usura el brillo con que nuestra bandera pueda salir de México." Le manifesté mi negativa a Thiele para que se la comunicara al mariscal Bazaine.

—Ay, mi general, pero ¿cómo es posible que le propusiera algo semejante? Creo que ese mariscal no tenía escrúpulos. Como decimos ahora, era un pésimo bicho...

—Me temo que no era un hombre de palabra y así se lo di a entender a don Matías Romero, quien fuera nuestro embajador en Washington. Le escribí diciéndole que Bazaine me había hecho una proposición para la compra de seis mil fusiles y cuatro millones de cápsulas. Y si yo lo hubiera deseado, también me hubiera vendido cañones y pólvora. Pero me negué. Se lo dije muy claro a don Matías: la intervención y sus resultados han abierto nuestros ojos, y de aquí en adelante tendremos más cautela al tratar con las naciones extranjeras, en particular con las de Europa, especialmente con Francia.

—Si ya había tenido esa experiencia tan desagradable, mi general, entonces ¿por qué se exilió usted en Francia? ¿Por qué se fue a vivir a París? Y ¿por qué siguen sus restos aquí en el Montparnasse?

—*Oh, là, là, c'est une vieille histoire...* Lo único que le puedo decir es que extraño mucho a México, extraño a Oaxaca, extraño a mi padre, José Faustino Díaz, y extraño a mi madre, Petrona Mori. También me acuerdo mucho de mis primeros maestros de la escuela. Pero a la que más extraño es a Carmelita... y el mole negro de Oaxaca.

—¡Ay, don Porfirio, pues ya regrésese! ¿Qué espera para que lo traigan a su patria?

—*Ça c'est aussi une très vieille histoire...*, dijo el general Porfirio Díaz antes de desaparecer por completo.

Una carta
desde el exilio

París, 10 de julio de 1915

Querida hermana

Hoy se cumplen ocho días justitos de que murió mi patrón el general don Porfirio Díaz. Ay, Chabelita, todos en la casa estamos retetristes. La niña Carmelita parece una Magdalena, la pobrecita no deja de llorar a cántaros. Ella fue la que le cerró los ojos y lo besó por última vez. Allí estaba yo muy cerquita de ella y junto con toda la familia: los Elízaga, los Teresa, el niño Porfirito y su esposa y sus hijos. Allí estábamos todos, chille y chille. Bueno, hasta el doctorcito francés que tiene un nombre retechistoso, así como "Gachó", se le nubló su mirada por las lagrimotas que le divisé detrás de sus anteojos. También el padrecito Carmelo estaba bien acongojado. Ese día se celebraron varias misas en la alcoba de don Porfirio. Ah, cómo le rezaba a la Virgencita de Guadalupe: "Ay, Virgencita, que no se muera aquí. Cúralo pa'que se valla a morir a la Noria. Cúralo pa'que no deje tan solita a la niña Carmelita, treinta y tres años más joven que él. Cúralo pa'que vuelva a ser presidente y acabe con 'todas esas plagas que afligen al pobre de México', como siempre está dice y dice. Cúralo pa'que todos regresemos a la patria. Cúralo pa'que regrese a Oaxaca. Cúralo pa'que vuelva a comer de mi mole. Cúralo pa'que vuelva a cazar chichicuilotes con don Justo, el cacique de mi pueblo San Sebastián Teco-loxtitlán. Cúralo pa'que tenga tiempo de arrepentirse de todos sus pecados que hizo sin darse cuenta. Cúralo pa'que tenga tiempo de perdonar a todos los ingratos que dejaron de creer en él. Cúralo porque, como dice él, siempre gobernó por el bien de la República, aunque durante su gobierno millones de mexicanos nos moríamos de hambre. Cúralo pa'que vuelva a ir a Egipto montado en su burrito de carga de donde le colgaban los pies hasta llegar al suelo. Cúralo pa'que otra vez monte a caballo y pueda pasear por el bosque de Boulogne y puedan volver a filmarlo con su aparato mágico los hermanos Lumière. Cúralo pa'que el niño Porfirito no se quede sin su papacito. Cúra-lo pa'que sus nietos no se queden sin papá grande, especial-mente Porfiritito, hijo de Porfirito. Ay, cúralo Virgencita, porque ha sido el patrón más bueno del mundo que desde que llega-mos a estas tierras extranjeras siempre me está platicando de un señor que se llama Napoleón y que fue un revolucionario muy valiente; porque cuando fue a Roma con la niña Carmelita, me trajo una estampita del Papa."

Hacía meses que yo ya había visto que la salud de don Porfirio iba de pior en pior. ¿Sabes, hermanita, por qué me di cuenta? Porque ya no se acababa los guisos que le hacía. Con decirte que un día que le hice mole de Oaxaca que trajo la niña Amada la vez que vino a visitarnos a París, ni siquiera lo probó. "¿Qué no le gustó?", le pregunté cuando Juanita Serrano trajo el plato a la cocina. "Dice que le duelen las encías", me dijo Juanita. Para mí, más que las encías, a don Porfirio le dolía harto el corazón por todas las noticias que recibía de México. Que el golpe de estado de Huerta; que a don Francisco Rincón Gallardo, esposo de la niña Luz, lo asesinaron en el rancho de Palo Alto en Aguascalientes, desde que le llegó esta noticia ya no volvió a ser el mismo de antes. Y las malas noticias seguían llegando: que si Pancho Villa ya tomó Zacatecas; que el viejo ese de Victoriano Huerta renuncia como presidente; que los generales revolucionarios ya tomaron las casas de hartas familias bien porfiristas; que las tropas de Villa y Zapata entran en la Ciudad de México; pa'acabarla de amolar, que estalla aquí la guerra; "la gran guerra", como la llaman aquí.

El corazón también se le rompía cuando se enteraba de todas las muertes de sus colaboradores y amigos: don Justo Sierra, su secretario de Instrucción Pública y Bellas Artes; don Ramón Corral, su secretario de Gobernación; don Manuel González Cosío, su secretario de Guerra y Marina; el general Bernardo Reyes, que cayó muerto montado en su caballo. Dicen que su secretario particular, Rafael Chousal se volvió medio loco.

Estas noticias lo entristecían y le quitaban el sueño y el apetito. Igual le sucedió cuando supo que habían asesinado al buen Pancho Madero. Aunque su sobrino, el niño Félix Díaz, que por cierto me choca, fue uno de los cabecillas de la insurrección y también su yerno, el niño Ignacio de la Torre;

el asesinato lo enojó mucho. A mí también, hermanita, me produjo mucho asco. Cuando me enteré hasta devolví el estómago. ¿Sabes lo que me dijo Juanita Serrano? Que el marido de la niña Amada, que por cierto no la hace muy feliz, fue el que rentó el automóvil en el que asesinaron a Madero y que por eso lo metieron a Lecumberri. ¿Será cierto? También me dijo, ay, esta Juanita es bien chismosa, que el que le dio los dos tiros al presidente fue el capataz que había sido de don Porfirio, el mayor Francisco Cárdenas. Chabelita, ¿tú que has oído de esto?

Ay, hermanita, ¿es cierto que también tú ya te fuiste con "la bola" y que eres la soldadera de tu marido? Esto también me lo contó la chismosa de Juanita que porque alguien del pueblo se lo escribió. Ay, hermanita, creo que en el fondo de mi alma te envidio harto. Por lo menos allá tú estás haciendo algo útil por la patria; en cambio yo, aquí en París, nada más me la paso cocinando pa'la familia Díaz. Extraño mucho el pueblo. Extraño el sol, la comida, a mi gente. Extraño los volcanes que se divisaban desde nuestro jacalito. Extraño a mis papás y a mis hermanos. Pero tú eres a la que más echo de menos, porque contigo platicaba muy sabroso. Ahí tengo tu foto del día en que te casaste. ¿Te acuerdas? Te ves bien bonita. No sé porqué mi mamá sale con cara de enojada. ¿Recuerdas qué chulo tocó ese día la banda? Lo que nunca me imaginé es que Filadelfo, tu esposo, se fuera ir con la tropa. ¿De qué lado está? ¿Con los dorados de Villa? Dime, hermanita, cómo es eso de ser soldadera. ¿También tú llevas tu pistola calibre 44? ¿Qué es eso de las 30-30?

Dice Juanita que la vida de las soldaderas es muy dura; que deben cargarle su mochila, recoger la leña, prender la

lumbre, echar las tortillas, construir la barraca para resguardarse, tender las cartucheras a la hora de la batalla, cuidar que
no se moje la pólvora, darle de comer a tu hombre y calentar la
cama en noches de luna llena. Ay, Chabelita, no te vayan a
matar de una bala perdida. ¿Qué sería de mí sin mi hermanita
que más quiero?

Dice la chismosa de Juanita que si una soldadera pierde a
su hombre puede unirse a otro hombre o tomar el uniforme y
arma del difunto. ¿Es cierto que hay tropas que tienen corone-
las o capitanas? Eso sí me gustaría, Chabelita, llegar a ser una
gran coronela y dar órdenes a mis hombres para que acaben
con toda la bola de traidores. La verdad, hermanita, no sé porqué tomé el Ipiranga, dejando atrás mi patria y mi familia.
Jamás me pidieron mi opinión. Nomás me dijeron, "empaca
tus cosas porque nos tenemos que ir". Claro que yo ya llevaba
mucho años con los patrones en la casa de Cadena 8, pero no
es razón para renunciar a todo lo mío. No me gustan los franceses. Son muy enojones. De todo se enojan. No me gusta la
comida francesa, tiene mucho ajo y todo me sabe a cebolla.
Aquí no hay chile ni maíz y la fruta no sabe a nada. Aquí nada
más hay unos quesos que huelen a patas. Además, los franceses comen caracoles. ¡Guácala!

Lo único que me gusta aquí es el río, que se llama Sena, y
una torre de puro fierro que casi llega hasta el cielo. De noche
se ve muy bonito con la luz de la luna. Fíjate que hace muchos
domingos, Juanita me llevó en un tren que está enterrado bajo
el suelo. Sentía que me faltaba aire. Ese día fuimos a la catedral. Allí puse tres veladoras: una por ti, otra para que se alivia-
ra don Porfirio y la tercera por todos los treinta mil muertos
que hubo en el temblor de Italia. En la tarde fuimos a lo que

aquí llaman el cinematógrafo, que es un aparato que parece que lo construyó el mismo diablo porque en una sábana se ven imágenes con gentes que se mueven muy rápido. ¿Creerás que hasta me asomé del otro lado para ver si había alguien y no había ni una sola persona?

El otro día me peleé retefeo con un tal cabrón Antonio Viveros, que es el camarero español que mandó contratar la niña Carmelita para que sirviera las comidas. "Todos ustedes son unos indios salvajes", me dijo este gachupín que tiene cara de "mariquita". "El salvaje lo será usted", le contesté muy enojada. Desde entonces no le dirijo la palabra. ¿Sabes lo que me dijo ayer este idiota? "¿Por qué lloran tanto por su general si fue un dictador terrible que tenía a su país muerto de hambre?" En ese momento le eché en la cara el trapo con el que estaba secando los platos. "¿Tú qué sabes?", le grité. En eso, que llega la niña Carmelita y nos dice toda afligida: "No es el momento de pleitos. Por favor respeten el luto de la familia. Se los suplico." Pobrecita, me dio mucha lástima. Se veía tan pálida.

Fíjate, hermanita, que desde que desapareció don Porfirio, la patrona está como ida, muy rara. Ayer por la noche que le llevé su merienda a su habitación, me empezó a contar todo su noviazgo. Pero antes me contó que ella estaba enamorada de un militar y que su familia la obligó casarse con don Porfirio. "Yo le enseñé a comer. Yo le enseñé a vestirse. Yo le enseñé a no escupir en la alfombra. Yo le enseñé a no poner los codos en la mesa. Yo le enseñé a caminar y a pararse como la gente decente. ¡Hasta lo blanqueé! Pero lo que nunca le pude enseñar fue a escribir sin faltas de ortografía", decía viendo hacia un punto fijo mientras tomaba su café con leche. Después me enseñó muchas cartas que le escribió el general. En casi todas le decía cosas de amor muy bonitas. Hay un cachito que se aprendió de memoria. Me lo recitó muy seria: "Ahora que ya eres mi esposa, quiero que sepas que en nuestra casa tú serás la reina. Todo el mundo te obedecerá, comenzando por mí. Tú decidirás lo que mis hijos tengan que hacer. Yo te entregaré todo mi sueldo y tú lo distribuirás lo mejor que te parezca. Un solo favor te pido: que en todo lo que se relacione con mi vida política tú no tengas nada que ver." Así le escribió el patrón.

Bueno, hermanita, ya me tengo que ir porque me está llamando una de las hermanas de la niña Carmelita (todas son muy latosas y a fuerzas quieren que les haga crepas en lugar de tortillas. Ya no las aguanto). Si no estás muy ocupada acompañando a tu marido en la tropa, contéstame por favor. Mándale muchos besos a mis papás y a mis hermanitos. Quiero que sepas que pienso mucho en ti y que todos los días miro la foto de tu boda. Para estar más cerca de mi hermana Chabelita ya me aprendí la letra de la canción "La soldadera", que me trajo la niña Amada y que me dio a escondidas de sus papás. Entonces la veo y canto: "Soy soldadera, tengo mi Juan, que es de primera, ya lo verán, es muy bonocho, todos lo estiman, él no es borracho, todos lo miman."

Tu hermana que tanto te quiere y extraña,
Nicanora Cedillo

P.D. Salúdame con mucha admiración a Pancho Villa y a Emiliano Zapata.

La tristeza
de Nicanora

Las que de plano se marearon durante el viaje del buque alemán *Ipiranga*, desde el día en que zarpó rumbo al Havre, el 31 de mayo de 1911, fueron Juana Serrano y Nicanora Cedillo. Por más que se mantenían en la proa del barco, no había manera de aliviarse las náuseas que sentían. Ambas habían sido contratadas por el cacique de San Sebastián Tecoloxtitlán, Oaxaca, para servir con absoluta "lealtad y eficiencia" a la familia Díaz. Ah, cómo se reían de puritos nervios cada vez que el transatlántico se sacudía por unas olas gigantescas. De las dos, la más nerviosa era Nicanora. Cuando su patrona, doña Carmelita, les anunció: "Nosotros nos vamos a París. Las que quieran irse con nosotros serán bienvenidas", de pronto sintió como si un burro le acabara de dar una patada en el estómago. En la estación de San Lázaro, de toda la comitiva que viajaría, la noche del 25 de mayo, con don Porfirio Díaz, Nicanora era la que más lloraba. No era para menos. Dejaba a su novio en su pueblo, Santa María Aztahuacán. El momento en que más lo extrañó fue cuando el tren que los llevaba a Veracruz fue asaltado, muy cerca de Tepeyahualco. No acababa de atravesar los peñascos de las Cumbres de Maltrata cuando súbitamente la máquina detuvo su marcha con el objeto de que los asaltantes fueran dispersados por la guardia de Díaz. "Ésta es una mala señal", le dijo Nicanora, entre sollozos, a Juana Serrano.

Veinte días con sus respectivas noches tuvo que aguantar con todo y escalas en La Habana, Santander y Plymouth, la pobre de Nicanora su terrible mareo hasta las cuatro de la tarde del 20 de junio, momento en que el buque llegó, finalmente, al puerto del Havre bajo una lluvia, "bien terca", como le comentara la oaxaqueña a su compañera. Pero Juana no la escuchó porque estaba muy distraída observando cómo su patrón, don Porfirio Díaz, se despedía del capitán del Ipiranga. "¡Hurra, hurra!", gritaban los marineros en tanto la banda tocaba el Himno Nacional. Tampoco en esos momentos, Nicanora pudo contener el llanto. "Mira, mira, don Porfirio también está llorando", le comentó muy quedito Juana. En efecto, el ex presidente de la República tuvo que limpiarse de inmediato las lágrimas, antes de que vinieran a saludarlo: Fernando González, Manuel Escandón, Lorenzo Elízaga, Miguel Béistegui, Luis Riba, Roberto Núñez y Federico Gamboa. "Mira, mira, don José (Vega Limón, ex secretario de toda la vida del ex presidente) ya no tiene bigotes, se ve muy raro…", exclamó de repente Juanita. Su comentario se escuchó tan fuerte, que hasta doña Carmelita tuvo que pedirle silencio, colocándose el dedo índice en los labios.

Nicanora no se halló ni en la casa de don Eustaquio Escandón, donde se hospedó la familia Díaz al llegar a París, ni en Suiza, donde tuvieron que viajar junto con la familia del ex presidente, para curar una enfermedad bucal de don Porfirio, ni tampoco en el hotel Astoria, donde se quedaron antes de instalarse definitivamente en su nuevo domicilio del Bois de Boulogne. Allí, mientras veía lánguidamente por la ventana el bosque, pasaba las horas pensando en su novio.

En enero de 1912, Nicanora y Juanita acompañaron a la familia Díaz a pasar unas semanas en La Turbie, cerca de Niza. Una mañana mientras limpiaba el escritorio de su patrón de 80 años, se topó con unos pliegos de papel escritos con una extraña caligrafía; era la de don Porfirio y se trataba de una carta dirigida al hijo de su último ministro de Justicia, el ingeniero Enrique Fernández Castelló. La oaxaqueña tomó uno de los pliegos pero por más que trató de descifrar la letra de su patrón no pudo. De allí que Nicanora jamás se enterara lo que decía la misiva:

"Ahora siento no haber reprimido la revolución. Tenía yo armas y dinero, pero ese dinero y esas armas eran del pueblo, y yo no quise pasar a la historia empleando el dinero y las armas del pueblo para contrariar su voluntad, con tanta más razón cuanto podía atribuirse a egoísmo. Digo que siento no haberlo hecho porque a la felicidad nacional debí sacrificar mi aspecto histórico."

Al ver que no entendía "ni papa" de lo escrito en aquella hoja amarillenta, volvió a colocarla sobre la mesa y continuó sacudiendo el resto de la habitación. A lo lejos se escuchaba a un vecino tocar el piano. Eran los preludios de Debussy, los cuales estaban, en esa época, de gran moda.*

---

* Datos tomados del libro *El exilio*, de Carlos Tello.

Antes de concluir quiero felicitarte bisabuela porque estoy segura de que fuiste una mamá de tres hijos, maravillosa, pero sobre todo una esposa igualmente arrojada y juarista como mi bisabuelo. GL, una de tus tantas bisnietas.

Últimos días
de don Porfirio

El 25 de mayo de 1911, el ya ex presidente Porfirio Díaz salía del país por Veracruz, en el buque alemán Ipiranga, con rumbo a París. Además de su familia, se encontraban en su séquito su ama de llaves, Juana Serrano, de San Sebastián Tecoloxtitlán, y su cocinera, Nicanora Cedillo, de Santa María Aztahuacán, acatando las órdenes del cacique de San Sebastián de servir con lealtad y eficiencia a la familia Díaz. Las dos mujeres prometieron a sus primos, José Cedillo e Higinia Mariles, escribirles para contar sus impresiones de lo que sería para ellas una aventura hacia lo desconocido.

París, diciembre de 1911

Queridos y extrañados primos Higinia y José

Ya hasta han de creer que el buquezote ese en el que llegamos acá se hundió y que la Juana y yo estamos hasta el mero fondo del mar. Pues no será en el agua, pero hemos estado ahogadas de trabajo con tanto ajetreo. La Juana y yo nos asustábamos de ver pura agua alrededor. Pero la señora nos tranquilizaba y nos platicaba cómo era París. Llegamos a un puerto más grande que el de Veracruz que se llama El Abre (*sic*). Ni crean que se parece al nuestro, éste no tiene palmeras y además hacía un frío que calaba hasta los huesos. Después viajamos en tren a París. Vieran qué bonitos campos recorrimos, tan diferentes de los nuestros. Cuando llegamos, me sentí en otro mundo. ¡Cuántas calles bonitas! Los edificios iguales, parejitos pero diferentes, con tantas figuras y balcones todos de herrería. La gente en las calles anda vestida con mucha elegancia. Casi no se ve gente pobre, ni huarachudos de calzón blanco.

Fíjense, primos, que hay un río que cruza la ciudad y se puede uno ir de un lado a otro por puentes bien anchos y bonitos. Lo más bonito e interesante es una torre de puritito hierro, la Torre Ifel (*sic*). Casi llega al cielo y dice la señora que es la más alta del mundo y que hace poco tiempo que la construyeron, dizque para una exposición y para celebrar una revolución que tuvieron hace cien años, cuando había reyes y reinas, pero que les cortaron la cabeza. Dios quiera que allá en México, ahora con la revolución, no le corten a nadie la cabeza. También tienen unos parques enormes, preciosos, llenos de flores, muy bien cuidados. Hay un monumento que se llama el Arco del

Triunfo que está al final de una avenida como la de Reforma, bien grande, que se llama Campos Elíseos, y está bien iluminada.

Vieran cuántos coches hay. De ese Arco salen más avenidas. Una de ésas es en donde vivimos. Dice la señora que se llama Avenida del Bosque. Estamos en el número 28. Es un edificio de departamentos, muy amplio, muy bonito, con sus balcones de herrería. A mí no me gusta tomar eso que llaman elevador, pero que es una cajita de fierro que parece que se va a caer. En donde viven los señores está bonito, pero nada que ver a cómo vivían en México. El departamento no es muy grande, sólo tiene un recibidor, una sala, un comedor y cuatro recámaras. De la cocina, ni digo, no me lo creería. Chiquita, oscura, no hay ni para guardar cosas, pero nos las arreglamos como podemos, porque casi a diario hay gente pa'comer. Nosotras no tenemos nuestro cuarto en el departamento sino hasta el último piso. El baño es para todos. Aquí nadie se baña y apenas si se peinan. Lo que extraño mucho son las azoteas, en nuestro cuarto todo está como muy cerrado, pero tenemos una ventanita que da a la avenida y otra en el techo. También oímos a la gente hablar, pero no entendemos "ni papa". Cuando acompaño a la señora a hacer las compras pa' la comida, lueguito saben que soy extranjera porque se me quedan viendo muy raro. Será por mis trenzas tan largas y mis enaguas de percal. Aquí nadie anda así.

¿Se acuerdan cómo lloraba yo como María Magdalena cuando nos despedimos en Veracruz? Ya nomás chillo por las noches, antes de dormir, cuando veo la luna por esa ventanita que les decía y que está justo arriba de mi cabeza y me acuerdo mucho de mi familia. Extraño las tortillas, los chiles, las salsitas que no me salen igual, porque aquí el jitomate nomás no pinta. La fruta es muy bonita, pero no tiene tanto sabor. Ojalá me pudieran mandar tamales, almendras garapiñadas, turrón de pepita, piñones salados, alfajores, cajeta de Celaya, muéganos, camotes y ates. Claro, una cosa por otra, hay unos pasteles deliciosos de chocolate. Acá hay un pan especial que le llaman bagué (*sic*). No es como el de México, pero es bueno; pero extraño los bolillos, las telerotas de allá, pero sobre todo las conchas y las campechanas.

El otro domingo, la señora nos llevó a misa a una catedral. No se parece a la nuestra, ni tiene puestos afuera. Está en una islita en medio del río Sena, aquí mismo en París. Se llama Nuestra Señora de París. En todo lo largo hasta el altar, hay puras capillitas. Pero lo más chulo de todo son las ventanas de puros cristalitos de colores, que se llaman vitrales. La Virgen de París no es tan bonita como nuestra Virgencita de Guadalupe. Hasta la señora Carmelita sacó una estampita de la Guadalupana de su misal y se la puso enfrente pa'rezarle.

Cuando soy más feliz es cuando la casa está llena. Todos los días viene el joven Porfirito con los chamacos y la señorita Lila, los señores Elizaga y los señores De Teresa y hartos invitados pa'comer, como los señores Escandón, el señor Sebastián Mier, el señor Fernando González y la señora Gavito. Cuando llegan personas de México, los patrones se ponen requetecontentos porque les traen noticias de por allá, aunque a veces don Porfirio se queda muy calladito, como si estuviera triste. Si no fuera por la señora Carmelita, que hace todo lo posible pa'que se sienta en México, creo que a lo mejor no aguantaría estar aquí aunque esté todo tan bonito.

La Juana y yo a veces queremos regresar, pero le prometimos a don Sebastián quedarnos con la familia. No sé cuándo les va a llegar la presente. Dice la señora Carmelita que se tardan mucho las cartas. Pero no se olviden de nosotros. Ya me despido y Juana les manda muchos saludos. Les mando un saludo desde aquí.

Su prima Nicanora

* * *

La explosión de la Primera Guerra Mundial sorprendió a don Porfirio, Doña Carmelita y su pequeño núcleo familiar, mientras veraneaban en Biarritz y en San Juan de Luz, obligándolos a quedarse en las playas del sur de Francia el resto de 1914 y los primeros meses de 1915. Juana y Nicanora los acompañaron a Biarritz, de donde escribieron a sus primos.

Biarritz, marzo de 1915

Queridos Higinia y José

Ya Nicanora les ha estado escribiendo más que yo y me dice que ya les escriba, que ella ya les ha contado muchas cosas de París, y que ahora yo les cuente de por acá en la playa. Pus nos vinimos pa'acá, y qué bueno porque arreciaba el frío en París. Quesque nos íbamos a quedar unos dos meses y nada, que porque a los franceses se les armó una revolución con los alemanes y que se volvió revolución mundial, porque mataron a un duque y a su esposa y por eso se andan matando, y dicen los patrones que lo más seguro es quedarnos acá. Allá en México, también están con su revolución. Me dijo el hijo de

78

Porfirito que ya no pueden regresar porque ya les quitaron todas sus casas y si regresan les cortan las cabezas como a los reyes de acá y que están matando a los ricos.

Por nosotros no se preocupen, estamos bien. Los que se
tienen que cuidar por allá son ustedes. Nosotros estamos bien
cerca de España y dice la señora que si la cosa se pone fea por
acá, nos vamos a la Madre Patria. Pues el lugar es bien bonito,
sobre todo el mar. Toda la gente anda rebién vestida y la señora Carmelita y el señor Porfirio, cuando se siente bien, salen
muy elegantes a caminar a la orilla del mar. La señora Carmelita nos dice que por allá está todo retemal desde que el señor Porfirio ya no manda. Ni Nicanora ni yo entendemos por
qué no se regresan para que el señor ponga orden, cuando él
estaba de jefe nadie se peleaba. Yo le digo que hasta podría ser
el próximo presidente. Porque la mera verdad que nosotros
como que aquí no nos hallamos. Extrañamos mucho. Pídanle
a Dios y a la Virgencita que ya se regresen los patrones para ir-
nos con ellos. Nicanora les manda saludos. Reciban un abrazo.

Juana

✳ ✳ ✳

Una vez de regreso a París, don Porfirio reanudó su vida de las
primaveras anteriores, en compañía de su familia. Nicanora
escribió a sus primos.

París, junio de 1915

Querido primos Higinia y José

Ya regresamos de ese lugar tan bonito al borde mar en donde dice la señora Carmelita que vio a mucha gente importante de Europa y a unas artistas famosas, y que se fijó mucho en la moda porque ahí es donde van todas las elegantes, y el joven Porfirito dice que también todas las horizontales y su esposa lo regaña. Los señores estuvieron muy contentos porque vieron a muchos mexicanos que andaban viajando por ahí o que venían de España. El señor volvió a lo mismo. Todas las mañanas sale a caminar por la avenida, trajeado, con su bastón de puño de oro.

A veces lo acompañan sus nietos. La señora Carmelita lo ve desde la ventana hasta que lo pierde de vista. Pero cuando más le gusta verlo es cuando su hijo pasa por él a caballo y se lo lleva a montar al bosque de acá que es como el de Chapultepec. Por las tardes, doña Carmelita a veces sale de compras con la señora Gavito y el señor escucha las noticias que le lee Porfirito, que le hace muy bien al francés, y luego en un mapa que tiene de las Europas siguen cómo van las tropas por la guerra.

Al señor Porfirio le interesa mucho saber todo lo militar, pero no le va ni a los alemanes ni a los franceses, ni a los ingleses que porque todos eran sus amigos y siempre lo habían tratado muy bien. Aunque parece que todo sigue igual, yo veo a doña Carmelita medio preocupada. Precisamente hoy, el señor se quejó de fatiga y de resequedad en la garganta y dijo que no había dormido bien. Pídanle a Dios que le conserve su salud. Que regrese a México para que se sienta mejor, porque lo que tiene es puritita nostalgia. Juana les manda un abrazo y reciban el cariño de su prima que mucho los extraña y quiere.

Nicanora

* * *

Porfirio Díaz murió el 2 de julio de 1915. Ésta es la última carta de Nicanora a sus primos.

Queridos primos

Pa'cuando reciban la presente, ya sabrán que mi patrón, don Porfirio Díaz, murió aquí en París y no en Oaxaca como él quería. Tengo el corazón roto y la Juana no deja de chillar. Ya lo veía muy mal. Cuando dejó de salir y se quedaba horas sentado en una silla cerca de la ventana, yo pensé: ahora sí que se lo lleva. Nomás veía pa'afuera, pero se le nublaban los ojos. La señora le platicaba para animarlo. Le enseñaba el periódico. Le traía papel de escribir para que contestara algunas cartas. Pero el señor bien desanimado que estaba. Venían a verlo sus amigos de siempre, comentaban entre ellos la guerra para interesarlo, pero nada. Sólo reaccionaba un poco con los nietos. Cuando hablaba preguntaba qué noticias había de Oaxaca. Luego ya ni pa'eso tuvo ánimos. Ya no se levantaba. El doctor decía que era mejor que no se moviera para que no sufriera desmayos. La pobre señora con una angustia que no les digo. Yo le veía bien malito.

Cuando me asusté en serio fue cuando mandó llamar a un padrecito. Se confesó y comulgó. Después se apresentó el padre Carmelo Blay, gracias a Dios mexicano, que le trajo la bendición apostólica. Después de eso, primos, ya ni para qué, tuvo una triste agonía. "Mi madre me espera", dijo, y luego: "Nicolasa, Nicolasa." Después ya ni pudo hablar. El pobrecito a señas se dirigía a la señora Carmelita. "Pregunta por la Noria, por Oaxaca, que allá quería ir a morir y a descansar", dijo la señora. A la seis y media, entregó el espíritu. No saben la cantidad de gente que llegó a dar el pésame. Gente muy importante de aquí. Los amigos de siempre, toda la familia. Me afiguro la impresión que ha causado en México la noticia. Cómo lo habrán llorado, sobre todo que por allá está casi peor que acá. Parece que han muerto miles y miles de muchachos. Dios nos tenga en su santa mano.

Pus la noticia principal que les queremos dar es que la señora ya nos dijo que ella y su familia piensan quedarse en Francia, porque a México no pueden regresar, porque ya no es el mismo país que dejaron, pero que nosotros estábamos libres de regresar. Ya nos advirtió que el regreso iba a estar retedifícil, que nos tenemos que embarcar y atravesar el mar otra vez y que después de un mes, llegaríamos a Veracruz. Juana y yo lo hemos platicado y como aquí también están en guerra, pus las dos queremos estar en nuestra tierra por si Diosito decide otra cosa. Nomás de pensar en la laguna, el pueblo, la gente, la comida y ustedes, pues ya nos anda por regresar. Ya le prometimos a la Virgencita de Guadalupe que lo primero que haremos, si llegamos con bien y no nos hunde uno de esos barcos alemanes que están debajo del agua, será ir a verla a la Villa. Como somos pueblo, ni modo que nos hagan nada en nuestro México lindo. Hasta pronto, ruéguenle a Dios que nos proteja. Con todo cariño,

Nicanora

Personajes históricos

¡¡¡Lai-ci-dad!!!

¿Qué hubiera dicho don Benito Juárez respecto a unas declaraciones del cardenal Norberto Rivera? De seguro se hubiera muerto de nuevo, porque lo más probable es que las hubiera encontrado totalmente descabelladas. A un hombre que siempre le tuvo verdadera aversión a todo lo que tenía ver con la intromisión de la Iglesia en asuntos de Estado, las demandas del cardenal Rivera le hubieran parecido ridículas, por decir lo menos, ya que lo que ha mantenido estable al país es precisamente la separación de la Iglesia y el Estado. Dar al César lo que es del César y a Dios lo que es de Dios.

En 2007 Rivera pidió reconocer los derechos políticos de los sacerdotes. Asimismo demandó permitir la educación religiosa en escuelas públicas y, por si fuera poco, también solicitó que las iglesias pudieran manejar medios masivos de comunicación. *¡Oh, my God!* Con el debido respeto, ¿verdad que

parece un mal chiste? Sí, Rivera se pronunció por modificar la
Ley de Asociaciones Religiosas de 1992 para eliminar las restricciones que se imponen a los ministros de culto en materia
de opinión y participación política. Según el cardenal, aún falta una legislación que se adecue a la Carta Magna, "que brinda
a todos los ciudadanos garantías que son inherentes a sus derechos humanos, entre ellas las de expresión y reunión".

Habría que recordarle al cardenal Rivera lo que le escribiera el Presidente Juárez a su yerno don Pedro Santacilia:*

> Supongo que Pepe y Beno están yendo a la escuela. Suplico a
> usted no los ponga bajo la dirección de ningún jesuita ni de nin
> gún sectario de alguna religión; que aprendan a filosofar, esto
> es, que aprendan a investigar el porqué o la razón de las cosas
> para que en su tránsito por este mundo tengan por guía la ver
> dad y no los errores y preocupaciones que hacen infelices y des
> graciados a los hombres y a los pueblos.

Ya de niño, Juárez manifestaba su rechazo por la estrechez
conceptual de una formación religiosa, "la instintiva repugnancia que tenía a la carrera eclesiástica". Pero al fin y al cabo
hombre, nunca abjuró de una fe personal. Y como bien dice
Héctor Vasconcelos:

> Es ahí donde estriba lo excepcional de su caso: tuvo la agudeza
> de percibir, cuando el hecho no era tan obvio como nos lo parece
> ahora, que cualquiera que fuese su credo personal, una nación

---

* Datos extraídos del texto de Héctor Vasconcelos "Laicismo y religiosidad
en Juárez", publicado en la *Revista de la Universidad de México*, octubre de
2006.

moderna requería de la separación tajante del Estado y la Iglesia, del desarrollo de vigorosas instituciones estatales, de la más absoluta libertad intelectual y del florecimiento de una sociedad civil. Sin laicidad no hay modernidad, y la primera tarea de México era modernizarse.

Curiosamente, también se conmemora otro aniversario, que tiene que ver con la sociedad civil. Nos referimos a una agrupación de mujeres, a la que pertenezco con orgullo hace muchos años, y que se llama: "Mujeres en Lucha por la Democracia". En una de las tantas cartas que le escribió Juárez a su esposa, Margarita Maza, le dice que la mujer debe educarse para estar mejor preparada y así poder defender las leyes. Si don Benito Juárez se hubiera enterado de que uno de los objetivos de esta agrupación es justamente el reclamo por un Estado laico, estoy segura de que le hubiera dado mucho gusto que ciudadanas educadas y preparadas protesten contra las declaraciones del cardenal. Por eso, las "Mujeres en Lucha por la Democracia" le haremos un homenaje y guardia luctuosa. Asimismo, estas mujeres publicarán un cintillo en distintos diarios que diga: "Con motivo del aniversario luctuoso del Benemérito de las Américas, presidente Benito Juárez, MLD reclama la permanencia del Estado mexicano laico y democrático que se encuentra amenazado por intereses sectarios."

No les falta razón a estas mujeres, como tampoco les faltó el día que protestaron contra el fraude electoral de 1988, cuando se "cayó el sistema". Desde entonces, "Mujeres en Lucha…" inició una defensa de la legalidad democrática. Ese mismo año, las fundadoras, Ana Lilia y Elena Cepeda, Guadalupe Rivera Marín y Déborah Holtz, se convirtieron en Asociación

Civil y publicaron un manifiesto firmado por 170 mexicanas de los más distintos espacios y ocupaciones. Entonces esta agrupación se planteó la urgencia de contar con una institución electoral independiente de la Secretaría de Gobernación para garantizar la transparencia y legalidad en las elecciones, y que contara con la credencial con la foto del elector. También debatió internamente sobre la importancia de tener más representantes en el Congreso. Era importante que hubiera más mujeres en puestos de decisión política. En 1991, MLD invitó a varias organizaciones a convocar a la Convención Nacional de Mujeres para la Democracia. Otro de los compromisos que habían adquirido estas luchadoras fue dar talleres para educar civilmente a otras mujeres. Por ejemplo, se invitaba a futuras candidatas a diputadas, a regidoras y a esposas de funcionarios, como presidentes municipales, para enseñarles cómo armar un presupuesto, cómo dar conferencias de prensa, cómo vestirse para múltiples ocasiones; pero, sobre todo, las sensibilizaban políticamente para que pudieran transmitirles a sus hijos una mejor educación cívica. También organizaron muchos foros sobre la mujer y la democracia, sobre la participación sociopolítica de la mujer.

Es importante señalar que en 1999, después de once años de una intensa actividad política, "Mujeres en Lucha..." decidió convertirse en Agrupación Política Nacional para cumplir los requisitos que emanan del IFE, y poder postular candidatas.

Apuntes
sobre un héroe

Es imposible, moralmente hablando, que la reacción triunfe.

BENITO JUÁREZ

Quiero pensar que en la letra "J" del diccionario personal de cada mexicana y mexicano aparece en letras de oro un nombre fundamental para entender mejor el México moderno, republicano y democrático. Un nombre que consolidó nuestra identidad como mexicanos, un nombre gracias al cual vivimos en un estado laico y un nombre que el 21 de marzo de 2006 cumplió doscientos años de brillar en la historia de nuestro país.

Ese día de seguro se cantaron "Las mañanitas" a lo largo y ancho de toda la República. En zapoteco, en castellano y hasta en inglés.

Ese día la primavera amaneció con un sol radiante y los más de quinientos municipios de Oaxaca, en especial Guelatao, se vistieron de fiesta.

Pero lo más importante es que ese día su nombre se pronunció millones de veces por todo el mundo, sobre todo por boca de la niñez indígena mexicana.

Juárez se escribe con "J" de justicia, de jurista y para muchos de jacobino. "¡Juárez, Juárez, Juárez!", le gritaban los legisladores de todos los partidos a Vicente Fox el día de su toma de posesión. "Sí, sí, sí... Juárez", respondió con cierto sarcasmo el flamante presidente.

¿Cuántas calles, cerradas, colonias, escuelas, bibliotecas, centros deportivos, plazas, parques, cines, cafés, torterías, billares, cantinas, rancherías, asilos, hospitales, centros de rehabilitación y hasta hoteles de paso, llevarán el nombre de Juárez en la República Mexicana? Pregunta ociosa e imposible de contestar. ¿Cuántos óleos, bustos, grabados, esculturas, figurillas talladas en madera, en cristal y hasta en hoja de maíz se habrán fabricado con la inconfundible efigie de Juárez? ¿Cuántos libros de historia, ensayos, discursos, análisis, biografías, crónicas, editoriales, críticas, guiones de telenovelas, cine y teatro se habrán escrito en torno de la figura de Juárez? Imposible de saber.

¿Cuántos danzones, corridos, rancheras, valses, minuetos, polcas, marchas y música para banda se han escrito en homenaje a Juárez? A lo largo de estos doscientos años que festejamos su natalicio, ¿cuántas caricaturas y chistes políticos ha inspirado el presidente Juárez?

¡Ah, si Juárez no hubiera muerto...!

En nuestro abecedario personal transcribiremos cuatro "J" de los cuatro Juárez en diferentes etapas de su vida. Más que de los aspectos políticos, señalaremos los personales.

Para ello, nos basaremos en sus propios testimonios recopilados en la obra *Apuntes para mis hijos*, en donde aparecen sus primeras vivencias; asimismo, nos inspiraremos en el libro de Fernando Benítez, *Un indio zapoteco llamado Benito Juárez*.

Juárez niño. Cuando Pablo Benito, huérfano de padre y madre, tenía 6 años, cuidaba una pequeña parcela de la aldea San Pablo Guelatao, del distrito de Ixtlán.

Allí iba todas las mañanas para cuidar unas cuantas ovejas. Mientras tocaba su flauta de carrizo, se acordaba de sus hermanas, Josefa, Rosa y María Longinos.

En sus ratos libres, aprendía a leer con su tío Bernardino Juárez. Tenía tantas ganas de aprender que él mismo le llevaba la disciplina para que lo castigara si no se sabía la lección.

Entonces, en Guelatao no había escuela ni iglesia, era lo que se llamaba un "pueblo corto" en donde vivían veinte familias. No había nada de nada, más que pobreza y mucha injusticia social.

Sin embargo, para Benito, el domingo era más feliz que el resto de la semana, era el día en que, junto con otros niños, se iba a cazar conejos.

Uno de esos domingos tuvo una aventura que lo pintaría de cuerpo entero para toda su vida.

Esa mañana, él y sus amigos se subieron a una barquita de remos. Ya estaba muy viejita, no obstante se arriesgaron porque querían pasear por una laguna que estaba muy cerca de Guelatao.

Al poco rato de estar reme y reme, empezó un ventarrón. Era tan fuerte que tuvieron miedo. Muchos de ellos comenzaron a saltar al agua.

—Yo me voy nadando a la orilla, decía uno a otro, salvo Benito.

—Yo aquí me quedo, expresó él muy serio.

Y así fue, a pesar de que la tormenta se agudizó todavía más, el pequeño Benito pasó la noche solito y su alma.

A la mañana siguiente, fueron a buscarlo sus amigos, y al verlo tan digno, pero sobre todo tan vivo, comprendieron que estaban frente a un pequeño héroe.

Desde ese día en el pueblo se empezó a decir: "A mí me hizo lo que el viento al niño Juárez."

Juárez adolescente. Fue un miércoles 16 de septiembre de 1818, cuando Benito se encontraba como siempre cuidando a su rebaño. Serían como a las 11 de la mañana, cuando de pronto vio pasar a unos hombres arriando unas mulas. Iban como para la sierra.

—¿Vienen de Oaxaca?, ¿y cómo es la capital?, ¿y allí hay muchas escuelas?, ¿y todos los niños asisten a clases?, les preguntaba Benito curiosísimo.

Los arrieros le contestaban cada una de sus preguntas hasta con detalles.

De repente, el adolescente se percató de que le faltaba una oveja.

—¿Dónde, dónde está?, gritaba alarmado.

Fue Apolonio Conde, el mayor de los arrieros, quien le dijo:

—Tranquilo. Yo vi cuando uno de mis compañeros se llevó tu borrego.

Esa tarde, Benito ya no regresó a casa de su tío. "Ese temor y mi natural afán de llegar a ser algo me decidieron a marchar a Oaxaca."

Benito caminó descalzo catorce leguas. Ya era muy de noche cuando llegó a la casa de la familia Maza, donde su hermana María Josefa servía de cocinera.

Allí empezó a trabajar como mozo, ganando dos reales cada día (25 centavos).

Juárez hombre. ¿Quién le iba a decir a ese mocito indígena, que no sabía ni leer ni escribir, que con los años se convertiría en un brillante abogado, en regidor, diputado local, juez civil, secretario de gobierno, diputado federal, gobernador de Oaxaca, secretario de justicia, presidente de la Suprema Corte de Justicia, presidente de la República y marido de Margarita Maza, hija de su antiguo protector, Antonio Maza, genovés radicado en Oaxaca y dueño de un comercio?

Cuando Benito conoció a Margarita, él tenía 37 años y ella acababa de cumplir 17. Margarita era una niña bien oaxaqueña, inteligente y muy intuitiva. "Debió ser una encantadora muchacha como luego una mujer encantadora, toda dulce, con simpatía y porte y dignidad señorial", escribió Justo Sierra.

Un día Margarita Eustaquia recibió una notita escrita por mano de Juárez en donde le decía: "Formar a la mujer con todas las recomendaciones que exige su necesaria y elevada misión, es formar el germen fecundo de regeneración y mejora social.

Por eso es que su educación jamás debe descuidarse. Tu novio que te ama y desea, Benito Juárez."

Dicen que desde que Margarita leyó esa carta, se enamoró de ese hombre dispuesto a hacer todo porque las niñas y las mujeres se educaran como los varones.

"Sí, ya sé que es muy feo, pero también es muy bueno", le explicó a su padre el día que le anunció su matrimonio con Benito Juárez.

Juárez esposo y padre. Dice el historiador José Manuel Villalpando que Juárez fue un excelente marido y padre, y que la muerte de sus dos hijos a causa del crudo invierno de Nueva York le provocaba profundas depresiones.

Para entender mejor todo lo que padeció Juárez como padre transcribimos algunas líneas de una carta: "Como debes suponer, mi corazón está destrozado con golpes tan rudos como los que hemos recibido con la pérdida de nuestros hijos, pero es necesario resignarnos a tan duras pruebas y no dejarnos abatir, porque nos quedan aún hijos que necesitan de nuestra protección y amparo.

Te ruego que tengas calma y serenidad, que procures distraerte y que te cuides para que puedas estar en posibilidad de cuidar a nuestra familia. No tengas cuidado por mí."

Hoy por hoy, y como están las cosas en nuestro país, qué ganas de gritar desde el fondo de nuestro corazón: "¡Juárez, Juárez, Juárez!"

Margarita y Benito Juárez:
*un amor tricolor**

Para Andrés Manuel López Obrador.

Ralph Roeder, en *Juárez y su México*, reúne a don Benito y a Margarita; los funde en esencia y pensamiento y, en síntesis, afirma: "No había reverso de la medalla: la figura era idéntica por ambos lados, en alto y en bajo relieve. Juárez y Margarita formaron una pareja ejemplar. Unidos indisolublemente por un solo concepto de lealtad, honor, patriotismo y amor, compartieron durante 28 años de matrimonio, primero, periodos de tranquilidad, pero después persecución, huidas, angustias, temores y travesías."

La historia de amor de Benito y Margarita se dio en circunstancias muy particulares. Entre la servidumbre de la familia Maza, una de las más encumbradas de Oaxaca, se encontraban

---

* Este artículo fue publicado originalmente en el libro *Parejas*, Planeta, 2012.

dos indígenas de la región, Tiburcio Maldonado y su esposa, María Josefa Juárez, hermana de Benito Pablo, quien siete años y tres meses antes de que naciera la niña Margarita, llegó a Oaxaca, procedente de San Pablo Guelatao, siendo apenas un niño de 13 años, huérfano. Antonio Maza lo empleó, asignándole como pago dos reales diarios más enseñanza. ¿Quién le iba a decir a don Antonio que su buena acción no sólo marcaría el inicio de una educación que llevaría muy lejos al pequeño indígena? Como se sabe, Benito destacó en los estudios, hizo la carrera de abogado y se convirtió en un intelectual. Siendo aún estudiante incursionó en la política en la que empezó a destacar por su sed de saber, su amor al estudio y sus ideas avanzadas. La familia Maza siguió con admiración la carrera de este muchacho, ya famoso en Oaxaca, que gracias a su inteligencia y tenacidad logró abrir un despacho superando toda clase de vicisitudes por su humilde origen, por lo que ni don Antonio ni su esposa vieron mal que le hiciera la corte a Margarita Eustaquia Maza Parada. La insistencia de Benito, el amor que le profesaba y su carisma acabaron convenciendo a la joven de 17 años, "atraída por un varón diferente, serio, austero, de personalidad vigorosa, de fría apariencia, pero subyugante por la claridad de su talento", a aceptar su ofrecimiento de matrimonio, a pesar de que Benito le llevara veinte años.

En cuanto corrió la noticia del matrimonio, la reacción en las altas esferas sociales no se hizo esperar. ¡Se casaba la hija de los Maza con un sirviente! ¡Con un indio! ¿Con un patarrajada? ¡Qué horror! "Ni siquiera tiene en qué caerse muerto, es huérfano, claro que dicen que es muy leído y escribido", decía una señora encopetada en la reunión del círculo de costura de los martes en casa de Panchita de la Colina. "Además de indio, es feo", agregaba otra. "Dicho sea entre nosotras", dijo una de las damas, "acuérdense que Margarita es hija adoptiva por eso no les importa a los Maza casarla con un zapoteco, al fin, ella no es de su sangre."

Margarita tenía que soportar insinuaciones e indirectas respecto a la edad, la familia y el aspecto de su futuro marido. "¿A quién van a invitar a la boda por parte del novio, a otros indios?" Pero a ella no le hacía mella ninguna de las observaciones negativas ni las actitudes tontas de sus supuestas amigas. No tardaron las cuatas del Vizcaya, Rosita y Almita, en visitar a Petra Parada de Maza para advertirle que por su cocinera se habían enterado de que Benito había tenido una amante o tal vez una esposa, Juana Rosa Chagoya. "Por la vieja amistad que nos une, Petra, tienes que saber que tiene dos hijos con esta mujer", informó una de las cuatas. "Un varón y una mujer. Se llaman Tereso y Susana", agregaron al unísono. "Para tu consuelo, dicen que ya murió, pero ve tú a saber", concluyó Rosita. Doña Petra se limitaba a sonreír mientras las escuchaba. Benito nunca había tratado de engañar a nadie. La familia Maza estaba enterada de ese capítulo de la vida de su futuro yerno y de ninguna manera representaba un obstáculo para que se casara con su hija. Benito tenía 37 años y era absurdo pensar que no hubiese tenido alguna relación amorosa. Además, estaban enamorados, y aunque Margarita era casi una niña, había una plena coincidencia de ideales y principios entre los dos. A pesar de los juicios, comentarios, críticas y chismes, los novios se casaron el 31 de julio de 1843.

En su libro *La suerte de la consorte*, Sara Sefchovich describe a Margarita: "A doña Margarita nos la han presentado como una mujer sobria y severa. Aunque hay pocas fotografías de ella, una la muestra sentada y rodeada por sus hijas, pose que era la más típica para hacer un retrato de familia, y otra con su marido, ella atrás de él, en tres cuartos de perfil. En ambas aparece con el cabello partido y recogido en un moño hacia atrás, porque en ese tiempo ninguna hija de familia de buena posición se dejaba el cabello suelto, y con amplios vestidos de telas sencillas y oscuras, eso sí, siempre con la crinolina que era una prenda de rigor (en una ocasión hasta le salvó la vida, pues cuando cruzaba la sierra de Ixtlán para alcanzar a su marido iba a caer en una barranca pero se atoró en una rama). De todos modos, ella y su marido nunca llevaron galas finas o caras, primero porque eran pobres y después, cuando él fue gobernador por segunda vez, ministro de la Suprema Corte y presidente de la República y hubieran podido hacerlo, porque era suyo el principio de la austeridad. De seguro por esto Julio Sesto la llamó 'honestísima criolla de cara bondadosa' y sí que la tiene, las fotografías así lo muestran."

Desde el momento en que Margarita se convirtió en la señora de Juárez supo que iba a necesitar armarse de valor para apoyar a su marido en todas las actividades relacionadas con su trabajo, al mismo tiempo que tenía que ocuparse en mantener la felicidad y el equilibrio de su hogar. Entre más destacaba Juárez en la vida pública, más responsabilidades caían sobre ella, ya que desde el año siguiente de su matrimonio, la pareja comenzó a tener hijos, para completar doce, de los cuales sólo sobrevivieron siete. La educación de los niños quedó a cargo de la esposa. Su marido se encontraba ausente la mayor parte del tiempo. Sin embargo, era una pareja muy bien avenida. Después de un periodo de relativa tranquilidad, cuando Juárez fue gobernador de Oaxaca, provisional y luego constitucional, murió su pequeña hija Guadalupe. Un año más tarde, en 1853, el dictador Santa Anna, el acérrimo enemigo, adversario más violento de Juárez, de regreso al poder, dictó órdenes de arresto en su contra y lo confinó al destierro durante dos años. Comenzó un verdadero calvario para Margarita; fueron trece años decisivos durante los cuales sufrió el exilio, largas etapas de separación y hasta la persecución por parte de un general santanista que decidió aprehenderla junto con sus hijos, obligándola a escapar a salto de mata y cruzar en un pango el río de Chietla y, en medio de tantas angustias, dar a luz a Margarita, después a las gemelas María de Jesús y Josefa. La señora de Juárez quedó al mando; su gestión, el bienestar de su familia y la necesidad de ayudar y apoyar a su marido ocupaban sus pensamientos. El exilio y el abandono de una vida normal señalaban una triste etapa en su vida. Un sentimiento de lo importante que era la misión y el trabajo de su esposo le hacía olvidar su dolor. Se ocupaba constantemente de sus hijos y hasta llegó a establecerse en Etla al frente de un pequeño comercio para la manutención de su familia, incluyendo a Benito, a quien le enviaba dinero a su destierro. Todo se le presentaba con los más sombríos colores, pero se mantenía firme y fuerte sabiendo que él contaba con el amor que ella le demostraba con su valentía, paciencia, lealtad y fe por su lucha en la defensa de los principios y la legalidad.

El infortunio apareció de nuevo con el golpe de Estado ejecutado por el presidente Comonfort en contra de la Constitución de 1857. Juárez fue encarcelado y después puesto en libertad. Una coalición de estados, de acuerdo con la Constitución, acordó declararlo presidente de la República. Estableció su gobierno en Guanajuato, pasó a Guadalajara en donde casi lo fusilan, viajó a través de Jalisco y, en Manzanillo, se embarcó hacia Panamá y Cuba, atravesó el istmo y volvió a México por Veracruz. Allí asentó su gobierno y Margarita se trasladó con todos sus hijos. Durante dos años en el puerto jarocho, los Juárez disfrutaron un poco de la vida de familia, la cual creció con el nacimiento de una hija más. En julio de 1859, Benito Juárez creó media docena de disposiciones que llamó Leyes de Reforma, mediante las cuales nacionalizó los bienes eclesiásticos y estableció el cierre de conventos, el matrimonio y registro civiles, la secularización de los cementerios y la supresión de muchas fiestas religiosas. Estas medidas le valieron enormes críticas de los grupos conservadores, que empezaron a gestionar el apoyo de Europa y el establecimiento de un segundo imperio. El 11 de enero de 1861, Juárez entró a la Ciudad de México con su gabinete, expulsando al delegado apostólico, a varios obispos y a los representantes diplomáticos de España, Guatemala y Ecuador. El 15 de junio fue elegido constitucionalmente para continuar en la presidencia. Margarita asumió su papel de primera dama.

El gobierno liberal de Juárez se vio obligado a suspender los pagos de deuda exterior y de sus intereses. Contra tal medida, protestaron Inglaterra, España y Francia, y decidieron intervenir en México y obtener el pago de la deuda por la fuerza. Durante la intervención francesa, Margarita y sus hijos tuvieron que huir, separándose una vez más de su marido, perseguido por las tropas extranjeras y los guerrilleros conservadores. Si se le hubiera preguntado cuál era su opinión acerca de todo lo que tenía que soportar, hubiera contestado que su esposo tenía que continuar su lucha y que ella estaba dispuesta a todo con tal de no ser un obstáculo ni la culpable de que él traicionara sus ideas y su deber. Con este espíritu, Margarita estaba dispuesta a afrontar sola, fuera del país, la responsabilidad de los hijos; pero nunca se imaginó que su situación llegaría a tal grado de privaciones que dos de sus vástagos morirían a causa del frío. Cartas llenas de abnegación, amor, desesperación y dolor muestran el padecimiento extremo de los padres, "la tristeza que tengo es tan grande que me hace sufrir mucho; la falta de mis hijos me mata", se lamentaba Margarita, "desde que me levanto los tengo presentes recordando sus padecimientos y culpándome siempre y creyendo que yo tengo la culpa de que se hayan muerto". El remordimiento no la dejaba vivir: "No encuentro remedio y sólo me tranquiliza, por algunos momentos, que me he de morir y prefiero mil veces la muerte a la vida que tengo."

Más que nunca, la separación le pesaba y sólo pensaba en poder reunirse con Benito. Por su lado, él, al leer las palabras de su esposa, sentía un profundo sentimiento de piedad hacia ella por no estar a su lado y por el terrible dolor que la abrumaba e, incapaz de consolarla, le pedía resignación, calma y serenidad.

"Como debes de suponer, mi corazón está destrozado con golpes tan rudos como los que hemos recibido con la pérdida de nuestros hijos, pero es necesario resignarnos a tan duras pruebas y no dejarnos abatir, porque nos quedan aún hijos que necesitan de nuestra protección y amparo. Te ruego que procures distraerte y que te cuides para que puedas estar en posibilidad de cuidar a nuestra familia. No tengas cuidado por mí." Margarita no podía acatar los deseos de su marido. "Si Dios no remedia nuestra suerte, yo no resisto esta vida de amargura que tengo sin un momento de tranquilidad; todos son remordimientos." Un gran complejo de culpabilidad la atormentaba. La soledad le pesaba cada vez más. "Me es insoportable vivir sin ti y sin mis hijos. Tú recuerdas el miedo que le tenía a la muerte, pues ahora es la única que me daría consuelo." Para el impasible Juárez, el dolor como la alegría no podían ser absolutos. "Déjate de tonterías y no estés calentándote la cabeza con falsas suposiciones. Diviértete y procura distraerte."

El desgarramiento interior que sufrió por la muerte de sus niños dejó en el alma de Margarita una cicatriz siempre sensible que procuró disimular, mostrándose reservada, tranquila y fuerte para no mortificar a su marido, al que sabía en condiciones igualmente difíciles, sometido a la dureza de las privaciones físicas y la tensión moral. Asimismo, actuó con serenidad cuando Juárez le anunció que había decidido prorrogar su mandato presidencial. Con la solidaridad y el apoyo que siempre le había demostrado le dijo: "El que continúes en la presidencia no me coge de nuevo porque yo ya me lo tragué desde que vi que no me contestabas nada siempre que te lo preguntaba. ¡Qué hemos de hacer!... Esto no tiene más remedio que el tiempo y que permita Dios que termine esta revolución y tengamos el gusto de reunirnos contigo." Benito confiaba plenamente en su esposa, que llevaba una vida lo más normal posible en Nueva York. Los hijos asistían a la escuela y ella frecuentaba amistades y aceptaba invitaciones a recepciones oficiales, las que siempre le describía con lujo de detalle para hacerlo partícipe y distraerlo en su soledad. Sin embargo, dice nuestra amiga Sara, que en esa época Margarita sufrió mucho. En una de las notas que le manda a su marido le dice: "Me figuro cómo estarás con la vida tan indecente que llevas, malpasándote en todo, no sé cómo has podido resistir y tener valor." Y se las arregla para mandarle pañuelos, pantuflas o camisas. Le escribe que lo ama y que lo extraña, pero que entiende que no puede verlo "hasta que triunfemos"; también le pide que se cuide y que no sea tan confiado. Ella misma se siente deprimida, cansada, enferma: "Cada día siento que me acabo, mi naturaleza está muy gastada y ya no resisto más." Estas palabras las escribió cuando aún no cumplía los 40 años, y debe ser cierto, pues si comparamos su fotografía de juventud, en la que hasta se ve bonita al lado de su marido, con aquella en la que ya es una mujer madura pero no vieja, se puede observar lo acabada que está. Juárez, por su parte, se mantenía positivo, convencido de su misión histórica y con sentido del humor, le mandaba sus noticias: "Sigo sin novedad, sólo una enfermedad grave me está atacando y es un mal que no tiene remedio: son los 60 que cumpliré dentro de ocho días; pero no creas que la tal enfermedad me abate ni me intimida." A pesar de la diferencia de edad, Margarita a su edad se sentía totalmente abatida, cansada y en condiciones que no igualaban a las de su marido. "Yo también he cumplido 40, pero bien cumplidos, porque se me conocen en todo; no me conservo como tú... estoy sin esperanza de mejorar. Por amor consérvate, porque quiero tener el gusto de volver a verte."

El deseo de un reencuentro les fue cumplido cuando, gracias a la tenacidad, la fuerza y la voluntad de Juárez, la República triunfó en 1867 y Margarita emprendió el viaje de regreso a México, distinguida por el presidente Johnson de Estados Unidos, quien puso a su disposición el buque de guerra Wilderness, para su traslado a Veracruz. Benito y Margarita se reunieron una vez más, instalándose en Palacio Nacional, en donde, junto con sus respectivas responsabilidades como pareja presidencial, reiniciaron su vida conyugal y de familia que tanto necesitaban y habían deseado. ¿Cómo sería esa readaptación?

Benito, de seguro enternecido al ver a esa mujer tanto más joven que él, fatigada, enferma y frágil, la ha de haber prodigado de todo tipo de atenciones. Héctor Pérez Martínez en su *Juárez, el impasible*, escribió: "Por las tardes cuando el sol mancha de luz las torres de Chapultepec, Juárez, llevando del brazo a Margarita, sale por esas calles de Dios, sin acompañamientos ni guardias, a mirar los aparadores de las tiendas, a curiosear la fisonomía subversiva del burgo. Si acaso la caminata se prolonga, a la vuelta del Café de la Concordia es un remanso. Desde allí miran cómo los serenos encienden los faroles de la calle de Plateros; cómo los lechuguinos pasean su prosopopeya de mediados del XIX, envueltos los cuellos en olanes, los fracs ajustados y las varitas de ébano o carey en las manos." Pasaron tres años y medio, disfrutando de sus hijos y de una paz que no habían tenido en toda su vida de casados. Iban en familia a todos lados, al circo, a la ópera y al teatro. Pero la salud de doña Margarita empeoraba. Juárez se sumía en la más profunda tristeza. Ya próxima a su muerte, algunos días antes de que exhalara su último suspiro, el biógrafo Enrique M. de los Ríos, nos dice: "Margarita se quedó un día mirando a su esposo con íntima ternura y profunda melancolía y, con voz apagada, exclamó: 'Pobre viejo, no me sobrevivirás mucho tiempo.'"

Margarita Maza de Juárez, "madre abnegada, maestra de sus hijos, ejemplar su fidelidad de esposa y amantísima compañera del hombre recto e insobornable…" —según Velasco, citado por Sara Sefchovich— murió, antes de cumplir 45 años, el 2 de enero de 1871. Un año más tarde, un mal de corazón reunió a Juárez con su amada, amadísima esposa.

Me quedo con
Oaxaca

¡Qué bueno que regresé! De hecho, ya me había prometido que tenía que volver. Es que cuando estoy allí siento que me reconcilio con muchas cosas: con la historia de mi país, con mis antepasados, con la cultura, con el buen gusto y el buen comer, pero sobre todo, con la calidez de los mexicanos. Por eso me gusta tanto ir, siempre que me invitan digo que sí, que claro, que nada más faltaba. Además, quería ver con mis propios ojos si ya se habían calmado las cosas por allá. Afortunadamente, y a pesar del poco tiempo que estuve, creo que las cosas han vuelto a la normalidad. Es decir que al caminar por las calles de su Centro Histórico reencontré aquella tranquilidad y luminosidad, cuyas características siempre acaban por envolverme como si se tratara de un enorme huipil bordado por manos indígenas. Es cierto que todavía se ven algunas "pintas" de la APPO en algunas fachadas, pero es tan deslumbrante la belleza de la ciudad que pasan inadvertidas. "¡Me quedo con Oaxaca!", le dije de pronto a la encargada de relaciones públicas de la Feria del Libro, quien tan amablemente había ido por mí al aeropuerto. "Sí, fíjese que de plano me quedo con Oaxaca; aunque estoy profundamente enamorada de Veracruz, hay algo en esta ciudad que me regresa hacia no sé dónde. Es como si tuviera una cita con alguien que conocí hace mucho tiempo. Ha de ser porque aquí están enterrados mi bisabuelo Juan Antonio y sus hermanos. En 1857 mi bisabuelo era el segundo escribiente de la Tesorería General del estado nombrado por don Benito Juárez. Dos años después, lo nombró ayudante segundo del Cuerpo Médico Militar. Es decir que mi bisabuelo combatió con Juárez en los años 58, 59 y 60. En otras palabras, llevo sangre oaxaqueña por las venas. ¿No le parece maravilloso?", le preguntaba a mi interlocutora quien no dejaba de escucharme de lo más sorprendida. "Ahora bien, lo que también puede suceder es que a lo mejor en mi reencarnación soy una de las tantas novias 'plantadas' que pintó Rodolfo Morales, o bien, en el siglo XIX me casé vestida de tehuana en el istmo o quizá voy a reencarnar en alguna mujer de Juchitán."

En tanto caminábamos por las calles aledañas a Santo Domingo bajo un cielo azul, y una luz brillantísima, le pregunté a mi guía si ella sabía dónde se encontraba la calle de Dolores, conocida también como de Santa Lucía, y que actualmente se llama calle de Independencia 1309, muy cerquita del templo de la Merced. Mi joven acompañante me vio con unos ojos tan grandes que de inmediato me di cuenta de que no sabía dónde había vivido la familia de Margarita Eustaquia Maza Parada, quien fuera después la esposa de don Benito Juárez. Si sabía dónde había vivido la familia Maza era porque había leído la biografía que presentaría esa misma noche en la Feria del Libro. Debo decir que la muy acuciosa investigación de la autora de dicha obra, Alicia Aguilar Castro, me cautivó desde la primera página. Las cartas que intercala a lo largo de su relato lleno de datos históricos nos muestran el verdadero sentir tanto de Juárez como de su esposa. Después de la muerte de sus dos hijos (unos años antes también había muerto su hija María Guadalupe), Margarita le escribe a su marido desde Washington, donde se había exiliado a principios de 1866:

Ten mucho cuidado, si te vuelves para Chihuahua, de no ir hasta que estés seguro de que esos hombres están lejos, no te vayan a coger, que es su único interés. Por mí no te apures, que yo hago lo que está de mi parte por distraerme, pero tú sabes que en mis pesares sólo el tiempo es el que mitigará el dolor que tiene mi corazón con la pérdida de mis hijos. Sólo le pido a Dios para volverte a ver, porque es lo único que podrá tranquilizarme; porque tengo la desgracia, desde que mis hijos han muerto, de que todas las noches los sueño, unas noches a uno y otras a otro, de manera que ni dormida descanso y no sé si es de los nervios, un horror que me da mentar los nombres de los muchachitos que no es posible. Y otras veces, cuando estoy sola los llamo, les digo sus nombres: pero otras veces me horrorizo y al querer decir sus nombres me parece que los veo y quisiera en aquel momento morirme por no sufrir lo que siento.

Dice la autora que la memoria de sus hijos afloraba a la menor provocación, causándole honda pena. Lo que no sabía y ahora sé gracias a Alicia es que el entonces presidente de Estados

Unidos, Johnson, y su secretario de Estado, Seward, le ofrecieron a doña Margarita una súper recepción en la Casa Blanca. La recibieron como a la verdadera primera dama de México. "Se cuenta que en este baile el salón estaba adornado con los retratos de don Benito Juárez y Santa Anna." Lo más curioso de todo es que la noticia de la recepción se publicó en el *Herald* que contaba que "Doña Margarita se había presentado a la recepción presidencial elegantemente vestida y adornada con costosas joyas, lo cual retomaron en grande los periódicos conservadores de la ciudad de México". Esto, naturalmente no era cierto, como se lo escribe doña Margarita a Juárez el 26 de marzo de 1866. "Eso no es cierto, toda mi elegancia consistió en un vestido que me compraste en Monterrey poco antes de salir y con tantos cuidados y pesares no me había puesto el único vestido que tengo regular y lo guardo para cuando tenga que hacer alguna visita de etiqueta no más; respecto de brillantes, no tenía más que mis aretes que tú me regalaste un día de mi santo…" Todas las recepciones que le hicieron a doña Margarita en Estados Unidos, mientras que su marido estaba en constante peregrinar por el país, más que distraerla, la hacían sufrir doblemente por el contraste que hacían con su estado de ánimo. "Soy muy desgraciada", repite prácticamente en todas sus cartas, las cuales siempre empieza con un "Estimado Juárez" y termina: "Recibe el corazón de tu esposa que te ama y desea verte."

Después de las dos presentaciones en el Parque Juárez tanto de la biografía de doña Margarita, como el de *Parejas* de mi autoría, fuimos a cenar a casa de Alicia Aguilar. Allí se encontraba un grupo de oaxaqueños muy nostálgicos y bohemios. El tema de conversación fue Oaxaca y sus múltiples tradiciones. Hablamos de sus fiestas, de su cocina, de su artesanía, de sus pintores; de los aretes de filigrana, de la belleza de sus huipiles, de la música de banda y de marimba, de sus pirámides, del carácter inquebrantable de don Benito Juárez, de la posibilidad de traerse los restos de Porfirio Díaz y de Margarita Maza. Al despedirme de Alicia le dije muy quedito al oído: "Me quedo con Oaxaca…"

Corazón
en lucha

Es un lugar común para hablar de muchos personajes de nuestra historia, sin embargo, no deja de ser cierto. Se ha dicho de Miguel Hidalgo, de Benito Juárez y de Lázaro Cárdenas: "En su vida está contenida toda la historia de su época." Pero cuando nos referimos a Porfirio Díaz, esta frase se hace todavía más certera. Casi podemos decir que las contradicciones del México del siglo XIX son las del presidente que más tiempo ha estado en el poder. Así como el país, don Porfirio fue liberal y católico, de ascendencia indígena y española, pobre y rico, militar y seminarista, moreno y blanco, rudo y educado, acertado y equivocado, paternalista y déspota, héroe y villano; pero, sobre todo, prócer y enemigo de la patria. ¿Quién diría que todas esas facetas tenían origen en su infancia, e incluso en la historia familiar previa a su nacimiento?

Por casualidad, Porfirio Díaz fue bautizado el 15 de septiembre de 1830. Como sabemos, el cura Miguel Hidalgo llamó a la rebelión la madrugada del 16 de septiembre de 1810. Seguramente, Díaz pensó que las dos fechas estaban unidas de alguna manera misteriosa y decidió que el Grito de Dolores se festejara no el día en que lo llevó a cabo Hidalgo, sino precisamente el día de su bautizo. No olvidemos que se ignora la fecha de su nacimiento; él festejaba la de su bautismo. Don Porfirio se sentía un predestinado, un héroe al cual la patria le debía muchos favores. Pero, sobre todo, se sentía con el derecho de rehacer la historia de México. Hay que recordar que durante su presidencia no existía ningún contrapeso a su poder. Juárez había pedido facultades especiales durante la guerra contra Maximiliano. Díaz ejerció ese poder casi ilimitado por treinta años. Como dice el historiador Paul Garner en *Porfirio Díaz. Del héroe al dictador: una biografía política*: "Este enlace umbilical entre Porfirio Díaz y el destino de México sería explotado por el régimen para crear, en la conciencia popular, una relación entre Díaz y la consumación de la Independencia y la soberanía nacional."

Oaxaca era entonces una de las ciudades más importantes de México. Desde el virreinato se había convertido en una de las principales productoras de tintes para textiles, la segunda industria más importante luego de la minería. Cuando nació, sus padres se alegraron; antes de que él naciera habían muerto dos gemelos, Cayetano y Pablo. Era el sexto hijo de la familia, pero el primer varón. Doña Petrona Mori, su madre, se puso feliz. Su padre, José Faustino, decidió llamarlo Porfirio.

Algunos años antes, en 1810, cuando llevaba dos años de casado, José Faustino entró al ejército de Vicente Guerrero, quien había sido encomendado por Morelos para pelear en los estados del sur de México. Era tanto el amor del padre de Díaz por la causa patriótica que estuvo años al lado de Guerrero como veterinario de su ejército, y por ser tan valiente fue nombrado coronel. Aunque aún no se ganaba la guerra contra los españoles, José Faustino regresó al lado de su esposa. Fue entonces, tras once años de casados, que nació Desideria, su primera hija.

El padre de Porfirio cambió mucho, se volvió retraído y se ausentaba con frecuencia. "En los últimos años de vida", escribió Díaz en sus memorias, "mi padre se hizo muy místico, sin ser fanático; era un católico muy ferviente." Incluso se cambió el nombre a José de la Cruz. De ahí que Porfirio tuviera en su infancia mucha cercanía con el seminario. Su padrino de bautizo era su primo José Agustín Domínguez, cura de Nochixtlán. Desde que nació, su padrino dijo a sus padres: "Quiero que se comprometan conmigo para que mi ahijado siga la carrera eclesiástica." Este cura tan devoto no se imaginaba que años más tarde, su ahijado dejaría de pensar en el sacerdocio cuando conoció a Benito Juárez. El día que se lo presentaron se emocionó tanto que no durmió y al día siguiente le avisó a su madre que seguiría los pasos de Juárez. Doña Petrona se enojó y lloró, pero quien se puso furioso fue su padrino.

En 1831, cuando Porfirio cumplió un año, Vicente Guerrero fue asesinado en Cuilápam, Oaxaca. Fue tanta la tristeza del padre de Porfirio que tal vez por esa causa cambió su carácter. Desde niño, Porfirio vio con los ojos de su padre la historia de México. Con toda seguridad quiso ser valiente como José Faustino. No hay que olvidar que Díaz no tuvo casi recuerdos de su padre; murió cuando éste apenas tenía 3 años. Sin embargo, el patriotismo de su padre lo siguió toda la vida.

José Faustino murió a causa del cólera y las autoridades pintaron una gran cruz sobre la fachada de la casa familiar. Cuando los viajeros llegaban al Mesón de la Soledad de doña Petrona y veían la cruz, se alejaban de inmediato. A pesar de su viudez y de tener cinco hijos, logró seguir adelante. Primero vendió el mesón y luego se fue a vivir a un pequeño solar llamado El Toronjo. Porfirio tenía 7 años cuando su madre decidió mandarlo a la escuela. Lo que más admiraba de su madre era la valentía, pero sobre todo la fuerza para sacar adelante a sus hijos. El verdadero amor de Díaz fue su madre, y siempre estuvo al pendiente de sus necesidades, aun cuando estuviera en campañas militares. En 1859, la visitó sin imaginar que era la última vez que la vería. Cuando salió de Oaxaca para combatir por la Reforma, Petrona falleció.

El corazón de Porfirio Díaz era muy similar a su natal Oaxaca, seco como la tierra de su ciudad, pero caluroso y apasionado como su historia. Gracias a su familia fue patriota y emprendedor. Pero, al mismo tiempo, en su corazón tan complejo, quería ser un poderoso hacendado como las familias que gobernaban Oaxaca y que en su niñez veía con nostalgia y mucha envidia. ¡Y en su corazón lucharon esas fuerzas internas toda su vida!

Juana
Cata

Más que el mole negro, el tasajo y la cecina, lo que en realidad extrañaba don Porfirio Díaz cuando estaba exiliado en París, eran las garnachas que le preparaba personalmente Juana Catalina Romero, mejor conocida como Juana Cata.

Juana Cata nació en el barrio de Jalisco de la ciudad de Tehuantepec, el 24 de noviembre de 1837 y murió el 19 de octubre de 1915, tres meses después de que muriera Díaz. Ambos habían conservado una amistad ininterrumpida a lo largo de cincuenta y nueve años. Era tal su complicidad, que dicen que no había día en que don Porfirio no preguntara en su residencia de Bois de Boulogne, si no había llegado carta de la zapoteca Juana Cata. Desde que fuera jefe político de Tehuantepec, Díaz había contado con su ayuda de espionaje. Esta zapoteca de 21 años y de origen muy humilde, que no sabía ni leer ni escribir, le informaba de todos los movimientos del enemigo, gracias a lo cual las tropas liberales triunfaron en 1858 tanto en Mixtequilla como en las Jícaras. Un año después volvían a ganar en Reoloteca. El ascenso no se hizo esperar, fue así que don Porfirio se convirtió en el coronel Díaz. Hay que decir que Juana Cata fue particularmente diplomática e inteligente durante la guerra de Reforma. Un día era ocupada la plaza de Tehuantepec por los liberales y otro por los conservadores. Quién sabe cómo le hacía Juana Cata, el caso es que con ambos bandos "guarda velada relación con los actores, pues muchos de los 'patricios' habían participado en la defensa del país en la Batalla de Puebla, pero al cambiar algunas situaciones se habían pasado al lado de los conservadores, perteneciendo sus núcleos familiares a la población nativa", según cuentan Emilio García Romero y Miguel Ángel Ortega Mata en *Oaxaqueñas que dejaron huella*. Es justo decir que más que amorosa, como tantas veces se ha sostenido, la relación de Díaz y de Juana Cata fue exclusivamente de amistad, de ayuda, de complicidad y de agradecimiento mutuo. Los dos eran ambiciosos, a los dos les llamaba la atención el poder, el dinero y el progreso.

Respecto al carácter férreo de Juana Cata, no nos debemos sorprender. Don Andrés Henestrosa se preguntaba con relación a las mujeres istmeñas: "¿Qué clase de mujeres son éstas, de dónde vendrán para ser así?, son hacendosas, ahorran, traen el dinero amarrado al ceñidor, son fuertes pero al mismo tiempo amorosas, manejan la educación de los hijos y la economía familiar, por ello puedo afirmar que la mujer zapoteca es considerada por poetas y pintores como única de carácter aguerrido." En el caso de Juana Cata, no nada más fue aguerrida, sino que fue excepcionalmente hábil para los negocios: así como empezó vendiendo tabaco, en las hojas de mazorca que ella misma preparaba, terminó teniendo una tienda muy exitosa llamada La Istmeña. Esta extraordinaria jugadora de billar, quien aprendiera a leer y a escribir a los 30 años, se dedicó, igualmente, a la exportación de la grana y el añil, fue dueña de varios ingenios de azúcar, la cual exportaba, ganando incluso varios premios internacionales. Viajó a Estados Unidos, a Europa y en 1902 la recibió el papa. Se convirtió en la mayor importadora de textiles, fijando así las reglas del vestido tehuano tradicional, para que luciera más elegante. Construyó escuelas, hospitales e iglesias. Como bien dice su biógrafa, Francie R. Chassen López: "La historia sólo se acuerda de Juana Cata como ese amor pasajero de Porfirio, pero realmente fue una mujer extraordinaria, que tuvo una carrera, que fue empresaria, agricultora, benefactora del pueblo, pero de eso no se acuerda la historia."

Acerca de Juana Cata se han escrito muchos mitos, uno de ellos es el tendido de las vías del tren, supuestamente ordenado por Porfirio Díaz para que pasara frente a las puertas de su casa y llegar así a verla más pronto. No obstante, las investigaciones de Francie R. Chassen nos dicen que el tren se terminó en 1907, cuando don Porfirio tendría más de 70 años. Otro mito es aquel que cuenta que cuando Díaz escapaba de los conservadores durante la intervención francesa, huyó a la tienda de Juana Cata y se escondió bajo sus faldas. Nada más falso. Entonces Juana Cata todavía no tenía su tienda, y además en esa época usaba enagua de enredos, que era una tela que se amarra, lo cual hacía prácticamente imposible que alguien se pudiera ocultar debajo de ese tipo de falda. Con relación a la vestimenta de Juana Cata, el historiador francés Charles Brasseur que la conociera personalmente escribió: "Recuerdo también que la primera vez que la vi quedé tan impresionado por su aire soberbio y orgulloso, por su riquísimo traje indígena, tan parecido a aquel con que los pintores representan a Isis, que creí ver a esta diosa egipcia o a Cleopatra en persona. Esa noche ella llevaba una falda de una tela a rayas, color verde agua, simplemente enrollada al cuerpo envuelta entre sus pliegues desde la cadera hasta un poco más arriba del tobillo; un huipil de gasa de seda rojo encarnado, bordado en oro; una especie de camisola con mangas cortas caía desde la espalda velando su busto, sobre el cual se extendía un gran collar formado con monedas de oro, agujeradas en el borde y encadenadas unas a otras."

El padre
del cine

El 24 de diciembre de 1970, Henri Langlois escribió en el periódico *Le Monde*:

No es por azar que el cine surgiera en Francia con Louis Lumière. La historia del arte cinematográfico se inaugura en 1895 y no en 1894. Así se trate de obras, de industrias técnicas, de la creación o de la explotación, todo lo que se hizo en el cine a lo largo de setenta y cinco años, fue gracias a Louis Lumière.

El descubrimiento del cine data exactamente del día en que Louis Lumière pone su cámara frente a la fábrica de su padre. Así fue como se filmó la primera película.

La cámara no podía nacer de un demiurgo capaz de ser a la vez: inventor, creador, científico, artista, industrial, director, operador, fabricante, "bricoleur" y analfabeta. En este sentido, Louis Lumière sobrepasa a Chaplin: en la medida en que el actor tiene como medio de expresión un mecanismo que no inventó él mismo. Sin hipérbole, se podría decir que Louis Lumière como Mozart, Paganini, Stradivarius, es el padre del cine.

Es evidente que si Louis Lumière logró hacer que el mundo entero olvidara, en cuanto al cine, a Edison y Dickson, esto se debió no nada más a algo mecánico, sino a la genialidad de descubrir algo en la imagen.

Sus primeras películas contienen, al mismo tiempo, todo el futuro, el pasado y el presente del cine. En este caso, la perfección rebasa al espacio y al tiempo mismo. Si han pasado cien años, o mil, estas imágenes siempre se verán como si acabaran de ser filmadas. Este potencial será entonces, frente a los ojos de nuestros hijos, la última imagen de la modernidad...

Es una cuestión que podría ponerse en duda, pero en la que no nos detendremos por ahora. Estas palabras son ahora para recordar la importancia de Lumière en este ámbito mágico y de emociones perdurables.

El 13 de febrero de 1995 se cumplieron cien años del día en que los hermanos Lumière patentaron su invención. De la colección de sus filmes existen 1 425 películas catalogadas; todas, menos veintiuno, han sido halladas y restauradas. Para celebrar dicho centenario, en Francia se exhibieron las copias.

La televisión y las salas de cine francesas se prepararon para rendirle un homenaje. Asimismo ese mismo año, durante el Festival Internacional de Cine de Cannes, recordaron a los hermanos Lumière con diversas manifestaciones.

También lanzaron una amplia campaña de pancartas publicitarias, la emisión de cuatro sellos conmemorativos y la edición de varios libros sobre este acontecimiento.

La empresa decana del cine francés, Gaumont, exhibió una retrospectiva de cien películas en el Centro Pompidou.

Y mientras menciono todo lo anterior, no puedo evitar preguntarme qué hubieran filmado en 1995 en México, si resucitaran aquellos enviados de los hermanos Lumière. Tal vez hubieran podido comenzar haciendo tomas del Periférico cualquier día de la semana en que hubiera manifestaciones. Después se hubieran dirigido a la estación del metro Pantitlán a las seis de la mañana. Pero tal vez en estos momentos lo que más les hubiera interesado es hacer un cortometraje sobre Chiapas. Allí filmarían a los ejércitos: al zapatista y al federal. En seguida, se hubieran dirigido hacia la selva Lacandona para filmar a Marcos. Y después de atravesar varias rancherías y de haber visto a tantas mujeres y niños desnutridos y a toda esa miseria, lo más seguro es que hubieran sentido que el tiempo no ha pasado.

"Pero si todo lo que estamos viendo también lo vimos en 1896. ¿Cómo es posible que en todos estos años, no hubieran podido resolver el problema de la pobreza? Es más, me temo que en la época de Díaz no había tanta", quizá hubiera comentado C. J. Bernard a Gabriel Vayre.

Bueno, y posiblemente también hubieran querido ir a Lomas Taurinas para hacer algunas tomas. Y allí hubieran filmado a algunos vecinos mientras éstos les narraban cómo había sido asesinado Luis Donaldo Colosio. Y a su regreso a México, tal vez hubieran querido hacer la filmación de algún mercado. "A ver si nos sale algo, porque el aire está terriblemente sucio", a lo mejor le hubiera dicho Vayre a Gabriel. Y como es posible que hubieran ido al mercado del centro comercial Polanco, allí, entre puesto y puesto, seguramente se hubieran encontrado con algunos puestos de chocolates Milky Way, O. Henry, Juicy Fruit, Chewing Gum. Y a lo mejor se hubieran preguntado qué cosa era todo eso. Y para finalizar su *tour*, acaso hubieran ido al centro comercial Santa Fe. Y allí no hubieran entendido nada, porque no se hubieran sentido en México ni en cualquier otra parte del mundo.

Pero qué bueno que no existen las resurrecciones. De lo contrario, no me quiero imaginar qué documentales se hubieran llevado ese aciago 1995 Louis y Auguste Lumière. ¡Qué bueno que los cuatro se quedaron con tan bonitos recuerdos de México, es decir, con el rostro apacible de Porfirio Díaz y con la mirada tierna de doña Carmelita!

Una tarde
en Montparnasse

No hay nada más triste que un domingo triste. Así viví el último de mi larga estancia en París. Ese día decidí ir al panteón de Montparnasse donde están enterrados en la misma tumba Simone de Beauvoir y Jean Paul Sartre. Tenía que despedirme de ellos y darles las gracias por todos los momentos que me habían acompañado durante mis días en Francia. Antes de ir al cementerio busqué un lugar dónde comprar flores. Todo estaba cerrado. "Ni modo, se las echaré moralmente", me dije.

Al llegar al cementerio le pregunté a un señor con una gorra y uniforme gris dónde se encontraban los restos de los dos escritores. "A cien metros a su derecha", me contestó. Tal como me dijo, me dirigí hacia el lugar indicado. A partir de ese momento empecé a sentir una emoción muy especial. Conforme avanzaba, mis pasos se iban haciendo cada vez más lentos. Me latía con fuerza el corazón. Estaba entre nerviosa e intimidada. Tenía la impresión de que me encontraría con ellos personalmente. De pronto, me di cuenta de que estaba frente a una lápida muy sencilla de mármol blanco; no tenía ni una cruz ni el menor ornamento. Con letras en molde leí con todo respeto: "Jean Paul Sartre 1905-1980, Simone de Beauvoir 1903-1986." Sobre la plancha yacían tres ramos de flores frescas. A un lado había una pequeña maceta de plástico verde con un papelito que decía: "Leslie de California." A los pies había otro ramo de flores de lavanda. "Ambos siguen muy vivos", pensé al ver estas manifestaciones de afecto. No sabía si rezarles o platicarles. En seguida me acordé de que ambos eran ateos. Opté entonces por charlar con ellos un poquito: "Me da gusto encontrarlos tan cerquita uno del otro. Dadas las medidas de la pequeña tumba, es como si estuvieran en una cama individual. ¡Qué bueno, porque aquí entre nos, tuvieron sus buenas temporadas en que cada uno andaba por su lado! Esto no nada más me entristecía, sino que me decepcionaba. No podía pensar en uno sin relacionarlo con el otro. Recordarlos como pareja me da mucha ilusión. Varias semanas llevé en el interior de mi bolsa un libro (de *poche*) de Simone y otro de Jean Paul. Después de lo que he leído y escuchado creo que de los dos el que fue el más "travieso" fuiste tú, Jean Paul. Claro que tú, Simone, con todo respeto, tampoco fuiste una palomita blanca que digamos. Por otro lado, sé que entre los dos existía un profundo acuerdo de respeto y de libertad. Se contaban todo. Se escribían detalladamente lo que hacían y con quién estaban, según la época que estuvieran viviendo. Aunque moral, ideológica y amorosamente jamás se separaron por más de cincuenta años; pienso, sin embargo, que para ti, Simone, el hecho de que Jean Paul frecuentara a tantas mujeres, ha de haber sido mucho más difícil para ti que para él. En fin, no vine a verlos para juzgarlos ni mucho menos para analizar su relación. No hay nada más estéril que el quererse explicar a una pareja, sobre todo una como la suya, tan original y tan única. Lo importante es que ahora descansen bajo la misma lápida. 'Anden juntos', como dicen los jóvenes en mi país. Ahora sí, aunque no quieran, estarán unidos eternamente. ¿Se imaginan qué romántico? Estoy segura de que es así como los queremos ver todos sus lectores. Mañana salgo para Londres. Créanme que estuve feliz en su país. Bueno, ahora sí me despido de los dos con mucho cariño y admiración."

Estaba a punto de retirarme con un sentimiento de nostalgia, cuando de repente me acordé de que también andaban por allí, en el Cimetière du Montparnasse, los restos de Porfirio Díaz. Aunque se cuenta que hace muchos años uno de sus familiares se llevó sus cenizas a México, me encaminé hacia el guardián y le pregunté por la tumba del ex presidente. "Allee 15. Av. de l'ouest", musitó. A diferencia de mis amigos, Díaz cuenta con un monumento relativamente grande. Es una capilla construida en cantera de estilo neoclásico. Arriba de la puerta de hierro pintada de negro, se ve en el centro el águila devorando la serpiente y el nombre labrado de "Porfirio Díaz, 15 de septiembre 1830 - 2 de julio 1915". A través de unos cristales sucios y opacos pude advertir un pequeño altar con dos macetones en mármol con flores de porcelana en cada lado. En medio, hay una imagen de la Virgen de Guadalupe. Curiosamente, me fijé que en el suelo aparecían muchas miniaturas de artesanías. Se podría decir que habían sido introducidas por algún agujerito secreto. Por ejemplo, había un sombrerito de charro como los que se ponen los canarios que leen la suerte; asimismo, vi unos sarapitos, unos barrilitos tricolores, banderitas y muchos papelitos con recados. También me di cuenta de que recargada sobre el altar había una tarjeta con una fotografía a color de un señor. El texto con letras grandes decía: "Don Porfirio, México lo quiere, lo admira y lo respeta. Pascual Leo Pena, San Luis Potosí, México 1994."

"¿Usted cree que de veras el país lo hecha tanto de menos?", le pregunté a Díaz. La única respuesta que recibí fue un profundo silencio. ¡Qué silenciosos pueden ser los cementerios cuando se habla a los muertos, sobre todo un domingo por la tarde! Si viviera, ¿qué pensaría de Zedillo? ¿Estaría de acuerdo con la manera en que gobernó el país? Si Zedillo hubiera vivido en la época en que Díaz era presidente, ¿lo hubiera invitado a formar parte de su gobierno? Creo que no. Me temo que no lo hubiera encontrado nada apto. Bueno, tal vez lo hubiera hecho jefe del Departamento de Correos o de Bomberos.

Al salir le pedí al señor una hoja con el mapa del cementerio en donde aparecen señaladas todas las tumbas de las personas célebres que se encuentran allí enterradas. Me fui del panteón. Mientras me alejaba, leía todos los nombres de las sepulturas famosas: Charles Baudelaire, Eugène Ionesco, Jean Sablon, Man Ray, Samuel Beckett, César Vellejo, Camille Saint-Saëns, Marguerite Duras, Raymond Aron, Guy de Maupassant, Alfred Dreyfus y... ¡Julio Cortázar! Al leer su nombre no lo podía creer. Sentí como si en esos momentos me echaran un cubetazo de agua helada. No obstante, ya había caminado más de dos cuadras, me di la media vuelta. Regresé al panteón. Después de mucho buscar finalmente hallé su tumba. Nunca lo hubiera hecho. Cuando me encontré ante ella sentí una tristeza infinita. Al verla así de pequeña, sencilla y modesta se me apachurró el corazón. "Julio Cortázar 1914-1984", leí con un nudo en la garganta. Sobre su lápida había la siguiente inscripción: "Some day we will be together. Je t'aime forever. Maga." Tuve ganas de llorar. Ah, cómo lo extrañé. Me acordé de sus ojos azules, de su inmensa altura, de cuando envió millones de lápices a Nicaragua, de su generosidad de niño bueno, de su amor por la justicia, de su ternura por osita, de sus gatos, de su mamá viejita que vivía en Buenos Aires, de los conejitos de París, de la señorita Cora, de los hermanos de la Casa tomada y del bebé Rocamadour. Tuve deseos de abrazar la plancha de mármol, de robarme todas las flores del panteón y ponérselas a él; de convertirme en un ángel de piedra para formar parte de su modesto monumento. Y por último, tuve deseos de irlo a visitar al cielo.

Salí del cementerio con el alma completamente de luto. Y así, vestida toda de negro, me fui caminando hasta la Torre de Montparnasse...

Leyendas
y
literatura

El corazón
de Juana

Cada vez que la madre de Juana tomaba mezcal, llamaba a su hija y muy quedito le decía en zapoteco: "Lo que tú tienes de más valor es tu corazón. Allí nunca debes dejar que crezca la hierba mala. Si un día la sientes crecer, ruégale a Tata Diúyi que te mande el viento para que la arranque y se la lleve lejos, hasta los infiernos." Juana vivió cuidando que la mala hierba no naciera dentro de ella. Sin embargo, hubo veces que por las noches la escuchaba brotar en su interior. "Tata Diúyi, haz que el viento se la lleve muy lejos", solía rezar con los ojos bien abiertos. En cincuenta y tres años, esto le sucedió nada más en cuatro ocasiones.

En el mercado principal de Oaxaca, todos los marchantes la querían mucho. "Es que la Juana era re'buena. Por las tardecitas, antes de levantar su puesto, nos regalaba cebollas. 'Pa'que su amarillo quede bien sazonado', nos decía. La Juana tenía un corazón muy limpio, así como de niña. Nunca nos enteramos de que a todo el mundo ayudaba. Siempre nos contaba sus sueños. Decía que soñaba con sus antepasados y con muchos ríos pintados de colores. Era experta en plantas medicinales. A todos nos regalaba una que pa'la reuma, otra que pa'el hígado... Dicen que jamás se casó, que dizque estuvo enamorada de un danzante. Había días que se le veía llorando: '¿Por qué llora usted, Juanita?', preguntábamos. 'Porque esta noche soñé que mis antepasados peleaban allá por Monte Albán', llegó a contestar. Siempre estaba contando cosas del pasado o del futuro. Decía que al morir se convertiría en una rama del Tule para poder darle un poco de sombra a sus antepasados, que estaban enterrados bajo el árbol. Es que ella era muy ocurrente, siempre se afiguraba cosas: 'Hace unos días apareció en mi cama uno de mis antepasados; tenía cabeza de serpiente y su cuerpo estaba cubierto por un caparazón de tortuga', me contó unos meses antes de que se muriera. Según Juanita, las cebollas que vendía, cuando se picaban para cocinar, en lugar de hacer llorar provocaban carcajadas. 'Pa'que su boca tenga aliento de rosas silvestres', decía al vender sus cebollas. Las clientes que la escuchaban se morían de la risa y le compraban. Así era Juana de inventiva. Y sí era cierto que sus cebollas sabían diferente. La cocinera del gobernador siempre venía a comprarle a ella. 'Cuando las frío en trocitos y saltan en la sartén, como que hacen musiquita. Yo digo que son las cebollas más buenas de todo Oaxaca. Las veces que no cocino con ellas, me llama la atención el gobernador', me platicó un día. Nosotros en el mercado la extrañamos bastante. Para su entierro, Chucho, el de las coronas mortuorias, le hizo una bien chula de puras cebollas. Se veían preciosas, como botones de rosas blancas. Aquí nadie supo de qué cosa murió la pobre Juana. Yo la llegué a visitar la víspera. 'Soñé que mis antepasados me llamaban', me dijo. Y yo le dije: 'Ay, Juanita, ya deje tranquilos a sus muertitos'. Dicen que murió con una llaga muy rara en el pecho. Pa mí que era por comer tanta cebolla. Dios la tenga en su santo seno. ¡Pobre Juanita!'", le contaba a todo el mundo Meche, la de las hierbas.

Lo que nunca se supo en el mercado es que a Juanita en efecto la habían llamado sus antepasados de Monte Albán. "Sabemos que todavía eres virgen y que lo más valioso que tienes es tu corazón, porque en él no existe hierba mala. Lo necesitamos para ofrecérselo al Dios de la lluvia. Nuestras tierras se están muriendo. Eres muy afortunada porque el Gran Sacerdote te eligió para que fueras sacrificada", le dijo precisamente el que un día se encontró en su cama, con cabeza de serpiente y cuerpo de tortuga. Cuando el sacerdote elevó el corazón de Juanita en la cima de la pirámide, cayó del cielo una lluvia muy tupida. A lo lejos se descubría un arcoíris, como suelen aparecer allá por Oaxaca.

Sofía sufre

Para Inés Valadés y Alberto Rojas.

Desde el miércoles pasado Sofía sufre una gripa atroz, está en cama con los ojos hinchados, la boca seca y una sensación de desasosiego que no la deja en paz ni un minuto. "A mí los virus navideños me hacen los mandados", le anunció a su marido antes de tomar el avión que la llevaría Oaxaca, "la ciudad más bonita del mundo después de París", como acostumbra describir la patria de sus antepasados héroes de la Batalla de Puebla. Acalenturada como estaba, habló eufórica, frente a un grupo de doscientas señoras, acerca de *Las niñas bien*, 25 años después. Las hizo reír, ponerse nostálgicas y esa noche, en medio de dos chiflones, cenó tlayudas con mucho asiento, quesillo, cecina, mole negro, varias docenas de chapulines, dos tazas de chocolate espeso y espumoso y dos copas mezcal. Cuando se fue a la cama, Sofía se sentía un poco pesadita, además del estómago recargado, su nariz estaba totalmente congestionada. "Para mañana seguro ya estoy bien...", se dijo con una confianza digna de una joven de veinte años. Al otro día amaneció con tos y muy chapeada por una ligera fiebre. Sin embargo, su energía parecía inextinguible. Gracias a eso fue a visitar Santo Domingo, se extasió con los arcos de la construcción virreinal del siglo XVI y casi llora ante la belleza de la Biblioteca Fray Francisco de Burgoa con más de veintitrés mil volúmenes editados entre 1484 y 1940. "Esto es México, y no La Barbie, ni El Barbas, ni el crimen organizado, ni la corrupción, ni la impunidad, ni las mentiras de Televisa...", se dijo con una tal contundencia que en ese preciso momento sintió que sus vías respiratorias se descongestionaban. Pudo por fin respirar. Con los pulmones henchidos atravesó la calle bajo un sol cálido y dorado y por segunda vez fue a buscar a Francisco Toledo al taller de grabado. "Quiero hacer algo por Oaxaca, ¿cómo te puedo ayudar?", quería decirle pero no lo encontró. Lo que sí halló entre grabados y libros fueron dos cuadernos formados con puras hojas blancas, hechos por el maestro. En la tapa de uno de ellos aparece el dibujo de un hombre cuyo miembro asemeja a una serpiente larguísima, como nada más puede imaginar Toledo. En la portada del otro, se ve una máscara muy enigmática. Antes de irse al aeropuerto, pasó al mercado, compró una bolota de queso doble crema, y mole rojo, amarillo y negro. Qué tan contenta andaría Sofía por Oaxaca, sin un señor llamado Ulises Ruiz, que no se percataba de que el virus que traía consigo iba reproduciéndose a gran velocidad en su organismo. No fue sino hasta que el avión de Aeroméxico aterrizó en el aeropuerto Benito Juárez, que empezó a toser. "Ya se me quitará", se dijo en tanto buscaba, tose y tose, en la rampa su maletín donde había guardado con todo cuidado los tres huipiles comprados en la tienda de Remigio y bordados por manos de mujeres mixes.

Cuando llegó a su casa, cuál no fue su sorpresa al encontrar a su marido en cama. Cosa totalmente inusual, él que nunca falta a la oficina. Como estaba ella, él también estaba enfermo de gripa. Los dos se miraron con sus ojos chispeantes por la calentura. "Te traje tu mole y tu chocolate oaxaqueño", le dijo a la vez que se recostaba, con todo y botas, a su lado. Así en silencio, se quedaron un buen rato. "¿Te has fijado que todo nos pasa al mismo tiempo? Nos gustan las mismas cosas y odiamos exactamente lo mismo", le dijo Sofía antes de incorporarse. Lo peor de todo es que esa misma noche tenían una cena en su casa. Todavía faltaban muchas cosas por arreglar. Al escuchar su marido todos sus pendientes, cerró los ojos y le deseó buena suerte. Sofía salió de la recámara con una determinación apabullante. Quién sabe cómo le hizo, pero terminó haciendo todo lo que tenía que hacer. Durante la cena no paró. Atendió a sus invitados, platicó de su viaje a Oaxaca, se rió, chismeó; analizó, junto con sus amigos, la situación del país. "La programación de Televisa no hace más que vulgarizar a su auditorio". "Lo más genial que he escuchado últimamente ha sido lo de WikiLeaks". "Dice Carlos Fuentes que no hay nada que opinar sobre Peña Nieto". "¿Ya escucharon las últimas noticias del Michoacán de Calderón, hay tantos muertos que ya ni los cuentan".

Al otro día a las 7:00 horas cuando sonó el despertador, Sofía saltó de la cama. Enferma como estaba, se bañó, se vistió y salió corriendo al hotel Fiesta Americana en donde impartiría una plática sobre don Porfirio Díaz. Fue así que más de quinientos miembros del Club de Rotarios escucharon a una ponente mormada, cuya plática era constantemente interrumpida por una tos que parecía salir de las cavernas. Pobre conferencista, cómo sufría, hasta la mirada se le nublaba. "Pero en la vida hay que dar cumplimiento, ésa es mi consigna", pensaba en el camino a Valle de Bravo, donde se reuniría con su hija y su nieta, quien al otro día festejaría el primer santo de su vida. Ese domingo, atendió completamente enferma a ocho invitados. Desde lejitos, le hacía fiestas a su nieta y le decía que era la Lupita más bonita de todas las Lupitas…

Cuando los enfermos regresaron a México, ella, convertida en una verdadera Margarita Gautier, ya no podía ni abrir los ojos. El virus ya había invadido todo su organismo. Con absoluta ternura, su marido la metió a la cama y le dijo: "A tu edad, ya no te puedes dar esos lujos…"

Sofía cerró los ojos y por primera vez desde el miércoles pensó: "Estoy enferma de la edad…"

Velada
porfiriana

En 2011 en el Museo del Estanquillo se presentó el libro *El ocaso del Porfiriato*, una antología de los poetas que vivieron hace poco más de cien años en México. El volumen de más de seiscientas páginas está coeditado por el Fondo de Cultura Económica y la Fundación para las Letras Mexicanas, y coordinado por Pável Granados, mi coautor de la biografía de Agustín Lara. Fue una velada muy evocadora y muy íntima, no obstante que había más de cien personas. Conforme avanzaba la presentación, el cielo se fue llenando de unas enormes nubes que luego de un rato se convirtieron en una lluvia torrencial. A pesar de eso, el director del museo, Moisés Rosas, se veía muy contento de haber reunido a unos presentadores de lujo. En la mesa estaban Rafael Tovar y de Teresa, Alberto Ruy Sánchez y Eduardo Langagne. Los tres se refirieron al libro de Pável, a la época de Porfirio Díaz y a los poetas de entonces.

Por cierto, en el público estaba Miguel Limón Rojas, quien se veía especialmente contento, pues como explicó el coordinador del libro, Miguel fue uno de sus principales apoyos durante todos los años que duró la investigación.

Rafael Tovar, uno de los máximos conocedores del Porfiriato, hizo una espléndida exposición de esa época y de la cultura de entonces, habló de los últimos años del régimen, pero sobre todo recordó las fiestas con las que don Porfirio celebró el Centenario de la Independencia. ¿Quién le iba a decir que apenas unos meses más tarde comenzaría el levantamiento de Madero en el norte del país? Don Porfirio se fue de México en mayo de 1911, con rumbo a Francia, al país que tanto gustaba a los artistas de entonces. Mientras me imaginaba a don Porfirio y a doña Carmelita en los bailes, en los brindis y en las cenas a las que asistieron a lo largo de todo el mes de septiembre de 1910, Rafael hablaba del arte y de la música de los inicios del siglo pasado. Nos explicaba que aun cuando México tenía grandes y lujosos teatros, prácticamente no se presentaban en ellos obras mexicanas, ni artistas ni músicos de nuestro país. Alberto Ruy Sánchez, con la amenidad de siempre, habló de la importancia del escritor guerrerense Ignacio Manuel Altamirano, de la importancia de ver nuestra historia como un proceso, y no nada más con la intención de celebrar los conflictos bélicos del pasado. Por eso no nada más las fiestas del Centenario son importantes, pues otra forma de celebrar el pasado fue la campaña de Vasconcelos que tuvo un grandísimo plan educativo que comenzó precisamente cuando se festejaba el Centenario de la Constitución, en 1921.

Pero quien habló como un poeta fue el escritor Eduardo Langagne, quien hizo un repaso por todos los autores del libro, comentó algunos poemas, habló del padre Pagaza, el poeta de Valle de Bravo; de Francisco de Icaza, y de Salvador Díaz Mirón, de quien incluso recitó algunos versos. Gracias a su texto nos pudimos enterar de la vida de Manuel Acuña, el poeta de Coahuila que se suicidó en 1873, cuando apenas tenía 24 años. Aunque sus poemas no aparecen en el libro, pues sólo incluye poemas que se publicaron a partir de 1901, sí están los poemas de una de las novias de Acuña, es decir, Laura Méndez de Cuenca, que murió en 1928 y que viajó por Europa gracias a una beca que le dio Justo Sierra. Como dice Pável en su libro, Laura fue una magnífica profesora que escribió para las mujeres de su tiempo y que hasta los últimos días de su vida iba a las clases que impartía Salvador Novo en la universidad.

Finalmente, Pável Granados dijo que durante mucho tiempo olvidamos a nuestros poetas porfirianos, no obstante que fueron autores que llegaron a ser muy valorados en Europa. Por ejemplo, nada menos que Francisco A. de Icaza fue muy admirado por Antonio Machado y por el Premio Nobel de España Juan Ramón Jiménez. Y que la obra de María Enriqueta, quien fuera esposa del embajador de México en España, Carlos Pereyra, fue comentada en Francia nada menos que por Paul Valéry. Hace cien años, todos los poetas soñaban con conocer París, así que Amado Nervo y Francisco de Icaza, entre otros, pudieron viajar a Francia, conocer la Torre Eiffel, el río Sena, y caminar por los Campos Elíseos. Incluso los escritores que nunca fueron a París estuvieron influidos por sus lecturas, por los poetas que admiraban, pero sobre todo por los sueños que les inspiraba la capital de Francia.

Cuando salimos del Estanquillo, la tormenta había terminado. Cuando me di cuenta de que a estos poetas les encantaba caminar por las calles del Centro Histórico, sentí la ciudad más porfiriana que nunca.

De regreso a mi casa en el coche de Alberto Ruy Sánchez recordaba lo último que dijo Pável Granados, un poeta muy tímido, pero profundamente sensible al terminar su presentación:

Estas palabras sólo estaban destinadas a dar las gracias. Todo lo demás salió por añadidura. No sé qué hacer para que digan lo que quiero que digan. Si quiero que se limiten a dar las gracias, no puedo. Y comienzan a decir sus cosas. Muchas veces son advocaciones o llamadas a los muertos. Quién sabe si no se manifiestan los muertos a través de ellas; quizás para dar las gracias, o para reclamarme. Yo, que sólo escribo para seguir algún ritmo aprendido en sus poemas, también les doy las gracias a ellos... Y naturalmente, a ustedes, hipócritas lectores, mis semejantes, mis hermanos, pues sin la máscara de la hipocresía, sin echarse a perder en la poesía de Baudelaire, no sería posible disfrutar de la fiesta de máscaras de la poesía porfiriana.

"Tiempo de ángeles"

Dice Jean-Marie Le Clézio que nunca, como ahora, habíamos necesitado tanto a los ángeles, "su triunfo, su invulnerabilidad, su furor, también es cierto que hemos aprendido a sobrevivirlos, a no sucumbir en la angustia de sus ojos tristes a la nostalgia de su silencio azul". Según el Premio Nobel de Literatura, el tiempo de ángeles, "es el nuestro, un tiempo en el que todo se deshace, se desestructura, donde descubrimos de golpe que ya pertenecemos a la 'zona de desastre'".

En jueves santo, quiero evocar e invocar a los ángeles que imaginó Francisco Toledo (ángeles que persiguen cucarachas, que se columpian en un trapecio, que se enredan en la trompa de un elefante, y ángeles con cara de demonio que atacan a las serpientes y angelitas negras que lavan la ropa…) para ilustrar el libro de Homero Aridjis, en cuyo prólogo Le Clézio nos dice que este poeta-niño, testigo activo de la transformación del mundo, "…es el único que todo lo ve, que todo lo percibe, hasta el terror, hasta el éxtasis, es el que abre el camino". *Tiempo de ángeles*, como se llama la obra de Aridjis, es como un sueño infantil. Muchas metáforas descritas en sus maravillosos poemas sobre ángeles son las imágenes que lo acompañan desde su niñez, y de las que nos habla Le Clézio. "… cada año, veía llegar cientos de miles de mariposas, millones incluso, un verdadero 'mar de mariposas' —una experiencia compartida en aquella época con todos los niños de Contepec— y cómo miraba el cerro Altamirano desde el umbral de su casa, 'como un pájaro con las alas abiertas siempre a punto de volar'". Hay que decir que Aridjis también está influenciado por los ángeles de William Blake. Pensando en él, ha de haber escrito "En el cuarto / los ángeles nos miran / con ojos pensadores, / como si hubiese gato encerrado / en nuestros ojos". Seguramente, cuando el poeta dejaba volar su imaginación, tal vez lo visitaban los ángeles de Borges, es decir, aquellos que el escritor argentino le atribuía a Swedenborg y cuyas características las describía como: "las almas que han elegido el Cielo. Pueden prescindir de palabras; basta que un ángel piense en otro para tenerlo junto a él. Dos personas que se han querido en la tierra forman un solo ángel. Su mundo está regido por el amor; cada ángel es un cielo. Su forma es la de un ser humano perfecto; la del cielo lo es asimismo…"

Por mi parte no puedo olvidar los dos ángeles, Damiel (Bruno Ganz) y Cassiel (Otto Sander), de la película de Wim Wenders, *Las alas del deseo* (1987), y de los que me enamoré viéndolos sobrevolar el Berlín de la posguerra mientras consolaban a los deprimidos, a los viejitos y a las amas de casa desesperanzadas, cuyas almas estaban divididas por el muro. Un día, Damiel le dijo a Cassiel: "Es maravilloso vivir sólo en espíritu, día a día para la eternidad, atestiguar sólo lo espiritual de la gente. Pero a veces me hastía mi presencia de espíritu. Y ya no quisiera ese flotar eterno, quisiera sentir un peso que anulara en mí lo ilimitado y me atara a la tierra. Poder, a cada paso, a cada golpe de viento, decir 'ahora' y 'ahora' y 'ahora'… Y ya no más 'desde siempre' y 'para siempre'. Tomar el asiento libre de un partido de cartas, ser saludado aunque sea sólo con un gesto." Finamente, Damiel se vuelve mortal y va en busca de Marion, una trapecista con alas de mentiritas pero que tiene mucho ángel y un enorme ángel de la guarda. Gracias a este espíritu alado Damiel y Marion se enamoran para la eternidad.

Le Clézio considera que *Tiempo de ángeles*, un libro lleno de gracia y de ligereza aérea, "es sin lugar a dudas uno de los más importantes de la obra de Aridjis, porque lleva también consigo el peso de la cólera y la amargura de la experiencia". Homero, quien "desde hace más de una década combate los crímenes del hombre" ya tiene cuarenta y dos libros de poesía y prosa, y muchos de los cuales han sido traducidos por lo menos a quince idiomas. Una de tantas obsesiones del poeta (tiene miles) es la mariposa monarca: "¿No es tan frágil y fantástico el largo viaje de esta mariposa por el espacio y el tiempo terrestres como lo es el de la Tierra misma por el firmamento?"

Por último, y para recogernos un poquito en este jueves santo, me permito transcribir un pequeño fragmento del poema con el que se abre el libro y cuyo título es el mismo de la obra de Aridjis: *Tiempo de ángeles*. "Y Dios dijo: 'Hágase el ángel', / y el ángel fue hecho de palabras. / Y el hombre dijo: 'Hágase el ángel / de palabras interiores. / Sea el ángel a semejanza de mi espíritu'. / Y Dios dijo: 'Que cada hombre / tenga en el cielo un ángel / a su imagen y semejanza / y cuando muera se haga uno con él'. / Y el hombre dijo: 'Si Dios no creó el ángel, / la imaginación debe crearlo, / porque si hay un vacío entre Dios y yo / no puede haber comunicación entre nosotros'."

Y Homero Aridjis termina el poema, diciéndonos algo muy importante que nos mueve a la reflexión: "Y Dios dijo: 'El ángel en este tiempo / de negrura que se aproxima, / sea mensajero de luz. / El ángel sea igual al hombre. / Porque éste es un tiempo de ángeles'."

Actores
sociales

Un D.F.
muy juarista

Si Juárez no hubiera muerto y hubiese asistido a la toma de posesión de Andrés Manuel López Obrador como Jefe de Gobierno, de seguro hubiera estado muy complacido de haber escuchado a un político del siglo XXI, que durante su discurso lo evocó varias veces.

¿Por qué Andrés Manuel insistió en referirse a él con la frecuencia que lo hizo en su toma de protesta en la Asamblea Legislativa del Distrito Federal? Tenía razones de sobra. Como escribió Carlos Monsiváis en "Por mi madre, bohemios", su columna en *Proceso*: "Porque Juárez no es asunto de la historia de bronce o del nombre más socorrido de la nomenclatura urbana, que los alcaldes panistas pueden cambiar a calle San Miguel Arcángel o Avenida de las Once mil Vírgenes. Juárez, entre otras cosas, es el impulsor más decidido de la nación mexicana, al vencer al imperio operático de Maximiliano; es la cabeza del grupo que dota al país de la legislación más moderna del siglo XIX en América Latina, y es el promotor más decidido de la secularización, sin la cual no sería concebible el México de hoy, de hoy, de hoy."

Tiene razón Carlos. Ojalá que don Benito Juárez no nada más fuera mencionado en discursos políticos, sino que fuera imitado, en especial, en lo que se refiere a su profundo sentido patriótico, el cual se podría resumir con las siguientes palabras: "Entre los individuos, como entre las naciones, el respeto al derecho ajeno es la paz". (Inspirada en esta última máxima, a mi hermana Antonia se le ha metido entre ceja y ceja que también se debería decir: "el respeto al complejo ajeno es la paz.")

Una vez dada por terminada esta introducción tan juarista, me gustaría seguir con la crónica de una "Toma de posesión anunciada". Empezaré con la descripción de algunos asistentes, los cuales, sinceramente, no me esperaba encontrar, muy sentaditos en los lugares de honor. Los primeros en llamarme la atención fueron Emilio Azcárraga Jean con su corbata Hermes, amarillo perredista, flanqueado por nuestro arzobispo Norberto, cuyo dorado del crucifijo colgado de una gruesa cadena le hacía la competencia a los adornos en oro del Palacio Legislativo. Sentados en uno de los palcos principales, nunca los vi platicar entre ellos. Parecían tan serios, tan sumidos en sus laberintos personales. Así de pensativos vi a Roberto Hernández y a Juan Sánchez Navarro. Sin embargo, los que sí platicaban entre sí y se veían muy contentos eran Cuauhtémoc y sus dos hijos menores.

La primera en llegar al recinto fue Rosario Robles, con su traje sastre negro y alrededor del cuello un paliacate amarillo. Entró al salón con una sonrisa de oreja a oreja, provocada probablemente por involuntario alivio. En seguida hizo su entrada triunfal el presidente de la República, Vicente Fox. Todos aplaudimos y nos pusimos de pie. Minutos más tarde apareció Andrés Manuel López Obrador, vestido con un sobrio traje gris. Todos aplaudimos y nos pusimos de pie.

No llevaba el Jefe de Gobierno dos minutos sentado en el presídium, cuando, de repente, apareció una edecán vestida de morado con un paquete envuelto en papel de estraza, el cual muy amablemente puso entre las manos de Andrés Manuel. Lo abrió en seguida y cuál fue su sorpresa de encontrarse, frente a frente, un grabado de Benito Juárez. Al verlo Fox, medio que frunció el ceño. Pero todavía lo frunció más cuando el público en general aplaudió con mucha alegría.

Era evidente que el envío de quién sabe quién no le gustó. A partir de ese momento, el presidente se vio tenso y ya no tan sonriente como en su toma de posesión. Se fajó, literalmente, los pantalones varias veces. Y después de algunos minutos, se dio a la tarea de escuchar el discurso de Andrés Manuel. Mientras el Jefe de Gobierno leía su discurso, vi que Fox lo miraba de reojo, con una actitud entre paternalista y escéptica. Sobre todo, cuando pronunciaba palabras como: "organización vecinal". O bien, cuando hizo hincapié en que todos los días acordaría con el nuevo secretario de Gobierno, José Agustín Ortiz Pinchetti, a las 6:30 horas. En ese momento, todos nos reímos y, quizá, no faltó alguno que pensara que para Navidad le regalaría un despertador. Cuando Andrés Manuel pronunció el nombre del ingeniero Cárdenas, el aplauso fue largo y cálido. Asimismo eran calurosos cuando, con su acento tabasqueño, decía una y otra vez: "Primero los pobres".

Tanto el discurso de Andrés Manuel, como su actuación durante la toma de posesión, podrían caracterizarse por una "justa medianía" muy juarista, es decir, por un estilo sobrio, sencillo y elegante. Con Fox, fue claro, directo, pero nunca agresivo. Sin embargo, no dejó pasar la oportunidad de decir que su gobierno apoyaría la igualdad de género; la familia, pero no la convencional. "Creo en una familia democrática", dijo.

Resultaba obvio que se extendiera mucho más tiempo en el tema de la seguridad pública, en la educación y en sacar adelante a los pobres de la ciudad. "No complicidades. Cero corrupción. No al pragmatismo. No al poder absoluto. Y no al populismo", dijo en tanto Fox alzaba la ceja y fruncía el ceño.

En suma, ese acto fue sumamente republicano, respetuoso y cálido. Pero lo que más me gustó de todo fue la presencia de los "tres chocos tabasqueños", es decir, José Ramón, Andrés Manuel y Gonzalo, los tres hijos de Andrés Manuel, cuyas miradas, de alguna manera, me recordaron la de Juárez cuando era niño y aprendía a leer junto con su tío en Oaxaca.

¡Ay, si Juárez no hubiera muerto...!

¿¿¿Habemos???

No, señor Fox, no se dice "habemos". La gente como usted que dice ha-be-mos (lo escribo en mi compu y se subraya en rojo) no sabe que el verbo "haber" es un verbo irregular. No sabe, como dice la página digital de la Academia Mexicana de la Lengua, que haber procede del latín *habere*. Como se nos explica en la sección del mismo portal "Minucias del lenguaje" de José G. Moreno de Alba: "Este confundir objeto con sujeto se evidencia cuando un objeto plural tiene carácter inclusivo; es decir, si de alguna manera queda dentro de él el que habla y, en tal caso, no es raro que se produzcan expresiones como 'habemos muchos inconformes', en que no sólo se pluraliza la forma verbal sino que además se modifica la persona gramatical, que pasa de tercera a primera. Nótese que, precisamente por su carácter unipersonal, es imposible usar el verbo haber con matiz inclusivo: si se dice 'hay muchos inconformes' no debe necesariamente entenderse que el que habla queda incluido. Es por tanto necesario, si se desea poner énfasis en este carácter inclusivo, hacer uso de otro verbo: 'somos muchos los inconformes', por ejemplo." Temo, señor Fox, que no haya entendido lo anterior. Seguramente resulta muy complicado para usted. Pero por el "amor de Dios", ya no diga "habemos", porque lo hace parecer aún más ignorante de lo que es. La próxima vez que hable de don Benito Juárez, debe decir: "Todo mundo lo tiene en un pedestal, somos muchos que no, a mí no me parece que haya sido un gran presidente…"

Por ejemplo, si me refiriera al ex presidente Fox, debería decir: "No todo el mundo lo tiene en un pedestal, porque somos muchos, muchísimos, los que pensamos que no fue un gran presidente." Veamos otro ejemplo. Si me refiriera a don Benito Juárez pero con su léxico, diría: "Todo mundo lo tiene en un pedestal, porque habemos muchos, pero muchísimos mexicanos, que pensamos que Juárez sí fue un gran presidente." ¿Verdad que el primer caso se oye mucho mejor?

Tengo la impresión de que usted, señor Fox, no se siente muy mexicano. Para mí usted es más bien texano, o bien, algo me dice que en el fondo usted se siente español. ¿Por qué digo lo anterior? Porque ningún mexicano diría lo que usted ha dicho respecto a don Benito Juárez. No digo que el oaxaqueño no tenga sus detractores, que lo reprueban y que no lo consideran un héroe; pero no me los imagino haciendo este tipo de declaraciones en público. No dudo que lo piensen, pero no lo dicen. En cambio, usted dice todo lo que le pasa por la cabeza. No filtra. Habla sin pensar. Habla sin saber. Habla, habla y habla a lo loco. Acerca de sus constantes declaraciones, ¿alguna vez ha tenido la curiosidad de revisar las reacciones que suscitan en las redes sociales? No lo haga. Se va a deprimir. Es terrible cómo se burlan de usted. En el fondo me entristece, porque lo más penoso del caso es que esas voces ciudadanas están hablando del que fuera presidente de México. A la pregunta de Fernando del Collado "¿Fue mejor presidente que quién y peor que cuál?", Fox contestó: "Pues mira, me los llevo de calle a todos, incluido Juárez." Al otro día de su decir, nada más en Twitter "Vicente Fox" fue mencionado 28 595 veces y se colocó en los primeros lugares de los *trending topics* de México. Uno de esos tuits decía "Vicente Fox nos acaba de recordar por qué lo llaman 'El alto vacío'." ¿No se da cuenta del ridículo en que se pone y pone a su partido constantemente? ¿No es usted autocrítico? ¿Quién lo asesora? ¿Nadie le dice que da pena ajena? Al preguntarle lo anterior, casi lo oigo exclamar: "¡Me vale! Al fin que ya no soy presidente, y puedo decir muchas tonterías!"

Hay algo en su manera de ser que me recuerda a Santa Anna. El maravilloso libro de Fernando Benítez (¿sabe quién es?), titulado *Un indio zapoteco llamado Benito Juárez*, dice: "Una anécdota lo pinta de cuerpo entero (a Santa Anna): daba un baile en palacio cuando uno de sus ministros le dijo que había llegado un mensajero con una noticia muy grave. El mensajero le dijo que Comonfort y Juárez se habían rebelado en Acapulco contra su alteza Serenísima. Colérico, Santa Anna gritó: '¿Y para eso me han llamado? ¡Bien podían esperar hasta mañana! Comonfort es un pobre diablo a quien por lástima le di la dirección de la Aduana en Acapulco y, en cuanto a Juárez, fue un indio descalzo que me sirvió la mesa en un banquete dado en Oaxaca para honrarme'." Como a Santa Anna, a usted le ha costado mucho trabajo, también, dejar el poder. ¿Acaso no se mandó a hacer en su rancho una réplica de la oficina que tenía en Los Pinos, acaso no cubrió sus muros con enormes empapelados de los jardines de la residencia presidencial y acaso no grabó su voz en el teléfono "rojo", como si estuviera dando instrucciones a sus empleados?

Dice el presidente del PAN, Gustavo Madero, que usted sólo pretende llamar la atención, pero ¿por qué llamarla de una forma tan negativa y tan grotesca? Para el historiador Alejandro Rosas, sus declaraciones son simplistas. "Es tan simplista como si en cien años alguien dijera que Fox quería entregarle a los narcotraficantes el país." Además señaló que si tuviera que calificar a los presidentes a lo largo de la historia de México, Benito Juárez estaría entre los mejores, mientras que Vicente Fox sería de los peores.

Sí, señor Fox, habemos muchos mexicanos que pensamos que, después de Felipe Calderón, usted ha sido el peor presidente de México. Habemos muchos que lo consideramos persona *non grata*. Y habemos muchos que estamos felices porque ya se fue el PAN.

Amaranta

Dice Erich Fromm en su libro *El arte de amar* que el respeto denota, de acuerdo con la raíz de la palabra *respicere*, "mirar", la capacidad de ver a una persona tal cual es, es decir, tener conciencia de su individualidad única. Respetar significa preocuparse por que la otra persona crezca y se desarrolle tal y como es. Este concepto lo tienen perfectamente bien asimilado los muxe en la cultura del istmo de Tehuantepc. Entre ellos, si el hijo más pequeño es gay, es el que debe ocuparse de las tareas de la casa. Es muy respetado y para los padres es casi un orgullo que uno de sus hijos sea gay. Amaranta fue candidata a diputada federal uninominal por el VII Distrito (veintidós municipios) con cabecera en Juchitán, Oaxaca, y plurinominal de la Tercera Circunscripción del país, que integra los estados de Oaxaca, Chiapas, Veracruz, Tabasco, Campeche, Yucatán y Quintana Roo por el extinto partido político México Posible.

Es joven, indígena, habla zapoteco, es muxe, vive con capacidades diferentes y sobre todo es un ser humano muy digno.

—¿A partir de qué momento surge Amaranta?, le pregunté.

—Ella surge a partir de la construcción de su entidad como mujer. Esto se da a los 13 años. Tomé el nombre de Amaranta de un personaje de *Cien años de soledad*. Tengo tres hermanas evangelistas y dos hermanos. Ulises es abogado y Alejandro es ingeniero. Yo soy la quinta. Tuve una educación casi igual que ellos. Desde los cinco años noté en mí una diferencia con los demás niños y niñas. Diferencia que a veces me hacía sentir muy sola. Pero como tenemos una cultura que te deja ser y te deja desarrollarte, entonces en el istmo dejaron que Amaranta naciera y creciera, y que esté en la política. Estudié en Juchitán hasta la preparatoria. Como Amaranta mi gran fortuna es que nació en una cultura que tiene elementos que conserva de la cultura mesoamericana y que es la cultura de la reciprocidad, de la fraternidad y del trueque, es decir, el intercambio afectivo. Juchitán es una sociedad muy tolerante que reconoce a sus actores sociales y los incorpora a su dinámica de vida cotidiana, como a los muxe. En la cultura del istmo somos gente diferente. La orientación sexual es un elemento más que constituye al muxe en Juchitán, pero el muxe es productivo, creativo; está inserto en la economía del istmo, en la cultura y en la educación en cuanto a salud sexual. Y ahora por supuesto en la política. ¿Cómo ahora los muxes en la política? Concretamente, fueron más las mujeres de nuestra comunidad quienes aceptaron mi candidatura. No obstante, durante el proceso y cierre de campaña notamos que muchos hombres se sumaron. Eso demuestra, por supuesto, que no importa la orientación sexual de una o un candidato. Lo que importa son las ideas, las causas. Sus obligaciones consisten en producir y comprometerse con la gente y asumir cargos, como las mayordomías. Su papel es ser educador, un transmisor de cultura, de lengua (el zapoteco). Una de sus obligaciones es poder contribuir al desarrollo de la comunidad.

—¿Qué hacías a los 13 años, Amaranta?

—Daba *show* travesti. Mi fuerte era Rocío Durcal y Paloma San Basilio. Me dedicaba a hacer rezos y aprendí un poco a bordar los trajes regionales típicos. A esa edad empecé a leer. Mi primer libro fue el de Gabo. Después, leí a Alfonso Reyes, a Carlos Monsiváis, a Macario Matus, antologías de cuentos, literatura centroamericana. Y, finalmente, entre los 13 y 15 años estaba muy dedicada al *show* travesti, no obstante terminé la secundaria. Y después, a los 16 años, algo que modificó el rumbo de mi vida fue que varios amigos míos con los que trabajaba se estaban muriendo de VIH, sida. Eso cambió mucho mi perspectiva de vida. Teníamos que hacer algo en ese momento porque eran mis amigos, pero también era mi sexualidad, mi vida y mi salud. Nos organizamos y creamos la primera organización civil de lucha contra el sida, que se llama Gunaxhii Guedanabani, Ama la Vida. Nos pusimos de acuerdo al crear esa organización civil. Comenzamos a trabajar sobre prevención, canalización y atención. Asumimos que teníamos que hacer algo. Pensábamos que no era un problema sólo de las grandes ciudades porque nos dimos cuenta de que el sida se estaba ruralizando.

—¿Qué sueña Amaranta en el día?

—Por un lado, sueño con estar más cerca de mi familia, que está junto a mí; pero con el trabajo no me es posible verlos siempre. Sueño que México sea un país que deje de discriminar. Sueño que la diversidad en todas sus expresiones se constituya en un valor universal para esta generación y las próximas. Sueño que las y los líderes políticos en este país podamos ponernos de acuerdo en las causas pendientes del país. Tengo un sueño personal, que la diversidad sexual permanezca en los espacios de poder y de toma de decisiones para el país. Sueño con un país más democrático y tolerante.

—¿Qué sueña Amaranta en la noche bajo la luna de Juchitán y de playa Cangrejo?

—Sueño con poder seguir haciendo lo que me gusta en esta vida. Sueño con seguir aceptándome con mis capacidades diferentes. Sueño con seguir conservando a estos amigos que tengo en el país y en el mundo. Sueño con no fallarle a la gente que cree en mí y en mis amigos. Sueño con compartir mi vida y mis proyectos de vida con una persona que quiera vivir una vida equitativa de atenciones, de afecto, de situaciones adversas y también, por supuesto, de bonanza. Sueño que esta pareja pueda compartir conmigo sus cosas. Sueño con viajar con él y que podamos vivir lo que se pueda vivir y compartir cosas. Pero, sobre todo, sueño que me acepte como soy, con mis diferencias, con mis fallas, con mis aciertos, valores, enojos, alegrías, trabajo y la familia. Te he decir que respecto a lo anterior, cuando menciono la palabra diferencias, esto incluye mi nueva situación de vida, que cambió a partir del 31 de octubre de 2002, debido a un accidente automovilístico en donde perdí el brazo izquierdo. Eso cambió mi vida porque tuve que crear nuevas habilidades, nuevas potencialidades y nuevas amistades. Y finalmente sueño con escribir un libro sobre todo lo que he vivido. Mi familia siempre me ha apoyado. Me llevaba muy bien con mi padre, quien murió hace tres años. Es una familia tolerante, me acepta y me valora. Tan es así que muchos de sus miembros formaron parte de la campaña electoral.

Discusión en dos partes: actitud existencial, yo no soy lo que mi cuerpo dice que soy. Yo no soy hombre, soy mujer. Esa vivencia a lo mejor no la comparto, pero la respeto en la medida en que si ella se quiere vestir como sea, en qué me afecta, no viola mis derechos. Hemos aprendido que la entidad va conforme al sexo, que hay nuevas formas de ser hombre y nuevas formas de ser mujer, nuevas identidades.

De treinta años para acá, las asociaciones internacionales siquiátricas y sicoanalistas aceptan que la homosexualidad no es una enfermedad ni una patología. Es de esperarse que se abra un poco más el horizonte y se acepte que un grupo de personas, que no sienten correspondencia entre su entidad y su sexo, busquen que haya armonía, concordancia, recurran a trasvestirse o a operarse. Eso es la democracia, el respeto; lo importante es que esa persona sea valiosa. El hecho de ser hombre o mujer es un dato fundamental para la persona que lo vive, pero es relativo para los demás. Voto hombre o voto mujer es un voto ciudadano. Y el cuerpo, como envoltura, es importante para la persona en sí y para los que lo rodean. Pero lo importante es votar por un ser humano, independientemente de la envoltura en la que venga. Habría que plantearse si esa persona es honesta, comprometida, congruente, buena ciudadana, respetuosa de la ley. Y en última instancia, si se siente hombre o mujer, o si se va a la cama con un sexo o con el otro, es su vida privada. Lo público es su trabajo. Amaranta ha hecho un trabajo importante en el istmo, ha luchado contra el sida y ha reivindicado las tradiciones zapotecas, desde su identidad sexual como transgénero. Hace una reivindicación de su diversidad sexual. Miren, ante esto yo la reconozco valiente y respetable. Hay que respetar aunque no entendamos. Hay quien no entiende que haya gente que va a comulgar todos los domingos. No es mi papel hacer una defensa del transgénero. En el entorno cultural del istmo, en los muxe, el hijo gay, quien por lo general es el más pequeño, se queda acompañando a los papás y se hace cargo de las labores femeninas de la casa. Ellos están aceptadísimos.

Un Juárez
gigantesco

Cuando lo vi de lejos y luego más de cerquita, no lo podía creer. Se veía gigante, imponente, digno y con la frente bien en alto. Juárez en la vida real era más bien de estatura bajita, el que apareció frente a mis ojos era altísimo. Ahora puedo decir, sin duda, que es el mexicano más alto que he conocido en mi vida. Era tan igualito a él mismo que hasta me puse chinita. De pronto tuve la impresión de encontrarme con un pariente queridísimo que hacía años que no veía. Por eso me dio tanta sorpresa y gusto verlo. Incluso quise hasta estrecharle su mano, pero hubiera sido imposible. Para ello hubiera necesitado una escalera que midiera más de siete metros, ya que él mide ¡cinco! Me limité, entonces, a mirarlo con un silencio respetuoso. Esa noche, sabiéndolo allí, vigilante y a esas alturas, dormí con toda tranquilidad. Sin embargo, antes de conciliar el sueño en la confortabilísima cama del hotel Mónaco, no pude evitar preguntarme: "¿Qué diablos hace don Benito Juárez en Michigan Avenue, en una de las avenidas más caras y sofisticadas de la ciudad de Chicago? ¿Por qué lo colocaron a tan sólo unos metros de boutiques tan lujosas como Cartier, Bulgari, Gucci, Max Mara, Ermenegildo Zegna, etcétera? ¿Qué hace nuestro Benemérito de las Américas como vecino de Saks, Neiman and Marcus o de Marshall Fields en una plaza dedicada a él, que mide más de quinientos metros cuadrados y cuyo terreno cuesta una fortuna? ¿De qué manera se pudo convencer no nada más al gobernador del estado de Illinois para rendirle homenaje a nuestro héroe nacional, sino también a todos los comerciantes que de seguro han de ser súper quisquillosos con esta avenida, la cual sin rubor aseguran que es más bonita que la Quinta de Nueva York? ¿Qué tienen que ver los ciudadanos de Chicago con don Benito Juárez? ¿Sabrán todo el bien que le hizo a México? ¿Qué tanto les importará realmente? Quizá no tanto. Pero, por otro lado, qué felices y orgullosos han de estar el millón de mexicanos que viven y trabajan en estas tierras tan lejos de sus familias y de sus costumbres. De alguna manera han de sentir, moralmente, que sus derechos tanto laborales, como de emigrantes, están un poquito más cobijados que si no estuviera allí don Benito Juárez." Esto fue lo último que me dije antes de dormirme por completo con el corazón todo pintado de verde, blanco y colorado.

Nunca había estado en Chicago. Pero gracias a una invitación del Consulado General de México y al Instituto Mexicano de Cultura y Educación de Chicago, para celebrar el Día de las Madres y el de las Maestras Mexicanas, ahora sé que allí habita no nada más un don Benito Juárez más alto que Gulliver, sino una comunidad mexicana unida y bien organizada. Así lo pude comprobar por varios testimonios de mujeres, muchas de ellas profesoras. "Mi hijo mayor es ingeniero. Mi hija es química y tiene muy buen trabajo. Aunque ha sido muy difícil, no nos podemos quejar", me dijo una de ellas. Un señor de Guerrero, maestro jubilado, también se refirió con orgullo a propósito de la educación de sus hijos. Al finalizar la plática en el Chicago Center Cultural, se puso de pie la directora de una de las escuelas bilingües, que de lejos se veía como una lideresa con mucha influencia, y dijo: "A mí de plano me da mucho miedo Vicente Fox. No me gustaría que ganara. Aquí, vino a La Villita (colonia mexicana), se montó en un caballo e hizo su *show*. Pero de plano, no me inspiró confianza."

Me temo que en esa reunión no se encontraban los compatriotas inmigrantes ilegales, considerados como trabajadores indocumentados. Esos mexicanos que no encuentran oportunidades en su país y que se ven obligados a buscarlas "del otro lado" sin importarles los riesgos que pueden correr. Como muchos en Estados Unidos, seguramente, viven en condiciones muy tristes y consiguen trabajos, quizá, hasta degradantes, pero por lo menos tienen "chamba" y pueden mandar dinero a sus familias. De éstos no vi muchos, más que como cocineros o meseros en los restaurantes. Si los reconocí fue gracias al entusiasmo y a la cordialidad del entonces cónsul general en Chicago; cada vez que entraba a un establecimiento, exclamaba con una sonrisa: "¡Hola, compatriotas! ¿Cómo están?" Me fijé que de inmediato éstos le sonreían con toda espontaneidad, como si se hubiera tratado de un viejo amigo.

"Un viejo amigo", eso es para muchos mexicanos de por allá, Heriberto Galindo. De allí que el personal del consulado mexicano en Chicago se encontrara en estos momentos sumamente

triste. ¿Por qué? Porque desde que se enteró de que su cónsul
se irá como embajador de México a Cuba, no lo calienta el sol
(sobre todo en esa ciudad cuyo aire es tan helado). "Es que
con este cónsul hemos aprendido mucho." "Es que con este
cónsul se han hecho cosas muy constructivas para nuestro
país." "Es que a este cónsul todo el tiempo se le ocurren ideas
muy creativas y originales que ayudan mucho a la comunidad
mexicana." "Es que este cónsul, aunque es muy estricto, siempre está de buen humor." "Es que este cónsul como es tan trabajador nos motiva muchísimo, aunque siempre llega tarde a
todos los lugares." "Es que este cónsul ha hecho magníficas relaciones con las autoridades oficiales de Chicago." "Es que
este cónsul no para ni un minuto, pero eso sí siempre con la
sonrisa en los labios." "Es que este cónsul es un priista muy
autocrítico y plural, por eso a los mexicanos de aquí les gusta
discutir con él, porque lo pueden hacer de una forma muy
abierta." Eran tantos los comentarios positivos que me hacían
sobre Heriberto Galindo que no pude más que felicitarme por
mi país, por tener a un representante tan activo y trabajador.
Después de haber convivido con él y con su familia a lo largo
de tres días, me expliqué muchas cosas. En primer lugar, la
imponente escultura de don Benito Juárez. Sólo Heriberto
Galindo podía lograr semejante reto. Por la conductora de la
radio hispana La Tremenda, Elisa Alfonso, me enteré de que
el cónsul tuvo que luchar mucho para obtener el acuerdo de la
colocación de don Benito Juárez en Michigan Avenue: "Al
principio, hablaban aquí al programa muchos radioescuchas
que se quejaban. Algunos gringos decían que por qué se iba a
poner a ese 'indio', a ese 'negro', en un lugar tan importante.
Pero el cónsul tuvo toda la paciencia y la mano izquierda para

explicarles, con muy buenos argumentos, por qué era importante la figura de Benito Juárez. Hasta uno de los conductores de la estación tuvo que pedir disculpas públicamente por lo que dijo. Lo que sucede es que el cónsul ha hecho un contacto espléndido no nada más con los mexicanos de aquí, sino con gente importante de Chicago." Cuando Galindo fue cónsul en Chicago, hace ya algunos años, iba todos los lunes a esta estación de 10:00 a 12:00 horas para establecer un contacto directo con los radioescuchas latinos. En ese lapso recibía todo tipo de críticas, sobre todo, con relación a su partido. "Le confieso que yo soy priista, sin embargo estoy muy abierto a distintas opiniones. Conmigo pueden hablar con toda confianza", les solía decir. Sus radioescuchas lo extrañan mucho.

Gracias a la vitalidad, eficacia e inteligencia de Heriberto Galindo, ahora Chicago cuenta con dos galerías de arte mexicano de gran calidad; ha inaugurado varias escuelas bilingües, una de ellas lleva el nombre de Octavio Paz; organiza conferencias de todo tipo con intelectuales como Friedrich Katz, Carlos Fuentes, Ángeles Mastretta, etcétera; publica una revista cultural llamada *La Bamba*; pero sobre todo creó una gran armonía y unión en la comunidad. Además, siempre está alegre, cree en la amistad y tiene una verdadera obsesión por servir a su patria. Honor a quien honor merece.

Felícitas y Teresa

En Oaxaca se siguen preguntando quiénes son los responsables de la violencia contra las mujeres triquis. Históricamente la mayoría de las mujeres triquis ha vivido algún tipo de violencia que va desde golpes, humillaciones, violencia sexual, desaparición, y todo aquello que atenta contra su integridad física y emocional, llegando al grado de terminar con sus vidas, como en el caso del asesinato de Felícitas y Teresa, asesinadas el 7 de abril de 2008. Las dos regresaban a su comunidad de San Juan Copala, donde se transmitía en el 94.9 de frecuencia modulada su programa de radio. No hay que olvidar que también está pendiente saber el paradero de Daniela Ortiz Ramírez, de 14 años de edad, y su hermana Virginia Ortiz Ramírez, de 20 años de edad, quienes desaparecieron el 5 de julio del 2007, en el camino hacia Juxtlahuaca.

¿Por qué las mujeres triquis viven en constante violencia? Porque han sido y son utilizadas como un botín de guerra en la región triqui, ya que existen conflictos políticos que datan desde el siglo pasado. Estos conflictos consisten en disputas caciquiles y grupos de poder y no es por azar que en los enfrentamientos que ocurren, quienes resultan siempre afectadas son precisamente ellas. Ante esta grave ola de violencia las mujeres triquis han manifestado su inconformidad al salir de la comunidad para denunciar penalmente la violencia que viven. Hasta este momento tres jóvenes han denunciado la violación sexual que sufrieron. Esto sucedió en enero de 2007 y no fue sino hasta agosto y noviembre que denunciaron las agresiones. Muchas mujeres han sido víctimas de esta violencia sexual, pero las autoridades no hacen nada. Si han tardado en denunciar la violación, ha sido por miedo a que sus agresores vuelvan a violarlas o incluso matarlas. Esta cultura misógina y feminicida ha sido solapada por las instancias de procuración de justicia del Estado.

Cada vez que llega a las instancias de procuración de justicia un caso de violación, lo primero que hacen es darle largas al asunto. Se diría que al no autorizar el proceso de investigación las autoridades oaxaqueñas justifican este comportamiento. Uno de los argumentos que más utilizan para justificarse, es decir que la región triqui resulta demasiado violenta como para ejecutar las órdenes de aprehensión y para realizar la búsqueda de las indígenas desaparecidas. Inútil decir que no existe una adecuada aplicación de la ley que prevenga a las mujeres de sufrir la violencia, tampoco protegerlas ni garantizarles justicia, con lo cual lo único que demostraron los gobiernos de Ulises Ruiz y Felipe Calderón fue su indiferencia para garantizar a la mujeres una vida digna y segura.

¡Qué lejano y qué familiar nos resulta lo anterior a los que vivimos en la Ciudad de México! No obstante cuando nos enteramos de que esto sucede precisamente en el estado de Oaxaca, no nos sorprende; sabemos de su larga historia de impunidad. Por si fuera poco, el gobierno de Ulises denotó un absoluto desprecio por la condición de ser indígena y mujer.

La que me cuenta todo lo anterior es Raquel. Ella es coordinadora del área de atención a mujeres de la Liga Mexicana por la Defensa de los Derechos Humanos, filial Oaxaca. ¡Qué título tan largo como largo es el camino que aún tiene que recorrer Raquel para defender a todas sus compañeras! Raquel nunca escuchó el programa de Felícitas y de Teresa porque el lugar donde se transmitía está muy lejos de donde ella vive. Tampoco conoció a Daniela y a Virginia —desaparecidas—, pero gracias a la valentía de la madre de éstas que denunció este caso ha sido posible empezar a conocer de cerca la situación de violencia que viven las mujeres triquis y escuchando a las mujeres que se han acercado a la Liga Mexicana por la Defensa de los Derechos Humanos en búsqueda de un poco de justicia.

Las dos locutoras asesinadas tenían que caminar muchos kilómetros para llegar frente a los micrófonos, donde solían denunciar la injusticia que se vive diariamente en la región triqui. La estación se llamaba La voz que rompe el silencio, inaugurada apenas el veinte de enero del 2008. Ambas estaban felices porque pensaban que con su voz podían romper el silencio de muchas mujeres maltratadas, violadas y humilladas. Pero, ahora, ¿qué harán las radioescuchas que no se perdían su programa, no nada más para informarse de las denuncias, sino también para escuchar la música de la región, la cual es preciosa? Pero lo más importante era seguir exigiendo justicia para que muchos agravios contra las mujeres triquis no se quedaran impunes. Había que seguir denunciando la desaparición de Daniela y Virginia Ortiz Ramírez. Pero como es sabido que las autoridades oaxaqueñas son totalmente ineficaces, en lugar de sacar adelante las denuncias, tal vez pensaban que lo mejor era militarizar la zona, bajo el pretexto de que era demasiado violenta.

¿Qué hacer desde el Distrito Federal, a más de cuatrocientos kilómetros de distancia de Oaxaca, para ayudar a las mujeres triquis? Por mi parte, hubiera deseado colocarme frente a los micrófonos de Radio Copala y mandarle un mensaje al entonces gobernador Ulises: "Señor gobernador, ¿hasta cuándo va a seguir permitiendo que las mujeres sigan siendo víctimas de la violencia tanto en la región triqui como en el resto del estado? Señor gobernador, exigimos la presentación inmediata con vida de Daniela Ortiz, estudiante de secundaria, y de Virginia Ortiz, maestra bilingüe. ¿Por qué no hemos sabido nada de su paradero? ¿Por qué mantienen a sus familiares destrozados y económicamente quebrados? Virginia aportaba dinero a su familia. ¿Dónde están? ¿Dónde las tienen? ¿Están muertas como Felícitas y Teresa? Señor gobernador, ¿quiere que la prensa nacional y extranjera continúe hablando de la falta de derechos humanos en su gobierno? ¿Sabía usted que la noticia del asesinato de Felícitas y Teresa ha dado la vuelta al mundo? ¿Dónde están los responsables de los casos más recientes de la pederastia en Oaxaca? ¿Ha pensado alguna vez que algún miembro de su familia podría ser víctima de un acto de violencia? ¿Qué haría usted si algunas de las mujeres de la familia Ruiz Ortiz un buen día desaparecieran o las violaran? ¿Con quién se iría a quejar si usted es el gobernador de Oaxaca? Y por último, le hubiera preguntado, ¿cuánta sangre más de mujeres tendrá que derramarse para que usted actúe?"

Y antes de despedirme del programa de radio, hubiera agregado: "No olvide, señor gobernador, que la voz de Felícitas y de Teresa está más viva que nunca. Está en el corazón de todas las mujeres que no dejarán de luchar y menos contra gobernadores nefastos como usted…"

Un hada
zapoteca

Nunca imaginé conocer a un hada zapoteca cuyo nombre tardé mucho en retener y pronunciar. "A-bi-ga-il", me repetía ella, despacito, con una sonrisa radiante. Más que sonreír con los labios, Abigail lo hace con los ojos, con su mirada y con toda la conciencia de su carisma. Como buena hada, Abigail seduce, encanta, pero sobre todo, hechiza. Guarda en sus manos todos los secretos de la cocina prehispánica oaxaqueña. Sabe todo acerca de chapulines, gusanos, carne de animales como el conejo y de todas las clases de chile. Esto fue lo que me platicó cuando la fui a entrevistar a Teotitlán del Valle:

Yo tengo un metate especial para cada cosa, uno para los chiles, otro para el atole, donde también se prepara el tejate, en otro muelo café, garbanzo, pepitas. Tengo varios metates porque los sabores se penetran mucho. Para las hierbas de olor se necesita otro metate, porque estoy respetando los sabores de cada hierba, chile, hojas, maíz. De esta manera te responde el sabor porque estás cuidándolo. Esto ocurre también con las ollas: si haces un chepil en una olla y ahí mismo cueces puras cosas verdes no se pierde el sabor, pero si es una olla para todo, se pierde el sabor.

Aprendió a cocinar con doña Clara, su mamá. Desde que tenía cinco años, se metía en la cocina a "voltear" las tortillas. Cuando cumplió siete, le dijo a su madre que ya quería moler y desde entonces, cuando tenía "pedazos de tiempo", como ella misma dice, molía el maíz crudo hasta convertirlo en masa, la grana cochinilla y las hierbas para los tintes naturales. De niña llegó a ser famosa en el pueblo por sus tortillas redondas, grandes y delgaditas. Con el tiempo, logró hacer las tortillas, todavía más grandes. Su adolescencia se la pasó deshojando y desgranando las mazorcas para el nixtamal y cuidaba su bracero para que no se apagara el fuego. Así se pasaba todas las noches, preparando la comida y tejiendo servilletas, hasta que llegaban a cenar sus dos hermanos que estudiaban en Oaxaca. Ya mayorcita, su padre, Emiliano Mendoza, le enseñó a tejer tapetes, arte que disfruta enormemente, porque le permite soltar su imaginación entre hilos y tintes naturales que le dan forma a sus sueños.

Abigail Mendoza es la tercera de diez hermanos. Ella es la primera mujer de las hermanas: Adelina, Rosario, Marcelina, María Luisa y Rufina. Desde que era bebé aprendió zapoteco y le costó mucho trabajo aprender español. En la escuela, en donde nada más estudió hasta quinto año de primaria, la regañaban sus maestros, pero es que a ella le encantaba platicar con sus amigas en zapoteco. Se reía a carcajadas en zapoteco, soñaba en zapoteco y cocinaba como una verdadera hada zapoteca. "Por eso desde muy jovencita tuve la idea de aprender a guisar las comidas de fiesta, porque ya sabía el arte de las tortillas y del tejate". Pero en lo que es una verdadera maga es en una bebida prehispánica única, "el capuchino zapoteco". Dice Abigail: "El proceso es arte de magia o un milagro lo que hace el cacao. La espuma se hace por el cacao blanco, y para obtener este cacao se debe pasar por un proceso muy laborioso. Es un trabajo de mujeres en Teotitlán. Quien empezó a hacerlo fue la abuela de mi mamá. Hay que tener mucha paciencia y cuidarse del 'mal de ojo'." He aquí cómo lo explica: "Cuando ya tienes tu chocolate, o lo estás moliendo y entra una persona se parte el chocolate. Entonces la persona tiene que irse o tiene que ayudar; si no se te parte en ese momento, al otro día, el chocolate está feo y descolorido. Se recomienda no meter a la persona cuando se está haciendo el chocolate de compromiso: que no lo vean." Esta bebida mágica fue la que preparó Abigail durante su primer viaje a París, en 2005, invitada por Conaculta, para una cena de la UNESCO. En esa ocasión, su hermana y ella, llevaron su respectivo metate e hicieron 1 500 tortillas. Mientras molían y molían fueron entrevistadas por toda la prensa francesa. Al final del video que se presentó en la recepción, esta embajadora de la cultura zapoteca habló en zapoteco y en español. Todo el mundo le aplaudió por su autenticidad, pero sobre todo por su amor a la gastronomía milenaria. Tiempo después viajó a Estados Unidos con Patricia Quintana y Diana Kennedy. El segundo viaje a París, en 2008, fue para participar en el Salón del Chocolate. "Vino la televisión de varios lugares. De Japón, vino una actriz japonesa y me filmaron", ella molió en el metate y quiso hacer la espuma con el molinillo.

173

Actualmente, Abigail es muy famosa por su cocina prehispánica. No hay semana en que no le hagan una entrevista, para medios locales e internacionales. Generalmente éstas se llevan a cabo en su famosísimo restaurante Tlamanalli (desde 1990), que quiere decir en zapoteco "Dios de la comida" o "Víveres en abundancia". Hasta allí, en Teotitlán de Valle, en la Avenida Juárez 39, han llegado a disfrutar sus chapulines, sus moles y sus célebres tortillas, personalidades como Jimmy Carter, Mel Gibson, Miguel Limón y Lila Downs, quien le escribió la famosa canción *La cumbia del mole*, música que sirvió de fondo del video que hicieron juntas.

Tengo el privilegio de haber guisado chapulines en la cocina de esta hada. Me comí más de cuarenta. Su sabor me hechizó. Lo mismo sucedió con la sopa de flor de calabaza con chepiles y el mole amarillo con base de hongos silvestres. Pero lo mejor fue la nieve de níspero. Nunca olvidaré las carcajadas que se echaba esta hada zapoteca mientras desgranaba los elotes.

Música
contra los sicarios

Para Gaby Vilchis.

"Ellos nunca van a ser sicarios", me comentó Enrique, muy quedito, mientras escuchábamos en el teatro Macedonio Alcalá a la Banda Infantil y Juvenil del Estado de Oaxaca (BIJEO). Su director, Narciso Lico Carrillo, vestido todo de blanco, estaba totalmente sumergido en tanto dirigía un son istmeño. Al verlo tan entregado a sus alumnos, me preguntaba si estaba consciente de su espléndida contribución respecto al futuro de las nuevas generaciones oaxaqueñas. El que sin duda lo está y mucho es Martín Vásquez Villanueva, integrante de la Comisión de Cultura y secretario de la Comisión de Ciudades. Vaya compromiso que tiene el diputado priista con su estado. Su obsesión por lograr que los miembros de las bandas musicales tengan un lugar digno dónde seguir estudiando culminó el sábado por la noche. Durante el intermedio del concierto subieron al escenario las autoridades del municipio zapoteco de Santa Ana del Valle, quienes entregaron al director Lico Carrillo las escrituras del terreno de cinco hectáreas que donaron para la construcción del Centro Cultural para el Desarrollo de las Bandas de Música Tradicionales de Oaxaca: "Al Centro Cultural para el Desarrollo de las Bandas de Música Tradicionales de Oaxaca se le destinará de manera inicial la cantidad de dos millones de pesos para que este proyecto se convierta en realidad; sabemos la importancia de que en Oaxaca la niñez cuente con un espacio digno y apropiado para la capacitación permanente en el área musical, es por ello que pondré mi mayor esfuerzo porque este proyecto sea una realidad en corto tiempo", afirmó el legislador. Vásquez estaba feliz. Desde el escenario saludaba a su esposa y a su pequeña hija, Martina, peinada con su enorme moño rosa.

El que también se sentía sumamente congratulado con este logro era el tenor Javier Camarena, quien había venido a Oaxaca desde Zúrich, para cantarle a los oaxaqueños y festejar no sólo las fiestas patrias, también para aportar con su talento a la creación de dicho centro. "La buena música, como parte del arte, permite sensibilizar el espíritu de los seres humanos, algo de lo que en estos momentos adolece México, por eso es tan importante para mí aportar algo para la creación de este centro que beneficiará a miles de niños talentosos con que cuenta Oaxaca, niños que son el futuro de nuestro país", dijo. Desde el palco, donde me encontraba sentada, pude observar con qué absoluto respeto y amor los oaxaqueños escucharon de pie a la banda, en tanto interpretaba el himno nacional del estado, el vals *Dios nunca muere*. Al ver tal reverencia de los oaxaqueños, confieso que se me hizo un nudo en la garganta. "Ellos sí quieren a México, porque adoran a su estado", pensé emocionada.

Para esos momentos, todo el público asistente (más de trescientos) nos encontrábamos muy sensibilizados gracias a la voz soberana del "tenor de las óperas imposibles", como conocen a Camarena en Europa y Estados Unidos, junto con la de la joven soprano Karen Gardeazabal, acompañados por el magnífico y carismático pianista James Demster. Los tres artistas nos habían enamorado con *La borrachita*, *Se me olvidó otra vez*, *Un mundo raro*, *El reloj* y *El andariego*, entre otras muchas. Mientras escuchaba estas canciones tan inolvidables, me puse a observar el teatro afrancesado, inaugurado aún durante el porfiriato en 1909. Curiosamente el vestíbulo es de estilo Luis XV y tiene una escalinata de mármol blanco, lo cual le da un aspecto totalmente romántico.

A esas horas, en la ciudad de mis amores, Oaxaca, no todo era tranquilidad. Afuera del teatro, los maestros de la Sección XXII, a su regreso de la Ciudad de México, frustrados como se sentían, habían bloqueado la avenida Independencia en las esquinas de García Vigil y 20 de noviembre. Muchos de los turistas y no turistas nos preguntábamos si para el otro día, 15 de septiembre, desalojarían la plaza. "Ya llegarán a un acuerdo", me dijo el diputado Vásquez. Después del concierto, nos fuimos a cenar a la Casa Oaxaca. Ese fin de semana se había llevado a cabo la quinta edición del festival "El saber del sabor", con veintiún chefs, todos propietarios de los cincuenta mejores restaurantes de Latinoamérica. Uno de los organizadores, Alejandro Ruiz, nos esperaba con un menú inolvidable. Durante la cena platiqué con Javier Camarena, quien me contó que desde 2007 residía como solista de Opernhaus de Zúrich. Me contó de su esposa y sus dos hijas. Me dijo que cada vez que regresaba a su país no podía evitar el *shock* cultural. "El otro día me paró un policía y no me quería levantar la infracción, quería dinero. Lo que le pierde a este país es la corrupción", me dijo. Por último, me contó que el 27 y 29 estaría en la Ópera de Moscú cantando *La sonnambula*, de Bellini.

Finalmente el 15 por la tarde, los maestros presionados por la APPO desalojaron la plaza, y la ceremonia del Grito se pudo llevar a cabo. El gobernador se veía tranquilo. Por la mañana, había encabezado la ceremonia de Liberación de Presos Indígenas y de Escasos Recursos Económicos, al entregar a 107 presos cartas de libertad y preliberación. En el acto, Gabino dijo que en lo que iba de la administración estatal se había beneficiado a por lo menos 499 reclusos de escasos recursos.

No estaría mal que esos 107 presos liberados pensaran en integrarse a las bandas musicales. Porque no hay duda de que la música, en especial la oaxaqueña, es un antídoto contra los sicarios…

Campeones
descalzos

"Vas a llegar a la ciudad, a lo mejor se van a burlar de ti porque estás descalzo, porque eres prietito, bajito, porque vistes muy sencillo. En las ciudades hay de todo, pero eso no te importe, lo que opine la gente es lo que menos te debe importar, lo que te debe importar es lo que estás haciendo, cómo te identificas con tu cultura. Siéntete orgulloso de ser indígena. Tú habla tu lengua", les dijo Sergio Ramírez Zúñiga, el entrenador de basquetbol de la comunidad Santa María del Tule (ubicada en una zona marginada de la montaña) a sus ocho niños triquis, ahora bautizados como los "Campeones del mundo descalzos". Anselmo, de 11 años, alumno de sexto de primaria, lo escuchaba con atención. Dylán, el más desenvuelto y apasionado de las matemáticas y ciencias naturales, se propuso anotar de mínimo ¡cincuenta canastas! Bernabé se bebía las palabras del instructor. Mientras tanto, Germán veía sus pies descalzos llenos de tierra. En cambio, Abimael parecía muy orgulloso de sus tenis viejos. Tobías pensaba en lo que se sentiría viajar en ese aparatote que podía viajar por el aire. Por su parte, Fernando y Anselmo escuchaban muy serios cada uno de estos consejos. "Para triunfar en la vida, no necesitas de grandes equipos, no necesitas de toda una vestimenta única o tenis de más de dos mil pesos. Cuando juegas con el corazón, con lo que vienes y estás dispuesto a hacer, el resultado se da", agregó Ramírez Zúñiga, quien en su fuero interno está convencido de que el rival más grande que tienen estos niños es el hambre. El grupo de basquetbol forma parte del programa Asociación de Basquetbol Indígena de México, creado hace tres años por el ex jugador Sergio Zúñiga, como una forma de superar la marginación en la que viven.

Hay que decir que para que los ocho niños triquis pudieran entrenarse en el basquetbol y tuvieran la oportunidad de participar en el equipo, se vieron en la necesidad de alcanzar un promedio de 8.5 en la escuela, de lo contrario no podían salir a jugar. Una de sus obligaciones, aparte de ayudar en su casa, es hablar su lengua con el objeto de que rescaten y se identifiquen con su cultura.

Finalmente, el equipo de niños triquis ganó el IV Festival Mundial de Minibaloncesto en Córdoba, Argentina, 2013. De siete partidos lograron siete victorias. Asimismo, participaron en la Copa Caribe, que se jugó del 30 de octubre al 5 de noviembre de 2013. Iban muy seguros porque se entrenaron muchísimo (Germán, Tobías y Bernabé jugaron descalzos porque dicen ser más rápidos sin tenis) en su nueva cancha de la primaria Vicente Guerrero. La Cámara de Diputados aprobó pedir al gobierno federal que el Premio Nacional del Deporte se les otorgara. Y el gobernador, Gabino Cué, después de dos meses de espera, por fin les entregó su beca económica mensual de 600 pesos, además de los 1 500 pesos que su entrenador recibirá por mes.

Para Gabriela García Ramírez, integrante del Movimiento Unificador de Lucha Triqui (MULT), organización que respalda al equipo infantil de baloncesto, lo anterior no es suficiente, incluso reprochó la falta de apoyo a los llamados "gigantes de la montaña". Afirma que los niños carecen de becas académicas o apoyos económicos. "Queremos que los niños tengan becas, que se les dé el apoyo en varios ámbitos y que la gente voltee a ver las regiones de nuestro estado que son tan pobres. Queremos que la gente voltee antes de que sean estrellas, antes de que sean famosos. Ahora sí los triquis están en la boca de toda la gente, pero antes ellos han tenido años de miseria, de marginación y de pobreza, nadie les hacía caso", dijo.

En realidad son doblemente campeones, pues ésta es una zona muy violenta, nada menos hace unos días el gobernador Gabino Cué recibió a la dirigencia colectiva del Movimiento de Lucha Triqui, con quienes acordó que se levantaría un campamento que habían instalado en demanda de avances en la investigación del asesinato de Heriberto Pazos Ortiz, líder triqui.

Artistas
oaxaqueños

Toledo
en España

Que toda la vida es coito y los sueños coito son.

CARLOS MONSIVÁIS

Aunque se encuentra en España, no voy hablar de la ciudad de Toledo, que por su belleza ha sido declarada monumento histórico y cuya catedral, de estilo gótico, contiene una impresionante colección de pinturas del Greco y de Francisco de Goya. Tampoco me referiré a Francisco de Toledo, el cual, en 1568, fue nombrado Virrey de Perú por Felipe II.

Del Toledo que me ocuparé es del nuestro y que también se llama Francisco, el mismo que ha regalado a los mexicanos una nueva forma de ver el mundo. El mismo que ha sabido, gracias a sus pinceles, resucitar a todos los grillos oaxaqueños que creíamos enterrados bajo toneladas de piedras. Se trata de un personaje que dicen que nació bajo una "luna llena de conejos", que nada más es percibida en Juchitán, en el istmo de Tehuantepec. Allí, un 17 de julio de 1940 vio la luz por vez primera el hijo menor de Florencia Toledo Nolasco y de Francisco López Orozco. Dicen que el bebé, en lugar de llegar al mundo con una torta bajo del brazo, portaba un chapulín gigante que no dejaba de chillar. Dicen que esa noche, por culpa de este insecto tan ruidoso, el padre —que era zapatero— no pudo terminar de poner las suelas a los huaraches de su mujer. "Ya mañana será", le dijo don Francisco a doña Florencia. Pero su esposa ni lo escuchó; estaba demasiado ocupada tratando de desenredar toda esa cantidad de pelaje negro como el azabache con el que su hijo nació. "Parece un conejito recién nacido", dicen que dijo la madre de Benjamín Francisco López Toledo.

"¡Mamá, hoy descubrí a un pintor que se llama Goya!", anunció el niño Francisco una día de 1952. Dicen que esa noche no durmió pensando en quién sabe cuántas técnicas innovadoras del grabado. Para entonces, Francisco ya había descubierto su vocación de pintor. En esa época tenía 10 años y se pasaba el día dibujando las paredes de su casa. "Dibujaba allí y mi papá, cuando llegaba el tiempo de pintar nuestra casa, respetó mis cosas. Cuidaba mis cosas porque no puso pintura sobre la pared donde yo había dibujado..." Por eso, cuando el niño llegó a Oaxaca, su papá le dijo a su familia: "este muchacho dibuja."

Cuando cumplió 17 años y se había convertido en un joven muy hermoso, se inscribió en la Escuela de Artesanía y Diseño del Instituto Nacional de Bellas Artes, en la Ciudad de México. Un día, un señor de ojos azules —tan azules eran que parecía que siempre estaban llorando— lo descubrió. "Te voy a organizar una exposición en mi galería", dicen que le dijo el galerista Antonio Souza. Francisco se rió y dijo que sí, que estaba bien. Pero esto lo dijo con mucha pena. ¿Por qué? Porque Toledo siempre ha sido muy tímido. Odia el protagonismo. Por eso mejor decidió irse a vivir a París. Pobre Toledo, nunca se imaginó que allí tenía una cita con doña Soledad, la cual dicen que lo trató horrible. No obstante se encontraba en la "cuna de la civilización", jamás se había sentido tan solo como en aquella época. Jamás había tenido tantas inquietudes. ¡Ah, cómo extrañó el clima cálido y las sábanas limpias de su infancia! Cómo extrañó Juchitán, que como bien dice Elena Poniatowska "…no se parece a ningún pueblo. Tiene el destino de su sabiduría indígena. Todo allí es distinto, las mujeres caminan abrazadas… El hombre es un gatito entre sus piernas, un cachorro al que tienen que regañar, 'quédate ahí'… Ellas son las que participan en las manifestaciones y se baten con los policías". Cuatro añotes vivió Toledo enrollado a su soledad. Dicen que una tarde lluviosa de pronto se dijo: "Me voy a Juchitán. Quiero saber quiénes son mis familiares, qué hacen, cómo se llaman, qué comen, qué sueñan. Me voy." Dicen que durante el vuelo de Air France, se pasó todo el regreso dibujando insectos. Eran montañas de alacranes, de chapulines, de serpientes y de pedacitos de luna. Dicen que hoja que dibujaba, hoja que metía echa bolita en el cenicero. Fue Mademoiselle Françoise Roland, la azafata, la que encontró decenas de pelotitas repletas de animalitos dibujados por Toledo. Dicen que todos los guardó, y que desde ese día, Françoise se enamoró del pintor y que no piensa en otra cosa más que en chapulines que le caminan por todo su cuerpo. Ahora Mademoiselle Roland es una mujer madura. Nunca se ha casado, pero eso sí, tiene muchas horas de vuelo. Lástima que Francisco nunca la conoció.

Cómo se hubieran divertido. Por otro lado, qué bueno que no la conoció porque tal vez nunca hubiera regresado a nuestro país ni se hubiera convertido en el mismo Francisco Toledo, cuya obra realizada entre 1960 y 1999 está en el Museo de Arte Contemporáneo Reina Sofía.

Allí, junto a Enrique, los dos tomados de la mano, vimos emocionados esta exposición. Y mientras la admirábamos, nos íbamos metiendo en otro mundo. En el de Francisco Toledo que llenó de tantas vibraciones mágicas. Pero antes de penetrar en las tres salas en donde están expuestas cerámicas, grabados, libros ilustrados, guaches, fotografías, cartas, *collages*, dibujos y óleos, leímos en un muro de la entrada un pequeño texto escrito por Carlos Monsiváis. He aquí lo que decía:

Los grillos son la negación de los augurios.

La vaca extraviada en el cuadro es el deseo atrapado por el cuello.

La nariz es un falo que le quita al rostro el sosiego para añadirle la proporción.

La tierra es de quien la recuerda.

El dolor del alacrán es no ser una imagen fálica.

El sueño de la iguana es la intranquilidad de las vírgenes.

Las calabazas son, por gusto y vocación, contemplativas.

Una máscara es un rostro que huyó a la superficie.

Las formas son cristales en el corral de chivos.

La tierra es un laberinto de peces.

El relato de los colores es siempre distinto al de las imágenes.

Todas las formas son sexuales. Todos los símbolos son castos.

La geometría es la trampa en donde mueren las líneas rectas.

Según el sapo es la apetencia.

Muchas imágenes comenzaron a subirse por todo mi cuerpo. Hacía tanto calor. Había muchos jóvenes. Muchas viejitas que se quedaban largos minutos extasiadas frente a un Juárez que atravesaba un río de calaveras radiantes. Había muchas parejas de madrileños que trataban de interpretar lo que Monsiváis llama, en el catálogo que se realizó para esta exposición, el mundo de Toledo construido a su modo: "Alicia en el país de los zapotecas", ya que "en sus narraciones que van y vienen por el espejo se alían la procacidad y el pudor, los mitos fundadores y las iguanas, los venados que engañan a las zorras y los cocodrilos que penetran mulas, las formas puras y las formas que se vuelven impuras de tanto movilizarse." También vi niños en pantalón corto sumamente intrigados por ese conejito dispuesto a hacer el amor a un animalote. ¡Cuántos sexos pintados como si fueran un atardecer! ¡Cuántos falos sonriendo a la vida! ¡Cuántos murciélagos sorprendidos! ¡Cuántos peces listos para ser devorados por bocas gigantescas! ¡Cuántas tortugas cubiertas de alacranes! ¡Cuántas iguanas! ¡Cuánta sensualidad y belleza derramada en esos lienzos! El cuadro titulado *El robo de la gran vaca* me dio ganas de llorar. Pero luego se me quitaron frente a la *Avispa crucificada*. "No sé qué me pasa", le dije a Enrique con la frente toda sudorosa. "Es que Toledo transmite algo muy poderoso. Esta noche vamos a soñar con sus insectos", me dijo. Pero esa noche no dormimos. En lugar de ello, conversamos hasta la madrugada. Antes de hacernos los dormidos, leímos lo que dice Monsiváis en la página 83 del catálogo dedicado al pintor: "(Toledo) sostiene que todo lo real es sexual y todo lo sexual es real, y que por realidad debe entenderse el mundo de las formas. Libertad para discrepar y libertad para estar de acuerdo y libertad para proponer, desde el cuadro o la cerámica o el tapiz o el grabado o el bronce o la escultura en cera, las variantes de la copulación infinita de cuyas visiones internas o externas nadie se exime. Que toda la vida es coito y los sueños coitos son. Miren estos animales atrapados en plena humanización y a estos seres de máscara bestial vislumbrando bosques de vaginas y mares de penes. Admitan que en la época de recelo ante la inocencia aún hay quien no mistifica el instinto; entiendan que ante las falsas tolerancias hay quienes no se acuerdan de pedir permiso."

Esa noche, gracias a Toledo, no dormimos…

Las novias
de Morales

Para Francisco Toledo y su mirada.

Dicen que tenía un ejército de novias. Pero no porque hubiera sido un enamorado, sino porque le daban lástima. Esta extraña compasión surgió en él desde que era niño. Un día que estaba afuera del mercado de Ocotlán, esperando a que saliera su madre, vio pasar a una novia. Nunca había visto una antes. "Está simpática", pensó en tanto la veía dirigirse hacia la iglesia del pueblo. Como Rodolfo estuviera muy aburrido, decidió ir detrás de aquella joven de 17 años cuyo velo, parecía una nube, el cual le cubría toda la espalda. La siguió y la siguió hasta llegar al atrio. En lo primero en que se percató fue en la estrella blanca que estaba en la parte superior del portón. "¿Habrá caído del cielo?", se preguntó intrigado. Enseguida vio a muchas personas vestidas de una forma muy endomingada que no dejaban

de hablar entre sí. Entre los invitados se encontraba una señora que hablaba muy fuerte. Era la madre de la novia. "¡Se fugó!
¡Huyó! Pobrecita de mi hija", decía al tiempo que se llevaba las
manos al rostro. Mientras tanto, varios niños iban y venían con
bolsitas llenas de arroz. "¡Ya se casó, ya se amoló, ya tuvo hijos
y se fregó!", gritaban.

Para esos momentos la novia ya no se veía tan contenta.
El tocado que llevaba en la cabeza, hecho con flores blancas,
lucía totalmente marchito. Dicen que empezó a desojarse y a
emitir un olor a tufo muy extraño. La crinolina de la falda de
su vestido había perdido vuelo. Por añadidura, se le había ba-
jado el poquito rímel que le había puesto en los ojos su tía, la
madrina de lazo. De ahí que su mirada se hubiera visto más
entristecida. "Sí va a venir. Estoy segura que vendrá!", repetía
con un nudo en la garganta. "¡Es un sinvergüenza!", chillaba
la madre, desconsoladísima. Las campanas empezaron a tocar. En el interior de la iglesia ya estaba todo listo: el sacerdote, el señor del órgano, los ramos de gladiolas y los
reclinatorios forrados en terciopelo rojo. "¿Por qué no empezamos?", preguntaba el padre Vicencio. "Es que no ha llegado el novio", contestó el acólito. La novia junto con sus
invitados esperaron al novio hasta las cinco de la tarde. Pero
nunca apareció.

Esa noche, este niño tan tímido, de mirada tristona, pero
eso sí, muy curioso, soñó con la novia que había visto en la mañana. La veía recostada sobre el techo de un vagón de un tren
en el cual se leía la palabra "Segunda". Al otro día la pintó.
"Mira, mamá, qué triste está la novia porque no se casó. Se
sentía tan infeliz que huyó en bicicleta con una banderita en la
mano", le comentó a su madre. A partir de ese dibujo hecho a

lápiz, se convenció de que sería pintor y que siempre pintaría novias vestidas y alborotadas, pero bien quedadas. Hacía tiempo que le había llamado la atención pintar, pintar todo lo que veía su imaginación que nunca dejó de ser como la de un niño. Seguramente esto se debía a que su padre, carpintero de profesión, se pasaba las tardes pintando las cajas para niños muertos.

Nos preguntamos si el pintor oaxaqueño Rodolfo Morales algún día llegó a pintar novias felices. Lo que sucede es que siempre aparecen como ausentes, como si vivieran en un lugar muy distante, inmersas en su soledad. Soledad que nunca las abandona. Y soledad en la cual acaban por acostumbrarse, porque finalmente es en el único ámbito que saben que pueden existir en la obra de su creador.

¿Qué habrá en las pinturas de Morales que, cuando una las mira con cuidado, no puede una dejar de sentir cierta melancolía? ¿Por qué siempre pintó mujeres con un aire de infelicidad? ¿Por qué siempre pintaba a sus novias con los ojos cerrados, como si se hubieran encontrado eternamente dormidas? ¿Por qué el pintor nos habrá visto, a las mujeres, tan solitas y desamparadas? Es cierto que seguido las pintó acompañadas por un perrito. Pero, por lo general, son perros tristes. Como esos que luego nos encontramos abandonados en los mercados. ¿Por qué siempre pinta a las mujeres con esas manotas morenas y tiernas que parecen suplicar por algo? ¿Estarán pidiendo ayuda a la Providencia? ¿O simplemente están clamando por ese novio que nunca llega?

Dice la escritora María Luisa Mendoza —que lo conoció bien—, que son "manos de madre, de abuela, de hermana, manos tocadoras del corazón para calmarlo, manos que cierran los párpados de los ojos del muerto íngrimo, porque no hay nada más patético y doloroso que un hombre muriendo sin nadie junto que le borre la mirada de piedra…"

Ella, "La China" Mendoza, fue la que me contó que al pintor no le gustaba peinarse; que siempre se ponía la ropa como Dios le daba a entender porque estaba acostumbrado a que todo se lo hicieran; que solía despertarse a las cinco de la mañana; que desayunaba atole ardiendo en un tazón; que amaba intensamente a los perros; que vivía en dos casas a la vez: una en Oaxaca y otra en Ocotlán; que acostumbraba sostener que amor se paga con amor; que durante 32 años impartió clases diarias a 300 alumnos en la Preparatoria 5, y que era "seguro de sí mismo, hablantín como pocos, interesantísimo y lúcido en la conversación, culto y peregrino andarín por aire, mar y tierra; humilde nada más consigo mismo, y renuente para ambicionar algo para sí; dadivoso, quizá en exceso, con los demás, "pata de palo"; transeúnte de cualquier aeropuerto internacional del mundo donde pasaba de largo sin comprar nada en las tienditas aéreas con tal de llegar corriendo a los museos en los que se ha nutrido desde joven."

Ella fue la que me dijo que lo único que anhelaba Rodolfo Morales en la vida era saber más y más y más. En medio de esta curiosidad tan insaciable que caracterizaba a este pintor de tantas novias "quedadas", y que era sumamente selecto con lo que realmente le apasionaba. Un día Rodolfo le dijo: "Mira, China, tengo tres placeres en la vida: pintar, vender y repartir de inmediato con los demás lo que me pagan."

Era tan vehemente con su generosidad que nadie le podía negar todas sus manifestaciones de bondad. Allí está la fundación que lleva su nombre, la cual comprende cinco casas que heredó al pueblo de Oaxaca. Allí está la Galería de Murguía

105, en donde le da cabida a todos los pintores jóvenes oaxa-queños. Allí está el Templo de Santo Domingo de Guzmán, en Ocotlán, restaurado por la misma fundación. Allí están los ins-trumentos de percusión que donó para la Orquesta Sinfónica de Oaxaca. Y allí están todos los espléndidos recuerdos que dejó regados hasta por debajo de las piedras de su tan amado estado.

Según él nunca pensó hacerse rico, pero cuando llegaron los primeros 70 pesotes mensuales como maestro de dibujo en el Distrito Federal, se dijo entre modesto y orgulloso: "Ya la hice..."

Respecto a su forma de pensar y de ver el mundo, basta leer lo que dijo en una entrevista a "La China" Mendoza:

Fui a Europa por primera vez en 1968, y no salí del sueño: era tan increíble que preferí verla en película; la realidad lo ago-bió. Me gustó más Sudamérica, su pobreza la hice mía, porque me recordaba mi infancia, la terrible miseria de mi estado, espe-cialmente antes de Lázaro Cárdenas. En cambio, en Canadá me enfermé de los nervios: vi reservas de indios que no existen, ca-rreteras como de plata, abundancia de casas de plástico; el futuro alcanzado. Nos llevaron a un simulacro de caza... ¿Se imaginan mi sufrimiento? Eran un oso y un osezno; luego tuvieron el mal gusto, la crueldad de servirnos a la hora de la comida un platillo precisamente de oso y osezno. Me rendí y ya no pude más con esa farsa tan asquerosa.

Yo vivía en aquel entonces en la capital, en una casa en Balbuena sobre la que volaban a toda hora aviones rampantes... Fue cuando di clases y, gracias a eso, me hice pintor. Fíjate, en México conocí el jamón, la mantequilla, el tocino... Esos fueron mis recuerdos primeros después de que salí de Ocotlán. Bueno, también me impresionaron mucho los aviones como de guerra y su rugido, al que, aunque no lo creas, uno no se acostumbra. Nunca le tuve miedo al muro blanco ni a la tea ni al papel. Lo único temible para mí es la naturaleza, el idioma de la tormenta, el tifón, el temblor de tierra, las erupciones de los volcanes, las inundaciones, el desgajamiento de las montañas y los relámpagos que incineran árboles y personas. Así me educó mi tía, entre terrores, conversaciones únicas, inacabables, y la prohibición de salirme a la calle para nada... Lo único que ansiaba era que se me apareciera el fantasma para decirme cosas, enseñarme; claro, nunca vi a ninguno, por más que lo busqué; los muertos no vuelven. Sólo me quedaba la prohibición de mi tía que rápidamente olvidaba el rumbo del mundo de allá afuera...

¿Sabes?, a mí lo que me encanta es expresarme pintando y la sorpresa al hacerlo... Y mi soledad, mi lealtad a la educación recibida. Rogelio Cuéllar, el fotógrafo, quiso retratarme desnudo. Eso sería imposible, fui educado en la inhibición, como tú. Podrá haberse retratado mil veces Picasso en calzones, pero para mí es es inimiaginable.

Modesto como era, estoy segura de que Rodolfo Morales nunca se imaginó todo lo que provocan sus pinturas. Para no entristecernos con su partida, preferimos pensar que en estos momentos se encuentra en el cielo pintando a sus novias, pero ya no con expresión de tristeza. Queremos pensar que las está pintando al lado de sus novios y que ya nunca más se las imaginará vestidas, alborotadas. Y plantadas. En lugar de escuchar sus lamentos, oye sus canciones de amor.

BRITISH FOREIGN SECRETARIES SINCE 1945

BRITISH FOREIGN SECRETARIES SINCE 1945

Avi Shlaim, Peter Jones, Keith Sainsbury

DAVID & CHARLES
Newton Abbot   London   North Pomfret (Vt)   Vancouver

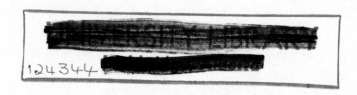

124344

ISBN 0 7153 7381 1

Printed in Great Britain
by A. Wheaton & Co., Exeter
for David & Charles (Publishers) Limited
Brunel House   Newton Abbot   Devon

Published in the United States of America
by David & Charles Inc
North Pomfret   Vermont 05053   USA

Published in Canada
by Douglas David & Charles Limited
1875 Welch Street   North Vancouver   BC

CONTENTS

FOREWORD

I am glad to write a foreword to this volume of essays on
the British foreign secretaries from 1945-1972. First,
because it is the product of the Department of Politics
at the University of Reading, which is bringing out a
number of interesting studies in contemporary history,
and secondly because I have myself, at one time or
another, served and worked with seven out of the ten
Secretaries of State included in this volume.

I do not myself subscribe to a number of the judgements
which are delivered in these pages. It would be unusual
if I did. In particular I find the assessment of my
former Chief, Lord Avon, (Anthony Eden) unduly harsh.
But each of these essays is a serious contribution, based
on personal interviews and correspondence as well as
available documents, to the history of a period still too
close for a final evaluation of the policies which were
followed, and of the men who bore the main responsibility
for them.

It is probably right to regard Ernest Bevin as the outstanding foreign secretary of the epoch. He rose above
the handicaps of his early life, his inexperience of
national politics, and later his ill-health. His parliamentary and public appearances remained a problem for his
advisers to the end. He would acknowledge the merits of
a draft speech and say "But it isn't me" adding on one
celebrated occasion "Give it to me and I'll degrammatise
it". Innumerable episodes of this kind endeared him to
his staff, but were irrelevant in relation to the magni-
tude of his performance.

Ernest Bevin had the elusive quality of flair, the
intuitive ability to assess a political situation and the
people involved in it, and to act accordingly. Anthony
Eden and Harold Macmillan, and occasionally George Brown,

also displayed this invaluable asset in a high degree, though Harold Macmillan did not stay long enough at the Foreign Office to exploit it. At the other end of the scale Herbert Morrison appeared to be totally deficient in it.

For me, several important points emerge from these essays. First, the importance of a close relationship and a good understanding between the foreign secretary and the prime minister is clearly brought out. Here there is a close correspondence with the relationship between an American Secretary of State and his President. Secondly, it is a significant and reassuring fact that only in isolated cases has there been anything but a close and intimate working relationship between successive foreign secretaries and the officials of the Foreign Office. Thirdly, the essentially bipartisan character of British foreign policy in the period under review emerges very clearly. It is a fortunate circumstance that party politics have rarely affected major policy decisions, except in the case of two or three countries of which successive Labour governments have never been able to take an objective view.

There is bound to be some question about the merits of attempting, in retrospect, to apportion praise or blame for specific decisions on this or that aspect of foreign policy. In practice the making of policy is a continuous process, with decisions in different fields interacting on one another. Nor need it be a matter for surprise or criticism, in an essentially bipartisan field, that one foreign secretary should carry forward the policies of his predecessor. The idea that the process of decision making on foreign policy can be systematized is in my opinion rightly rejected. A decision on a foreign policy matter is usually the product of many minds and often has to be taken in circumstances which could not have been foreseen.

The foreign secretaries of this book were dealt progressively weaker hands as the process of decolonisation diminished the British strategic position, and British economic performance and strength declined, at a rate beyond reasonable expectation, in relation to that of other major industrialised countries. In these circumstances the achievement of successive governments in the conduct of foreign policy has on the whole been creditable.

It is easy, even after a relatively short time, to underestimate the effect of the climate of opinion in which foreign policy is made. This is particularly true of the European policy. There was virtually no support, in the early fifties, for British membership of a European federation, either in the two main political parties or from the public; and while it is the responsibility of Governments to give a lead to public opinion, they had in this period no help, and a good deal of hindrance from their European neighbours. In the end membership of the European Community was achieved, as almost all "historic" steps are achieved, only after deep and bitter controversy.

Now that the decision has finally been taken and ratified, British foreign policy has entered a new phase and acquired another dimension in which new perspectives and techniques will be needed. In this sense the conclusion of this book marks the end of an era. But in the new phase there will be no lack of scope for British initiative, and no diminution of the burden of responsibility on the foreign secretary and his advisers for the protection of British interests and the deployment of British experience and influence in world affairs.

Sherfield
September 1976

8

PREFACE

We should like to record our thanks to the following
people who have spared the time to give us interviews,
answer questions, or comment on parts of the earlier
drafts: Lord Butler of Saffron Walden; Lord Caccia of
Abernant; Mr Robin Cecil; Sir Douglas Dodds-Parker;
Lord Duncan-Sandys; Lord George-Brown; Lord Gladwyn;
Mr J.E.Godber, MP; Lord Gordon-Walker; Lord Gore-Booth;
Lord Greenhill; Lord Harlech; Lord Home of the Hirsel;
Lord Inchyra; Lord Selwyn Lloyd; Professor F.S.Northedge;
Mr J.D.Profumo; Lord Sherfield; Mr Michael Stewart, MP;
Sir Douglas Wass; and Sir Kenneth Younger.

In addition we should like to thank the following for
their help in preparing the manuscript: Mrs R.B.Atton;
Mrs D.Duckmanton; Mrs M.R.McNamara; Mrs.R.Richards;
and Mrs.S.Simpson

Finally we should like to thank those innumerable
people who have given us help and encouragement - knowingly
or not - over the last few months during the research for
this volume.

Although this book is a co-operative venture, each of
us took general responsibility for writing individual
chapters: Avi Shlaim is responsible for the Introduction
and the chapters on Ernest Bevin and Anthony Eden: Keith
Sainsbury for those on Harold Macmillan, Selwyn Lloyd,
Lord Home and R.A.Butler; and Peter Jones for those on
Herbert Morrison, Patrick Gordon-Walker, George Brown
and Michael Stewart.

The manuscript was completed before James Callaghan left
the Foreign Office to become Prime Minister, hence he is
not included in the volume. The general reader need not
linger over the Introduction which is concerned mainly

9

with the theoretical approach adopted by the authors.
Those foreign secretaries who had two terms of office
(Michael Stewart and Lord Home) are placed in accordance
with their first term and the chapter on them covers both
periods in office. We should like to point out that,
unless directly attributed, all opinions expressed in the
chapters are those of the authors and do not reflect, in
any way, the opinions of others. We therefore take full
responsibility for the opinions expressed and for any
factual errors.

Reading, March 1976   A.S.
                                                 P.M.J.
                                                 K.A.F.S.

LIST OF FOREIGN SECRETARIES
SINCE 1945

Ernest Bevin	July 1945 – March 1951 (Chapter 2)
Herbert Morrison	March 1951 – October 1951 (Chapter 3)
Sir Anthony Eden	October 1951 – April 1955 (Chapter 4)
Harold Macmillan	April 1955 – December 1955 (Chapter 5)
Selwyn Lloyd	December 1955 – July 1960 (Chapter 6)
Lord Home	July 1960 – October 1963 (Chapter 7)
R.A.Butler	October 1963 – October 1964 (Chapter 8)
Patrick Gordon-Walker	October 1964 – January 1965 (Chapter 9)
Michael Stewart	January 1965 – August 1966 (Chapter 10)
George Brown	August 1966 – March 1968 (Chapter 11)
Michael Stewart	March 1968 – June 1970 (Chapter 10)
Sir Alec Douglas-Home (Lord Home)	June 1970 – March 1974 (Chapter 7)

CHAPTER 1

THE FOREIGN SECRETARY AND THE MAKING OF FOREIGN POLICY

Whereas diplomatic historians are open to the charge of giving undue predominance to the role of individuals in the sphere of foreign policy and sometimes writing international history almost wholly in terms of the great personalities involved, political scientists are apt to exaggerate the institutional elements of policy-making. The former rarely explain the premises by which their work is guided or provide a framework in terms of which the multitudinous factors which affect the actor's behaviour can be handled in a structured and coherent manner. The latter tend to emphasise political systems, social processes, and institutional patterns almost to the exclusion of any personal influences. Both fail to provide us with a meaningful account of the relationship between leading individual actors and underlying political structures. Yet it is only in terms of this relationship, that is, the interaction between individuals and the environment in which they operate, that a meaningful analysis of foreign policy is feasible.

The explanation of the sources of foreign policy and the motivation of a nation's international behaviour have traditionally been made in terms of the concept of national interest. Analysts of the 'realist' school have particularly tended to use the national interest as a central concept for organising their thinking about foreign policy as well as advocating it as the only rational basis for political action in the sphere of foreign relations. Thus, according to Hans Morgenthau, the 'objectives of a foreign policy must be defined in terms of the national interest'.[1] Interest he defines in terms of power which allows nations to follow 'one guiding star, one standard for thought, one rule for action: the national interest'.[2]

But the existence of a fixed and immutable set of foreign policy goals which can be objectively determined and which constitute the national interest, may be doubted. The criteria of power on which this concept hinges are rarely defined with adequate precision. To the analyst the concept of the national interest is too value-laden and has too many emotional connotations to be of much help in the process of systematic enquiry just as it is too vague and nebulous to be of any real operational value to the practitioner.[3] But even if these objections are overlooked and the existence of such a thing as the national interest is admitted, it can scarcely be denied that the interpretation it is given at any given point in time is influenced by the subjective values, ideological orientations and ambitions of the decision-makers in charge of the country's foreign policy.

It is this fundamental belief that foreign policy is made by specific agents in particular circumstances which leads us to prefer the decision-making approach to foreign policy. This approach, which was pioneered by Snyder, Bruck and Sapin, starts with the premise that 'state action is the action taken by those acting in the name of the state. Hence the state is the decision-makers'.[4] Thus, to all intents and purposes, the national interest becomes not something which can be objectively determined but what the decision-makers perceive it to be. The great advantage of this approach is that it provides the investigator with some leverage for analysing the generally elusive process of state behaviour. We shall not seek to apply the elaborate conceptual scheme developed by Snyder and his associates – a scheme particularly suited for research on specific major decision cases. We single out this approach because it helps to focus attention on the importance of individual actors and hence the importance of subjective, and in some cases idiosyncratic influences in the formulation of state policy. It reminds us that the impact of the external environment on the process of policy-making is not direct but is reflected through the prism of the decision-makers' minds. In the words of Snyder et al, 'the external setting is constantly changing and will be composed of what the decision-makers decide is important'.[5] The key to the explanation of why the state behaves the way it does lies in the way its decision-makers define the

14

situation. And in order to understand this 'definition of the situation' from which action flows, we must attempt to view the world from the perspective of those decision-makers.

In this study we are concerned not with the whole group of official decision-makers who are responsible for making British foreign policy, but with one specific decision-maker, namely, the foreign secretary. For it is the foreign secretary who is responsible for laying down the broad lines of British foreign policy. He is not simply the most influential member of the foreign-policy-making elite but he also stands, constitutionally, at the apex of the pyramid of that section of the central government machinery which is responsible for the management of Britain's external relations. As a senior cabinet minister his impact on policy can be crucial and he frequently imprints on it his own personal stamp. No account of British foreign policy would be complete unless it paid sufficient attention to the role played by the foreign secretary.

It is not our intention, however, to provide simply a series of biographical sketches of the various holders of the office, nor is it to contribute another diplomatic history to an already crowded field.[6] The task we have set ourselves is rather to look at British foreign policy since 1945 from the individual vantage points of the successive foreign secretaries themselves, as a preliminary to explaining not simply how they reacted but why they adopted certain policies in preference to others. An account of the main lines of their policies can thus be meaningfully followed by an assessment of their record in the light of the scope and functions of the office.

The particular approach we have adopted leads us to pay special attention to the foreign secretary as an individual; his political status; the organisational context; the domestic setting from which his policies spring; and the international environment in which he operates.[7] We shall now elucidate the meaning of these different variables.

The individual

In order to understand a foreign secretary as an individual

it is necessary to probe into his past not so much to glean disparate data about his background, childhood, education and career but rather to single out the formative influences which account for his psychological make-up and the salient factors which have moulded his political evolution. His career prior to becoming foreign secretary need not be examined in detail; only those aspects of it which have a strong bearing on his subsequent behaviour need to be high-lighted and analysed.

Foreign policy involves an element of choice, albeit a limited one. It is for this reason that explanation of specific goals and particular policies and to a lesser extent the general orientations of British foreign policy must take account of the beliefs and images of the foreign secretary and his view of the world. The belief system is composed of all the accumulated organised knowledge that the individual has about himself and the world outside. It may be thought of as a set of lenses through which information concerning the outside environment is received. It orients the individual to his environment, defining it for him, and identifying for him its salient characteristics. Images are a crucial component of the belief system and, therefore, have a decisive effect on foreign policy since decision-makers act in accordance with their perception of reality, not in response to reality itself. As Kenneth Boulding emphasised, 'We must recognise that the people whose decisions determine the policies and actions of nations do not respond to the "objective" facts of the situation whatever that may mean, but to their "image" of the situation. It is what we think the world is like, not what it is really like that determines our behaviour'.[8]

The subjective beliefs and images of decision-makers are no less important in the analysis of policy when they flow from instinctive judgements and unexamined premises than when they are based on carefully thought-out assumptions about the world. In both cases these beliefs and images colour the decision-makers' perception of the information they receive and condition their response to it. And a great deal of confusion can be avoided by distinguishing clearly between the psychological environment of the decision-makers and their operational environment. As Margaret and Harold Sprout have argued,

16

while the outcome of state behaviour can be understood in terms of the decision-makers' operational environment — the capabilities and intentions of relevant actors — the decisions themselves must be understood in terms of the decision-makers' psychological environment — their beliefs about the world and other actors.[9]

Political status

The political status of the foreign secretary to a considerable extent affects his ability to secure the adoption of his chosen policies. Here one must distinguish between standing within the party and standing within the Cabinet. A broad popular base within the party would help a foreign secretary to sustain his conception of what British foreign policy should be in the competitive struggle between the various pluralist groupings which characterise modern political parties. In this respect Ernest Bevin's command of extensive trade-union support was a great asset to him in party conferences, just as Selwyn Lloyd's lack of a wide popular base severely limited his political influence.

Similarly, the seniority of a foreign minister, his place within the Cabinet hierarchy and the degree of respect which he commands in the counsels of the inner Cabinet will be reflected in the degree of influence he will be able to exert on the formulation of policy. The ability to inspire confidence in his colleagues is particularly important for the function with which he is frequently, but not invariably, entrusted, namely, to act as the co-ordinator of the country's policies in the external sphere. Until the merger of the Commonwealth Office and the Foreign Office in 1968 this involved overview of Commonwealth affairs apart from regular liaison with the departments responsible for economics and defence. But the traditional supremacy of the foreign secretary in the co-ordination of policies at Cabinet level has been eroded by the long-term trend towards the blurring of the division between foreign and domestic policy. Today, according to David Vital, 'if there is a single characteristic of the process of British foreign policy making that deserves special emphasis it is the manner and degree to which the handling of foreign affairs is liable to be integrated

17

at the policy making level with all the other business of the nation'.[10] Membership of the European Economic Community has, in recent years, lent a powerful impetus to this process of integration.

The importance of the relationship between the foreign secretary and the prime minister for British foreign policy can hardly be exaggerated. The prime minister not only selects the foreign secretary, but also sets the parameters within which the latter should operate; to a large extent he defines the functions of the office and determines the precise responsibilities of the various ministers in the sphere of external relations. In his capacity as head of the government the prime minister exercises a general overview of the main policies in domestic as well as foreign affairs. In addition, he participates directly in the conduct of foreign policy. All recent developments such as regular meetings between heads of states, 'summit' conferences, frequent meetings with foreign diplomats and visits abroad, have led prime ministers to play an increasingly active and important role in the making of foreign policy and in the diplomacy by which it is carried out. Today the pace of events and the speed of communications, particularly in times of crisis, is such that important decisions sometimes have to be made as a result of a direct consultation between the foreign secretary and the prime minister without discussion in a full cabinet meeting. It is not surprising, there-fore, as one former prime minister has pointed out, that 'every foreign secretary must accept a great measure of interest, or even interference, from the prime minister of the day'.[11]

For all these reasons a foreign secretary can hardly expect to be able to pursue a firm and coherent policy unless he enjoys the confidence and support of his premier. The intimate partnership and mutual trust between Bevin and Attlee on the one hand and Eden and Churchill on the other, have been commented upon fre-quently. George Brown, by his own account, is an example of a foreign secretary whose performance was impaired and whose credibility was undermined by the troubled and stormy relationship between himself and Harold Wilson.

18

The organisational context.

Policy formulation by the foreign secretary cannot be separated from the organisational setting in which he operates. The machinery of which he is in charge is not a passive piece of apparatus but has its own traditions, preferences, functions, rules and patterns of interaction, all of which play an important role in the decision-making process. It can limit or widen his options; it can hinder or enhance his policies. 'Policy', as William Wallace observed, 'evolves in a continuing dialogue between the responsible ministers and their civil servants, a continuing interaction between political direction and the pressures of established practice and administrative interests. Where political direction is clear, it is able to carry the administrative machine with it; in the absence of firm political pressures, however, administrative politics prevail'.[12]

The structure of the policy-making machinery affects the direction and substance of foreign policy in all states. In western democracies of the British type where foreign policy is made by relatively large groups and involves liaison with elaborate intelligence, defence and economic agencies, the institutional aspects of policy-making deserve an added attention.[13] For it is largely their complexity which accounts for the rigidity of foreign policy in technologically advanced states.

In Britain, once decisions are reached there is usually little difficulty in securing their ratification. The Executive is given a virtual monopoly in the field of foreign affairs. Parliamentary criticisms are voiced, questions are asked and back-bench rebellions occur from time to time, but in normal circumstances the government can rely on a steady backing from its members which is reinforced by the party machine. Generally, Parliament plays only a marginal role in the making of foreign policy. In contrast to the American system where Congress intervenes at all stages of policy formulation, in Britain Parliament is usually presented with the final programme which leaves little scope for changes.[14]

Consequently it is on the executive level that observation and analysis must focus. The relationship between

the foreign secretary and his top officials then becomes
of the utmost importance, for it is they who supply him
with information, interpretation and guidance. This
advice, as a rule, emphasises the need for caution and
continuity. Both Conservative and Labour politicians
have criticised the Foreign Office for its innate conservatism, organisational inertia and imperviousness to
political direction. This resistance to change is partly
the product of the self-image of officials as servants of
the Crown and not merely of a transient government.
Partly it is the natural result of policy-making within
a large organisation. Concentration on immediate and
pressing tasks leaves officials little time or energy for
fundamental re-evaluation of existing policies. Adjustments tend to be marginal and painfully slow. The
prospect of an agonising and protracted reformulation of
policy works in favour of preserving the status quo,
unless the latter is demonstrably unsatisfactory.
'Success', as Henry Kissinger pointed out, 'consists of
moving the administrative machinery to the point of
decision, leaving relatively little energy for analysing
the decision's merit. The modern bureaucratic state
widens the range of technical choices while limiting the
capacity to make them.'[15]

   In Britain the civil service does respond to leadership,
as Winston Churchill clearly demonstrated. On becoming
prime minister in 1940 he galvanised this slow-moving,
cumbersome and ponderous machine into a sudden and
vigorous spate of activity. But the average foreign
secretary in normal times needs a high degree of firmness
in order to overcome the inherent conservatism of his
office and its commitment to the status quo. Only mastery
of his field and single-minded determination would enable
him to replace the 'departmental view' by a policy which
is genuinely his own. George Brown has written that 'the
Foreign Office is equipped to give the best information,
the best briefing on any international issue ... But
what bothered me ... was ... that it was they who were
deciding the areas I should be briefed about, and I
quickly became aware that, unless I was very determined,
I would inevitably become the purveyor of views already
formed in the office'.[16] Furthermore, if the foreign
secretary were to achieve a significant and lasting re-
orientation in the central direction of British foreign

policy he would need to remain in office for a substantial
period of time. It is not entirely a coincidence that
Bevin, who had the greatest impact in this respect, held
power for six years, whereas Herbert Morrison and
R.A.Butler, whose tenure of office was less than a year,
made hardly any impression at all.

Generally speaking, relations between British foreign
secretaries and their top civil servants are characterised
by a remarkable degree of co-operation and mutual trust.
In addition, the permanence of the civil servants partially
offsets the effects of regular ministerial changes on the
course of British foreign policy. The constitutional
position is that the civil servants have to present to the
minister the various options open to him; they may warn
him against a policy which they consider ill-conceived;
they may forcefully advocate a particular course; but the
last word always lies with the minister, and once he has
reached a decision it is their duty to carry it out to
the best of their ability. In practice, of course, this
relationship is affected by the strength of the minister's
character, his knowledge and experience in the field and
his political standing as well as the personalities of
his advisers.

The domestic setting

If the organisational context is relevant to the study of
foreign policy, the broader domestic setting in which
foreign policy is shaped is scarcely less so. For in a
sense foreign policy is only one aspect of domestic
politics; it is an integral part of the internal political
process of the country. Among the inexhaustible range of
domestic factors which potentially have a bearing on
Britain's international posture, the following would
appear to be of particular salience: political culture,
public opinion, political parties, and the policy-
influencing elites.

Political culture is the most pervasive of these factors,
but it is also the most difficult to define. It normally
refers to national characteristics as moulded by historical
traditions, to the ethos which informs political activity
and to the way the society is organised and functions, all
of which are reflected in the characteristic modes of

political behaviour. In the conduct of external affairs one can certainly speak of a typically British diplomatic style which is emperical, pragmatic and practical. It consciously eschews the polemical ferocity of revolutionary states and the strong ideological components encountered in the foreign policies of communist states, in a belief that co-operation is preferable to conflict and that compromise can be reached by rational discussion between reasonable and frank men.

Public opinion rarely has a direct and positive effect on foreign policy issues, partly because it is inchoate, lacking effective organisation and leadership, partly because of the public's general lack of interest in external policy, and partly because in this country the control of foreign policy is more oligarchic than the control of home policy. Consequently the foreign secretary and his advisers do not have to constantly trim their sails to the shifting winds of public opinion. Reflecting on his experience as minister of state as the Foreign Office, Kenneth Younger could not immediately recollect any occasion when he or his superiors had been 'greatly affected by public opinion in reaching important decisions'.[17] But, as he himself recognised, 'the Government tends to identify itself almost unconsciously with a vaguely sensed general will'.[18] In other words, public opinion sets the limits beyond which governments can only venture by risking their survival, and in this sense 'the (foreign) minister is there to tell his officials what the public would not stand'.

Pressure groups which lend organisation and weight to the views of particular segments of the public and which promote sectional interests by acting as lobbies in Parliament appear to play a minor role in the shaping of foreign policy compared with the role they play in domestic politics. But the paucity of the evidence available makes it difficult to generalise about the patterns of their activity and the degree of influence they wield or to account for their direct impact on particular policies of specific ministers.

More tangible and better researched is the link between the party system and British foreign policy. The main political parties act as channels for the expression of

22

public opinion as well as agencies for influencing policy. International issues, therefore, can and do get caught up in the cut-and-thrust of inter-party rivalry. The question of whether or not to join Europe, for instance, has been the plaything of British party politics for most of the post-war period. On the whole, however, the British two-party system encourages responsible opposition and reduces friction between Parliament and the Executive. The behaviour of both parties and particularly of their leaders is significantly influenced by the pattern of British government with its bias in favour of a strong Executive unhindered by partisan obstruction. Indeed its bi-partisan nature is one of the most striking features of post-war British foreign policy. With the exception of the Suez crisis and EEC entry, over which the Conservative governments came under heavy fire from the Labour oppositions, disagreement on foreign policy issues has tended to be on emphasis, timing and detail, and has not extended to the main principles of British foreign policy on which there has been a solid consensus. In so far as bitter controversies over fundamental issues have occurred (for instance, over unilateral nuclear disarmament), they have normally taken place not along party lines but within the Labour Party between the left wing, the idealists and the pacifists of the party, who demand the replacement of power politics by a 'socialist foreign policy', and the earthbound leadership.

The basic agreement between the Labour and Conservative parties on foreign policy is paralleled by a remarkable similarity of outlook on the part of the policy-making and policy-influencing elites. This is the product of the educational and social homogeneity which unites the political leaders, the top civil servants, the diplomatic service, the leading members of the armed forces, the controllers of the mass media and the directors of the academic and research establishments. Although the single-mindedness of these various official and unofficial elites which are sometimes referred to collectively as "the Establishment" is sometimes exaggerated, they undoubtedly exercise a major influence on policy-making in the relatively insulated sphere of external affairs.

The domestic environment can thus be clearly seen to affect external policy through its impact on the foreign

23

secretary. He not only shares the common beliefs and
values of the nation and its political culture, but also
plays an active role in the internal political process.
As a politician and party leader he cannot remain imper-
vious for long to the currents of public opinion, to the
wishes of major interest groups and to the implications
of his policies for the electoral fortunes of his party.
Nor is he immune to the informal pressures of the cluster
of elites which is concerned with foreign policy and of
which he is a prominent member. Both his desire to
retain power and his concern for the success of his
policies, which require a broad dependable domestic
consensus to sustain them converge to make him suscep-
tible to pressure from the welter of conflicting domestic
forces.

The international environment

The impact of domestic pressures on the making of foreign
policy is, however, limited and mild compared with the
compelling power of the external environment. For in no
other sphere is the freedom of government more limited by
forces over which it has little or no control. This
situation results from the structure of the international
system which, in the absence of one effective and authoritative centre of power, leaves states as the sovereign
entities. Consequently, whereas in the domestic sphere
sovereignty means supremacy, in the external sphere
sovereignty signifies the legal equality of all states.

British foreign secretaries do not operate in a vacuum;
their actions and policies are subject to the inescapable
constraints imposed by the international environment.
Though not of their own making, this environment imposes
on them some of the main lines of their policy and
severely limits their area of real choice. 'Effective
freedom in foreign affairs', writes Professor Northedge,
'is capacity to choose between relatively few options.'19
The global balance of power, Britain's status in the
international hierarchy, the relations between and the
polities of the super-powers and the changing configuration of power between rival alliance systems are among
the abiding concerns of British foreign secretaries. At
the same time, Britain's limited military capability, her
intractable economic shackles and a general decline in her

24

power position relative to the other major centres of power, have significantly reduced her capacity to influence international events. She is no longer a first-class power but, in the words of the Duncan Report, 'a major power of the second order'.[20]

The limits imposed by external pressures on Britain's margin of choice raise the question of whether British foreign policy consists simply of passive, defensive responses to the harsh facts of international life or whether it is a purposive and goal-orientated foreign policy based on firmly held values and clear long-term aims. The latter is a rare phenomenon in a world deminated by power politics where most foreign policies fall between these two opposing poles. It is, therefore, more meaningful to distinguish between sullen submission leading to an aimless drift on the currents of world politics and an active and dynamic policy of adjustment designed to direct these currents, as far as circumstances would permit, to the nation's advantage. Among post-war British foreign secretaries Bevin stands out as an example of someone who practised the second type of reaction. Starting with a clear conception of long-term objectives he pursued a firm and positive policy aiming to extract the maximum advantage from a difficult situation. His successor, Herbert Morrison, by contract, does not appear to have had a clear notion of British objectives and his policy was not free from muddle and indecision.

The five variables we have been considering do not constitute an exhaustive list of factors with universal validity or a perfect scheme of categories whose relations are constant and between which there is no overlap. They should be regarded rather as the main components of a systematic investigation of the record of post-war British foreign secretaries. They should not constitute a strait-jacket on analysis but act as general guidelines for selecting the most relevant facts and exploring the relations between them. Even as such they cannot always be followed adequately because of lack of detailed evidence, particularly in the case of the more recent holders of the office.

Essentially this framework of analysis consists in seeing the foreign secretary as standing at the point of

25

confluence between two streams of pressures: one stream
emanates from the domestic environment and the other from
the external. The latter is clearly more powerful, but
the manner in which he reacts to both is conditioned by
subjective factors such as background, personality, style,
values, images and perceptions. The policies which are
the concrete expression of his reactions are shaped by the
organisational context in which they are formulated, and
his success in securing the adoption of these policies is
contingent on his political status and influence.

CHAPTER 2

ERNEST BEVIN

I

Ernest Bevin (1881-1951) stands out among post-war British foreign secretaries by reason of his unusual career, his unique character and the strong personal imprint which he made on British foreign policy. He was the first Labour foreign secretary to be supported by an overall majority in the House of Commons. His tenure of office (1945-51) was not only longer than any single term of any of his successors, but coincided with a crucial phase in British foreign policy, and his actions and policies during these six eventful years laid the foundations for post-war British foreign policy. For all these reasons, Bevin not only calls for extended treatment, but offers an interesting and rewarding case study.

Bevin's roots were solidly working-class and he never lost sight of the welfare of the working-man.[1] The qualities of realism, drive, resourcefulness and ability to take a broad view of the interests of the Labour movement as a whole, carried Bevin to the forefront of the trade union movement. His career as a Labour leader helped to produce a tough and self-reliant individual, preferring organisation to empty rhetoric and able to take bold decisions and stand by them. Above all, it taught him the overriding importance of power. And it was the profound conviction of the need to negotiate from strength which was later to characterise his whole conduct of British foreign policy. Yet there was always a touch of the visionary in Bevin. While concentrating on the immediate tasks, he always kept his long-term aims before him. At the 1927 Trades Union Congress, for example, he moved the surprisingly far-sighted motion in favour of a European economic union.

27

Bevin distrusted the Right instinctively, but after he
began to play an active part in Labour Party politics in
the 1930s, he also learnt to distruct sections of the
Left, especially the Communists. Profoundly intolerant
of the idealists, pacifists and intellectuals of his own
party, Bevin helped to bring about the resignation of
George Lansbury from the leadership by a savage attack at
the 1935 Party Conference. He used all the influence of
the trade union movement to inculcate a measure of realism
into Labour's foreign policy and in 1937 succeeded in
reversing its opposition to rearmament.

With the formation of Winston Churchill's coalition
government in 1940, Bevin became Minister of Labour.
Although he was on the threshold of his sixtieth year
and had had no previous ministerial experience, he soon
emerged as one of the toughest members of Churchill's War
Cabinet, displaying remarkable organisational ability in
mobilising the nation's manpower and industrial resources
and immense political courage in introducing the unpopular
anti-strike legislation. Bevin also showed a keen interest in foreign policy during the war, criticising the
narrow social base of British diplomacy and emphasising
the possibilities of using foreign policy as a means of
promoting the welfare of ordinary people everywhere.

For Bevin, as for the other Labour members, the long
service during the war was not simply a useful prelude to
office, but a major formative experience. The training
they received in the rough Churchillian school of
realpolitik left a deep mark on their whole outlook. A
first-hand knowledge of the practical problems of con-
ducting a foreign policy in a world of power frequently
led Bevin to side with the Conservatives against members
of his own party, as he did towards the end of the war
over the support of the royalist regime in Greece by
armed intervention. The wartime foreign secretary,
Anthony Eden, told the Commons that throughout their
service in the coalition there was never a disagreement
between them on a major issue. For his part, Bevin was
evidently predisposed to continue along the main lines of
the common policy after the coalition government came to
an end.

When the Labour Party was returned to power by the general election of July 1945, few people could have expected Bevin to become foreign secretary. Asked by Clement Attlee for his preference in the new administration, Bevin said that finance and taxation had been a special interest of his since his service in the Macmillan Committee of 1931 and asked to go to the Treasury, recommending Hugh Dalton for the Foreign Office. Attlee initially agreed, but later reversed the arrangement. Two main considerations made him decide to send Bevin to the Foreign Office. The first was his expectation, based on his experience at Potsdam, that the Russians would be aggressive and uncooperative and that Bevin would be the best man to deal with them. The second was that since Attlee had invited Herbert Morrison to become Lord President of the Council and Leader of the House of Commons, he feared friction between him and Bevin and decided to keep them as far apart as possible.[2]

Since Attlee chose Bevin as the most powerful of the Labour leaders and for his independence of mind, it was only natural that he should have left Bevin as much freedom as possible in determining the main lines of the Government's foreign policy and complete control over the execution of policy. Having a strong foreign secretary suited Attlee who took the view that foreign affairs was the province of the foreign secretary and made a point of not intervening, except in moments of crisis or when Bevin asked him to. '"If you have a good dog", he wrote in his autobiography, "don't bark yourself", is a good proverb, and in Mr.Bevin I had an exceptionally good dog.'[3] Attlee's main interests lay in the domestic sphere and this arrangement enabled him to concentrate on getting through the Government's vast legislative programme.

Attlee and Bevin were probably closer than any other two members of the Cabinet. By the time they took office, their personal friendship had grown into a mature political partnership. Attlee was quite clear on this point: 'My relationship with Ernest Bevin was the deepest of my life. I was fond of him and I understood that he was fond of me ... we understood each other very well'.[4] Temperamentally, they were well suited to work together: Attlee was quiet, unassuming, practical and detached, and tended to remain in the background; Bevin was

29

exuberant, full of ideas and enjoyed the exercise of power and the responsibility that went with office. He had a high regard for Attlee's critical judgement and formed the habit of thinking aloud in his presence so as to clarify his own thoughts, and of sounding him out before cabinet meetings. The initiative always lay with Bevin, but his formulation of policy benefitted from Attlee's common-sense approach and there is no evidence that they ever disagreed on any major issue.[5]

Bevin not only enjoyed the confidence of the prime minister to an exceptional degree, but also commanded the respect and trust of his cabinet colleagues. As the leading trade unionist in the Cabinet his personal position was unassailable. As a senior member of the 'Inner Cabinet', which included Attlee, Herbert Morrison, Sir Stafford Cripps and Hugh Dalton, Bevin was not only in charge of the Foreign Office, but was co-ordinator of overseas affairs generally.[6] His eminent position also ensured that the Foreign Office point of view was seriously considered by the Cabinet in the formulation of foreign economic policy.[7] The absence of a standing cabinet committee on foreign affairs enhanced Bevin's freedom of action and unchallenged dominance in this field. He worked in close contact with the chancellor of the exchequer and the president of the board of trade, and when he made up his mind to get a policy adopted, provided he had Attlee on his side, he rarely failed to carry the Cabinet with him.

The wide industrial base on which his influence rested, coupled with an assertive personality which commanded attention to his views on a wide range of matters made Bevin the strongest member of the Cabinet next to the prime minister. In the first year there were many references to 'Government by Triumvirate' (Bevin, Morrison and Attlee) and one commentator observed that 'Attlee is called Prime Minister, Morrison thinks he is Prime Minister and Bevin is Prime Minister'.[8] Whenever doubts arose about Attlee's capacity for leading the party and the Cabinet, it was usually Bevin who was thought of as the best replacement. Repeated attempts were made to organise a palace revolution. In September 1947, Cripps told Dalton: 'we must now shift Attlee and replace him by Bevin, otherwise the Government, the Party and the country are all sunk'.[9]

30

But Bevin threw his weight against a change, compared Attlee to Campbell-Bannerman in his gift of holding a team of clever men together, and asserted that the party did not need personal leadership. Consequently, as George Brown noted, 'whatever personal ambitions there were in the rest of the team more or less cancelled each other out. Attlee was hoist on Bevin's shoulders and as long as Bevin kept him firmly there nothing could break'.[10]

Bevin's ascendancy in the party was partly the result of his capacity for energetic leadership. His trade-union experience taught him that leaders must be prepared to lead and not simply to follow. His skill in ensuring that he had the support of the majority gave him confidence in asserting the rightness of his policies. But more important than his personal qualities was the solid and unswerving support he received from the trade unions. In party conferences he could always rely on their massive bloc vote to rout his opponents.

In exercising leadership and control over the Labour Party generally, and in directing without losing the support of the party conference in particular, the Attlee-Bevin partnership was as effective as it was in other spheres. Attlee posed as the impartial, unspectacular, almost self-effacing party chairman, always ready to bow to the will of the majority and a model of integrity and high principles. Bevin's impact was unmistakably that of a working-class leader, forceful and blunt, direct in argument and unsparing in his attacks on opponents, particularly when he found them guilty of the deadly sin of disloyalty to the party. Using to the full his powers as an orator, wooing and cajoling his hearers, he rarely failed to elicit the anticipated majority in support of government policies.

In the House of Commons, Bevin was far less effective as a speaker. He was fifty-nine when he first entered Parliament in 1940 and he was probably too old to adapt his style to the new setting. He was much more at home in the tougher atmosphere of the Trades Union Congress and in informal gatherings, where he usually established spontaneous rapport with his audience and where his cavalier treatment of syntax was overshadowed by the

force and conviction of his oratory. In the House of
Commons his surveys were dry and long-winded, and he was
unable to make a smooth speech or answer interruptions
effectively. When asked how he dealt with parliamentary
procedure, he replied: 'I stand up when they nudge me, I
sit down when they pull my coat'.

   Bevin's difficulties as a parliamentarian were increased
by the almost unremitting hostility which the left wing of
his own party displayed towards him. The Foreign Affairs
group of the Parliamentary Labour Party included many
intellectuals, pacifists and fellow travellers who spent
much of their time drafting critical resolutions and
argumentative papers which infuriated Bevin. For this
state of affairs he was partly himself to blame, because
he was out of touch with parliamentary opinion and took
little trouble to get to know his critics and explain
the reasons for his decisions. In-as-much as any explaining was done, it was by Dennis Healey who took it upon
himself to interpret Ernie to the party. Bevin did things.
Healey provided the intellectual rationalisation.[11] Bevin
himself was savagely intolerant of minorities. What in
his philosophy was unforgivable was any attempt to change
policy by critics who did not share his burden of responsibility. This was the cause of his hatred of intellectuals who criticised the official policy from the sidelines
or sought to modify it from the back benches.[12]

II

In contrast to his failure as a parliamentarian, as the
head of a government department Bevin was an almost
unqualified success. The news of his appointment was
received at the Foreign Office with some misgivings. It
was feared that the man who had warned in 1940 that 'the
limited Court Circular Society of the Chancelleries will
never return'[13] would set out to overhaul the diplomatic
service. But no wholesale changes in personnel took
place and Bevin soon became attached to his staff by a
bond of mutual respect and affection. Many of them
retained a sense of having worked with a great man with
a powerful intellect and an inspiring vision. 'He
radiated determination and personal force', writes Sir
William Hayter. 'He was substantially the ablest and
most powerful Foreign Secretary of my time.'[14] A no

less warm tribute was paid by Lord Strang who became permanent under-secretary at the Foreign Office in 1949: 'it
is difficult to think of a Foreign Secretary who inspired
more whole-hearted devotion in the members of the Foreign
Office at home and abroad than, by his qualities as a man
and as a stateman, this member of the unskilled working
classes and trade union leader was able to do.'[15]

Bevin made a deep impression on the Foreign Service as
a whole, and even those in distant parts who never had any
dealings with him were conscious of his impact. It was not
only that they felt he cared for their welfare and wished
to improve their conditions, or that he had shown his
readiness to stand up for members of the Service against
any criticism. As Bevin's private secretary pointed out,
morale was also boosted by the knowledge that 'foreign'
policy was now made in the Foreign Office - not at No 10
or elsewhere - and that once the foreign secretary was
convinced of the rightness of a given course it was unlikely that he would fail to get it endorsed by the
Cabinet. There was, furthermore, throughout the service,
great confidence in the basic soundness of his judgement
and admiration for the way in which he defended essential
British interests.[16]

It was sometimes alleged in the Labour Party that Bevin
was the victim of a successful bureaucratic conspiracy to
maintain the old order and prevent the promulgation of a
Socialist foreign policy.[17] There was little in Bevin's
personality to support the idea that he was an unwitting
puppet in the hands of wily and reactionary civil servants,
nor is there any evidence that his relations with his top
officials diverged from the normal constitutional pattern
in accordance with which their function was to advise and
his was to decide. He had a very strong will, normally
knew just what he wanted and had very clear ideas about
ministerial responsibility. Sir Ivone Kirkpatrick, who
succeeded Lord Strang as permanent under-secretary, has
emphatically rejected the claim that Bevin 'fell completely
within the hands of the permanent officials of the Foreign
Office ... He never allowed himself to be bounced into
doing something against his better judgement'.[18] 'Nothing
could be further from the truth', concurs Sir William
Hayter. 'He would listen patiently to what we had to say,
but he was liable to ask penetrating questions and his
decisions were often not those we expected or wanted. He

could be quite critical, too; once, when Rex Leper, on leave from Athens, was expounding to him his views on Greek politics, he said scornfully, 'You sound to me like 'Erb Morrison trying to fix an election'.[19]

When Bevin became foreign secretary in 1945, he had no direct experience of Foreign Office work. But he brought to his new job a great fund of wide and varied experience. He had a passion for knowledge, and, preferring conversation to reading, he picked up facts and ideas by talking to people. With his prodigious memory went a lifelong habit of distilling wisdom from experience and of rearranging disparate pieces of knowledge in new and unfamiliar patterns which threw a fresh light on problems. He mistrusted abstract ideas and theories and was supremely confident in the soundness of his own intuitive judgement precisely because it was so firmly grounded in experience. Nor did Bevin's lack of previous experience of Foreign Office work in any way mean ignorance of foreign affairs. As a trade union official, he was accustomed to attend conferences and discuss international problems with his foreign colleagues. He travelled extensively in Europe, the dominions and America, and had accumulated an impressive store of knowledge of foreign countries. In conversations with his officials, he frequently referred to his earlier experiences and contacts.[20]

As foreign secretary, two of Bevin's qualities were of particular significance: his grasp of essentials and his breadth of outlook. He had a gift for reducing complex situations to their basic components and of getting straight to the essence of problems. He took all the important decisions himself without getting involved in secondary problems. With this gift went an ability to look at international relations as an unfragmented whole. His decisions were not taken in isolation, but as an integral part of a general conception of Britain's foreign relations. 'For him there were no watertight compartments in foreign policy: the world was one.'[21]

Bevin's greatest contribution to the process of policy formulation in the Foreign Office was his creation of a committee composed of one of the junior ministers and the deputy and assistant under-secretaries, with the task of preparing studies on long-term aspects of policy. This was beneficial in offsetting the related tendencies of too rigid a division of labour and losing sight of long-term goals through immersion in minutiae. This committee provided a kind of planning machinery; it forced top officials to think about problems other than their own and provided the Foreign Office with an agreed set of goals and a sense of direction.[22]

Though never a dreamer or a utopian, Bevin was endowed with a rich imagination, with foresight and vision. For all his practical hardheadedness, he was the creator in politics. Attlee once noted that 'Ernest looked and indeed was the embodiment of common-sense. Yet I have never met a man in politics with as much imagination as he had, with the exception of Winston'. Comparing Bevin with Cripps, Attlee wrote that both men were tremendous egotists but 'Cripps had the egoism of the altruist, Bevin the egoism of the artist'.[23]

Fortunately for Bevin's assistants, his fertile imagination and the unsystematic quality of his mind did not impair his skill in keeping short-term and long-term goals constantly and simultaneously in mind. There was a sense of purpose in everything he did, and once he made up his mind he would not budge. This gave his policies a certain steadiness and consistency. It also enabled his subordinates, in acting on his behalf without troubling him with every decision they made, to feel reasonably sure that they were acting as he would wish them to act. They learnt to know the way the Secretary of State's mind worked and many of the senior members of the Foreign Office became remarkably adept at producing very quickly a document that correctly represented his ideas.

Another quality which must have endeared Bevin to his advisers was his indifference to the whole range of domestic pressures which frequently deflect less determined ministers from their chosen courses. Confident in his ability to maintain Cabinet backing for his policies, he experienced none of the normal anxieties of ministers about the public reactions to their policies. He talked about British foreign policy as _his_ policy; about negotiations as _his_ negotiations. According to Sir Ivone Kirkpatrick, he was singularly little perturbed by warnings that his policy might be unpopular in Parliament, in the

press, or in the trade unions.[24] Once, when someone mur-
mured to him that what he wanted to do might not be welcome
to the chancellor of the exchequer, he retorted, 'I'll
swing that Dalton round my 'ead'. Brought up in a tough
world, the prospect of opposition never daunted Bevin.
'He would square up to anyone,' wrote Attlee, 'physically
or morally, with relish.'[25]

   Bevin had boundless confidence in himself, in his ability
to marshal the evidence and reach the right conclusion, as
well as in his powers of persuading others to share his
point of view. Nor was he likely to be deterred from
action by the fear of responsibility. To quote Attlee
again:

   Because of his own genius for organisation and his
   confidence in his own strength, he did not fear — he
   embraced — power. Lord Acton's famous dictum on
   power probably never occurred to him. If he agreed
   that power corrupts, he would have said that it
   corrupted only the men not big enough to use it. And
   power was given to Ernest. Men recognised in him a
   national leader, someone to lean on. He attracted
   power. At a time when the Labour Movement had all
   the hopes, aspirations, ideas and saints necessary
   for Utopia, Ernest helped bring its feet to the
   ground by insisting that these things without power
   were useless. [26]

   A keen appreciation of the importance of power was the
main quality which Bevin carried from the trade union
movement to the Foreign Office. He knew from experience
that the highest ideals and noblest intentions were as
useless in diplomatic negotiations as they were in industrial bargaining unless they were backed by force. Believing that Britain's influence was a positive and constructive force, he concluded that only by surviving as
a world power could she continue to play an effective
role in a world dominated by power politics.

   As an actual practitioner of the art of diplomatic negotiations, Bevin's tactical ability was as impressive as
his grasp of the underlying dynamics. He mastered the
whole spectrum of diplomatic technique, ranging from complete intransigence to whole-hearted collaboration. The

36

particular technique he chose to deploy depended on the
setting, on the relative power positions and on his estimate of the other party's intentions, strengths and weaknesses. In dealing with the Russians, he was unyielding
and abrasive and never pulled his punches. In dealing
with his western and commonwealth colleagues, he could be
patient, helpful and accommodating. His forthright and
candid approach was a great asset in reaching agreement
and he frequently gained not only the confidence but the
affection of foreign statesmen.[27]

   Bevin was subtle and resourceful in employing a variety
of expedients, making the most of his strong points, ex-
posing the weakness of his opponents, never conceding an
issue of substance unless he received a comparable concession. He usually prepared his hand in advance, but
rarely showed it too soon, keeping his trump cards to the
end. Acting swiftly when speed was called for, he was
equally capable of patient and painstaking work, consoli-
dating his position after every step, retreating in one
sector in order to advance better in another, gradually
gaining support and allies and isolating his opponents.

   Once Bevin entered into an agreement, he observed it
scrupulously. He had a firm belief in the sanctity of
agreements and it was a point of honour with him to keep
his promises. The resulting confidence which the other
side could feel in any commitment into which Bevin had
entered was part of his strength as a negotiator.

   Another feature of Bevin's approach to diplomatic negotiations was his emphasis on the economic factors. A
foreign secretary negotiating from a position of economic
weakness was, in his view, in the same difficulty as a
trade union official who was bargaining with employers
when the coffers of his union were empty. Britain's
acute economic weakness put him at a severe disadvantage
in dealing with foreign powers. He often said that a few
million tons of coal at his disposal would have made all
the difference to the outcome of some of his negotiations.

III

Bevin took control of Britain's foreign policy at a time
when the foundations of her former international pre-

eminence had been swept away by a revolution in the global distribution of power. The outcome of this revolution, which was completed by the Second World War, was the emergence of two non-European giants, Russia and America, which between them dominated the world scene and completely overshadowed the old centre of power in Western Europe. Britain's own decline was temporarily masked by the glamour of victory. But she emerged out of the war economically exhausted, militarily over-extended and with her political influence dangerously reduced. Her position as the leader of a world-wide empire was under stress and subjected to challenges everywhere. Britain retained the commitments, but not the capabilities of a great power.

At the same time, the British nation and the British political elite maintained a high degree of psychological involvement in world affairs; only an insignificant minority favoured a withdrawal into 'Little England'. Bevin's own faith that Britain was and should remain a major force on the international stage was stated in no uncertain terms:

His Majesty's Government do not accept the view ... that we have ceased to be a Great Power, or the contention that we have ceased to play that role. We regard outselves as one of the Powers most vital to the peace of the world and we still have our historic part to play. The very fact that we have fought so hard for liberty, and paid such a price, warrants our retaining that position; and indeed it places a duty upon us to continue to retain it. I am not aware of any suggestion, seriously advanced, that by a sudden stroke of fate, as it were, we have overnight ceased to be a Great Power.[28]

The main hope for a stable world order lay in the continuation of the wartime alliance between the Big Three, Russia, America and Britain. The election slogan 'Left understands Left' not only expressed the Labour Party's traditional pro-Soviet policy but pledged the new foreign secretary to promote close collaboration with the Kremlin rulers. But these confident hopes were soon dashed by a rapidly deteriorating international situation. With the defeat of Germany, the wartime alliance began to break down. Instead of treating Germany as a single economic

38

unit to be administered by the allies jointly through the Allied Control Council as stipulated in the Potsdam agreements, the occupying powers began to impose in their respective zones their own social, economic and political systems. Because of its central position in Europe, Germany was the touchstone of relations between Russia and the West and the deadlock here extended to most other spheres. As the cleavage deepened, Britain became the chief target of Soviet hostility. This took the form of a sustained propaganda campaign in the United Nations designed to isolate Britain by depicting her as a decadent imperialist power, as well as direct pressure to tip the scales against Britain in important strategic areas.

Unlike some of his colleagues, Bevin, ever inclined to expect the worst and not the best, entertained no extravagant hopes of continuing East-West harmony when he came into office. Having battled against communist infiltration in the trade union movement and having witnessed the growing difficulty of maintaining a united front with Russia over Poland towards the end of the war, Bevin was not particularly surprised by the pattern of Russian behaviour. Nor did he make any concessions, which might smack of 'appeasement', to elicit Russian goodwill. On the contrary, as the American Secretary of State observed at Potsdam, 'his manner was so aggressive that both the President (Truman) and I wondered how we would get along with this new Foreign Minister.'[29] All subsequent Russian moves were interpreted as evidence of her desire to undermine the regimes of Western Europe and take advantage of Britain's post-war weakness to hasten the collapse of the British Empire and move into the power vacuums which this would create.

Bevin did not think that the Russian leaders wanted war, but he feared that they would not be able to control the consequences of their policy of 'all mischief short of war'. 'We are forced to recognise', he told a Commonwealth Prime Ministers' conference, 'that the Soviet policy of expansion backed by her historic national ambitions and her Communist belief has engendered its own dynamite which may prove too strong for Stalin despite his shrewdness and his power. I don't think he is planning for war, but he may be unable to control the forces he has started. We have always got to be prepared for that'.[30]

39

Bevin made no allowances for Russia's own security fears arising out of her fearful losses during the Second World War and her consequent vulnerability. Soviet policy of imposing Stalinist regimes on Eastern Europe he rightly denounced as blatant violations of the Yalta agreements, but he ignored the defensive aspect of this policy prompted by fears of a resurgent Germany and 'capitalist encirclement'. He also assumed that Russian ambitions extended to Eastern Europe which the Russians regarded as their rightful sphere of influence.

Churchill got on much better with the Russians because he and Stalin spoke the same language of power-politics, as illustrated by the notorious percentages agreement. Churchill conceded that another country's vital national interests can sometimes override moral considerations. Bevin, to a certain extent, displayed the moralistic and self-righteous streak of British foreign policy which assumes all too readily that this country alone stands for justice and equity in international relations, whereas all others are selfish nationalists. Such an attitude did not make for smooth relations with foreigners, as is clear from Molotov's curious comment to Bevin at Potsdam: 'Churchill and Eden used to be friends of the Soviet Union, but you and Attlee are old-fashioned British imperialists'.[31] Most people would say Bevin's mistrust of the Russians was not unjustified and would also agree with him that 'You can never ... deal with the Russians if you lie down and let them walk all over you'.[32] But an understanding was not brought any nearer by Bevin's sanctimonious outpourings and his habit of addressing Soviet leaders as if they were representatives of a recalcitrant branch of the Transport and General Workers' Union. Thus, in what he called 'a heart-to-heart with Molotov' in December 1947, Bevin is reported to have said:

Now, Mr.Molotov, what is it that you want? What are you after? Do you want to get Austria behind your Iron Curtain? You can't do that. Do you want Turkey and the Straits? You can't have them. Do you want Korea? You can't have that. You are putting your neck out too far, and one day you will have it chopped off. We know much more about you than you imagine. We know that you cannot stand a war. But you are behaving in such a way that one day there will

be a show-down. And you will have to give way in
the end and lose your credit with your own people.
You cannot look on me as an enemy of Russia. Why,
when our Government was trying to stamp out your
Revolution, who was it that stopped it? It was I,
Ernest Bevin. I called out the transport workers
and they refused to load the ships. I wanted you
to have your Revolution in your own way and without
interference. Now again I am speaking as a friend.
You are playing a very dangerous game. And I can't
make out why. You don't really believe that any
American wants to go to war with you - or, at least,
no responsible American. We most certainly do not
want to. But you are playing with fire, Mr.Molotov,
and one day you will be badly burnt. And I don't
see the object of it all. If war comes between you
and America in the East, then we may be able to
remain neutral. But if war comes between you and
America in the West, then we shall be on America's
side. Make no mistake about that. That would be
the end of Russia and of your Revolution. So
please stop sticking out your neck in this way and
tell me what you are after. What do you want?[33]

   Whether Bevin's suspicions of Russia were justified, or,
to put it differently, whether Russian conduct was motivated by expansionist ambitions or security fears, is
largely immaterial for understanding Bevin's policy. What
mattered was Bevin's perception of a Russian threat,
imagined or real, and his reaction to that perception.
For Bevin, Russian policy posed a threat not only to
British interests, but to the whole incipient structure
of world peace. Having witnessed the disastrous consequences of the collapse of the balance of power under the
weight of German ambitions in the inter-war period, he was
determined to frustrate what he saw as Russian designs to
undermine the precarious post-war balance. With her
meagre resources, Britain could not by herself check
Russian expansion; Bevin therefore had to look elsewhere
for a counterweight to Russian power.

   This was not likely to be found in the United Nations,
the keystone of the Labour Party's foreign policy. At the
very first meeting the Security Council, designed as a
forum for international co-operation, degenerated into an

arena of political warfare. Bevin's manner caused the
Secretary-General some concern: 'He did not speak with
the traditional British moderation. At times, and particularly when outraged, he would descend to the Soviet
level of abuse; in the bitterness of his style and deli-
very, he competed freely with Mr Vychinsky ... Vychinsky's
calculated lunges maddened him: he was like a bull charg-
ing furiously at a red banner all over the field of
debate'.[34] The deep personal disenchantment which ensued
made Bevin uncooperative in his dealings with the new organisation.[35] While continuing to pay lip-service to the
idea of collective security, he began to look outside the
UN for a more robust regional instrument for ensuring the
safety of the British Isles and the protection of British
possessions and interests overseas.[36]

One solution which gained widespread popularity in the
period 1946-47, and which was urged on Bevin by many of
his own back-benchers with increasing force as the cold
war intensified, was the idea of the Third Force. The
third force would consist of Britain and the social democracies of Western Europe, standing ideologically half-way
between the rival systems of Russian totalitarianism and
American capitalism, balancing the two colossi on Europe's
flanks and acting as a neutral but positive force for
world peace. Bevin's biographer tells us that he considered this possibility seriously, and for a time was
inclined to favour it.[37] He rejected it, however, on the
grounds that the Continent and Britain could not, in the
time available, muster sufficient economic and military
strength to check the Russian threat. 'What remained of
Europe', recalled Attlee, 'wasn't strong enough to stand
up to Russia by itself. You had to have a world force
because you were up against a world force.'[38]

In reality the belief that democracy in Europe could not
survive without the closest support of the United States
pointed the way in the direction which Bevin now followed,
namely, an Anglo-American alliance. This was to become
the sheet-anchor of his foreign policy. In forging the
alliance with America, Bevin had to overcome the residual
friendship which the American public still felt for their
wartime partner in the east and the Roosevelt idea of
international brotherhood based on the great power concert
working through the UN as well as the age-old suspicions

of British imperialism, shared by many influential Americans.

America's coolness towards Britain put Bevin in a predicament. On the one hand he felt that, if the wartime honeymoon between America and Russia continued, Britain would be left out in the cold. On the other hand, to come out openly against Russia could only serve to confirm American suspicions of sinister British designs. He resolved this by adopting a double-pronged policy which aimed, diplomatically, at persuading the American leaders that the Roosevelt idea was based on dangerous illusions and, militarily, at holding the line against Russia, until America was ready to step into the breach. The eighteen months which followed the end of hostilities were particularly grim in view of Russian encroachment on northern Persia and Turkey and communist insurgency in Greece, which could only be resisted at a heavy cost to the British economy. After his famous 'Iron Curtain' speech on 5 March 1946 which shook American public opinion, Churchill cabled Bevin that Russian expansion in the Mediterranean had brought Truman and Byrnes to the British point of view that some show of strength and resistance was necessary to secure a good relationship with Russia. He predicted that this would soon be the prevailing opinion in the United States.[39]

Encouraging as this must have been to Bevin, his sense of timing made him wait for the opportune moment to confront the American leaders with the choice of assuming global responsibilities commensurate with their enormous power or allowing the Russians to take over large areas of vital strategic importance to the West. The head-on collision between the communists and the pro-western forces in the Greek arena provided Bevin with the clear evidence of communist intentions which he had been waiting for.[40] At the end of February 1947, he sent a message to the State Department saying that, from April, Britain would not be able to bear the burden of aid to Greece and Turkey. This message acted like a bomb-shell on the American leaders. It in effect told them that Pax Britannica was withdrawing from the eastern Mediterranean and that, unless they filled the gap, it would be filled by the Russians. The American Secretary of State, General George Marshall, 'wired Bevin in strong language, protes-

43

ting against the British action ... He asked Douglas to enquire whether this indicates a fundamental change in British policy. Bevin replied in the negative.'[41]

The significance of the Truman Doctrine from Bevin's point of view was that it committed American military power to the defence of Europe and removed his worst fears of an American return to isolation, but it offered no solution to the problem of Western Europe's economic weakness. So, when George Marshall in his Harvard speech on 5 June 1947 made tentative proposals of American aid for European economic reconstruction, Bevin 'grabbed them with both hands'. They offered a splendid opportunity of building up stable European economies as a bulwark against communist expansion. As Lord Franks later observed, 'the keystone of Bevin's foreign policy swung into place'.[42] Bevin's response to Marshall's offer was not, in fact, as spontaneous as it was assumed to be. He had been given an advance warning of the speech with an indication of its importance.[43] But when his advisers suggested that Marshall should be asked to clarify his intentions, Bevin shrewdly refused and preferred to work on the assumption that Marshall fully meant everything he said. Thus, to quote Herbert Morrison, 'Ernest Bevin most adroitly misinterpreted what was in effect a "feeler" as a definite proposal. His move to some extent turned a proposal into a fait accompli and Marshall aid began.'[44]

Marshall's invitation extended to all European countries, not only the western ones. The main condition was that the programme for European construction must come not from America but from Europe. Bevin took the lead in organising the European response and gave the impulse to the formulation of the European Recovery Programme. He publicly welcomed the invitation to Eastern Europe as 'throwing a bridge to link East and West', but privately he neither expected nor desired Russia to use this bridge. When Molotov arrived to the Paris conference on 27 June 1947 at the head of a large Soviet delegation, 'Bevin and British Foreign Office (as well as some American) officials were fearful that Stalin would agree and took no pains to create a hospitable atmosphere at Paris for Molotov'.[45] Bevin sternly resisted the Soviet proposals for aid without strings, insisted that there must be no delay and did not conceal his satisfaction at the Soviet departure.[46]

44

The Truman Doctrine and the Marshall Plan, taken together, went a long way towards realising the immediate objective of Bevin's foreign policy which was the erection of a global balance of power. In underwriting Western Europe's security and committing vast resources to her economic recovery, the United States offset Soviet preponderance on that continent. Like his predecessor Canning, in the early nineteenth century, Bevin could congratulate himself on having called in the New World to redress the balance of the Old.

In Bevin's case, however, this was followed not by a period of stability and detente, but by the intensification of the cold war. Paradoxically, the Marshall offer of economic aid contributed to the crystallisation of the division of Europe into two hostile blocs. Attlee called the withdrawal by the Kremlin of the Eastern European acceptance of the invitations to participate in the joint programme 'the declaration of the cold war'.[47] One of Bevin's under-secretaries at the Foreign Office observed that 'from the middle of 1947 onwards, decisions were taken towards uniting the free world, at the expense of widening the gap with the Communist world ... From then on the objective changed from "one world" to "one free world"'.[48]

It was not until the failure of the Foreign Ministers' Conference in London in December 1947, however, that Bevin finally and openly abandoned even the appearance of co-operation with Russia. The conference proved decisive precisely because it decided nothing. It finally demonstrated that no understanding could be reached between Russia and the West. A particularly vitriolic attack by Molotov was the last straw. 'Now 'e's gone too bloody far', complained Bevin to his advisers in his customary unvarnished vernacular. On 12 December, Bevin told a sympathetic House of Commons the long story of the breakdown of relations with Russia and concluded that 'we cannot go on as we have been going on ... I do not know what is going to happen in the future'.[49]

With the hopes of great power unity not only hopelessly shattered but manifestly seen by the public to be so, Bevin turned with characteristic energy to the execution of the next phase of his foreign policy. The starting-point of the new policy was the acceptance of the two camps and its aim was the building up of a broadly based anti-communist coalition backed by a powerful regional system of Atlantic defence. The main components of this policy were the Brussels Treaty Organisation and the Atlantic Pact. Its basic premise was the necessity of negotiating from strength. As Attlee explained, 'before Russia would consider reasonable relations with the free world, there must be a build-up of strength. Strength was the only factor which the Russians considered'.[50] This policy involved the pooling of the economic resources of the West and undertaking definite military arrangements. Britain was to abandon any notion of acting as an inter- mediary between the super-powers and throw her weight decisively into the western side of the scales. Britain also had no option but to accept American hegemony in the new constellation but would hope to be, in Harold Macmillan's phrase, 'the Greeks in the American Roman Empire'. In other words, Britain's role in the new world order would be on the one hand to harness America's vast economic and military power to the defence of the 'free world' so as to maintain an equilibrium between the two rival camps, and, on the other hand, to educate and restrain America and temper the exercise of her world power with British moderation, pragmatism and diplomatic skill in order to prevent the virulent ideological dispute between the two continental giants from escalating into an armed clash and plunging the world into a third world war. This dual role was to constitute the essence of Britain's strategy in world politics for over a decade after Bevin's death.

IV

If 1947 was the year in which the projected post-war settlement collapsed, 1948 was the year in which Bevin launched his alternative system. His new policy was un- folded on 22 January 1948, in the 'Western Union' speech which was perhaps the most momentous speech Bevin ever made on foreign policy. He began with a broad survey which was designed to demonstrate Russian responsibility for the failure of the United Nations and of the policy based on four-power agreement. He recalled events in the Balkans, France and Turkey, Hungary and Poland. He des- cribed the futility of the various four-power conferences

46

and added that things were brought to a head in the negotiations on the Marshall Plan because the Russians thought
'they could wreck or intimidate Western Europe by political
upsets, economic chaos and even revolutionary methods'.
He stressed that Britain always wanted 'the widest conception of Europe, including, of course, Russia', and described
her efforts to keep Europe united 'and thus avoid the
necessity of crystallising Europe into separate blocs'.
But these hopes were in vain because 'in Eastern Europe we
are presented with a <u>fait</u> <u>accompli</u>'.

All these developments pointed to the conclusion 'that
the free nations of Western Europe must now draw closely
together', and 'the time is ripe for the consolidation of
Western Europe'. This, together with the declaration that
Britain would make it a major objective of her foreign
policy to join with the free democracies of Europe in
forming Western Union, was the crux of his message. He
hoped that treaties with France and the Benelux countries
would form 'an important nucleus in Western Europe'. This
could eventually be extended to include the overseas territories of the European states. The United States was not
specifically included, but her 'power and resources will
be needed if we are to create a solid, stable and healthy
world'. On the form which this Western Union would take,
Bevin confined himself to the vaguest generalities. He
pledged the Labour Government to foster 'both the spirit
and the machinery of co-operation' and added that 'unity
should be more of a brotherhood and less of a rigid
system'.[51]

The 'Western Union' speech was hailed as the great
turning-point in British foreign policy, which ended
Britain's traditional insularity and committed her to
active participation in the movement for European unity.
In fact, it was so deliberately ambiguous and so lacking
in any concrete proposals as to be open to almost any
interpretation, and hence the almost unanimous chorus of
praise with which it was greeted in the British press, by
the American Government and by the European allies.

In the negotiations which ensued, Bevin used the Anglo-
French Treaty as the nucleus for the new groupings. The
main clause of that treaty, which was signed at Dunkirk in
March 1947, dealt with action to be taken in the event of

47

German aggression.[52]   Bevin now proposed the conclusion of
a series of bilateral treaties similar to the Dunkirk
Treaty, arguing that a premature conclusion of a multilateral defence agreement might be used by the Americans
as a pretext for withdrawing their troops from Europe.
But the Benelux representatives successfully pressed for
a multilateral pact, with a system of regular consultation
and provisions for economic, social and cultural collaboration to complement the military agreement.[53]   The negotiations proceeded swiftly, with an added sense of urgency
introduced by the communist coup in Czechoslovakia in
February, culminating in the signature of the Brussels
Treaty, on 17 March 1948, by the representatives of
Britain, France, Belgium, the Netherlands and Luxembourg.
The hub of this Treaty of Economic, Social and Cultural
Collaboration and Collective Self-Defence was article 4.
This carried the assurance of automatic assistance to any
one of the contracting parties which became the victims
of armed aggression in Europe.[54]

The turning-point which Bevin's Western Union policy was
held to mark was more apparent than real.   For Bevin, his
speech and the organisation to which it gave birth were
not conceived as part of a policy aiming at a united
Europe.   On the contrary, they were part of a scheme to
commit America formally to the defence of Western Europe
and thereby to underpin Britain's independent world role.
By constructing a nucleus of self-defence in Europe, Bevin
hoped to induce America to join in forming an Atlantic
security system.   He himself once admitted that Western
Union was just 'a sprat to catch the mackerel'.[55]

Bevin's outlook was unreservedly Atlanticist, and any
interest he may have shown in European unity sprang from
his belief in the imperative necessity of obtaining an
American commitment.   All the available evidence suggests
that from the beginning his policy was shaped towards this
end.   As early as 23 December 1947, Bevin informed Field-
Marshal Montgomery that 'he had suggested to the Foreign
Minister of France (M.Bidault) that the time had come to
begin the formation of a Federation or Union in Western
Europe, and if possible to bring the Americans into it'.[56]
On 13 January 1948, Bevin informed Secretary of State
Marshall that England was planning to approach France and
the Benelux countries with a proposal for a series of

48

bilateral defence agreements and asked what the American
attitude would be to this new alliance. Marshall replied,
after consulting Truman, that this initiative would have
the administration's whole-hearted sympathy.[57] Encouraged
by this reply, but realising that the administration was
not prepared to face up to Congress at the time on the
question of a military commitment, Bevin emphasised the
'self-help' element in his Western Union speech to arouse
congressional sympathy. In this task he was helped by
the war panic caused by Russian pressure on Berlin in the
first week of March 1948. On 12 March, a few days before
the signature of the Brussels Treaty, Bevin made the
first explicit proposal for a North Atlantic pact. He
made three suggestions: '1 Build around the five nation
pact. 2 A plan for Atlantic security. 3 A Mediterranean
system of security'.[58] The idea presumably was that
Britain would be the focal point of these three interlocking security systems.

Shortly after the signature of the Brussels Treaty,
Bevin approached the Americans again (on 23 April 1948)
with a proposal for converting the newly born organisation into an Atlantic pact. This, he claimed, would be
the best way of deterring Russian aggression and the
only way of making the French agree to the rebuilding of
Germany. He concluded that 'it would be very difficult
for the British, or other free nations, to stand up to
new acts of aggression unless there was a definitely
worked out arrangement, which included the United States,
for collective resistance against aggression'.[59] Truman
agreed, and in July formal talks on Atlantic defence
began in Washington between the representatives of America,
Canada, Britain, France and the Benelux countries. In
October, the Brussels Treaty Powers were able to announce
'complete agreement on the principle of a defensive pact
for the North Atlantic and on the next steps to be taken
in that direction'.[60] After the signature of the North
Atlantic Treaty on 4 April, Bevin said to a friend: 'It
is given to few men to see their dreams fulfilled. Three
times in the last year I know I have nearly died, but I
kept myself alive because I wanted to see this North
Atlantic Alliance properly launched. This has been done
today'.[61]

The foregoing account of the origins of NATO reveals

49

that Bevin was the real architect of the new organisation
and that in the eighteen months preceding its formation he
systematically used the widespread support for the cause
of European unity to induce America to modify her policy
of eschewing entangling alliances and in order to promote
an Atlantic pact with full American guarantees. The importance of the Atlantic Treaty for Britain, he told the
House of Commons, was that 'the situation which we had in
1914 and 1939, and particularly 1940 and 1941, when we had
to hold the fort waiting and wondering when other nations
would realise the gravity of the aggressive menace, while
at the same time we were using up and exhausting our
resources — that situation would not be allowed to occur
again'.[62]

When he described the treaty as 'the biggest step in
collective security that has ever been taken in the
history of the world',[63] however, he was guilty of con-
fusing collective defence, which is a regional concept,
with collective security, which is a universal concept.
Forming a regional pact was precisely the type of traditional power-politics expedient which collective security
was intended to eliminate. But Bevin persistently confused
the two. In his Western Union speech, he claimed that one
of the principles of his foreign policy was the discarding
of the old-fashioned conception of the balance of power.
This was probably intended as a sop for the left wing of
the Labour Party and should not be allowed to obscure the
fact that balance-of-power considerations were of fundamental importance to his policy. As Attlee observed, 'the
Brussels Treaty and the Atlantic pact were both ... a
recognition of the fact of the changed balance of power in
the world'.[64] This suggests the key to the understanding
of Bevin's foreign policy. Fearing the consequences of
the imbalance which Soviet domination in Eastern Europe
created, he threw Britain's weight and drew America into
a countervailing coalition which would redress the
balance.

V

Bevin shared the Churchillian idea of Britain standing at
the centre of three interlocking circles: the Atlantic
circle, the Commonwealth and Western Europe. On 17 November 1949, Bevin told the House of Commons that these

'three great sectors of the free world' are interrelated
and that the United Kingdom 'not only now but always will
have to reconcile its responsibilities to all three; we
cannot isolate ourselves from any of them'.[65]

The problem of reconciling Britain's obligations to the
three different circles had, of course, been felt long
before 1949, and we have already seen that in Bevin's
order of priorities the American circle came first. Its
corollary was that Britain's continental commitments
should move in step with American ones and on no account
in advance of them.[66] This in turn constituted a very low
ceiling of European integration beyond which Bevin was not
prepared to advance. His attitude to Europe was coloured
by traditional British insularity and mistrust of foreigners and their unstable political systems. To this was
added the socialist fear that relinquishing control over
vital sectors of the economy would imperil full employment
at home and lower the standard of living of the British
worker. But much more fundamental was his belief that by
merging its identity with Western Europe, Britain would
destroy the foundations of her special relationship with
the United States which would be tantamount to sawing the
branch on which Britain was sitting. Nor did he see any
reason why Britain should sacrifice her leadership of the
Commonwealth and her world role on which Hugh Dalton
called ' the doctrinal altar of European Federalism'.

The emergence of a federation on the Continent, from
Bevin's point of view, had a number of serious drawbacks.
Firstly, it would present Britain with the painful dilemma
of either joining it and thus becoming 'just a bit of
Europe', or of staying out and thus running the risk of
becoming an offshore island increasingly relegated to the
sidelines of international politics. Secondly, if the
process of federating Europe proceeded too precipitately
and without due regard to the need for American support,
it might clash with the building of the wider Atlantic
community which he considered necessary for Europe's welfare and security and for a stable world order. Thirdly,
the federation of Europe, if successful, would create the
conditions and provide an excuse for American isolationism,
thereby realising his nightmare of American withdrawal
from Europe.

For all these reasons, Bevin drew a sharp distinction between the goals of a European federation to which he objected and the goal of European co-operation which he readily supported. This was reflected in his preference for organisations like NATO which involved no painful surrender of sovereignty nor reduction of Britain's freedom of action as a result of having to deal with America through the intermediary of a European grouping. It was also reflected in his strong preference for traditional methods of co-operation over supranational ones and for a slow and pragmatic approach. 'I feel that the intricacies of Western Union are such', he said, 'that we had better proceed ... on the same principle of association of nations that we have in the Commonwealth ... and I think that adopting the principle of an unwritten constitution, and the process of constant association step by step by treaty and agreement and by taking on certain things collectively instead of by ourselves is the right way to approach this Western Union problem'.[67]

Differences about the aims and method of European co-operation increasingly soured Bevin's relations with the proponents of integration on the Continent after 1947. The Europeans were disappointed when the speed and gusto of his response to the Marshall offer were not matched by equal enthusiasm for European economic integration. Initially, all he wanted was a temporary organisation to divide up the Marshall pie. 'We have no idea of setting up a permanent organisation to rival the United Nations', he told the Paris Conference on 12 July 1947, 'It is a piece of ad hoc machinery to grapple with this special problem'.[68] It was only European demands for a permanent organisation reinforced by American insistence on progress towards economic integration that made Bevin give way. Even then, the Organisation for European Economic Co-operation (OEEC) which eventually emerged in April 1948 conformed to Bevin's idea of a loose, consultative inter-governmental organisation rather than to the French idea of a centralised supranational organisation. To the frequent American suggestions for clothing the organisation with real powers and providing it with an effective central machinery, Bevin's unyielding reply was 'we are willing to consult, get advice, hear views and get opinions, but beyond that we cannot go'.[69] On the various policy areas his colleagues felt that, by resisting progress,

Britain was defaulting on implied obligations after securing the lion's share of Marshall funds.

Similarly, in the Brussels Treaty Organisation, misunderstanding arose because, for Bevin, Western Union was a
means to an end, whereas for his partners it was an end in
itself. They expected him to follow up his general idea
of co-operation by specific application of policy to particular areas and problems, but when one endeavours to
discover what the particular policies may be, 'the record
is one of disconcerting obscurity'.[70] His whole policy
after his Western Union speech can in fact be interpreted
as an attempt to restrain the powerful European currents
he had helped to release and to get the genie back into
the bottle.

The popular enthusiasm generated by the European Congress
at The Hague in May 1948, however, could not be easily contained, particularly after it engulfed official circles.
The congress's proposal for the setting up of a European
federal assembly was adopted by the French and Belgian
governments who placed it on the agenda of the Consultative
Council of the Brussels Treaty Organisation. The story
goes that when Bevin heard the news, he was heard muttering
'I don't like it. I don't like it. When you open that
Pandora's box, you will find it full of Trojan horses'.[71]
He felt that a political authority should come at the end
and not at the beginning of the process of co-operation.
'I do not think it will work', he warned, 'if we try to
put the roof on before we have built the building'.[72] He
saw no possible British gain from an organisation which
was not linked to America and which had no clearly defined
function, particularly since it was conceived as the first
step towards a European federation. He also feared that
a European assembly would be irresponsible and meddlesome,
that it would waste time on fruitless controversies about
federal constitutions and might clash with the responsible
governments ending in embitterment and frustration.[73]

When it became clear that Britain's partners were prepared to go ahead without her and a special committee was
appointed to examine proposals for a European assembly,
Bevin yielded at the last moment and in a grudging manner.
He advanced the idea of a council of ministers as a
counter-proposal to the idea of a popular assembly. The

53

statute which eventually constituted the Council of Europe
embodied a compromise between the conflicting French and
British positions. It consisted of a council of ministers
with no executive powers and a consultative assembly with
no legislative powers. Even the assembly's consultative
capacity was hedged around with a thicket of restrictions.
Bevin had to a large extent succeeded in his objective of
making the Council of Europe 'as little embarrassing as
possible'.[74] By locating it in Strasbourg, which was a
difficult place to get to, Bevin may have secretly hoped
that it would die a natural death.[75]

   Having failed to prevent the birth of the Council of
Europe, Bevin tried to limit its functions so as to reduce
it to utter impotence. He used his considerable influence
particularly with the Scandinavian delegates, and Britain's
right of veto in the council of ministers to frustrate any
proposal for modifying the statute which would infringe
national sovereignty and to scotch any attempt to transform the assembly into 'a European political authority
with limited functions but real powers'. His disenchantment with the Council of Europe became so deep that in
January 1951 he seriously contemplated Britain's withdrawal from the organisation.[76]

   The one constructive effect of the buckets of cold water
poured by Bevin on successive federalists' initiatives in
1949-50 was to clinch their decision to go forward with
Britain if possible, but without her if necessary. The
new strategy which was elaborated by Jean Monnet for acting
on 'one but decisive point' was reflected in Robert
Schuman's historic call on 9 May 1950 for the pooling of
Europe's coal and steel resources. This plan was conceived
as a solution to the European crisis of over-production, as
a framework for the solution of the German problem and as
the first step towards an eventual European federation.
But it also contained, as one French official admitted,
'the intention of forcing the hand of the British Government'.[77]

   By failing to inform Bevin of his plans until the last
moment and then confronting him with a _fait_ _accompli_,
Schuman aroused Bevin's anger and suspicion. Dean Acheson,
who saw Bevin on the day of the French declaration, reported that he 'bristled with hostility to Schuman's whole

idea'.[78] The negotiations which followed had all the
appearances of a dialogue of the deaf between France's
cartesian insistence on the acceptance of the principle
of a supranational high authority and British diplomatic
pragmatism which would not countenance any prior commitments. Bevin's note of 25 May[79] proposing direct talks
between France, Germany and Britain without a preliminary
acceptance of the supranational principle suggests that he
may not have fully appreciated the nature and seriousness
of Schuman's proposals. French insistence on a supranational authority was not just 'a pedantic whim' as
Churchill suggested, but stemmed from the belief that
without it there would be no united Europe and the Schuman
plan would be doomed to failure.[80]

The French and British positions remained intransigent
and the gap between them could not be closed. On 3 June
France, Germany, Italy and the Benelux countries announced their intention of adopting the Schuman proposals as
the basis for negotiations. A British communique said
that Britain could not join the negotiations on that basis
and that the British Government was preparing its own
counter-proposals inspired by the French initiative.[81]
The publication on 13 June 1950 by the Labour Party's
National Executive of a pamphlet entitled European Unity
threw a spanner in the works of British diplomacy. Although Bevin agreed with the substance of its arguments
against the surrender of control over Britain's heavy
industries to a supranational authority, he was acutely
embarrassed by the tone and timing of this thunderbolt
which had fallen out of Transport House. But a more likely explanation of the British failure to publish any
counter-proposals is that Bevin, who was by now seriously
ill, was led to believe that the negotiations between the
Six would collapse without any British 'help' and that,
by putting forward her own proposals, Britain would only
incur the blame for the breakdown in discussions.[82] This
assumption must have been comforting for Bevin for whom
Schuman's proposals conjured up the spectre of a European
political federation. But Bevin's assumption was soon
shattered by the agreement of the Six to establish the
European Coal and Steel Community. Thus 'the first
European bus had started with Britain waving a limp hand
in farewell from the kerbstone'.[83]

The dangerous split between Britain and Europe which started with the Schuman Plan was reinforced by the acrimonious debate on German rearmament and the project of a European army. The outbreak of the Korean War prompted American demands for an immediate German contribution to western defence. On 12 September 1951 at a meeting in New York, Mr Acheson proposed to Bevin and Schuman the raising of German divisions to serve in NATO. Bevin strongly opposed this idea, but when the American demand was presented in the form of a package deal in which the sending of American reinforcements to Europe and the appointment of an American supreme commander were made contigent on agreement to rearm Germany, Bevin rallied round to the American position.[84]

Unable to accept the American proposal for the raising of an independent German army, France proposed in October 1950 an ingenious formula for caging the German tiger. This was the Pleven Plan for a European Defence Community which would contain German units integrated at the lowest possible level with other European units. Bevin's outright rejection of the French plan was dictated by his hostility to the supranational formula on which it was based, his reluctance to undertake any continental commitment which was not shared by the United States, and, above all, by his conviction that only an Atlantic framework could adequately guarantee Europe's defence. The French plan, he told the House of Commons, 'will only delay the building of Europe's defence ... we take the view that the proposal for a European Army is too limited in scope. We cherish our special ties with our old European friends, but in our view, Europe is not enough; it is not big enough; it is not strong enough and it is not able to stand by itself. I understand the urge towards European unity and I sympathise with it, and, indeed, I did much to help bring the Council of Europe into being. But I also understand the New Paradox that European unity is no longer possible within Europe alone but only within the broader Atlantic Community'.[85] The controversy over the European Defence Community raged for another four years, but the British decision not to join it, taken under Bevin and not modified subsequently, was probably the single most important factor in its eventual defeat in 1954.

In contrast to the negative policy which Bevin pursued in
the European circle of British foreign policy, his policy
in the Commonwealth circle was both imaginative and constructive. As in this sphere policy was not worked out
by Bevin alone, but in close co-operation with successive
colonial secretaries and the prime minister (who was a
former dominions secretary and played an important part
in Commonwealth affairs), we shall confine ourselves to
the main lines of the Government's colonial policy and at
the same time examine Bevin's policies in the Middle East
and the Far East which do not neatly fall into any of the
three circles.

Throughout the Empire, at the end of the war, the
British Government was faced with nationalist stirrings
and demands for self-rule. Britain had neither the forces
nor the funds to retain the Empire by force, and such a
course, in any case, had no appeal whatever to the Labour
leaders whose party's traditions had always been so
critical of imperial rule. So necessity and ideology
coincided in encouraging them to guide the colonial
peoples to self-government and gradually transfer the
Empire into a multiracial Commonwealth of independent
nations. It was hoped that by rebuilding the relations
between Britain and her former colonies on a new footing
of equality, it would be possible to maintain and even
expand the economic and strategical links between them
and thus provide a more viable forum for Britain's leadership and international influence.

This enlightened conception of self-interest accorded
equally with Bevin's interest in colonial economic development and with his recognition of the need to scale down
Britain's overseas commitments in order to bring them
into line with Britain's reduced material resources so as
to obviate the danger of over-extension and disproportion
between means and ends. India and Pakistan were granted
independence in 1947 and Burma and Ceylon in the following
year.

Withdrawal from the Indian sub-continent, however, rendered inoperable an idea which dominated British military

thinking at the time and which was accepted by the Cabinet's Defence Committee in April 1946. This was Field-Marshall Alanbrooke's conception of utilising the resources of the Commonwealth for defence in depth by means of a chain of inter-linked defence zones encircling the globe. As Alanbrooke recorded in his Autobiographical Notes: 'With the loss of India and Burma, the keystone of the arch of our Commonwealth Defence was lost, and our Imperial Defence crashed. Without the central strategic reserve of Indian troops ready to operate either east or west, we were left impotent and even the smallest of nations were at liberty to twist the lion's tail'.[86]

The resultant shift from the Empire to Europe as the first priority of Britain's strategy should have been accompanied by a reassessment of the value of the Middle East as the line of communication to India and an over-haul of the security arrangements in the area. It should have been apparent that any attempt to maintain physical control of the area would be of doubtful utility, would be costly and would exacerbate local hostility to British presence, and that Britain's remaining political and oil interests could be best protected by non-military means. Bevin to some extent realised this and one of his earliest acts in the Foreign Office was to circulate a memorandum on the theme of 'Peasants not Pashas', directing his officials' attention to the need to look at the problem of the Middle East from a new standpoint.[87]

But the pressure from within the Foreign Office and the War Office for continuing to uphold traditional British interests in the Middle East by traditional means was enormous. Whitehall remained firmly wedded to the view that the Arab states were essentially pro-British and, if properly handled, factors of stability in the area, where-as Zionism meant the intrusion of an alien and disruptive element which was bound to undermine Western influence in the Arab world. Bevin came to share the views of his advisers and he set out to secure a few viable bases in the Middle East from which the Suez and overland routes to the East and the Iraqi and Persian Gulf oil could be protected. This goal could be approached by a number of alternative routes, all of which were subject to two overriding constraints. In the first place, such bases could not be maintained, or at least could not be maintained at an acceptable level of cost, in the teeth of opposition from the host countries. Second, the consent of these countries could only be obtained by pursuing a policy in Palestine of which they approved.

The Labour Party was committed to abolishing the 1939 White Paper which restricted Jewish immigration into Palestine. In order to gain Arab goodwill, however, Bevin clung to the policy laid down in that White Paper. This was only one aspect of a wider policy of maintaining the status quo in Palestine until he could work out new agreements with the Arab regimes to safeguard British interests. But the situation in Palestine was far too volatile and explosive, and Bevin's attempt to freeze it not only intensified the Jewish campaign of defiance and violence, but also put Britian at loggerheads with America.

Pressure from President Truman on the British Government to issue 100,000 certificates for Jewish immigrants from Europe into Palestine led to the appointment of an Anglo-American Commission of Inquiry in April 1946. Of the commission's proposals Truman accepted only the admission of 100,000 people. Bevin insisted that the implementation of the commission's proposal for the dismantling of illegal forces must precede this, and also demanded American financial and military support to enforce the entire scheme. Bevin was enraged by what he regarded as Truman's cynical disregard for the fate of the Arabs in Palestine in his pursuit of American Jewish votes and funds for the Democratic Party. There was another committee, another plan, another conference, and a long series of embittered exchanges between British, Jews, Arabs and Americans, but it was obvious that the whole issue was getting nowhere. When Britain's final compromise plan of February 1947 for self-governing Jewish and Arab cantons was promptly turned down by both parties, Bevin, by now exasperated by the mounting tide of Jewish terrorism, announced his decision to drop this hot political potato into the lap of the United Nations.

When the United Nations came up with its partition plan, Bevin refused to accept any British responsibility for enforcing it and used the last few months of the British mandate to gain Arab goodwill. The manner of British withdrawal made chaos and war inevitable and Bevin was now

ready to play his last card. This aimed at taking advantage of the chaotic situation in Palestine in order to
gain for Britain's only reliable ally, Transjordan, access
to the Mediterranean. Such a move would make that country
suitable for the relocation of the bases from Iraq and
Egypt. Accordingly, Bevin encouraged King Abdullah to send
the Arab Legion, following the Jewish declaration of an independent state on 15 May 1948, to capture at least part
of the territory, which was allocated to the Arabs under
the partition plan.[88] This scheme backfired disastrously.
The intervention of Transjordan provoked other jealous
Arab countries to send in their armies to block her expansion as much as to fight the Jews. The Israelis offered
unexpectedly successful resistance to all the Arab armies
and barred Transjordan's path to the sea. Bevin tried to
turn these reverses to his own advantage by gaining Arab
gratitude for British arms, diplomatic support and delaying tactics at the UN. It was all to no avail and Britain
eventually had to submit to the UN resolution calling for
a cease-fire and an arms embargo.

The Arabs, far from being grateful, denounced this as
another example of British treachery and blamed their
defeat on their benefactor. The collapse of Bevin's
policy left Britain in an exposed and vulnerable position.
In the aftermath of the 1948 war, the Arab world was shaken
by a wave of nationalist agitation, violence and coups.
The revised Anglo-Iraqi Treaty signed early in 1948, which
Bevin hoped would mark the beginning of a series of treaties regularising Britain's relations with the Arab world,
was torn up by a Baghdad mob. In Egypt, 80,000 British
troops were beleaguered in the Suez Canal base, deprived
of supplies and harassed by guerrilla attacks. The
Egyptian Parliament twice rejected drafts for a revised
Anglo-Egyptian treaty before a new government came to
power and unilaterally abrogated the 1936 treaty. King
Abdullah of Transjordan, whose friendship with Britain
remained unshaken, was assassinated by a Palestinian to
ward off a possible Israeli-Jordanian settlement. Bevin's
efforts to replace Britain's bilateral treaties with the
Arab countries by a collective defence arrangement was
frustrated by nationalist opposition and inter-Arab
rivalties. Mounting political instability underscored
Britain's loss of control over events in the Middle East,
and in May 1950 America intervened alongside Britain and

France by means of the Tripartite Declaration which aimed to stabilise the situation and bring all the Arab countries into a regional defence organisation.

In one of the rashest statements of his political career, Bevin staked his reputation on solving the Palestine problem. He failed, and it was perhaps his greatest failure. The brutality which characterised Bevin's handling of the problem was attributed by his enemies to anti-Semitism. Bevin was not, in fact, anti-Jewish, only anti-Zionist. The idea of a Zionist state is reported to have given him nightmares of thousands and thousands of Harold Laskis pursuing him down the road. The real explanation of his disastrous policy probably lies in the sense of frustration he experienced in being caught up in the cross-fire from all directions. In fairness to Bevin, it has to be said that he inherited a position hopelessly enmeshed in incompatible claims, dating back to the First World War, which British governments had made to the Jews and the Arabs. It is difficult to see what other policy could have worked. Nevertheless, his own handling of the situation, in Hugh Dalton's apt phrase, was 'a crescendo of stupidity'.[89]

In South-East Asia and the Far East, Bevin accepted the necessity of relinquishing privileged positions and reducing commitments with more realism and grace than he did in the Middle East. Here there was not the same clash between the demands of Asian nationalism with which he sympathised and the strategic requirements of Great Britain. After the grant of independence to the Indian sub-continent, which in itself was a major contribution to the transformation of empire into commonwealth in this area, the remaining British interests were predominantly economic. Bevin, therefore, aimed to create peaceful and stable conditions in the interests of British trade and investments. In one of his early surveys he outlined to the House of Commons the main elements of this policy of utilising the colonial heritage to the mutual advantage of Britain and Asia:

There is Indonesia, Malaya, Ceylon and a new China emerging. There is all that new development and I think the policy we have to follow so far as the dependent territories are concerned which are emerging into independence, is to nurse them, guide them, help them to change over as a going concern, to keep

61

their administration intact, to provide them with
experts. I am not too sure that from the point of
view of our own interests in this country, we would
not do far better by helping other countries and
assisting them from a purely trade point in trade
and commerce than we did under the old-fashioned
Colonial system of the past. That is our policy
in the Far East.[90]

Bevin found co-operation with America easier to attain
in South-East Asia and the Far East because the interests
of the two allies converged here to a far greater extent
than they did in the Middle East. The common interest in
preventing the spread of communist influence in the area
found its expression in a joint strategy of 'containment'.
But, whereas for America containment was more of a military
policy which depended on American control of the island
chain and bases around the Asian land-mass, Bevin preferred
to practise containment by using friendship and economic
links to build up a belt of pro-western states. He also
assumed the role, whenever possible, of acting as an intermediary between America and the Commonwealth countries to
remove mistrust and work out common policies. After
agreeing with the Americans in September 1949 on the negotiation of a peace treaty with Japan, for example, Bevin
induced them to move at a slower pace than they intended
in deference to the feelings of Australia and New Zealand
and had a report drawn up on Commonwealth interests to be
taken into account in the negotiations.

When the Chinese communists emerged in 1949 as the effective government of China, Bevin tried hard to harmonise
America's reaction to the communist victory with that of
Britain and the Commonwealth. He reasoned that since the
West did not have the power to reverse this victory, the
best policy would be to recognise China and work for an
accommodation between her and her neighbours. He regarded
Dean Acheson's idea of Western intervention as dangerous
and warned that American hostility would drive China into
the arms of Russia. His policy of promoting diplomatic
contacts and trade between China and the West was designed
to have the opposite effect of preventing the integration
of the two great communist powers. 'I believe we were
right', he observed later, 'to recognise the People's
Government and not to leave the Russians to assume that

they were the only country to do anything at all for China'.[91] Consideration of British economic interests and the pressure exercised by the Far Eastern traders also inclined Bevin towards an early recognition of China.

But the decisive factor in granting de jure recognition on 6 January 1950 was to preserve a united front with the Asian members of the Commonwealth and retain the goodwill of India in particular. In a conversation with Acheson, Bevin had to recognise that the interests of their countries diverged in this issue. The US Government was withdrawing; the UK was trying to 'keep a foot in the door and see what happens'.[92] It was not long before America and China were involved on the opposite sides of a dangerous international crisis. The American policy-makers saw the North Korean invasion of South Korea in June 1950 as part of a communist plan co-ordinated by Moscow and Peking. They organised a concerted military intervention under the UN banner to repel this aggression, and Bevin supported them in this. But when they sent the Seventh Fleet to beutralise the Straits of Formosa, he privately remonstrated against this provocative act which he feared might plunge those countries who supported the American intervention in Korea into a war with China.[93]

Bevin's self-appointed task of mediating between American power and Asian sensitivity, his consciousness of the economic factors which underlay international questions, his inclination towards a functional Commonwealth serving as a bridge with non-Commonwealth countries and across different stages of economic development, all found their clearest expression in his promotion of the Colombo Plan. As the Commonwealth Conference of January 1950, decisions were reached to establish the machinery of co-operation as well as on specific technical measures for the development of South-East Asia. Bevin failed to draw American capital on the requisite scale and Britain's own contribution was necessarily limited. Nevertheless, his work at the Colombo Conference, which was one of the last international gatherings he attended, showed that to the end he retained the belief that a decent standard of living was the way to economic stability without which no political stability was possible, and that co-operation between the western powers in developing their colinial territories would contribute to the material welfare of

the latter, benefit the former and promote international
harmony. It was a fitting end for the career of a man who
wanted to be remembered, above all, as a bread-and-butter
statesman.

VII

In evaluating Bevin's overall record as foreign secretary,
one need not dwell on the domestic political setting in
which it was formulated, because this played a minimal role
in influencing the evolution of his policy. The organisational context, on account of Bevin's close collaboration
with his officials, enhanced Bevin's performance as foreign
secretary, but it cannot be said to have imposed on him the
main lines of the policies he pursued. The Foreign Office
was the instrument through which he carried out his policy,
not the policy-making machine of which he was content to
remain the mouthpiece. So much cannot be said for every
British foriegn secretary. Bevin's political status was
such that once his policies were formulated, he almost
invariably managed to secure their acceptance by the
Cabinet, the Labour Party and Parliament. This leaves as
the two crucial factors: Bevin, the individual, his views,
beliefs, attitudes and personal qualities; and the international environment.

Bevin's personality was a mass of contradictions: so
rugged, simple and monumental if looked at from afar, so
gnarled, complicated and even mysterious on close viewing.
It is best seen as a series of contradictory impulses:
the nonconformism that was intolerant of minorities, the
anti-totalitarianism that required monolithic loyalty,
the humanitarianism that went hand in hand with obstinate
brutality, and the breadth of wisdom which co-existed
uneasily with prejudice and occasional vanity. But above
all others towered the qualities of pragmatism, toughness
and unshakable self-confidence.

The international environment which confronted Bevin on
his accession to office was fraught with uncertainty.
Even before the final defeat of Germany, deep cracks had
developed in the wartime alliance between the Big Three
which was intended to provide the mainstay of the post-
war international order. The direction which Russian
policy would take in the aftermath of victory remained an

enigma. America's new leader was an unknown quantity and it was by no means certain that America was ready to assume global responsibilities commensurate with her vastly expanded power. Britain emerged out of the war as one of the principal architects of victory and with a richly deserved membership of the triumvirate of world power. In terms of her responsibilities, she remained a world power, but she was economically prostrate and militarily exhausted, and her political influence owed more to her past reputation than to any solid, continuing source of international power.

Fortunately, Bevin's qualities as an individual were the ones most needed by Britain in the harsh and hazardous international environment of the post-war period. He was called on to preside over a phase of history which few nations have conducted with ease and dignity, and he carried out the task, except in the Middle East, not gracefully, nor easily, but with great realism and foresight. To some extent, Bevin compensated for Britain's reduced power and status with his own commanding personality and strength of character. Her economic weakness could have had disastrous consequences, had it not been for the shrewdness and skill with which he pleyed his meagre hand. He took a whole range of difficult and grave decisions without flinching and bore with fortitude the ever-increasing burdens of his office which included the most extensive and strenuous round of international conferences in the history of British foreign policy. It may well be, as The Observer suggested in May 1948, that 'history will very possibly rate him as one of the greatest Foreign Secretaries this country ever had and the best she could possibly have had at this particular juncture'.

Meanwhile, in considering the verdict of his contemporaries, one is confronted with a curious paradox: Bevin's most vociferous and persistent critics are to be found within the ranks of his own party, whilst his political opponents sustained him in Parliament and heaped praise on him. This paradox can only be explained by the fact that within weeks of coming into office Bevin began to pursue a policy which the left wing of the Labour Party regarded as the antithesis of a 'Socialist foreign policy'. Bevin's very first speech in the House of Commons as foreign secretary dashed their hopes that Labour's accession to power would mark a clean break with the past and the promulgation of a new foreign policy. The nature of this 'Socialist foreign policy' was never defined precisely or authoritatively, but its main elements were a belief in international co-operation, a commitment to international proletarian solidarity, anti-capitalism and opposition to the whole syndrome of power politics.[94] Bevin's critics on the Left claimed that he reversed all these tenets by initiating a policy which was nationalistic, anti-Russian, pro-American, and which he conducted with the traditional instruments of statecraft.

It was said, not altogether without reason, that the Labour foreign secretary dropped nothing of the programme of his Tory predecessors, except the aitches. He certainly worked for a bi-partisan foreign policy and employed his principal private secretary, Sir Pierson Dixon, as an intermediary between himself and Anthony Eden.[95] It is not surprising, therefore, that the guardians of doctrinal purity remained highly critical of Bevin's handling of foreign affairs.

The repudiation of a 'Socialist foreign policy' in favour of 'continuity' also accounts for the support which Bevin received from the Conservatives and the proponents of the traditional or 'realist' approach to international relations. Typical of this second group is Lord Strang, who wrote: 'It is to the enduring credit of the Labour Government, and of the Foreign Secretary, Ernest Bevin, in particular, that, bypassing party doctrines, they framed policies which were suited to strategic realities and to the national interest as traditionally understood, and which were well devised to take account of the change in our place in the world and to enable us, even in the altered circumstances, to continue to play a continuing worthy part on the international stage.'[96]

Neither the criticisms nor the eulogies of Bevin can be accepted without qualification. His refusal to be ideo-logically blinkered and to adopt a set of abstract and dogmatic principles as the basis for his policy in a field where flexibility and pragmatism are of the essence is largely to his creidt. Moreover, the proponents of a 'Socialist foreign policy' were for the most part isolated intellectuals and mavericks who spoke for no one but them-selves. It was not they, but Bevin who represented the

66

true sentiments of the rank-and-file Labour supporters, their attachment to British sovereignty and their concern with the welfare of the working classes of this country.

At the same time, Strang's eulogy must be qualified by pointing out that Bevin's defence of 'the national interest as traditionally understood' is by no means synonymous with either wisdom or success in the conduct of foreign policy. Indeed, attachment to the traditional concepts of British statecraft could produce policies which were singularly unsuited to the new 'strategic realities'. Thus, Bevin's adoption of a traditional Tory foreign policy in the Middle East, bypassing Labour Party doctrines, precluded Britain from playing 'a continuing worthy part' on this section of the international stage precisely because it failed to take account of altered circumstances.

In Western Europe, too, Bevin's traditional outlook and methods made him a roadblock on the path to European unity. Altered conditions called for a reversal of Britain's negative balance-of-power precepts and offered new opportunities for constructive and imaginative statesmanship. It is true that no influential leaders of either party were prepared for a merger of British sovereignty in an organic European union and that there was not a great deal Britain could do on her own to reconstruct Europe's war-ravaged economies. But in the critical years of 1945 and 1946 Britain's prestige was higher than that of any other nation and the Social Democrats on the Continent looked desperately to Britain for a lead. But they looked in vain. There was not a word of encouragement from the Labour foreign secretary who was simply not interested because they were weak in power terms.

Bevin's sights were firmly fixed on the super-power relationship. His whole outlook was dominated by an acute perception of a Soviet threat and his policy was centrally directed at checking it. An assessment of his record must, therefore, largely turn on whether one shares his assumption that Russia was out to subvert the precarious post-war international order. Most Western politicians and commentators have shared it and were consequently inclined to praise Bevin for the realism and decisiveness with which he acted in defence of Western interests. Recent revisionist historiography, for all its limitations, does

67

serve to take us beyond the simplistic view of the cold war as a defensive Western reaction to offensive Russian actions. It suggests a more complicated pattern of defensive reactions on both sides to dimly-perceived threats which eventually led to the formation of two hostile military camps. To take this view is not to suggest that the cold war was simply the result of a psychological process of misperception, only to point out that the fundamental divergence of interests was confounded by mutual suspicion and mistrust. In defence of Bevin it should be stated that the evidence regarding Soviet intentions was not unambiguous, and to act on the assumption that it was a status-quo power would have involved risks that he did not feel justified in taking. What cannot be sustained is the claim by Bevin and his apologists that he strained every nerve to gain Russian goodwill and co-operation and reluctantly abandoned this course only in mid-1947.[97] Bevin's attitude to Russia was not only aggressive from the start; he also endeavoured to persuade the sceptical American leaders to adopt a tough line with their common war-time ally. In this process of institutionalising the cold war, Bevin played a larger part than is commonly realised, but a final judgement as to whether this constituted an act of statesmanship or an unfortunate contribution to the deepening of the East-West rift must be deferred until more evidence on Soviet aims and Anglo-Soviet relations in the aftermath of the war comes to light.

   Notwithstanding errors of Bevin's policy towards Western Europe and the Middle East, and the possibility - by no means a certainty - of errors in his policy towards Russia, Bevin's overall record remains impressive. Almost single-handed and with Olympian self-confidence, he kept the British ship of state on an even keel, even in the stormiest seas of the post-war world. For six gruelling years, he not only reacted to a succession of crises with a steadiness of purpose and unflinching courage, but also took the initiative in launching a number of novel and constructive ideas. Foremost amongst his achievements were the organisation of the European Recovery Programme in response to the Marshall offer, and the key role he played in laying the foundations of a broad Atlantic alliance, and in effecting the transition from empire to commonwealth. Considering the narrow margin at Bevin's disposal and the unremitting pressure of the cold war,

his new departures and creative ventures appear all the
more remarkable.

Part of the explanation for Bevin's uneven record and the
secular decline of his performance lies in the serious de-
terioration in his health. Growing illness, particularly
in his last three years in office, sapped his energy and
drive, relaxed his grip on policy, and made his interven-
tions unpredictable. The courage and direct approach with
which he had tackled great issues is a sad contrast to the
lack of purpose and fumblings which characterised his later
period in office. When physical exhaustion compelled him
to leave the conduct of affairs in the hands of the
Foreign Office, British policy became noticeably more
cautious, defensive and unimaginative, as witnessed by the
negotiations on the Schuman Plan. Perhaps Bevin's greatest
tradegy was that his opportunity to make his mark as a
statesman came to him so late in life.

In assessing the ability and success of British foreign
secretaries, history, whatever it may decide about Ernest
Bevin, will not ignore him. He was not a man you could
ignore. By any standard of measurement, Bevin stands
forth as a man of great stature. He was cast in a large
mould, both politically and intellectually, and he played
a pivotal role in directing the course of events. His
unique and formidable personality left its mark on history
as it left a lasting impression on all who met him. He
had his weaknesses, he made his mistakes, some serious.
But there was no questioning his greatness. By his qualities, both as a man and as a statesman, he stands head and
shoulders above all Britain's other foreign secretaries in
the post-war era.

CHAPTER 3

HERBERT MORRISON

Controversy and criticism surrounded Herbert Morrison's
last ministerial post. It was unfortunate that he was
foreign secretary for only a few months, from March to
October 1951; it was perhaps unfortunate that he was
foreign secretary at all although, in fairness, it was
difficult for him to develop his role at the Foreign
Office in such a short time. Inevitably comparisons
were made with his much respected predecessor, Ernest
Bevin. Morrison claims that he was 'the inevitable
choice',[1] and a strong case can be made in terms of his
seniority for this view; his ministerial experience went
back to 1929, when he became Minister of Transport. In
the wartime coalition Morrison had served briefly as
minister of supply and then in the difficult dual post of
home secretary and minister of home security. In the
post-war Labour Government, Morrison became deputy prime
minister, lord president of the council and leader of the
House of Commons. There is little doubt that Morrison
was an ambitious man who hoped one day to lead his party
and be prime minister. Although he denies complicity,[2]
Morrison was the subject of a number of plots to replace
Attlee during the 1945 Parliament, and this clearly
affected relations between the two men. For a man hoping
to succeed to the party leadership it was clear that a
successful period as foreign secretary would greatly enhance his chances, especially as all Morrison's previous
experience lay in the domestic area. Hence the eagerness
to succeed Bevin: 'He worked to get the job. He brought
every influence to bear. He turned down every other
suggestion.'[3] Whilst the appointment pleased Morrison, it
could be criticised on the basis that at such a critical
time the appointment of someone who had no real expertise
in foreign-policy-making either as a result of his career
in Parliament or indeed outside it was a risk which should
not have been taken, especially as he was already worn out

by more than a decade of government. The same could be said, however, of most of his rivals.

Morrison had his introduction to international affairs in 1949 when he was appointed the leader of the Labour delegation to the Council of Europe in Strasbourg.[4] It was a far from happy experience. The Labour Party had not been well-disposed to 'Europeanism'; in the previous year the NEC (of which Morrison was a member) decided against participation in the Hague Congress. The 'Europeans' were somewhat disappointed to note that none of the members of the Government in the delegation to the Council of Europe were connected with the Foreign Office. Furthermore, neither Morrison nor Dalton, the delegation's deputy leader, was particularly noted for his enthusiasm for the European cause. The behaviour of the majority of the Labour delegation at the Council did little to enhance the already low reputation of the British Labour Party among its West European counterparts. For his part, Morrison saw the Council of Europe as a smaller version of Westminster in which he would try to reproduce his successful role as 'leader' of the House and thus be able to reorganise the proceedings in a manner which would be worthy of Westminster.[5] In this he was notably unsuccessful. Perhaps the best example of this came when the Labour delegation proposed William Whiteley, the Government Chief Whip, for the post of Vice-President of the Assembly. The European Movement controlled by Duncan Sandys, Churchill's son-in-law, proposed Lord Layton. After intense lobbying by both sides, Layton was elected by a small majority. The result was seen in a different light by both sides. Macmillan, who rather uncharitably compared Whiteley's nomination with Caligula's proposal that his horse should become Consul, regarded it as Morrison's 'first Parliamentary defeat since 1945';[6] the Labour delegation, on the other hand, thought it was 'a moral victory',[7] considering the overwhelming number of European Movement members present in the Assembly. Notwithstanding this rebuff, Morrison was elected chairman of the committee on detailed procedure, but Macmillan recorded that 'without a tame majority to carry all his points, he is lost'.[8]

It is particularly interesting to note here the insistence of the Labour members of the Council on calling themselves a 'delegation' whereas the Assembly treated all those

attending as individuals, seating them alphabetically
rather than by country. This led to some amusing juxta-
positions as well as a much less formal atmosphere. In
spite of this, Morrison attempted to treat the British
members as a delegation and to rule them all, regardless
of party, with the same iron hand with which he ruled in
London. In this venture also he was lacking in success.[9]
However, he quickly saw that the Conservative Opposition
was trying to use the European Movement as a vehicle to
further its own domestic interests, and his reaction to
this in part explains his lack of enthusiasm for the
Council of Europe and his behaviour at the Strasbourg
meeting.

Any of the Europeans who attended the Council of Europe
and who anticipated a softening of the Labour Government's
line on West European unity were bitterly disappointed.
This was not only due to the Labour delegation's composi-
tion but also its attitude, which was typified by
Morrison's speech to the Assembly. He failed to capture
the Assembly's mood and his speech merely reiterated
government policy, making no concessions either to the
moderate 'Europeans' or to the more extreme federalist
viewpoint. In making the most important speech by a
British politician on European Union since Bevin's
'Western Union' speech of January 1948, Morrison placed
the British Government firmly behind the principle of
inter-governmental co-operation rather than the supra-
nationalist solutions supported by many of those attending
the Assembly. Clearly he believed that the Assembly
should not get ideas above its station and should remain
a purely deliberative and consultative body. The main
emphasis of the speech was on co-operation rather than
union in the belief that changes should be based on consent. Instead of functionalism, which was usually contrasted with federalism and which sought to develop unity
by slow and steady steps in areas where agreement could
be reached, Morrison proposed 'positive and constructive
evolution'.[10] There was in practice little to distinguish
these views from those of the more cautious functionalists
except for the fact that in Morrison's mind, as indeed in
the minds of many other Labour leaders, the words 'co-operation' and 'unity' could be used interchangeably:
'Progress towards greater unity in Europe, which we all
desire, must be based on consent ... There can be no

question of coercing free people and democratic Parliaments
into schemes to which they are opposed ... The progress
towards greater European co-operation which has already
taken place has been based on the willing action of responsible Governments sustained by responsible Parliaments.'[11]
This speech along with his general performance in the
Assembly led one opponent to comment on the relaxation of
the atmosphere among the British representatives after
Morrison had returned home.[12] Morrison's first venture on
the international stage could hardly be described as a
great success or a happy baptism.

The lessons of his visit to Strasbourg seemed to be lost
on Morrison, who found it difficult to cope with matters
when there was no certainty of victory and no assurance
that his policies would be generally acceptable. This was
again a reflection of his exclusive training in domestic
politics where the Government was in practice the sole
sovereign body; in addition it meant that he was ill-
equipped to face the large number of unresponsive sovereign
governments who were active in the international system.

Morrison returned home to join in the preparation for the
general election due in the early part of 1950. As in 1945
he played an active part in the national campaign and in
the drafting of the manifesto. The manifesto, Let us win
through together, was one which did not find favour with
the British electorate who dealt a bitter blow to the
Labour Party by reducing its overall majority to a mere
handful. Worse was to follow. First Cripps, then Bevin
was overtaken by the effects of a decade of strenuous public service and forced to resign office. During much of
the latter period before his resignation and death, Bevin
had been unable to devote his full attention to the problems facing Britain, and Attlee had acted as his own
foreign secretary. The strain of occupying both positions
and trying to cope with a delicate political situation was
also clearly too much for the prime minister who reshuffled
his Cabinet in March 1951. Bevin, on his seventieth birth-
day, left his beloved Foreign Office and Herbert Morrison
was appointed to replace him.

Morrison's appointment was not entirely a surprise. He
was, after all, the deputy leader of the Parliamentary
Labour Party and had since 1945 been in overall command of

the home policy of the government. It was natural that he
should consider himself to be a suitable candidate to play
the same role in foreign affairs now that Bevin was no
longer at the Foreign Office. Furthermore, he held a commanding position in the hierarchy of the Labour Party outside Parliament. He had been a member of the National
Executive Committee for many years and was a past chairman
of the party. He had been the architect and tactician of
the victories of 1945 and 1950. Morrison was thus highly
qualified in terms of his position within the Labour Party
as a whole to take on any appointment. However, in addition to his lack of foreign policy expertise, he was at a
distinct disadvantage in his relations with Attlee. He
had, as we have seen, been involved in plots to overthrow
Attlee and the latter had considerable reservations about
him. There was first of all a clash of personalities
which meant that Attlee was not prepared to give Morrison
as free a hand in foreign policy as he had given Bevin.
Whereas Bevin had always been a loyal lieutenant and was
content to control foreign policy under the general but
not detailed supervision of the Prime Minister, Morrison
was known to be ambitious and Attlee kept a tightish rein
on him. Furthermore, Bevin had a clear grasp of foreign
policy matters, and Morrison did not. Although it would
be too Machiavellian to suggest that Attlee appointed him
knowing that he would be a failure, it is quite possible
that, seeing the end of his administration as being imminent and a new rising star in Hugh Gaitskell, he did not
resist too strongly the pressures brought to bear on him
to appoint Morrison as the new foreign secretary.

Initially Morrison's appointment was welcomed outside
Parliament, especially by the press[13] who foresaw an end
to the delays and inaction which had characterised the
latter days of Bevin's tenure at the Foreign Office. Almost immediately after his appointment and before he had
time to familiarise himself with his new job, Morrison
found himself as Attlee's deputy in temporary charge of
the government as a consequence of the premier's illness.
He was thus not only faced by problems abroad in the shape
of German rearmament, European union, Iranian oil, the
Egyptian crisis and the war in Korea but also had to nurse
a tired and demoralised government divided amongst itself
over the question of domestic rearmament and Budget proposals to raise charges on false teeth and spectacles.

Whilst Attlee was in hospital Morrison unsuccessfully
tried to avoid a Cabinet split. His failure further aggra-
vated his relations with the Prime Minister.[14] In addition, Morrison was faced with his own personal problems in
the form of his wife's serious illness from cancer, from
which she was dying during the whole of his period at the
Foreign Office.

It was against this rather stormy background that he
took up his appointment. Despite the hopes that the
change would be for the better, it soon became clear that
Morrison was not really in tune with the Foreign Office.
He demonstrated in a number of ways that he did not
believe, as did most people in the Foreign Office at this
time, that the Foreign Office was something special. His
first appearance in Parliament as foreign secretary was
marked by the fact that a junior minister, Kenneth Younger,
answered the questions on foreign policy, whilst he dealt
with questions on domestic policy.[15] He continued to show
an interest in the Festival of Britain almost to the exclusion of everything else; for instance, instead of
attending a meeting of the Council of Europe Committee of
Ministers, he went to an 'eve of Festival' dinner. Furthermore, in May 1951 he told his Conservative opposite
number, Eden, that he did not share the latter's 'superior'
view of the Foreign Office.[16] This would have been bad
enough, but it soon also became clear that Morrison's
political style contrasted sharply with the standards
expected at the Foreign Office. Whilst he liked whirlwind
tours, political hurly-burly and informality, the formality
and strict etiquette required by the Foreign Office irritated him. The view of the Foreign Office was that, apart
from being unsuitable in terms of style, he also understood
little about foreign policy and cared less about developing
a long term strategy: 'It was evident that he knew prac-
tically nothing about foreign affairs and his whole outlook
was parochial.'[17] Such views as this led inevitably to
unfavourable comparisons with Bevin, who had not concealed
his dislike of Morrison during his term at the Foreign
Office. In a brief checklist of qualities and abilities
it was difficult to find anything in Morrison that they
could appreciate. Except in their staunch anti-communism,[18]
Morrison and Bevin were almost a complete contrast. Whereas Bevin was quick and decisive and disliked attending the
House of Commons, Morrison was slow and muddled and a real

'House of Commons' man; Bevin had vision and a mastery of his subject, but Morrison never really got to grips with foreign policy at all. In addition he kept providing evidence of his inability. He said:

> I am worried about Morrison. Dick Law told me that his speech on Foreign Affairs on Monday was absolutely deplorable. Everybody squirmed in agony. He pronounced the first syllable of 'Tigris' to rhyme with 'pig', and called the Euphrates the 'You Frates', in two separate words. Now, I do not mind people pronouncing foreign names incorrectly, but to pronounce the Tigris and Euphrates in that way indicates not only lack of education, but also the fact that one has never heard the Middle East discussed by men of experience. It is that which is so terrifying.[19]

Even if one accepts that, as a Conservative MP, Law was an unfriendly informant it is hard to overlook this insight into the views of the Establishment and its friends on Herbert Morrison. It is evident that he failed to win the respect of his officials and he was too easily distracted by other things, particularly on the home front. Finally, he was not able to establish the kind of relationship that Bevin had with his officials and hence did not get from them the support necessary to enable a man so lacking in foreign policy experience to make a success of his period in office.

Although there were several important issues in foreign policy at this time, not least the Korean War, the most pressing of them flared up in Iran and Egypt late in April 1951. Morrison got off on the wrong foot by cancelling a meeting with the Egyptian Ambassador at short notice on 25 April. A few days later, a much more serious challenge to the British position in the Persian Gulf than had been made hitherto came about with the announcement of a takeover by the Iranian Government of all foreign holdings in Iranian Oil. From this point the situation deteriorated rapidly. Although he was able to announce the ending of the state of war with Germany, Morrison was hurt by the double blow of the mysterious disappearance of two British diplomats, Burgess and Maclean, who later reappeared in Moscow, an affair for which he had ministerial responsibility, and by his failure to deal effectively with either

76

the Egyptian or Iranian crises. His performances at the
Despatch Box lacked the old authority, and he was frequently
unable to satisfy any section of the House. The reasons
for this lay in his general lack of understanding of the
situation on the one hand, and on the other the failure of
his Cabinet colleagues to give him support. Although privately he was 'more hawkish than expected',[20] publicly
Morrison had to oppose military action in the Middle East.
He was therefore never wholeheartedly behind the policy
which he had to defend in the House of Commons.[21] In
addition, the growing belief that his heart was not in his
job was confirmed in many ways by his two months' absence
from London during August and September. The first of
these months was spent on holiday in Scandinavia, having
left Attlee and the junior Foreign Office ministers to
deal with the rapidly deteriorating situation in the
Middle East. A story, possibly apocryphal, has it that
Morrison confided to a local official he met on holiday
that his interests had always lain in 'municipal' politics.
This official later became the foreign minister of his own
country and could hardly have believed this statement
coming from the British foreign minister. On his return
from this holiday, Morrison left almost immediately to
attend to Foreign Office business abroad. A more sensitive
foreign minister might well have gauged the public mood and
stayed at home dealing with the Iranian crisis rather than
attending to the important but less 'urgent' matters of the
Japanese Peace Conference, the Washington Foreign Ministers'
Meeting and the NATO meeting in Ottawa. As a result of
these meetings in the United States, it became clear that
there was to be no American help for Britain in Iran.
Furthermore, Morrison did little to enhance his reputation
abroad.[22] On his return home on the <u>Queen Mary</u>, Morrison
suffered eye trouble but soon recovered and was forced,
against his better judgement, to give a party for his
officials and other distinguished passengers on board.
The press were delighted to report that the foreign minister
danced publicly with an actress at this party, an action
which they regarded, along with many ordinary men and women,
as being most unbecoming in a British foreign secretary.

During the course of Morrison's journeys abroad, Attlee
had taken charge at the Foreign Office but it was left to
Morrison to pick up the pieces of the Iranian policy which,
as a result of the American refusal of help and the failure

of the Stokes Mission which attempted to reach a negotiated settlement, had crumbled almost to nothing. Although
personally disagreeing with the decision and the 'brief'
from the Foreign Office,[23] Morrison found that Attlee and
the Cabinet had decided to refer the Iranian dispute to
the United Nations. The dispute remained unresolved when
Labour left office the following month. During the election campaign, the press and the Opposition strenuously
attacked Morrison for his handling of foreign policy in
general and his Iranian policy in particular. Almost on
the eve of the election, the decision to withdraw staff
from Abadan under threat of their expulsion added fuel to
the fire and led to charges of 'capitulation'. Although
Morrison responded quite firmly to these attacks, the
damage was already done. In addition, the crisis in Egypt
deepened at this time, when Egypt turned down the British
proposals designed to forestall the abrogation of the 1936
treaty and the annexation of the Sudan.

It was, however, not just in the handling of the Egyptian
and Iranian crises that Morrison found himself at odds with
his colleagues in the Labour Party. On other issues also
there was division, most notably on the question of West
German rearmament. This had been agreed in principle by
Bevin under duress in September 1950. Subsequently it
had been hedged round by the so-called 'Attlee conditions',
that the rearmament of West Germany should be preceded by
the rearmament of the rest of Western Europe, that there
should be a clear indication that the German people wanted
rearmament and that, in order to prevent the re-emergence
of an independent German army, the West German contribution
should be part of an integrated force.[24] Morrison, on the
other hand, was much less cautious and appeared to be more
favourably disposed to West German rearmament than his
colleagues, although he too was strongly opposed to the
Pleven plan for a European army. As a result of his experience at Strasbourg before he became Foreign Secretary,
Morrison was very opposed to the Council of Europe and at
the time of his appointment was even considering recommending British withdrawal, particularly over the suggestion
that the Council should be allowed to discuss defence
matters. Later, however, he climbed down[25] and accepted
that the Council should be allowed to discuss the political
aspects of defence but not to make any defence decisions.
By the middle of September 1951, Morrison seems to have

completely reversed his position and associated himself
with a statement welcoming both the Pleven plan and the
Schuman plan for a coal and steel pool. 'Britain', said
the declaration, 'desired to establish the closest possible
association with the European continental community at all
stages of its development'.[26] Finally, he seems to have
been at odds with at least some members of his party over
policy towards Korea. When it was revealed in February
1952 that the Labour Government had agreed to the extension of the war outside Korea to involve the bombing of
airbases north of the Yalu in the People's Republic of
China, there was a considerable outcry from many members
of the Labour Party. Morrison's claim that he and his
colleagues 'had done nothing to be ashamed of' may be
true, but many of his fellow MPs were hurt and embarrassed
by Churchill's revelation.[27]

By any standards, Morrison's short stay at the Foreign
Office was far from happy. Although he stayed on as
'shadow' foreign secretary after the 1951 election, there
is evidence to suggest that Attlee was thinking of replac-
ing him had Labour won the election. 'P.M. ... said he
was disappointed with H.M(orrison) as foreign secretary
and, if he won the election he wouldn't put him back at
the F.O.'[28] His style and his lack of understanding of
foreign policy clearly made him unsuitable as a foreign
minister. The real problem lay in the lack of a clear
alternative once Bevin resigned. According to Hugh
Dalton, the alternatives lay between Morrison, Bevan, who
was regarded as an unacceptable choice because he was too
left-wing, and James Griffiths, whom some people thought
might be a compromise candidate. In his memoirs, Dalton
recorded that with the benefit of hindsight much of the
troubles of the Labour Party in opposition might have
been avoided had Bevan been given promotion at this
time.[29] To Dalton's list, Lord Gladwyn added the names
of Hartley Shawcross, the Solicitor-General, and Hector
McNeal, the Minister of State at the Foreign Office.[30]

The longer Morrison remained in his post the more disillusioned his colleagues became. Attlee particularly
regretted the appointment: 'I think it was a bad mistake
allowing Herbert to be Foreign Secretary. I didn't know
he knew so little. I had no idea he was so ignorant.'[31]

A further reason for Morrison's lack of knowledge may be found in the confession made in an interview 'that he rarely read Foreign Office papers: he made do with briefs prepared by his own staff on whatever topics were up for discussion' in Cabinet.[32] He was clearly not in a position to give the Cabinet the kind of lead necessary in foreign affairs. 'His very training as Party strategist encouraged him to take short-range views and to be ingenious without reference to overall ends... (He) had neither the time nor the inclination for careful study of foreign policy.'[33]

It is quite clear that Morrison's disastrous period at the Foreign Office did much to destroy what little chance he might have had of succeeding Attlee as leader. That a man who could reportedly say 'foreign policy would be okay except for the bloody foreigners'[34] should ever have been appointed foreign secretary throws little credit either on himself or on the man who appointed him. It may be that the key to Morrison's behaviour as foreign secretary could lie in a conscious - or unconscious - attempt to compensate for his pacifism in the First World War - a view borne out by the fact that one of his first acts as foreign secretary was to ask for a biography of Palmerston.[35] It is hard to escape from the conclusion that 'Morrison lacked the supreme qualities of vision and style, as well as luck, necessary to succeed as British Foreign Secretary in 1951'.[36] It would have been far better for all concerned if Herbert Morrison had ended his ministerial career in al office which would have been more in keeping with his interests and his expertise.

CHAPTER 4

ANTHONY EDEN

From the mid-twenties until the mid-fifties Anthony Eden
was more closely and intimately involved in the conduct of
British foreign policy than any other single figure. His
influence was not always decisive, his status ranged from
parliamentary private secretary to prime minister, and
there were some intervals when he was out of office altogether. But in sheer experience of foreign affairs and
longevity of tenure few could approach him. In one way
or another he dominated the British diplomatic scene for
the best part of three decades, and during this crucial
period in British history he personified the spirit of
British diplomacy at home as well as abroad. Few politicians have been more exposed to the public eye. No other
twentieth-century British foreign secretary has written
about his stewardship and been written on at greater
length than Eden.[1] Yet in a very real sense he remains
an elusive and enigmatic personality.

Eden came from an aristocratic and well-connected family.
After an undistinguished career at Eton and an impressive
record of service during the First World War, Captain
Eden went up to Oxford where he read oriental languages
with a view to joining the diplomatic service. Although
he had not previously displayed any deep interest in
politics, Parliament appealed to him as an alternative
approach to foreign affairs, and in 1923, at the age of
twenty-six, he entered the House of Commons as the representative of Warwick and Leamington. From then on Eden
proceeded swiftly up the rungs of the political ladder.
In 1926 he became parliamentary private secretary to Sir
Austen Chamberlain, the foreign secretary, and served in
that capacity until 1929. From 1931 until 1933 he was
under-secretary of state at the Foreign Office. For the
next three years he was in double harness with two
successive foreign secretaries, Sir John Simon and Sir

Samuel Hoare, first as lord privy seal and then as minister for League of Nations affairs. In 1935 Eden became, at thirty-eight, the youngest foreign secretary since Lord Grenville in the eighteenth century, and he held the post until he broke with Neville Chamberlain in 1938.

In the thirties Eden's popularity was at its peak. The public saw in him the embodiment of the highest principles in a world of depraved and cynical power politics. His colleagues inside the Cabinet, however, did not share his faith in collective security and the League of Nations. His whole conduct of foreign policy was subjected to frequent and humiliating interference from Neville Chamberlain and the Inner Cabinet. And he acquiesced far too meekly and for far too long in the anomalous position of having the responsibility of defending government policy while being excluded from having a say in shaping its direction.

It is surprising that Eden did not make a firm stand earlier. When he belatedly resigned in 1938 it was over a secondary issue, Chamberlain's plan to open negotiations with Mussolini, and he went out of his way to play down the differences which divided him from the prime minister and his clique. Ironically, Eden's resignation probably saved his career, for he emerged untarnished by the brush of appeasement and stood out in the public eye in glittering contrast to the men of Munich. The impact of Eden's resignation can to some extent be gauged from Winston Churchill's description of his personal reaction: 'Late on 20th February 1938 the news reached me. I must confess that my heart sank and for a while the dark waters of despair overwhelmed me... There seemed one strong young figure standing up against the long, dismal, drawling tides of drift and surrender... he seemed to me to embody the life hope of the British nation, the grand old British race'.[2] This was the popular mythology which surrounded the role played by Eden in the thirties, but in reality his stand against the drift was neither strong nor effective.

With the outbreak of the Second World War Eden was swept back into office as secretary of state for the dominions in Neville Chamberlain's reconstructed government. He proved to be a good choice for organising and co-ordinating the Empire war effort. When Churchill became prime

minister in May 1940, he moved Eden from the Dominions
Office to the War Office. Here Eden's flair for administration, his love of action, his tremendous appetite for
hard work and his understanding of the army and the men in
it were put to good effect. He stayed at the War Office
for only seven months but during that period he presided
vigorously over the reconstruction of the British Army and
the launching of the victorious offensive in North Africa.
Quite possibly Eden's achievements during those crucial
months will be remembered as the most notable of his long
career. He was understandably sorry to leave the War
Office, but he returned to the Foreign Office, in
Churchill's words, 'like a man going home'.

Throughout the war Eden worked exceptionally hard and
showed his real worth as an administrator and organiser.
The endless chain of international conferences he had to
attend provided wide scope for the exercise of his skill
in negotiation. But his passionate interest in the day-
to-day conduct of foreign policy was not matched by an
interest in long-term planning for the post-war international order. He was noticeably lacking in any broad
ideas of his own and to a large extent acted as a passive
intermediary between the Foreign Office and the prime
minister who held widely divergent views on the structure
of post-war international security. During the six years
which followed the Conservative defeat at the 1945 election, Eden had ample time to reflect and develop his
ideas. But his speeches contained few original or distinc-
tive thoughts. They were carefully considered, packed with
factual information and dispassionate. He instinctively
shunned controversy and uttered endless platitudes. The
bulk and variety of his speeches, which have been published in three volumes, are a tribute to his industry if
not to his imagination, wit or vision.[3] But though his
speeches lacked fire, their manner was always impeccable.
The House of Commons listened to him attentively, and
political opponents as well as colleagues have given him
credit for the effectiveness with which he handled parliamentary debate and procedure.[4]

II

That Eden should have had the Foreign Office when the
Conservatives were returned to power in October 1951 was
a foregone conclusion. The chancellorship of the

Exchequer or the Foreign Office usually go to the second most influential politician of the ruling party, and by experience and personal preference Eden was clearly marked for the top foreign affairs post. As foreign secretary during the 1951-5 administration, Eden's personal position was immensely powerful. He enjoyed a high standing in the country at large. Within the Conservative Party he was not only regarded as a formidable authority on foreign affairs but also recognised as Churchill's No 2 and eventual successor. In this latter position Eden was so firmly entrenched that it was never openly questioned by any of his colleagues. In the House of Commons Eden could rely on a dependable Conservative majority and to some extent on the support of the Opposition for the substance, if not always for the details, of his policy. There were thus no major domestic political constraints to limit Eden's freedom of action.

The key to Eden's role and performance as foreign secretary was his relationship with the prime minister. Working with Churchill in double-harness in the 1951-5 government was, of course, not a new experience but a continuation of the close personal and political partnership which developed during the war. It was only natural that Sir Winston with his commanding personality, prodigious experience and unrivalled fame as a world statesman should want to play a leading and active role in the making of foreign policy by his government. His main interest continued to be in international affairs and he concerned himself closely with the broad lines of foreign policy, leaving the detailed execution to his Foreign Secretary. Co-operation was enhanced by a remarkable concensus on most foreign policy issues. Winston Churchill once said that you could put him and his foreign secretary in separate rooms, 'put any questions on foreign policy to us and nine times out of ten we would give the same answer'.[5] For his part, Eden recorded that 'in all the years that Sir Winston Churchill and I worked together, it was this comprehension... that was most remarkable... the result of our lifetimes' experience of world affairs'.[6] Eye-witnesses have also written a great deal about the complementary qualities of character, age and mind and on 'the pride and indulgence of the old prophet and the devotion and patience of the chosen successor'.[7]

What is less well known is that during Churchill's last years in office this carefully cultivated impression of harmony concealed serious cracks. The relationship was no longer always easy and the two men could not but frustrate one another on occasion. Churchill, who was much the more forceful and decisive of the two, criticised Eden for being too much like a traditional diplomat. When he produced a neatly balanced but inconclusive paper with 'on the one hand' duly succeeded by 'on the other', Churchill commented that it contained every cliche except 'please adjust your dress before leaving'. The diaries of Lord Moran, Churchill's doctor, give a highly revealing account of the tensions rankling below the surface. 'It makes things difficult', Churchill complained, 'when Anthony cannot distinguish between a big issue and a small issue'.[8] When Eden was ill Churchill felt that 'It is a great relief to have charge of the F.O. instead of having to argue with Anthony. I can get something done'.[9] He thought Eden was tired and detected a strain in his telegrams: 'Sometimes he sends three thousand words in one day and there is nothing in them'.[10]

In part this was Churchill's fault. For fifteen years he had harried Eden unmercifully, lectured him and interfered with his work until Eden was afraid to make a decision on his own. It is true that Churchill groomed Eden for the leadership, but he still regarded him as a young man and was not very influenced by his views.[11] He also rendered Eden a great disservice by making him wait too long. Eden's patience was strained to breaking point by the eighty-year-old leader who kept postponing the date of his retirement. In a sudden display of nerves and temper Eden revealed to Sir Henry Channon that he was on bad terms with Winston: 'I get all the knocks; I don't think I can stand it much longer.'[12]

Lord Moran, who had the opportunity to observe both men at close range, concluded 'Everything Anthony said was sensible, and his judgment of men was discerning. He is not like Winston; he looks behind the facade... Both as a judge of men and as a cool appraiser of events, Anthony is much sounder and more discriminating than Winston, but the personality of the P.M. and his power over words raise him into another world, which will always be closed to Anthony, who was born, and will remain, a secondary

figure.'[13] The disparity in the weight of the two personalities precluded a partnership of equals and in the
last years of his administration Churchill increasingly
began to wonder whether Eden had the qualities which make
for success at the top. After his retirement, when Lord
Cherwell spoke to him of Eden's weakness, Churchill
replied: 'I have gone too far in building him up to go
back on it now'.[14] 'I wonder if he can do it', he
muttered on another occasion. 'Courage, Anthony has
courage. He would charge a square, but would he charge
at the right time and in the right place?'[15] These
doubts were amply justified by subsequent events.

The point to note in relation to the period 1951-5 is
that Churchill did not confide his doubts to any of his
political colleagues, and carefully refrained from doing
anything which would damage Eden's public image. In fact
he went to great lengths to emphasise that he had the
utmost confidence in his deputy. In Cabinet, far from
being treated as an underling, Eden was treated as an
eminent statesman in his own right. On this point we have
the testimony of Lord Kilmuir (home secretary and later
lord chancellor) who refers to Eden's 'silencing authority'
when he spoke - in private or public - on his subject of
foreign affairs. 'Looking back', writes Kilmuir,

> I am not sure that his great authority and knowledge
> of foreign affairs was not a defect in the Government.
> Winston was determined not to oppose his successor,
> and none of the other members had the knowledge or
> experience to contradict Eden's policies. I doubt if
> a Foreign Secretary has enjoyed so much freedom since
> Lord Rosebery - in very different circumstances -
> reigned at the Foreign Office in 1892-1894. This en-
> trusting of a vital aspect of government to one man,
> however, competent, was in a sense an abrogation of
> the role of the Cabinet.[16]

As the minister in charge of the Foreign Office Eden was
not a new face. This was his third term as the political
chief of the Office. He had risen within the Office to a
degree rare in a party politician, and shared in its outlook, beliefs and collective temperament. In his style
of work Eden was very much like a Foreign Office mandarin:
cautious, methodical and bureaucratic. His specialised

training in foreign affairs was such that one colleague
was led to comment that 'he could have stepped down to be
a Permanent Under-Secretary as a civil servant without
shaking the organisation'.[17] Eden's natural inclinations
and the length of his association with the department
combined to blur the distinction between his amateur status and the professional status of his advisers.

But Eden's recognised expertise and exceptional familia-
rity with the work of his department did not necessarily
make him an effective political master. He relied excess-
ively on his own intuition and judgment, to the chagrin of
his advisers, and he was much less open to argument and
persuasion than a minister who recognised his own limitations. This fact goes a long way to explain the apparent
paradox that this old Etonian was much less popular with
the Foreign Office staff than his working-class predecessor
who was a good, if critical, listener.

In general Eden was courteous and considerate towards his
officials, but under stress he became snappy and irascible.
Outwardly he gave the impression of a cool, self-assured
and even languid figure, but in his dealings with his staff
he was anything but imperturbable. Particularly when his
health was adding to the anxieties of his office he was
liable to become fussy, petulant and irritable. No one in
public life, commented one colleague, lives more on his
nerves than Eden.[18] Behind the decorous facade of urbanity
there was a relentlessly gnawing tension. In a field where
strong nerves are of the essence, this made Eden an awkward
master to work for. His permanent under-secretary during
the war, Sir Alexander Cadogan, described him as 'a cat on
hot bricks' and recorded in his diary that 'He is always
jumping about the room, itching to "do something"'.[19]

Part of the trouble was that Eden, unlike R.A.Butler and
Sir Alex Douglas Home, was very bad at delegating. The
flow of papers and telegrams at the Foreign Office is
remorseless and it is not easy to escape from the ubiqui-
tous despatch boxes. Some ministers ease their burden by
exercising only remote control over the most important
business. Eden's reluctance to delegate led him to tax
himself considerably; he was often exhausted, sometimes
dangerously so. When Eden was absent from the Foreign
Office through illness either Churchill or Lord Salisbury

was nominally in charge, but the day-to-day running of the Office was entrusted to the minister of state, Selwyn Lloyd, whom Eden liked and with whom he worked smoothly and harmoniously.

The charge of neglecting the work of his department could never be levelled against Anthony Eden. He was assiduous, hardworking and meticulous in his attention to detail. His subordinates were impressed by his prodigious energy and the sustained application with which he read his papers and mastered his briefs. The real charge is that he lacked imagination and vision and consequently failed to provide inspiration and leadership. As Churchill once observed: 'Anthony works very hard and is most conscientious, plugging away at routine. But that is not what is wanted at the Foreign Office, where you must take up the big issues and deal with them'.[20]

Eden's preference for day-to-day business over the much more challenging tasks of policy evaluation and innovation is clearly reflected in his attitude to planning. He was fond of quoting Lord Kitchener's aphorism: 'One cannot conduct foreign policy as one would but only as one can'. His attitude to the committee set up by Bevin to examine long-term policy and which had in the meantime proved its worth as an embryonic planning machinery was decidedly cool. Like many traditional diplomats Eden felt that in foreign affairs there is no possibility of planning, the right approach being to deal with problems as they arise. This view errs in construing difficulty as impossibility, and it may be that Eden was unenthusiastic about the work of the long-term committee because he felt out of his depth in this unfamiliar and intellectually strenuous activity. At any rate, he discouraged its work and the committee gradually faded out.[21]

From the beginning until the end of his career, Eden showed a diplomatic, not a political interest in foreign affairs and he took on the position of ambassador-at-large with obvious enjoyment. He had a flair for diplomacy and was highly skilled in the art of personal negotiations. Harold Macmillan gave the following example of Eden's prowess and virtuosity:

The other day Dulles brought forward a plan that was
totally unacceptable to us. I wondered for a moment
how Anthony would handle the situation. But he was
quite wonderful. I thought his patience would never
give out. An hour went by, and gradually I discov-
ered Dulles changing his position. At last he
brought forward another scheme, which was about the
exact opposite of the first, and incidentally just
what we wanted. Anthony did not rush at him and say:
that's just what we wanted all along. He murmered
that there were parts of the plan he did not like,
and then he appeared to give way to Dulles a little
reluctantly.[22]

Curiously, for a man who spent a lifetime in diplomacy
and was so adept at it, Eden neither liked nor understood
foreigners. Representatives of other countries who came
into contact with him were struck by his courtesy and
gracious manners but were rarely able to establish human
relations with him. Harold Nicolson, after quoting the
observation of the French ambassador to London, 'Il
s'esquive derriere son charme', exclaims 'How true that
is! Anthony has managed to create out of affability a
smoke-screen more impenetrable than any cloud of sullen-
ness'.[23] Eden was also elusive and fifficult to pin down:
'One goes away thinking how reasonable, how agreeable and
how helpful he has been, and then discovers that in fact
he had promised nothing at all'.[24]

Eden was the personification of what Harold Nicolson
called the 'mercantile or shopkeeper' conception of diplomacy to distinguish it from the 'heroic' conception. The
former conception is based on the assumption that a compromise between rivals is generally more profitable than a
complete destruction of the rival. Negotiation is not a
mere phase in a death-struggle but an attempt by mutual
concession to reach some durable understanding. A middle
point can reconcile opponents; national prestige must not
intrude. To find this middle point all that is required
is a frank discussion, the placing of the cards on the
table and the usual processes of human reason, confidence
and fair dealing.[25]

This mercantile conception of diplomacy is not an in-
accurate summary of the british diplomatic tradition which

is so deeply pragmatic and empirical. The distinction
with which Eden represented this particular style and
approach won a number of admirers inside the Foreign
Office. It also brought a number of concrete achievements.
The problem of Trieste which had poisoned relations between
Italy and Yugoslavia for nearly a decade was settled in
1953 largely thanks to Eden's initiative. He himself
proudly presented it as 'a classic example of the true
function of diplomacy, an open agreement secretly arrived
at'.[26] More substantial were Eden's contributions in 1954
to the solutions of the Indo-China conflict and the problem
of European defence. Unfortunately Eden also acquired the
language of diplomacy as second nature: the blurred edge,
the softened meaning, the studied understatement. He
became addicted to cliches, ambiguities and homilies which
deprived his speech and thought of any vigour and force.

Eden's views on international relations are depressingly
bland and superficial. The need for restraint and moderation, give and take and civilised behaviour are recurrent
themes. The sanctity of international law is the subject
of high-sounding but singularly vague orations. To give
just one example, in his address to the General Assembly
of the United Nations in November 1951 he said:

I am more than ever convinced that, if we are to
succeed in this task, the nations of the world must
submit to the rule of law and abide by it. Confidence can only be created and maintained on the
basis of respect for international engagements. It
is therefore the duty of all nations, as indeed it
is their interest, to respect international authority
and to uphold it...
I do not believe, or ask you to believe, that in any
dispute one party is one hundred per cent a black
villian, and the other party one hundred per cent
snow-white. That is against the law of averages.
All men are fallible, and peace can only rest on
mutual forbearance and restraint.[27]

The conception Eden had of Britain's own role in international affairs was out of touch with reality. He had
never adjusted his thoughts to the altered status of
Britain. When the Conservatives were returned to office
in October 1951 and Eden became foreign secretary again

after a lapse of six years, he apparently expected to play
the diplomatic starring role which he had performed for so
long between the wars and during the Second World War. A
fundamental reappraisal of British strategy and foreign
policy was called for by the advances in the technology of
war and nuclear weapons; the changing configuration of
international power and the decline in Britain's economic
resources relative to the United States and the Soviet
Union. Framing realistic objectives which adequately
register changes in the international environment and
Britain's own shrinking material base constituted the
ultimate test of British statesmanship in the 1950s.
Eden failed the test and the result of this failure was
that the gulf between national resources and the multitude
of political problems whose outcome the United Kingdom
desired to influence steadily widened.

    Eden's utterances on Britain's role reflect a profound
debt to Churchill and particularly to the idea of Britain
standing at the centre of three interlocking circles
which the Conservative leader began to popularise in the
late 1940s. 'Our foreign policy', said Eden to the 1948
Conservative Conference, 'should pursue three immediate
objectives, which we can call the three unities. First,
unity within the British Commonwealth and Empire. Second,
unity within Western Europe. Third, unity across the
Atlantic. The three unities I maintain... are not anta-
gonistic, but complementary'.[28] This was very much
watered-down Winston but it should be noticed that the
order of priorities had been reversed. Whereas for
Churchill what he called the 'alliance of the English-
speaking peoples' always came first, followed by the
Commonwealth and Western Europe, Eden, in this and other
speeches, put the Commonwealth first and the Atlantic
alliance last. He attached an exaggerated importance to
Britain's position as 'the heart and centre of a great
Commonwealth and Empire'. 'If we really work together',
he claimed on another occasion, 'there are no limits to
our joint endeavour. There are no difficulties that we
cannot overcome'.[29]

    The idea of three interlocking circles with Britain at
the centre has obvious affinities with the nineteenth
century idea of Britain controlling the destiny of the
world by manipulating the European balance of Power.

91

Sometimes Eden would use the illustration of a stool
standing on three legs, each of which must be given equal
care and attention. The only trouble was that all through
the fifties two of these legs were being whittled away.
The Commonwealth was becoming not so much an instrument of
British power as a vehicle for the peaceful liquidation of
British colonies. Meanwhile in Europe the success of the
Six after the formation of the Coal and Steel Community in
forging an organic unity between themselves gradually led
to the freezing of Britain out of her old role of independent influence in continental affairs.

If Eden had any understanding of the implications of
these transformations, he effectively concealed that
understanding. A broadcast he made in 1952 brings out
clearly his outdated view of Britain as a global and
oceanic power and the hub of the international system. In
a tone reminiscent of Sir Eyre Crowe's famous memorandum
of 1907 he said:

We are on the one hand, of course, a part of Europe,
both by tradition and by geography. On the other hand
our significance as a Great Power depends largely on
our position within the British Commonwealth and on
our connections with many other parts of the world,
including the United States of America. That is why
we warmly welcome the growth of the North Atlantic
Community. Here is an association in harmony with so
many of our thoughts and feelings. In this wide forum
we feel ourselves at home...
The Atlantic Community is developing quietly without
fuss but quite inevitably, around... common purposes.
Bounded by the United States and Canada in the West
and by Europe in the East, it transcends the national
interest of us all. In this century the Atlantic has
become a Mare Nostrum, a sea of links rather than a
barrier which divides. I believe that Great Britain
can render a particular service to this Atlantic
Community. We are the nearest of the European nations,
by our language and background, to the Commonwealth
and to the United States, and we can act to some extent as the interpreters of each world to the other.
I claim no special merit for Britain in all this.
But I believe that by accident of geography, through
our position on the fringe of these three interlocking

worlds, we have a special part to play, to which we
must be true.[30]

III

Eden's actual conduct of British foreign policy in the
1950s was influenced to an exceptionally high degree by
his experience of dealing with Hitler and Mussolini in
the 1930s. As a result of that experience Eden developed
very fixed images of 'dictators' and 'democracies' and
highly dogmatic rules for ordering the relations between
them. His memoirs are strewn with remarks to this effect.
On his dealings with Hitler he writes: 'Here was a lesson
I learnt, and was determined to apply if I could, twenty
years later. A militant dictator's capacity for aggran-
disement is only limited by the physical checks imposed
upon him.'[31] And again on the need to be firm with
dictators he writes that 'a leading democracy, in negotiating with a militant dictatorship, must not go cap in
hand in search of fresh negotiations to cover longstanding
differences, until there is evidence that the dictator is
going to carry out the engagements he had already under-
taken to the democracy. If, either from weakness or
impatience, the democracy ignores this rule, other countries will take their cue from this action. As a consequence, potential friends will be in disarray, the public
in the democracy will be bewildered and the dictators
will underestimate the toughness of the democracy at the
hour of decision.'[32] After dwelling at length on the
tendency to find excuses for not upholding international
order in the 1930s, Eden writes: 'All of which has its
lesson for today. Once the obligation not to uphold
international engagements is evaded, pretext will follow
pretext, until the structure of confidence is destroyed
and respect for treaties hangs 'like a rusty nail in
monumental mockery'... The West must be on its guard,
therefore, and be punctilious in fulfilling its word, to
the newfound ally and to the old one, to West Germany as
to France. For the issues that concern any of the free
nations concern us all. The Soviets will not then be
deceived into thinking that they can divide us, and there
will be peace.'[33]

The Soviets, in Eden's belief system, were equated with
the dictators of the inter-war period, and he was convinced

that the new challenge could be effectively countered if only the lessons he distilled from his dealings with the earlier dictators were applied. 'Let us make no mistake,' he told an American audience, 'the Communist assault on free and democratic thought is more formidable than its Fascist counterpart of yesterday. Taking advantage of every contradiction and weakness in Western society, communism nearly absorbed a Western Europe confused by the aftermath of war... Side by side with this policy of penetration, the Communists have not hesitated to use the threat of rorce... To all this there is only one answer. We had to look to our physical defences.'[34]

This simplistic diagnosis and prescription, embedded in the arbitrary parallel posited between Communism and Fascism, blindered Eden's outlook and made his posture towards Russia more inflexible than it need have been. Even after Stalin's death, in March 1953, he writes, 'I did not share the optimism of those who say in this event an easement of the world's problems. The permanent challenge of communism transcends personalities, however powerful.'[35] Churchill took a much broader and more subtle view of relations with the Russians. He believed that the time was ripe for an attempt to achieve an understanding with the new rulers of Russia at a summit meeting between himself, Malenkov and, if possible, the President of the United States. Despite Eden's serious reservations about a personal approach to the new Soviet leaders, in a major speech on 11 May 1953 Churchill proposed big-power talks. Eden was afraid that Churchill (of all people) would give away too much to the Russians. Just before he was taken to a Boston clinic for an operation he phoned his under-secretary at the Foreign Office, Anthony Nutting, and told him, 'Don't let that old man appease the Bear too much in my absence.'[36] In July 1954 after Churchill had obtained Eisenhower's agreement to 'a reconnoitring patrol' Eden was still opposed to a direct approach to the Kremlin. Thus when even the author of the 'Iron Curtain' speech wanted to cash in on the post-Stalinist thaw to explore the possibilities of detente, the foreign secretary, tied to frozen images and ideas derived from his experience of dealing with Hitler and Mussolini twenty years earlier, was obdurately opposed to any movement.

Eden's rigid perception of the communist adversary was

matched by an unequivocal belief in the importance of close relations with allies. In an article in the American journal Foreign Affairs, he wrote: 'The West can survive only to the extent that individuals accept their obligations as members of a free community. As such our duty is clear. First, last and all the time we must stand together.'[37] Solidarity with Britain's principal Western ally, the United States, was, however, extremely difficult to maintain with Anthony Eden and John Foster Dulles as foreign secretaries. The two men were dissimilar in character, temperament and sense of values; incompatible in personality and divided by mutual personal antipathy. In 1952 Eden expressed to Eisenhower the hope that he would appoint someone other than Dulles as secretary of state if he became president.[38] After Eisenhower appointed Dulles and gave him a free hand over American foreign policy, relations between the two countries were dogged by endemic friction. Their foreign secretaries were simply not on the same wavelength. Dulles was essentially intellectual in his approach, calculating, legalistic and intricate. Eden as a politician was intuitive and not very open to argument. He was baffled and frustrated by Dulles's tortuousness; time and again he was put out of his straightforward stride by the American's roundabout and shifting tactics.

Incompatibility of leaders was not the only source of strain in Anglo-American relations, but it certainly exacerbated policy differences. Although he never underestimated the importance of Western Europe, Dulles supported an 'Asia first' strategy which was very unwelcome to the European allies. In relation to Afro-Asia Dulles's condemnation of non-alignment as a shortsighted and immoral policy and his attempts to bludgeon new states into an anti-communist crusade contrasted with Eden's more tolerant attitude. In the Middle East Eden was peeved by America's prolonged coolness towards the Baghdad Pact when the inspiration for the unity of the 'northern tier' seemed to him to have been shared by Washington. Underlying everything else was the fact that Eden did not grasp the implications of the changes in the distribution of global power and consequently did not appreciate as well as Churchill did the need to be less assertive and more persuasive with Britain's senior partner. Eden saw Britain and the Commonwealth as an independent world force and a link between the two sides of the Atlantic. Dulles wanted Britain to be part of the European pillar of a two-pillar Atlantic alliance and thought that British foreign policy suffered from delusions of grandeur.

Both secretaries would have been more successful in achieving their ends had they been prepared to concede that a close alliance required each country to support its partner's basic interests. Dulles wanted to win over the Middle Eastern countries so that he might have a reliable southern bulwark against Soviet expansion. Eden wanted to win over the Asian neutralists in order to strengthen the Commonwealth as a political entity. In the end each failed in his objective. America did not gain political support in the Middle East; Britain lost it in the Far East. The divergence in the Anglo-American alliance was essentially responsible for the respective national failures of each.[39]

IV

On the German problem, the main bone of contention in the struggle between East and West, the convergence of official British and American views on the Russian threat and the importance of maintaining Western cohesion and strength produced a united diplomatic front. In his first general survey after his return to office in 1951 Eden told the House of Commons that finding a solution to the chasm which divided East and West was the cardinal issue of international affairs.[40] The German problem was the principal obstacle to any move forward, and Eden's approach to this problem clearly reflected the main lines of his thinking on relations with allies and adversaries in a bipolar world.

The Soviet Union launched a major initiative on 10 March 1952 with a note calling for immediate four-power talks to discuss the question of a peace treaty with Germany and proposing the neutralisation of Germany and the withdrawal of all occupation forces. Eden made the largest contribution to analysis and policy on the Western side.[41] He viewed the Soviet note as part of a propaganda campaign designed to disrupt the Atlantic alliance and distract German attention from the European Defence Community project by raising hopes of German reunification and a peace treaty. America, France and Britain accordingly sent identical notes rejecting detailed discussions on a peace treaty until conditions had been created for free elections, and until a freely elected all-German government had been established. They also insisted on the freedom of such a government to enter any associations after the conclusion of the peace treaty.

The Western proposals can only be regarded as unrealistic. By insisting on free elections and subsequent freedom to join alliances the West presented the Soviet Union with the prospect that not only Western Germany but a united Germany would become a member of the Atlantic alliance. On the other hand the Soviet proposals were fraught with risks and uncertainties and could have ushered in an important shift in the power balance of the cold war. Eden was therefore strongly in favour of pressing ahead with the parallel policies of removing the contractual limitations on West German sovereignty and integrating it as an equal partner in Western defence. When moving the ratification of the Bonn and Paris agreements which gave effect to these policies Eden told the House of Commons that if a new Germany was created along the lines proposed by Russia, 'It would be a Germany left in dangerous and irresponsible isolation in the heart of Europe and it would be a Germany allowed to raise national armed forces.'[42]

When Dulles took over from Dean Acheson as American Secretary of State in 1953, Western policy became increasingly doctrinaire and uncompromising. Eden, Dulles and Chancellor Adenauer kept insisting on free elections at a time when the East German uprising left no room for doubting the outcome of such elections. When the four foreign ministers met in Berlin in February 1954, Anthony Eden presented what came to be known as the Eden Plan for German reunification. This was to be achieved by five stages: free elections throughout Germany; the convocation of a national assembly resulting from those elections; the drafting of a constitution and the preparation of peace treaty negotiations; the adoption of the constitution and the formation of an all-German government responsible for the negotiation of a peace treaty; the signature and entry into force of the peacy treaty.[43]

Eden's claim that if only his plan were accepted in broad outline it could have led to the solution of the German problem[44] was astonishingly naive in its disregard of the existence of any Russian interests in the matter. It exemplified the disposition to equate British national interests with universal justice and morality. Moreover, Eden's posture at the Berlin conference was not only unrealistic but extremely uncompromising. When the deadlock over free elections versus a peace treaty made it apparent that a permanent settlement for an all-German state was no nearer, the Soviets tried a different approach by proposing the evacuation of foreign troops from the two Germanies and the signing of a general European treaty on collective security in Europe. This proposal never received the attention it deserved because Eden and his colleagues brushed it aside as a propaganda gambit designed to dissolve NATO, although Molotov assured Eden that the dissolution of NATO was not a precondition of his plan.

Throughout the early 1950s Eden's obdurate clinging to fixed positions stood in marked contrast to Russia's tactical flexibility. Whether a more supple position would have ushered in a solution to the German problem is a matter for speculation. But Eden's whole approach to the problem does reveal the stultifying effect which his rigid image of 'dictatorships' had on his policy towards the Soviet Union; his failure to take into account the interests of the adversary in working for a settlement and his reluctance to get involved in serious discussions with the adversary for fear this would open up fissures in the united Western diplomatic front. He must therefore bear his share of responsibility for the fact that no progress was made during these years in attenuating the division between East and West and working towards a compromise on the problem of Germany.

Eden considered a German contribution as an indispensable means to the goal of a strong and prosperous Atlantic community, and thought the integration of West Germany on a footing of equality within an evolving European Community was the most promising way of working towards this goal. But he did not support European unity as an end in itself. Some of his political colleagues have suggested that his exclusion from the European Movement, which he tended to

view as a 'party stunt' of Winston's, and his absense from
the British delegation to the Council of Europe were partly
responsible for his subsequent hostility.[45] It has to be
said for Eden, however, that, unlike other members of
Churchill's European Movement, he was a least consistent
in his attitude and had indeed warned against the danger
of raising false hopes on the Continent as to exactly how
far Britain would be prepared to go if the Conservatives
got into power.

   In any case Eden's attitude to European unity was dictated to a far greater extent by his conception of Britain's
role in the world. He shared the Foreign Office's opposition to the European concept, to the Council of Europe and
all it stood for. 'Association, not participation', he
once said to Robert Boothby. 'Association is as far as I
am prepared to go in any European connection', adding that
he was basically 'an Atlantic animal'.[46] His conception
of Britain as a global and oceanic power as well as an
Atlantic one militated against an exclusive commitment to
Europe. Referring in 1952 in front of an American
audience to the suggestion that the United Kingdom should
join a federation on the Continent of Europe, Eden said:
'This is something we know in our bones we cannot do. We
know that if we were to attempt it, we should relax the
springs of our action in the Western Democratic cause and
in the Atlantic Association which is the expression of
that cause. For Britain's stody and her interests lie
far beyond the continent of Europe. Our thoughts move
across the seas to the many communities in which our
people play their part, in every corner of the world.
That is our life: without it we should be no more than
some millions of people living on an island off the
coast of Europe'.[47]

   The degree of division between the Atlanticists' and the
'Europeans' was shown up quickly after the Conservatives
got back into office. In November 1951 Sir David Maxwell-
Fyfe (later the Earl of Kilmuir) told the Consultative
Assembly of the Council of Europe that 'there is no
refusal on the part of Britain' to join the projected
European army. A few hours later, at a press conference
in Rome, Eden stated that the United Kingdom would not
participate in a European army on any terms whatsoever.
In Kilmuir's opinion this 'single act, above all others,

destroyed our name on the Continent'.[48] The sense of be-
trayal felt by the Europeans at Strasbourg was acute and
their condemnation was bitter. M. Spaak resigned the
presidency of the Assembly to lead the campaign for a
'little federation of the Six' without Britain.

The split which began to develop in Western Europe,
between the Six who successfully launched the European
Coal and Steel Community and agreed to proceed towards
the establishment of a European Defence Community and the
rest was a cause of concern to Eden. In March 1952 he
submitted proposals to the Committee of Ministers of the
Council of Europe which were dubbed by the press the 'Eden
Plan', the first of manu such. The plan was to create
organic links between the Council of Europe and the institutions foreshadowed in the treaties setting up the
European Coal and Steel Community and the European Defence
Community.[49] Eden's aim was to ensure - while maintaining
Britain's sovereignty intact - that his country was not
cut off from the Europe which was beginning to take shape,
and to help it retain a measure of influence over this
process. He thus remained faithful to the concept of a
European balance of power guaranteed by Britain. The plan
was accepted politely but it was seen for what it was and
no action followed. Spaak told Nutting, who was the real
originator of the plan, that the federalists 'had waited
long enough for Britain to get aboard the European bus...
the Eden plan was a neat halfway-house arrangement which
might suit Great Britain, but halfway-houses were not
enough for Europe'.[50]

The failure of this initiative left Eden's policy towards
the EDC unchanged: he supported the project and promised
close British association but was firmly opposed to full
British membership. He was acutely aware of the faults
and failings of the plan but it was the only plan available
for German rearmament with adequate safeguards.[51] To
reassure France against the danger of resurgent German
militarism, when the EDC treaty was signed in May 1952,
the British Government entered simultaneously into a treaty
with the Six pledging support in the case of attack.[52]
But when the French National Assembly rejected the EDC
Treaty in August 1954, after a prolonged and agonising
debate, the whole house of cards came tumbling down.

100

The defeat of the EDC was not altogether unanticipated, and in line with a contingency plan Eden had outlined to Churchill as early as December 1951[53] he moved swiftly to work out with Britain's allies a more modest scheme based on technical military arrangements but without an elaborate political superstructure. This actual scheme had not been worked out in advance, and in his memoirs Eden says that while he was in his bath the idea occurred to him of converting the Brussels Treaty of 1948 — which had Britain, France, Italy and the Benelux countries — into a wider pact to include West Germany and provide the treaty framework for controlled German rearmament and German entry into NATO. The idea in fact came from Sir Christopher Steel, then British ambassador to NATO, but Eden deserves all the credit for its masterly translation into action.

He set off on a tour of the European capitals, and, with a perfect sense of timing and using all his skills as a negotiator, he built up support for his idea, isolated the French and bypassed the opposition of Dulles who had been sold on the EDC and regarded any solution which did not provide for the creation of supranational institutions as makeshift.

The French had still to be won over and American opposition had not been effectively neutralised, but Eden was content that his European tour had at least opened the way to the nine-power conference which he convened in London for 28 September 1954. A day before the conference opened Eden explained in a note to Churchill that the key to the success of the conference would be a new commitment by the United Kingdom to maintain her existing forces on the Continent and not to withdraw them against the wishes of the majority of the enlarged Brussels Treaty powers. He realised, the note continued, that this would be an unprecedented commitment for Britain, but if it were not made 'the conference may fail and the Atlantic alliance fall to pieces'.[54] Thus, ironically, Eden was now urging a course which he had persistently and scornfully rejected and which might have saved the EDC had it been made earlier. The British ambassador to France, Sir Gladwyn Jebb, had called for such a pledge long before the defeat of the EDC, but Eden dismissed it as 'a high blown idea'.[55] Eden at least saw the light before it was too late.

Since Dulles did not have an alternative plan, the argument went to Eden by default. The two secretaries agreed
a scenario which they duly followed at the London conference. Dulles offered to renew to the enlarged Brussels
Treaty powers the pledge which had been made by the US
Government to the EDC. Eden then gave the assurance that
Britain would maintain on the mainland of Europe four
divisions and the Tactical Air Force for as long as the
majority of the Brussels Powers desired it. The European
representatives immediately hailed this as an historic
decision and from this point the conference moved rapidly
forward.

The series of negotiations following the defeat of the
EDC rank among the most successful in Eden's entire career.
In less than a month he succeeded in ending the prevailing
disarray. The Brussels Treaty Organisation was renamed
Western European Union and extended to include Germany and
Italy. Within this new framework, set up in October 1954,
German rearmament could take place under safeguards and
Germany became a member of the NATO alliance. Eden himself hoped that Western European Union would take its place
as the leading authority in the new Europe. But the proponents of a united Europe did not view this technical
intergovernmental organisation as the fulfilment of their
federalist ambitions. In April 1955 the Benelux governments proposed a conference on West European integration
at Messina which was duly held in June and set the ball
rolling for the creation of the EEC and EURATOM. Eden,
who persistently underestimated the seriousness and force
behind the drive for European unity, remained aloof. His
contribution to solving the problem of European defence
must therefore be set off against his failure to appreciate
the political currents on the Continent — a failure which
was to prove as costly as it was difficult to rectify.

V

In the Middle East, similarly, Eden's insensitive disregard
of the new political currents, in this case the nationalism
and the desire for independence from foreign influence,
redounded to Britain's disadvantage. Eden prided himself
on being an expert on the affairs of the Middle East, but
his knowledge and whole approach were out of date. Soon
after he returned to office he sent a stiff note to the

Egyptian Government castigating its unilateral abrogation
of the treaty which he himself had negotiated in 1936.
Implicitly he expected the old type of colonial relations
to continue in the new world of the 1950s, and was infuriated when King Farouk's Government rejected outright the
plan for a Middle East defence organisation on the grounds
that it would not only not end the universally unpopular
British presence but bring in American, French and Turkish
troops as well. The bloodless coup which brought General
Neguib to power in February 1952 provided an opportunity
for opening a new chapter in Anglo-Egyptian relations, but
Eden's barely concealed disdain for Egypt's new rulers, to
whom he referred privately as 'these young and transitory
majors in Cairo',[56] could only lead to the intensification
of anti-British sentiment.

Early in 1953 Eden began to grope for an agreement which
would allow the phased withdrawal of British troops, the
maintenance of a British base which could be used in time
of war, and Egyptian participation in a Middle East defence
organisation. He won President Eisenhower's support for
this approach, but America did not take part in the tor-
tuous negotiations which followed because the Egyptians
insisted that an agreement on British withdrawal must be
reached before Middle East defence as a whole could be
considered. Eden was anxious to secure American participation so that she might use her economic and military aid
as a lever for getting concessions from the Egyptian
rulers, but in this aim he was frustrated: the Americans
were intent on gaining Egyptian friendship and declined to
be embroiled in Britain's colonial-type policy.

An agreement was eventually reached in October 1954,
largely thanks to the efforts of Eden's pro-Arab under-
secretary, Anthony Nutting, on a phased withdrawal of
British troops coupled with a British right to reactivate
the Canal base in the event of an armed attack on either
Egypt or any other member of the Arab League. In defence
of such an arrangement Eden had argued that it would bring
a gain in strategic mobility: 'There is no vacuum because
as a result of these arrangements we shall be able to re-
deploy our forces and make them mobile to an extent that
they had not been hitherto.'[57] Churchill, however, did
not share this view: to leave Egypt, he argued, would be
a 'scuttle' comparable only to Britain's 'senseless'

103

departure from India. Eden also had to contend with a
section of the press and the Suez Group who, ignoring the
need for strategic redeployment and the fact that Britain's
treaty rights would have expired in 1956 anyway, bitterly
opposed the withdrawal of British troops from the Canal
Zone as a humiliating lowering of the imperial flag. It
was a mark of Eden's political courage that he pressed the
1954 agreement in the face of fierce opposition within his
own party.

The prospects of healthier Anglo-Egyptian relations opened up by the agreement were unfortunately wrecked by Eden's
efforts to organise the 'northern Tier' of the Middle East
in a collective defence organisation linked to the West and
capable of resisting Soviet encroachment. Unless Britain's
special military rights in Iraq could be replaced by a new
collective defence treaty, there was the risk that they
might have to be abandoned altogether. Nuri es-Said, the
Iraqi premier and Britain's oldest friend in the Middle
East, therefore had Eden's full backing, if not direct inspiration, for establishing the Baghdad Pact. This pact
was originally signed by Iraq and Turkey in February 1955
and was soon joined by Pakistan and Iran. In April 1955
Eden announced Britain's decision to join the pact, but
Dulles, who had provided the original inspiration for the
strategy of the 'northern tier' for the containment of
Russia, did not follow suit. He probably wanted the benefits without the liabilities of membership. It was
Nasser's opposition, however, which crippled the Baghdad
Pact. At their only meeting, in February 1955, Eden tried
to persuade the new Egyptian ruler to become a member, but
Nasser took the view that by its bad timing and unfortunate
membership the pact set back the prospects of collaboration
with the West. There can be little doubt that by making
Nasser's rival, Nuri es-Said, the chief recruiting agent of
the West, Eden displayed indifference to the relative political importance of Egypt in the Arab world, not to speak
of the position of Nasser himself on whose co-operation
Britain now depended for the maintenance of the Suez Canal
Zone. It was a costly mistake, because within a few months
an antagonised Nasser signed a major arms deal with Russia
which permitted the latter to bypass completely the 'northern tier' and gain a foothold in the heartland of the
Middle East.

104

The Iranian oil dispute which erupted with the nation-
alisation of the Anglo-Iranian Company in 1951 continued
to bedevil relations with Itan for the first three years
of the Churchill administration. Eden's handling of the
dispute displayed the same mixture of self-righteousness
and inability to win the friendship of independent nationalist regimes which marred the rest of his Middle East
policy. Such friendship based on a relationship of equals
would have been the mainstay of Britain's strategic and
oil interests in this part of the world. But in the
manner of an imperial overlord Eden regarded the Iranian
nationalist leader, Dr.Mossadiqq, as a local troublemaker
who had to be put down firmly. His complaint that the US
Government was unco-operative and that its 'neutrality'
in the dispute aided Mossadiqq reveals the difficulty he
had in apprehending that the interests of other countries
may legitimately differ from those of Britain. Much more
justified were Acheson's criticisms that Eden followed the
advice of the bureaucracy of the Anglo-Iranian Oil Company
and the Treasury where Sir Leslie Rowan decreed that
Mossadiqq, leading the attack on British foreign investments, had to fail, to be crushed and punished.[58] Eden,
of course, rejoiced when Mossadiqq fell from power in
August 1954 (largely as a result of the efforts of the
Central Intelligence Agency rather than those of the
British Treasury). Soon after, a comprehensive settlement
was reached with the royalist regime and Anglo-Iranian
relations took a friendlier turn.

It is no coincidence that in South-East Asia, where
Eden's approach was more supple and more in tune with local
feelings and political currents, he achieved better results
than he was able to in the Middle East. In his memoirs he
states that the restoration of peace in Indo-China was the
most dangerous and acute of the problems with which he had
to deal during his last four years as foreign secretary.[59]
Matters came to a head in the spring of 1954 when, following a long series of reverses in imposing control over
Indo-China, the French forces were besieged by the Vietminh in the fortress of Dien Bien Phu. Dulles concluded
that if the French position in Indo-China was allowed to
collapse, the whole of South-East Asia would eventually be
overrun by the rising tide of communism. On 4 April
Eisenhower formally asked Britain for joint military intervention together with friendly Asian nations to defeat the

communist forces in Indo-China and simultaneously begin
organising the collective defence of South Asia. Eden
felt that the proposed military action would be ineffective, that it would prejudice the chances of a negotiated
settlement at the forthcoming Geneva Conference and that
it might internationalise the war by forcing a showdown in
which Russia would be obliged to support China on the
Vietminh side. Churchill summed up the position by saying
that 'what we were being asked to do was to assist in misleading Congress into approving a military operation,
which would in itself be ineffective, and might well bring
the world to the verge of a major war'.[60]

The Indo-Chinese sessions of the Geneva Conference opened
on 8 May in the shadow of the failure of the American
scheme for joint military intervention and the overwhelming
Vietminh victory at Dien Bien Phu the previous day. Believing the conference was doomed to failure, Dulles depar-
ted from Geneva before it started, leaving his under-
secretary, Bedell-Smith, in charge. Over the next ten
weeks, Eden, despite Dulles's elephantine obstinacy,
steered the conference towards a successful conclusion
almost single-handed. As co-chairman of the conference
his skills as a negotiator and a mediator were seen at
their very best. He kept in close touch with Commonwealth
leaders and elicited the co-operation of the Russian and
Chinese representatives, who feared the extension of the
conflict through full-scale American intervention if the
conference failed and put pressure on the Vietminh to
accept half a victory when a full victory was in sight in
order to secure a diplomatic solution.

Eden's untiring and versatile diplomatic efforts at
Geneva to achieve a settlement that, in the light of
France's desperate position, would necessarily involve
Western concessions, were regarded by many influential
Republicans as smacking of 'appeasement' and ushering in
an 'indo-Chinese Munich'. When the Geneva Accords which
settled the future of Vietnam, Laos and Cambodia were
finalised Dulles refused to associate his administration
with this settlement which handed over territory to the
communists. That the Geneva Accords had flaws and weaknesses is undeniable, but Eden was perfectly justified in
claiming that they were the best available under the circumstances. As Bedell-Smith perceptively observed: 'It

106

will be well to remember that diplomacy has rarely been able to gain at the conference table what cannot be gained or held on the battlefield'.

It will be equally well to remember that the continuation of the conflict in Indo-China for two more decades was not the direct cause of the Geneva Accords. The outcome sought by Eden in 1954 was a belt of independent and neutral states, Vietnam, Cambodia and Laos, which would 'bring prosperity to these states and confidence to their neigh-bours'. Though this 'did not come about, the purpose was right and as such in the interests of the great powers and of the three small states themselves'.[61] That the Accords collapsed was not the fault of those who framed them but largely of those Americans who subverted them through military intervention, through connivance in Diem's re-fusal to hold the general election in 1956 which was de-signed to lead to the reunification of Vietnam, and later through their violation of Laotian and Cambodian neutra-lity.

VI

The manner in which Sir Anthony Eden's career ended in 1957, following the Suez debacle, has helped to make him one of the most controversial figures in twentieth-century British foreign policy. His apologists have tended to view the Suez affair as a temporary aberration which brought a brilliant career crashing down in flames. His detractors see in it the final proof that he never possessed the qualities required of a leader and a statesman. Eden's record as foreign secretary from 1951 to 1955 should not, however, be evaluated in the light of subsequent events. It is possible, too, that ill-health impaired Eden's judgement as prime minister to a degree not paralleled during the period preceding his move to No 10 and that sickness rather than ingrained ineptitude was the decisive cause behind the disastrous Suez adventure.

There was a great deal in Eden's record of which he could justly feel proud. When he came into office in October 1951, he was faced with a baffling array of pro-blems and crises. Realising that these could not be solved by a sudden and spectacular move, he resolved to grasp definite but specific problems and work for their

practical solution. Over the next three and a half years
he stuck to this task with courage and tenacity. There
were trials and tribulations, major reverses and temporary
setbacks, but in the end he secured a settlement of the
Iranian oil dispute, and a satisfactory agreement with
Egypt on the withdrawal of British troops from the Canal
Zone. His contribution to the settlement of wider international problems, notably that which followed the defeat
of the EDC, the Indo-China conflict and the Yugoslav-
Italian quarrel over Trieste, was second to none. The
sheer number of international agreements which he helped
to bring about in 1954 is impressive by any standards.

And yet Eden cannot be regarded as a great foreign
secretary. He was an outstanding negotiator and a mediator par excellence, and most of his achievements can be
directly traced to his skills in personal diplomacy and
at the conference table. But he lacked the attributes of
realism, breadth of vision and the capacity to think ahead
which mark the true statesman. 'He was not a strategist',
as Nutting rightly points out, 'who set a course for five,
ten or twenty years and stuck to it with bulldog determination. He was essentially a tactician who planned his
advance in limited moves, stopping and starting, veering
and tacking according to the strength and direction of the
prevailing pressures.'[62]

Eden's conduct of foreign affairs was not subjected to
major domestic constraints. His standing and influence in
the country, in the Conservative Party, in Parliament and
in the Cabinet gave him considerable latitude. If his
policy lacked an overall sense of direction, it was partly
the result of the inescapable constraints imposed by the
international environment, but the more decisive reason
was his own failure to produce a long-term strategy based
on a realistic assessment of Britain's capabilities, and
the objectives they could reasonably be expected to support.
A foreign policy which is not backed by adequate instruments and capabilities is mere posturing, and Eden's
grandiose conception of Britain's world role, because it
was so divorced from the underlying distribution of international power, strained relations with Britain's allies
and made little impression on Britain's principal adversary. Moreover, this misleading conception of Britain as
the centre of three great circles had the effect of

blinding Eden to the real opportunity which Britain had
in the early 1950s, that of assuming the leadership of a
united Europe. In short, Eden's conservative outlook,
his uncritical acceptance of orthodox assumptions, his
intuitive and pragmatic approach to events, his pre-
occupation with day to day problems as opposed to overall
strategy and his aversion to planning all predisposed him
towards continuing along the traditional lines of British
foreign policy and militated against any fundamental reappraisal of Britain's role in the world, let alone any
bold and imaginative departures.

CHAPTER 5

HAROLD MACMILLAN

The question which comes to mind when considering Harold
Macmillan's term at the Foreign Office is quite simply,
'How was it that a politician of great ability and experience should have been judged relatively unsuccessful in
that office?'. On the face of it, this seems to have
been the contemporary view. Indeed one of his Cabinet
colleagues, Lord Kilmuir describes the appointment as 'a
major error of judgement'.[1]

This verdict is, of course, an over-simplification, as
all such judgements must be. But, in so far as there is
truth in it, the reasons appear to be twofold. Firstly,
he was not there long enough to make an impression.
Eight months is not quite enough time to take a full and
firm grip on a department as powerful and talented as the
Foreign Office, or on a field such as foreign policy, in
which one inevitably inherits much that is in motion from
one's predecessor. Macmillan himself clearly shared this
view, and felt that when he agreed to move to the Exchequer
in December 1955, it was in fact a mistake; he should have
remained at the Foreign Office long enough to make a more
significant contribution to foreign policy.[2]

The second reason for Macmillan's relative lack of impact is equally generally agreed, and has to do with the
character of the prime minister of the day, Sir Anthony
Eden, and Macmillan's relations with him. Eden had a
unique knowledge of foreign affairs, and a unique prestige
in that field,[3] having served three times as foreign
secretary. During the war years he had attended all the
major international conferences, and again between 1951
and 1954, when he had gained major successes in the field
of foreign affairs. He was a world figure. It was natural that such a man should continue to take a close and
continuous interest in foreign affairs; but it was
equally inevitable that this should sometimes make things

110

difficult for his foreign secretary and be irksome,
especially to a man of the ability, force of character
and spirit of Macmillan.

It would not have mattered so much had there been a
greater degree of temperamental compatibility between the
two men, but this was not unfortunately the case. Eden
was temperamental, highly strung and inclined to fuss. He
was in the habit of ringing up frequently and asking a
minister or a department for information, sometimes early
in the morning. This irritated Macmillan, who was not the
most equable of men and had quite as much confidence in
his own judgement as in Eden's. That Eden himself was
defensively aware of the difficulty is shown by a revealing conversation with R.A.Butler in September 1955, when
he disclaimed 'undue interference' with the Foreign Office
but admitted that he found it difficult to work with as
strong a character as Macmillan.[4] Macmillan himself,
equally revealingly, cites an instance, clearly one of a
number, in which he felt obliged to insist that Eden
delay a message to the Soviet premier on the Soviet-
Egyptian arms deal of 1955 and the Arab—Israel dispute,
which Eden proposed to send in Macmillan's absence.
Macmillan records that he differed from Eden on the word-
ing and scope of the message and adds that he felt himself
drifting into a dangerous position vis-a-vis the prime
minister, that of accepting undue control, without proper
consultation, in his own field of responsibility.[5] He
recalled Eden's own unfortunate experience with Neville
Chamberlain which Macmillan clearly regarded as a warning
to future foreign secretaries. Later, reflecting on his
transfer to the Treasury at the end of 1955, Macmillan
concluded that while Eden certainly felt at that time
that a stronger hand was needed in economic affairs,
there was also the desire, 'consciously or unconsciously
to have more control over foreign affairs'.[6] Though
Macmillan's own comments on the relationship are both
restrained and balanced, it is clear that he himself felt
the difficulty, and the clash of temperament and occasionally judgement. Indeed his own account of his period at
the Foreign Office is curiously anonymous, almost as
though he is saying to the reader that he felt he was not
the main initiator in foreign policy, and in a sense was
not fully responsible.

Harold Macmillan was born in 1894, the son of a wealthy publisher and an American mother. After education at Eton and Oxford, he served in the First World War and entered politics as a Conservative M.P. His opposition to the orthodox policies of the Baldwin-Chamberlain governments of the thirties kept him out of office until the Second World War, when he made his reputation as a successful Minister of State in North Africa and Italy. When the Tories came back to power in 1951, he was offered the Ministry of Housing by Churchill, where he demonstrated considerable administrative ability. Churchill promoted him to the Ministry of Defence in 1954, and six months later, Eden made him foreign secretary — though, significantly, only as second choice. Eden would have preferred Lord Salisbury, but regarded the latter's peerage as a disqualification.[7]

The Macmillan who came to the Foreign Office in 1955 therefore was a politician of wide experience at home and abroad, and of proven independence of mind, intellectual and practical ability and strength of character. He was apparently an ideal choice for the post. It is this which makes it necessary to ask, and answer, the question posed at the beginning of this chapter. In so far as the answer does not lie in the shortness of his term of office and his relations with the premier, it relates to certain aspects of his character and judgment. On the first point, it must be said that he was not, as his contemporary image portrayed him, particularly 'unflappable', nor indeed did he himself claim to be. He was in fact like his predecessor in being somewhat sensitive and temperamental, even explosive at times.[8] He was, however, much more successful than his predecessor in giving an impression of calmness and conveying this to others. But he also had at times a certain tendency to ambiguity in his pronouncements so that it was not always clear what he was aiming at.[9] More than one of his colleagues has said that he tended to 'paint with a broad brush', which meant that people did not always understand him. As far as judgement was concerned, moreover, he was apt sometimes to be too self-confident on issues where he felt he had wide experience. Thus in spite of the unsatisfactory nature of British dealings with the Eisenhower administration over the Middle East before 1955,[10] he continued to press ahead with British plans for Middle East defence,

believing that US support would be forthcoming. Equally,
in spite of French attitudes to Britain, as demonstrated
over previous plans for European integration, he allowed
himself to be persuaded, admittedly with the encouragement
of some French leaders, that if the European Economic
Community succeeded, the French would then be prepared to
associate it with a wider free trade area.[11] The full
consequences of these miscalculations were not to come
until later.

On the other hand, Macmillan, at sixty, was capable of
learning and adapting. He had already, during the war,
absorbed the reality of Britain's declining power vis a
vis the United States, and he was aware too of the impossibility of halting the transformation of the British
Empire into the new Commonwealth. He was also quick to
grasp the extent to which the very threat of nuclear war
helped to preserve peace.[12] Given time, he must have
learnt more. He had powerful assets also in the support
of the mass of the parliamentary party, who liked his
combative and somewhat arrogant attitude to the Labour
Opposition, in the benevolent support from retirement of
Winston Churchill, who later recommended him as premier
in preference to R.A.Butler, and the goodwill of most of
his Cabinet colleagues, the vast majority of whom were to
concur with Churchill's judgement. He enjoyed, too, a
good relationship with most of his civil servants at the
Foreign Office, and ambassadors. They found him a strong-
minded minister who could not easily be 'managed'; and
liked him for it.

Macmillan, of course, operated in a field, as all foreign
ministers do, where events cannot always be mastered, nor
always foreseen, and one which was becoming less 'manageable' as Britain's power declined. In relations with the
two super-powers, the USA and Russia, Britain's capacity
to influence and occasionally mediate now rested more on
the respect for her experience and past role and on the
wartime friendship of Macmillan with Eisenhower than on
actual British power. The 'special relationship' with the
US still meant something, as did ties with the Commonwealth, but both were a declining asset.

Equally, as with all foreign ministers, Macmillan was
the inheritor of policies already well established in

relation to various problems and areas, policies largely
shaped by Eden. There is little evidence, however, that
he markedly differed from Eden on the main basis of
policy. So far as East-West relations were concerned,
and particularly in relation to the major problems of
European security, disarmament and German reunification
which bulked so large in this area, Macmillan inherited
the Churchill-Eden belief in the effectiveness of the
'summit' meeting of heads of government as a means of
reducing tension and making progress. He loyally pursued
this aim against considerable scepticism within his own
ministry[13] and persuaded the reluctant Americans to agree,
having established a good relationship with the difficult
John Foster Dulles. Macmillan found Dulles 'hesitant and
uncertain' yet came to like him. Dulles, for his part,
regretted Macmillan's departure from the Foreign Office
after only a short period there. The four heads of
government — British, Russian, American, French — duly
met in Geneva from 18 to 25 July 1955, but little was
achieved on the concrete problems mentioned above.[14]
Macmillan, indeed, must have been well aware that decisions already taken by the West — the rearmament of
Western Germany and her admission to the North Atlantic
Treaty Organisation on 9 May of that year — virtually
precluded agreement on German reunification; for the
Soviet government would never agree to a united Germany
which was rearmed and a member of the Western defence
system. Yet free elections for the whole of Germany,
which the West demanded, would in practice have meant
just that. Not surprisingly, the foreign ministers'
meetings which followed, from 27 October to 6 November,
soon broke down in recrimination. The 'summit', then, had
produced only a temporary amelioration of the atmosphere
between East and West, and Macmillan conceded that the
'Geneva spirit' had soon burnt low; though he continued
to believe that, with the emergence of Khrushchev and
Bulganin, 'new forces were at work in the Soviet Union'.

Similarly, in the Middle East, Macmillan continued
Eden's policy of building a defence system around the
Defence Pact between Turkey and Iraq, signed on 4 February
1955 and adhered to by Britain on 4 April — the Baghdad
Pact'. Macmillan worked hard to extend its membership,
and above all to get the United States to join: but
Dulles hung back, fearful of antagonising both Egypt and

Saudi Arabia which were hostile to and jealous of Iraq, and believing rightly that the pact might exacerbate inter-Arab rivalries: moreover, pro-Israeli sentiment in the United States made it a ticklish business for the US to join an Arab pact. Macmillan therefore was only able to secure the adhesion of Iran and Pakistan, and in fact no other Arab state joined the pact. As Macmillan might have foreseen, Arab nationalism saw any British sponsored pact as an attempt to buttress Britain's imperial interests in the Middle East — as indeed it was. A year later the mere suggestion that Jordan should join the pact nearly cost King Hussein his throne, and the Suez crisis largely destroyed it as an effective organisation.[15]

Macmillan himself seems to have had doubts in retrospect, wondering in his memoirs whether it was 'a prudent move' or in fact 'provocative' to Russia.[16] If he had doubts at the time, however, they did not inhibit his pursuit of the policy or his public defence of it as 'in the long run likely to unite the Arab world'.[17] Whether as a consequence or not, the pact was soon followed by the Soviet-Egyptian arms deal of 27 September 1955, which represented the first major Russian breakthrough into the area and led Macmillan himself to speculate whether 'this was the beginning of a new offensive in the Middle East'.[18] If Macmillan's policy was partly responsible for the beginnings of Soviet influence in the area, then his responsibility is a heavy one.

In the sphere of European unity Macmillan's role as foreign secretary was ambiguous. Although a committed 'European', who had contemplated resigning in 1952 on this issue, he responded to the first steps towards the European Economic Community in a negative fashion, apparently accepting until it was too late the general Foreign Office view that it would fail, and the participants come round to the British plan for a free trade area.[19] This proved a costly miscalculation, though it is easy to be wise after the event; and Macmillan could certainly claim that some of the European leaders were themselves pessimistic about the prospects for the EEC and that the Six later went back on a fairly clear commitment to enter into arrangements for a larger free trade area, whatever the outcome of the EEC negotiations.[20]

One major achievement certainly marked Macmillan's tenure of the Foreign Office, namely the signature of the
Austrian Peacy Treaty on 15 May 1955. But this was again
the product partly of his predecessor's painstaking negotiations, and perhaps even more of a change of tactics by
the Soviet leaders, rather than of Macmillan's efforts.
At that time the Soviet leaders wished to forward a
detente with the West, and perhaps also had it in mind to
create a precedent for a 'neutralised' Germany.

In short, it is difficult to dissent from the judgement
that Macmillan's term at the Foreign Office was not one
of his most successful phases. But it is possible, perhaps, to look at this in two different ways. The harsher
judgement might be that Macmillan was an undistinguished
foreign secretary who was lucky to leave the Foreign
Office before all his chickens came home to roost and particularly before the trauma of Suez fell upon his country.
A more generous judgement is tenable, namely, that this
was a politician who had already shown in his sixties a
remarkable capacity to absorb new concepts of Britain's
role in the world and of the changing world itself, and
that, given more time, he would have made a great foreign
secretary. Time, however, was not given him.

CHAPTER 6

SELWYN LLOYD

I

Selwyn Lloyd had the not altogether enviable distinction
of serving one of the longest post-war terms at the
Foreign Office yet at the same time incurring greater
criticism and denigration than any of his contemporaries
in that role. There is a paradox here which needs to be
resolved.

Lloyd came to the Foreign Office in December 1955 as the
first of a new generation to make its impact on British
foreign policy. Unlike his immediate predecessors, he had
entered politics after the war, was a comparatively junior
figure in the party's hierarchy, and was little known to
the general public. He had served only eight months in
the Cabinet and at fifty-one was a decade or more younger
than his predecessors. He was in fact the first of his
generation in the Conservative Party to reach one of the
highest offices, moving ahead of near-contemporaries such
as Peter Thorneycroft, Quintin Hogg and David Eccles. For
this advancement he was to pay a heavy price, for few
foreign secretaries have been confronted with a more
gruelling ordeal during their first year or two in office:
and this he had to meet without the advantages of party
and parliamentary stature and long Cabinet experience
enjoyed by his predecessors.

There is indeed a certain symbolism in the advent of
this new and relatively junior figure at the Foreign
Office, for it coincided with the moment, dramatically
epitomised by the Suez crisis, when the realities of
Britain's decline in world power became impossible to
ignore: and in a sense with the moment when, because of
her lessening influence in the world, and the economic
weakness which was a major cause of it, the Foreign

117

Office itself suffered a relative decline in importance vis-a--vis other government departments, particularly the Treasury. It is the view of many of those who served in the Foreign Office at the time that Eden was the last foreign secretary who could really dictate to the Treasury, for example in the case of the negotiations over Western defence in 1954, where there was some feeling that the Treasury was inadequately consulted.[1]

Developments of this kind take place slowly, over a period of time, and one cannot point to a specific date such as November 1956 and say 'After this date, Britain ceased to count in the world'. But Suez clearly marked a turning-point. Until then Britain had continued to live on her reputation as a world power, her imperial past, and her wartime achievement. There was still a gap between her real strength and her power and influence, the latter always depending to some extent on 'reputation'. The United States and the USSR, the two super-powers, had continued to treat Britain as a world power, and other states followed suit. In particular, the wartime 'special relationship' with the United States was still meaningful to the latter and paid dividends to Britain.

Suez really ended this phase in British history, by re-vealing the naked facts of power. It was made clear that Britain could not defend even national interests that were regarded as vital, without the goodwill and consent of one of the two super-powers, which, in the context of the time, could only be the United States. After Suez, in spite of the able and partially successful 'repair job' done by Macmillan and Lloyd, in restoring both the Anglo-American relationship and the British position in the Middle East, it was no longer easy for British politi-cal leaders to deceive either themselves or others as to the reality of British power. It is fair to add that during the decade which followed Suez the Macmillan govern-ment continued the process of voluntary liquidation of empire, which inevitably further diminished the effective power of Britain in the world.

Selwyn Lloyd's tenure of the Foreign Office must there-fore be seen in the light of this decisive change in British power: and the final judgement must rest ulti-mately not just on the Suez crisis, but on the extent to

which he was able, with Macmillan, to come to terms with
the fact, to adapt British policies to it, and to make the
right decisions consequent on this adaptation during his
five-year period in office.

Few foreign secretaries before or after Lloyd have been
the centre of such bitter controversy or subject to such
harsh criticism both within Parliament and outside it.
Not merely at the time of Suez but on a number of occasions
afterwards he had a bad press, and apart from the tributes
paid by both his prime ministers, little has been done
since to offset this unfavourable contemporary judgement.[2]
Any study of Lloyd's work must consider how far this
unfavourable judgement is justified.

The point has been made that Lloyd came to the Foreign
Office after a relatively short period of ministerial and
particularly Cabinet experience. But a man is not equipped
for positions of high responsibility in politics simply by
his narrowly political experience; and indeed it seems
that Lloyd's rapid promotion owed something to what was
known of his record before he entered the House of
Commons.[3] At the time of his entry into politics, in fact,
he had already demonstrated his capacity in two other
fields — the Law and the Army. Born in Liverpool, the son
of a doctor, he had had a conventional upper-middle-class
education at boarding school, followed by Cambridge,
thereafter practising law successfully on the North-Western
Circuit. In the war, after joining up as a Territorial,
he had a distinguished record of service, ending up as
deputy Chief of Staff, Second Army, with the unusually high
rank for a 'non-regular' of brigadier. Afterwards he had
entered the House of Commons, embarking relatively late at
the age of forty on a political career. As a back-bencher
he caught the eye of R.A.Butler, who recruited him to work
in the Conservative Research Department and used him as
his principal lieutenant in drafting the Conservative
election manifesto of 1951; and also of Anthony Eden.
When Churchill formed his government in October 1951, both
Eden and Butler asked for Lloyd's services, at the Foreign
Office and the Treasury respectively. Lloyd went to the
Foreign Office as minister of state and served a fairly
prolonged apprenticeship in foreign affairs, lasting for
about three years. He did well, at the UN and elsewhere,
established a close relationship with Eden, whom he much

admired, and was promoted to be Minister of Supply in
1954.

In 1955 Eden brought him into the Cabinet as Minister of
Defence. In that office he confirmed the favourable impression which the premier and most of his colleagues had
formed of him,[4] but was not there long enough to achieve
much: after eight months he was further promoted and became foreign secretary, at the age of fifty-one.

These facts are worth reciting, because the picture has
sometimes been presented of a junior and essentially
second-class figure promoted suddenly and beyond his capacity to one of the highest offices, mainly because Eden
desired a more malleable foreign secretary. But a man who
achieves some success in three different careers by the
time he is fifty and whose services are sought by the two
leading figures in a government when he has had only back-
bench experience is surely something more than is implied
by such a judgement.

The contrary is in many ways true. Lloyd had emerged
from the ruck of his contemporaries by displaying ability
and application. He had done very well as minister of
state, making a good deal more of that office than many
subsequent holders of it managed to do. It must be remembered that unlike later periods, when there were a number
of ministers of state at the Foreign Office, he was the
only one at that time; moreover, towards the end of this
period his chief, Eden, was a sick man, and away from the
Office for long periods. At these times the running of
the Office devolved upon Lloyd, who also attended Cabinet
meetings. Even before this he had had the important task
of representing the British Government at meetings of the
United Nations General Assembly, where he had played a
major part in the negotiations which eventually led to the
winding up of the Korean War. He had also played a considerable role in getting disarmament negotiations under
way with the USSR, rather against the wishes of his official advisers, who were afraid unrequited concessions
might be made to the Russians. He was fully aware that
really major progress in this field was unlikely, since
the Russians would not accept an effective system of
international control. The Soviet view was that such
control would merely provide a cover for Western

espionage. But Lloyd was aware also that a continuous willingness to make constructive proposals in this field could help to achieve two ends, both important. On the one hand, the 'cold war' was by definition a contest which was waged largely in and for the minds of men; it was important that the West should be seen as having constructive and positive proposals for improving the international climate in this field. On the other hand, by making such proposals Britain could indicate to the Russians her continued willingness to talk and negotiate; and so perhaps actually improve the climate of relations with them and move a little towards the detente in the cold war which Churchill, Eden and Macmillan all wished to achieve.

In short, Lloyd had a creditable record as minister of state and he was undoubtedly during this period a major figure at the UN where he was in general regarded with respect.[5] He had proved himself to be a skilful negotiator, a capable administrator and a prodigiously hard worker. He had established good relations with the Americans, including the difficult John Foster Dulles, and had also acquired much experience and knowledge of foreign affairs. He was not therefore surprised to be asked to go back to the Foreign Office in 1955, and probably confident of his ability to do the job.

II

Lloyd had quite definite ideas on most aspects of British foreign policy, ideas derived from his close co-operation with Eden. Except perhaps in disarmament, his role as No 2 had necessarily been more that of an executant than an originator, but there is no reason to doubt that he shared the general views of his two predecessors, and therefore saw no reason to depart from the major lines of policy as laid down during the previous four years, during much of which he had collaborated in its formulation. In relations with the super-powers, therefore, in East-West relations and the cold war generally the policy was to maintain the American and Western alliance, while pushing the Americans gently towards detente where possible, in such fields as disarmament; no easy matter, since both Dulles and President Eisenhower were highly suspicious of the Russians. In European matters the first priority was to strengthen the alliance by rearming West Germany and

integrating her closely with the rest of Western Europe.
Subject to that, the reunification of the whole of Germany
under a democratic system should still be pursued as the
ultimate objective, though German rearmament made it unlikely that the Russians would agree to reunification on
acceptable terms. Nonetheless it was essential to continue to pursue reunification, if only because of the
effects on German morale of any apparent weakening by the
West in this regard. Once West Germany was firmly linked
with Western Europe, it might just be possible to achieve
reunification in a climate of detente and in the context
of a general European security treaty including Russia;
such an arrangement including perhaps a measure of 'dis-
engagement' or thinning out of Western and Soviet troops
in Central Europe, as envisaged by, for example, the so-
called Rapacki Plan put forward by the Polish foreign
minister. Such proposals were seriously examined by the
Foreign Office throughout the fifties, though it was
clearly unwise to invest too much hope in such prospects.[6]

On the question of West European integration generally,
Lloyd shared the view of most of his Cabinet colleagues
and the majority of his Foreign Office advisers, a view
which was both sceptical about prospects in general and
lukewarm in relation to the particular matter of British
participation. That is to say, he doubted the prospects
for any immediate further step in this direction, as envisaged by the proposals for a European Economic Community,
or Common Market, which had come before the Messina conference of the Six in the summer of 1955; and he considered that Britain's world-wide commitments and in particular her special links with the United States and the
Commonwealth made it impossible for her to enter fully
into any supranational project, such as the European Coal
and Steel Community of 1950 or the EEC itself, both of
which called for some surrender of sovereignty in specific
fields.

Lloyd's views were not unreasonable at the time. In the
light of the very recent collapse of the 'European Defence
Community', with its plans for an integrated West European
army — a proposal which had finally been torpedoed by the
French who had originally proposed it — the prospects for
an immediate further advance in European integration did
not seem bright at this time to any informed observer.

What helped to transform the situation as much as anything was the French deduction from the Suez crisis a year later that the Americans could not be relied upon to protect or respect French national interests and that it was there-fore necessary to forge stronger links with the rest of Western Europe as soon as possible. Without this, it is doubtful if the EEC would have come to fruition when it did. But this could not be foreseen in December 1955. As regards Britain's worldwide commitments, a large part of the Empire still remained. Certainly Britain's imper-ial economic ties were gradually becoming less important, but the economic dependence on her of many Commonwealth countries was still considerable, and was to lead to some thorny problems of negotiation when Britain finally did apply to join the Community five or six years later. In addition Lloyd hoped that, if the EEC did materialise, it would be possible to establish links between it and a wider free trade association in industrial goods. He was given some encouragement, especially by the French premier, Guy Mollet, to think this might come about.[7]

Furthermore, anxious though many Europeans were for Britain to participate in the new integrated Europe, some of its most influential exponents, such as the Frenchman Jean Monnet and to some extent the Belgian Paul-Henri Spaak, had already concluded that it might be easier to take the most important steps first without Britain, in the expectation that later on it would be easier to admit her. They had been led to this conclusion both by the British attitude to earlier experiments in 'Europeanism', such as the Council of Europe (1949) and the Coal and Steel Community, and also by a realistic appreciation of the difficulties posed by the US imperial and world commit-ments already mentioned.[8] Monnet and others were afraid that the price Britain would demand for participation in their schemes would be the elimination from them of those very supranational elements which they themselves most valued, as paving the way for a federalist United States of Europe. In 1955 this seemed likely to be the case in relation to the EEC. It seems to have been intimated to Lloyd that a British attempt to join the EEC in 1955-7 might in fact make it far more difficult to bring the latter into being, or at the very least undermine its basic supranational conception.[9] In short that, if Britain insisted on being a signatory, there might be no

Treaty of Rome, at any rate in the shape that its most
ardent supporters wished. As against this it can fairly
be said that participation in the Messina talks would have
enabled the British government to find out what terms were
to be had, and that her willingness to do so would have
made it less easy afterwards for the critics to argue that
Britain lacked 'a European faith'.[10] It is the writer's
view, however, - at the risk of seeming more Gaullist than
de Gaulle - that Britain was not psychologically ready to
'enter Europe' in 1955; and that her interests and commitments were then probably irreconcilable with the essential
EEC concept. This was certainly the general view at the
time.

On the Middle East also, Lloyd's views were essentially
the same as the majority of the Cabinet, which meant that
they were less extreme and rightwing than those within
the Conservative parliamentary party who had opposed the
British withdrawal from the Suez Canal base - the so-
called 'Suez Group'. As minister of state, Lloyd
played his part in negotiating the British evacuation of
the base and the granting of independence to the Sudan.
He shared Eden's hopes that from these events might
emerge a better relationship with Egypt and with Arab
nationalism generally, on which could be based a collective policy for Middle East Defence. He shared, too, the
false hopes engendered by the ill-fated Baghdad Pact. He
was, however, more cautious in pursuing the aim of enlist-
ing other Arab countries in the pact than Macmillan, and
in this context is known to have had doubts about the
Templar mission to Jordan which almost certainly did more
harm than good.[11] Moreover, he probably considered that
Britain's major and vital interest in the area - more
vital than the Canal - was the safeguarding of her oil
supplies, and that the key to this was the British position in the Gulf. At this time there were some pessimistic views in the Foreign Office about Britain's ability
to maintain her position in that area: with this view
Lloyd evidently disagreed.

On the most important international issue of the period
- the possibility of detente with the Soviet Union -
Lloyd had views which were definite and clear-sighted.
He had no illusions about the difficulties of negotiating
with the Russians and was totally opposed to making

unrequited concessions, especially at the beginning of negotiations: but, subject to the overriding necessity of
preserving the US alliance, he believed in the possibility
of detente, especially in such fields as disarmament and
the liberalisation of trade relations. In these matters
he was, like Churchill, Eden and Macmillan, in advance of
many of his colleagues and of the Conservative parliamentary party, and considerably in advance of the US administration, which viewed negotiations with the USSR with
fear and suspicion.

III

As foreign secretary, Lloyd had more assets than were always appreciated at the time. Apart from considerable
knowledge and experience of foreign affairs, he was tho-
roughly familiar with the administration and practice of
the Foreign Office and with the principal personalities
there both at home and abroad. He had good judgement,
though he was sometimes diffident in relying on it.[12] He
had the goodwill of the majority of his Cabinet colleagues,
with whom he was on excellent terms for the most part, and
a close and friendly relationship with the prime minister.
On the other hand he lacked, as has been pointed out, the
prestige and status which comes from years of Cabinet
office and service in the House of Commons, which his two
predecessors had possessed. Personal qualities of a
colourful or unusual kind - in today's jargon, the quality
of 'charisma' - would perhaps have compensated for this
to some extent; but, though generally respected for his
integrity, industry and ability, he lacked by common consent the offbeat personality, the touches of personal in-
dividuality which characterised a Macmillan or a Bevan,
and singled them out from their fellows. Although often
an effective speaker on the public platform, or in international conferences, he was apt to be flat and uninteres-
ting in the House of Commons. He had his moments of
success, but seldom a real triumph.[13] After Suez, too, he
had to struggle against a good deal of prejudice, both
from those of his own party who had regarded the initial
use of force with disfavour and from those who had been
infuriated by the subsequent withdrawal. He also had to
contend with the hostility of a substantial section of
the Labour Party which, reasonably enough, identified him
with the entire Suez policy. However, speeches on foreign

policy do not lend themselves to a vigorous, hard hitting
and controversial approach, of the kind which rallies the
faithful and puts down the opposition. Indeed both Bevin
and Eden, though always listened to with respect, were
regarded as rather flat and dull speakers in opening foreign policy debates.[14]

It was also a handicap to Lloyd that he was ill at ease
with the press and the media and usually an unconvincing
performer on television. Within the Cabinet he was listened to with respect, especially in the latter period of
his term at the Foreign Office; but at the same time he
was working with prime ministers who had strong views on
foreign policy.

The problem of Lloyd's relations with his two prime
ministers must therefore be directly addressed, since it
is the key to much that was said and felt about him at the
time as foreign secretary. There are undoubtedly some advantages for the foreign secretary in having a prime
minister who is interested and knowledgeable about foreign
affairs, especially if the relations between the two men
are close and friendly and the premier respects the judgement and ability of the foreign secretary. Both of these
conditions characterised Lloyd's relations with Eden and
Macmillan, and he nearly always had the advantage of the
premier's full support in Cabinet and with the party.
There was never any likelihood of a breach between prime
minister and foreign secretary.

On the other hand, Eden's known desire to keep a grip on
foreign policy and Lloyd's relatively junior status and
previously subordinate role to Eden, together with his
somewhat diffident manner in the early days, combined to
give an impression of greater subservience to Eden than
may actually have been the case. This was a disadvantage
to Lloyd at first in his relations with his officials and
some of his Cabinet colleagues.[15] The view that he was
not in sole charge, that foreign policy was made from
'No 10', lessened his authority in the Office, in the
Cabinet and to some extent in the House, particularly with
the Opposition, with whom the idea persisted into the
Macmillan era.

That Lloyd had a close relationship with Eden, and a

respect and even deference to his judgement going beyond the normal respect for the ultimate authority of the prime minister, need not be questioned. It would have been strange if it had not been so. Eden's prestige and reputation were such in his chosen field of foreign affairs that even Churchill had deferred to him, and in these circumstances most other ministers hesitated to oppose him. It would have required a very high degree of self-confidence, even arrogance, for a newly-appointed and relatively junior foreign secretary to have challenged that judgement: especially since, on the major problem which dominated the field during the remainder of Eden's premiership – namely the Middle East – the premier's views were supported by the highly experienced Macmillan and the overwhelming majority of the Cabinet.[16] Nevertheless, Lloyd did express disagreement with the premier on a number of occasions, one of which, concerning the Suez Canal Users' Association, is recorded by Eden.[17] On that occasion Lloyd yielded to Eden's arguments, influenced no doubt equally by personal loyalty and by respect for Eden's judgement. But a more experienced and senior minister in that situation would have been quite as likely to do the same.

On the general point of Lloyd's relationship with his two prime ministers, there is of course one crucial difference. Lloyd served under Eden for little more than a year, and that year dominated by the long-drawn-out crisis of Suez. With Macmillan he had a partnership extending over three and a half years. The two men not only worked closely together at home but travelled together to many international conferences, including the important 'reconciliation' conference with the Americans at Bermuda in March 1957, and the equally celebrated Moscow conference with Khrushchev in February 1959, which Lloyd himself had advocated as a necessary contribution to detente and as an indication to the British public and world opinion of Britain's genuine desire to pursue it. They had time to get to know each other well, and there is no reason to doubt Macmillan's high regard for Lloyd's work as an executant and administrator of foreign policy. The premier's judgement in February 1958 was that 'he is so good in his work that I really cannot think of anyone who would be more efficient' – as high a tribute as one could possibly desire from a prime minister. Macmillan also respected Lloyd's creative capacity, describing him as 'fertile in

127

ideas and resourceful in proposing solutions' - a judgement which is relevant to the opinion expressed by some
that Lloyd made little creative contribution to the making
of foreign policy.[18] Throughout his memoirs, indeed,
Macmillan is generous in his tributes to Lloyd, and it is
of some importance that he not only asked Lloyd to stay on
at the outset of his government, when there must have been
a considerable temptation to make a change after Suez, but
on two subsequent occasions persuaded Lloyd to remain in
office when his resignation was freely offered. On the
first occasion, certainly, after Eden's departure,
Macmillan took the view that 'one head on a charger is
enough'. But this argument did not apply to later
occasions.[19]

On his side, Lloyd undoubtedly acquired greater self-
confidence in dealing with his redoubtable chief as time
went by; also a greater understanding of the complex
nature of the man, and the way in which Macmillan concealed
a highly sensitive temperament behind a mask of languid
Edwardian assurance.[20] Thus the relations between them
altered imperceptibly, though always remaining cordial.
There was never any real tension between them: but there
may have been occasions, as tends to happen between all
foreign secretaries and prime ministers with strong views
on foreign policy, when Lloyd indicated to the prime
minister the undesirability of there being 'a rival Foreign
Office at No 10'. Such occasions were few, however, and
relations between the Foreign Office and No 10 were much
helped in this period by the presence on the prime minister's personal staff of a Foreign Office official. This
was Philip de Zulueta, who by common consent did an invaluable job in maintaining liaison between the two, both in
Lloyd's time and in that of his successor.[21]

The subject of Lloyd's relations with the Foreign Office
requires further elaboration. It is generally conceded
that he was a hard-working and competent administrator.
There is less agreement about his ability to establish
easy personal relations with those who served him, whether
ministers or officials. There was an increase in the number of junior ministers at the Foreign Office at this time,
partly as a result of the proliferation of international
organisations and the increasing number of independent
states in the world. Eventually there were two ministers

of state and two under-secretaries, all of whom had to be
fitted in to the routine of the office. Lloyd made great
efforts to treat these ministers as a team, using them a
great deal, giving them considerable discretion, consul-
tine them widely and bringing them into office meetings
on matters where they were particularly concerned.[22] A
certain amount of specialisation developed, partly, as
later under Lord Home, by area, partly by subject.[23]
Junior ministers might be allocated mainly to European
concerns, to UN matters, to disarmament and so forth: an
understanding also developed that papers which officials
had minuted should go to the foreign secretary via which-
ever of the junior ministers was particularly concerned in
the particular area. In addition some ministers specialised more in the parliamentary side of the work and some
in the policy and administration side.

On the whole Lloyd handled these relationships well, but
inevitably the Suez crisis put a considerable strain upon
them, as upon those with the senior officials, and some of
them parted under the strain; notably in the case of
Anthony Nutting who carried his disagreement with Eden and
Lloyd to the point of resignation from his office of
minister of state.[24] In general, however, and particularly
once Suez was over, relations within the Office under Lloyd
were pleasant and amicable.

This also applied in the end, and considered generally,
to Lloyd's relations with his officials, but here he had a
more difficult task, and more obstacles to overcome. Partly this was due, as has been mentioned, to the circumstances of his initial appointment and the impression among
senior officials that he was very much Eden's subordinate:
and partly to the fact that Lloyd, a man basically shy and
at first unsure of himself, sought to conceal this under
a rather teasing facetious manner which did not go down
well with some of the polished and very high-powered officials with whom he had to deal. Some of these never
revised their first unfavourable impression. One at least
who served with Lloyd at the outset of the period held the
view that he was not well suited by temperament and experience to be foreign secretary, and lacked the imagination,
courage and decisiveness required to give effective leadership in the department and in Cabinet.[25] On the other hand,
those who served with Lloyd for any length of time, and got

to know him well, often revised first unfavourable impressions. Thus Sir William Hayter records that he eventually came to like and respect him, and formed the view that he was 'a very able Minister'.[26] Another who knew him well and served with him over a long period considered both that he was decisive - though careful and cautious in reaching decisions - and that he possessed ability and judgement. Yet another who worked with Lloyd afterwards wrote that he could seldom recall the flow of business being held up by lack of decision.[27]

The Suez period itself, of course, was an exceptionally difficult period, as it would have been for any foreign secretary, since the Office was divided: and the majority of the officials concerned with the Middle East were against the government's policy when, at a fairly late stage, most of them learnt of it.[28] This very fact, of course, rendered Lloyd's relations with the Office uneasy in the immediate aftermath of Suez. He worked hard, and in the end in most cases successfully, to overcome this handicap. He was much helped in this as in all his dealings with the Office by a succession of able private secretaries who listened to his problems, advised, counselled and generally did all they could to help him repair the breach.[29] Lloyd's pleasant terms with these younger men are evidence that he could also establish good relations with his juniors.

It has been argued by academic critics, and sometimes by politicians, that all departments, and particularly powerful departments like the Foreign Office and the Treasury, seek to bend the minister to their will and impose their policies through him on the government.[30] No doubt this is sometimes the case, but it does not seem to be a weakness which can be held against Lloyd. Indeed, in arguing that he was too much under the influence of 'No 10' his critics to some extent rule out the possibility of such an accusation; and on the first major issue that arose, the Middle East, Lloyd supported a policy on which he knew that official opinion was, to say the least, divided.[31] He for his part did not feel that he was constantly subject to 'corporate pressure', nor did his officials regard him as a 'rubber stamp'. The truth is, of course, that the degree to which a minister runs or is run by his department depends entirely on the character of the minister and the

130

ministry — in the case of the latter particularly the
character of the permanent under-secretary. Lloyd was
served by two permanent secretaries, Sir Ivone Kirkpatrick,
who had the reputation of 'an Irishman, who never minded a
fight', and Sir F. Hoyer-Miller (now Lord Inchyra), an able
but discreet official who got on well with Lloyd.[32]

One further complication in the conduct of British external policy at this time must be mentioned. Since the 1930s
British relations with certain self-governing Commonwealth
countries had been handled by a separate ministry, the
Commonwealth Relations Office (CRO). From 1945 onwards,
countries such as Australia and Canada began increasingly
to conduct their own foreign policy and to take initiatives in the field of foreign affairs; and the tendency
for there to be different viewpoints within the Commonwealth on foreign policy was of course much increased by
the advent in the 1940s of the 'New Commonwealth' countries, India, Pakistan and Ceylon. The point was vividly
illustrated in the Suez affair itself by the markedly
different initiatives taken by Australia and Canada, and
the difference of view between many of the Asian members
and the British Government.[33]

A further complication was sometimes caused by the fact
that vast territories overseas were still administered by
the Colonial Office and colonial problems sometimes im-
pinged on the field of external relations. This situation
was usually covered by a working agreement whereby internal colonial matters remained the prerogative of the
colonial secretary, but the external aspects of both colonial and CRO matters were normally handled — at the UN,
for example — by the Foreign Office. If a colonial problem raised international complications, as happened in
this period with Cyprus, then there were obvious problems
of dual responsibility; as also sometimes happened in the
case of the CRO and Colonial Office, for example in relation to the Central African Federation, where two of the
governors concerned were responsible to the Colonial
Office and the third to the CRO. Clearly much depended on
the personal relations between the three ministers concerned, and fortunately Lloyd was on good terms with
Lennox-Boyd the colonial secretary — a tough, vigorous
minister, but a good co-operator — and Lord Home the
commonwealth relations secretary.

131

Lloyd would have liked to have facilitated co-ordination, through a greater degree of integration between the Foreign Office and the CRO, but there was some resistance from the officials in the CRO and it was not until a decade later that the two departments were amalgamated. A beginning was made, however, in Lloyd's time with a limited exchange of personnel. At this time, with extensive territories still under direct colonial rule, the question of amalgamation with the Colonial Office did not seriously arise, yet so great was the speed of the subsequent dissolution of empire that this too was to come within a decade.

In looking at Lloyd's record as a whole it is of course essential to remember that all governments and all ministers are limited by the given facts of their situation. These limitations are partly of a purely practical kind and have to do with the resources available, both human and material. In Lloyd's time the process was rapidly advancing whereby these resources were to shrink to those available in these islands; and the consequences of this in terms of access to vital raw materials and manpower for the armed forces were already becoming apparent. The task of a British foreign secretary in this period was not helped by the growing dependence of the British economy on supplies of imported oil from particularly sensitive and volatile parts of the world. In addition ministers are limited by domestic political factors - the size of the government's majority, the degree of co-operation with the Opposition, the extent of public support, the attitude of the media, personal relations with colleagues and the premier, etc. Most of these have been touched on already as they affected Lloyd. Some could be manipulated or managed to some extent, though, as has been noted, Lloyd was not particularly gifted in some of these fields. But for a foreign minister the most important factors are external ones which are not ultimately manageable except by superpowers - and not always by them, even when in agreement. In the post-war era this has been particularly true of Britain, by reason of her economic weakness, her loss of empire, and the changes in the technology of war. The last is the most important. In a nuclear world Britain had become very vulnerable; and British dependence on the Anglo-American alliance, then as now, derived more from her need of the American nuclear umbrella and US naval protection for her shipping routes than from economic factors.

On the whole, British public opinion had not faced up
to the realities of this situation in the 1950s, nor had
political leaders of either party. It is easy, with hindsight, to say that with the decline of empire the stark
choice for Britain was either continuing dependence on the
United States or entry into Europe. But in 1955 few politicians or officials believed this.[34] The Labour Party
and its leaders showed even less readiness to abandon
their insularity (and their desire to retain control of
the British economy) than the Conservative Party. Nor was
there any great public support for such a move – and, as
Disraeli pointed out, 'in a democratic country it is sometimes necessary to defer to the opinions of the people'.
The fashionable view at the time was still 'the three con-
centric circles' – the Atlantic Alliance, the Commonwealth
and Europe – with Britain at the point of intersection,
belonging to all three, uniquely able to serve as a link
between them and as the interpreter of one to the other.
This was Lloyd's view, as it was the view of almost every-
one who counted, though within this general context he was
not averse to forming closer links with Western Europe,
and on the institutional side fathered a personal 'grand
design' which was intended to produce a streamlining of
Western Europe's proliferating institutions.

IV

Viewing Lloyd's career at the Foreign Office as a whole,
it is clear that it must be divided into pre-Suez and
post-Suez. The present writer shares the common view that
the Suez operation was politically a blunder, that it
failed largely because of American opposition, and that
the crucial mistake therefore was the misjudgement of
American intentions. Some maintain that this was largely
Britain's fault, and in particular that she should have
guessed that US support would not be forthcoming in an
election year, in which President Eisenhower was being
presented as 'a man of peace'.[35] Others, of whom the
present writer is one, consider that the blame for the
misunderstanding must be put equally on the shoulders of
the Americans, and particularly Dulles. The latter's
ambiguous phraseology and habit of blowing hot and cold
on the use of strong measures were calculated to mislead,

and indeed were part of a carefully thought out delaying
action, designed to prevent Britain and France from resor-
ting to force. It had precisely the opposite effect,
since it eventually goaded Eden and his colleagues into
action. At the same time Dulles and President Eisenhower
more than once undermined the Anglo-French position vis-
a-vis Egypt by public and often unnecessary statements at
times when silence on their part might have led Nasser to
adopt a more emanable line. This happened, for example,
at a crucial period of the mission led by the Australian
premier R.G.Menzies to Cairo (August 1956), again after
the creation of the Suez Canal Users' Association (September 1956), and again during the UN negotiations in
October. A greater degree of frankness with Britain on
the part of the US and a greater degree of firmness with
Egypt, would have produced infinitely better results.[36]

Whether the Suez operation, even if successful, would
have produced the right results for Britain is uncertain.
The answer depends to some extent on one's view of possible Arab reactions, which were unlikely to be helpful in
the long run. The moral aspect, too, turns on a number
of disputed questions: whether, for example, it is always
wrong to use force to defend vital national interests
(most people did not think at the time that it was necessarily wrong to do so); and whether Nasser's action in
taking over the canal was in breach of international law.
Whatever may be the verdict on that score, there was an
element of hypocrisy in the attitude of the United States,
in view of American actions before and since in Latin
America, and subsequently in Vietnam; not to mention -
the final irony - a more recent US threat to use force to
safeguard Middle East oil supplies. On the subject of
contemporary Soviet strictures, delivered from the vantage-
point of a subjugated Hungary, nothing needs to be said.

One of the most weighty and deeply felt arguments against
British policy in the Suez crisis was, however, that it encouraged the Soviet Union to take the crucial decision to
suppress the Hungarian revolt, prompted by the disarray in
the Western camp. The evidence seems to suggest that this
was not the case. A further weighty charge relates to the
element of deliberate deception involved in relation to
'collusion' with Israel. But Suez was an operation of war:
and in war, as Churchill put it, 'truth needs to be

134

attended with a bodyguard of lies'. On the 'rule of law'
argument, on the other hand, it is difficult not to feel
that Britain tried to have it both ways, condemning Nasser
but justifying her own actions.

Of Lloyd's own part in the crisis it must be said that
he shares full responsibility and has never sought to evade
it. It is known that he had some doubts and reservations,
as any sensible man would have had in his position against
the background of Foreign Office doubts.[37] He favoured
telling the Americans frankly what was intended, and worked
hard to arrive at a settlement at the UN. Perhaps in
retrospect the government should have accepted the so-
called 'six principles' of settlement worked out at the
UN, as the best Britain was likely to get; coupling this
with a political gesture to France which might have saved
the Fourth Republic and enabled Britain to 'get in on the
ground floor in Europe'.[38] But this is speculation; and
one cannot blame Lloyd for not seeking to convince a
sceptical prime minister and Cabinet that the 'six principles' would really offer adequate safeguards to Britain,
or represent anything other than a surrender, particularly
in view of the fact that it would have been difficult to
convince a substantial part of the Conservative Party or
the French of this. By this stage Lloyd must have felt,
like others, that the die was cast.

What is generally conceded is that Lloyd displayed remarkable stamina, industry and patience during this gruelling period and kept his head and his temper to an admirable degree.[39] On the personal level he also managed to
keep on good terms with a wide cross-section of the parliamentary party and retain their respect - a considerable
achievement at such a time.[40]

It is agreed too that Lloyd managed the Suez London
conferences and the UN negotiations as well as anyone
could have done: and that he has been given too little
credit for the skilful and determined way in which he
handled the negotiations following the collapse of the
Suez policy, in extraordinarily difficult circumstances.[41]

In the aftermath of Suez the two major concerns of the
Macmillan government, which was formed in January 1957 -
and therefore of Lloyd who remained foreign secretary -

were the rebuilding of the Anglo-American alliance and
the restoration of the British position in the Middle
East. Anglo-American relations had been very unsatisfactory for some time before the Suez crisis, owing to the
personal antipathy between Eden and Dulles. As a result
British and US policies in the Middle East had diverged.[42]
It is no small tribute to the skill of Macmillan and Lloyd
that the first objective was largely and the second partially achieved by the end of 1957. The first step along
both paths was in fact taken as early as January 1957 by
the American announcement of the so-called 'Eisenhower
doctrine' directed against aggression and subversion in
the Middle East — an instrument which could be used equally
against the Soviet Union, or, with a little flexibility,
against any Arab state which could be regarded as aligned
with Moscow; for example, Egypt or Syria. The United
States thus served notice of her intention to fill the
power vacuum in the Middle East which she herself had
helped to create. Not unnaturally Lloyd and Macmillan
regarded this as to some extent a vindication, though
unacknowledged, of Suez; and it confirmed their view that
whatever the pros and cons of that operation, its results
were not all bad, since the shock of the Anglo-American
breach and the revelation of the full dangers of a Soviet
move into the Middle East undoubtedly combined to bring
about this new and more positive American attitude. There
was indeed a not unnatural mood of contrition in Washington
over the brutal treatment of a loyal ally, necessary though
it was thought to have been. Macmillan and Lloyd took full
and skilful advantage of this, the latter re-establishing
very quickly and even strengthening his former good relationship with Dulles. Dulles, in fact, who had been ill
in hospital at the most crucial moment of the Suez crisis,
always subsequently argued that Anglo-American relations
would have been more gently handled if he had been in
charge at this period: and even indicated to Lloyd that
he personally wished the Anglo-French expedition had not
been halted when it was. Lloyd is said to have behaved
with remarkable restraint on this occasion.[43] At the
Bermuda conference with the Americans in March 1957 the
reconciliation was sealed and a new constructive phase in
Anglo-American relationships inaugurated.

The benefits were felt first of all in the Middle East
where, in contrast with the previous two or three years,

Anglo-American policies were co-ordinated in dealing with
a difficult situation which arose between Syria and Britain's ally Turkey in August of that year: and in the
British dispute over Oman with Saudi Arabia, at about the
same time, the US attitude was not unhelpful. The full
benefit of the change in the US attitude was, however,
most forcibly demonstrated in the Middle East crisis of
the following year, centred on the Lebanon to begin with,
but subsequently involving Jordan and Iraq. In the Lebanon
the pro-Western regime of President Camille Chamoun was
threatened by internal revolt, fomented by the newly formed United Arab Republic, embracing Egypt, Syria and the
Yemen. In Iraq a successful revolution overthrew Britain's
staunchest remaining ally, Nuri-es-Said, and his master
King Feisal, while a similar fate seemed only too likely
to overwhelm Feisal's cousin, Hussein, in neighbouring
Jordan. To meet this crisis American and British policies
were closely co-ordinated by Dulles and Lloyd, the latter
visiting Washington at Dulles's suggestion at the crucial
moment, to concert their policies. In July US troops were
landed in the Lebanon and British troops in Jordan and the
position restored. The whole episode was deftly managed
to the point of ultimate withdrawal, with Anglo-American
objectives largely achieved, in an atmosphere of general
international approbation. Both in terms of the building
up of Anglo-American relations which preceded it, and in
terms of the actual 'crisis management' itself, it can be
regarded as one of the most successful episodes in Lloyd's
career at the Foreign Office; and it was followed by an
American move towards a closer association with the Baghdad
Pact - a step which Britain had wished for over a long
period.

It was largely because of this Anglo-American concord
that British policies in the Middle East achieved reasonable success during the remainder of Lloyd's term at the
Foreign Office; and while it could certainly not be said
that by the end of it the British position in the area had
been restored, more progress had been made than could have
been expected in the immediate aftermath of Suez.[44]

The restoration of Anglo-American harmony was, of course,
even more important for Britain in the context of East-West
relations. For Macmillan and Lloyd this was particularly
important in relation to their efforts to move towards

detente with the Soviet Union, both by progress on specific
issues such as the control of nuclear testing and through
the holding of regular conferences with the Russians at
foreign minister or heads of government level.[45] It was
also of major importance when a serious crisis over Berlin
occurred towards the end of this period.

Lloyd was aware, having been concerned with the disarmament problem on and off since 1951, that very little progress could be made in general disarmament so long as the
Soviet attitude remained hostile to effective measures for
inspection and control. In 1958, however, both Macmillan
and Lloyd came to the conclusion, and Dulles also with
some persuasion from Lloyd, that progress might be made in
a limited but vitally important sector, the agreed suspen-
sion of nuclear tests, in relation to which there was already much concern on the score of atmospheric pollution.
It seems that Lloyd's continuous pressure on the Americans
played a considerable part in getting them to agree to an
international conference on this issue.[46] With the support
of their respective chiefs, Lloyd and Dulles persuaded the
USSR to begin the long-drawn-out negotiations which began
at Geneva in October 1958. Dulles, however, naturally
suspicious and reserved in his dealings with the Soviet
Union, and influenced by the hostility of the US Defence
Department to any such agreement, was slow to make the
kind of concessions which would have made rapid progress
possible, and after his initial agreement was apt to 'drag
his feet'. It was Lloyd's persistent and skilful handling
of Dulles, no less than Macmillan's consistent support for
the policy, which prevented the negotiations from breaking
down altogether. As it was, Lloyd laid the foundations,
but was prevented from seeing it through to the ultimate
successful conclusion of a test-ban treaty in 1963.

In the same way Macmillan and Lloyd consistently nursed
an often reluctant and dubious Eisenhower and Dulles along
the path towards detente and (though this was more Macmillan's special concern) towards a 'summit' meeting.
Neither can be held responsible for the collapse of that
edifice in May 1960, a collapse for which Soviet obduracy
and American maladroitness were equally to blame.

The difficulties inherent in pursuing these objectives
were much enhanced by the prolonged crisis over the Allied

position in Berlin, precipitated by Khrushchev's threat in
November 1958 to sign a separate peace treaty with East
Germany and so, according to the Soviet argument, bring to
an end the post-war agreement on which the four-power
occupation in that city rested. As in the previous crisis
over Berlin in 1948-9, the Western position was that they
could not afford the psychological defeat and the blow to
Western morale which would have resulted from being forced
out of Berlin. It became Lloyd's concern therefore to
join with the Americans and the French in resisting the
Soviet ultimatum, and to defend Allied rights in Berlin,
while maintaining a sufficiently flexible posture to ensure that any favourable opportunity to defuse the crisis
should not be missed. To achieve this nice balance while
maintaining Western unity vis-a-vis the USSR called for
all Lloyd's skill as a diplomatist, particularly since the
personalities involved included the difficult and now ail-
ing Dulles; the aged and often touchy Adenauer; and the
prickly de Gaulle. That the West was able to maintain a
reasonably united front owed a good deal to Lloyd's
efforts, particularly in the Foreign Ministers' Conference
between Britain, the US, France and Russia, which lasted
from 11 May to 5 August 1959. At that conference the
Russians were particularly unforthcoming, and it was difficult to maintain Western unity over this prolonged series
of meetings. The general verdict at the time, however,
was that Lloyd handled the situation very well. Indeed,
it was Macmillan's judgement that it was largely owing to
him that the conference even got under way.[47] At this
conference there were considerable difficulties about the
seating of the two delegations from East and West Germany,
leading to arguments about the number of tables to be used,
their position, and even their shape. Lloyd played a major
role in solving these apparently trivial, but in fact important problems; important because they were tied to the
question of recognising the East German government, which
the West had always refused to do. Certainly, Lloyd's
reputation was much enhanced by the episode, and the effort
was not in vain, for the Khrushchev ultimatum (on a separate Soviet treaty with East Germany) was now extended for
a year, and subsequently to eighteen months. Eventually,
in fact, the Soviet government solved its problem over
Berlin - the stemming of the flood of refugees escaping
from East Germany - by the brutal but effective expedient
of the Berlin Wall; and the question of a separate peace

treaty was quietly dropped.

Apart from these major problems of East—West relations
and those connected with the Middle East, Lloyd's main concern during the latter years was the question of Britain's
attitude towards the evolving European Community. The crucial decision, namely to refrain from participating in the
original Messina conference, had already been taken by
Macmillan during his brief period at the Foreign Office.
But, as has been noted, Lloyd shared the views which led
to the decision and continued the policy of British absten-
tion from the successive negotiations which led to the
Treaty of Rome in March 1957. The British Government's
attitude, though sceptical, was not in fact actively hostile, though unguarded remarks occasionally suggested the
contrary, and there was certainly some concern about the
possibility of being completely excluded from a powerful
European bloc. The Government was cautiously favourable
towards any development which would serve to strengthen
West European unity, and it was hoped that if the Community
materialised it could be linked with a wider free trade
area in industrial goods - the so-called 'Plan G' of the
Macmillan government.[48]

It was perhaps naive to think that Britain could obtain
in effect the advantages of membership of the EEC without
its disadvantages or commitments - for so Plan G appeared
to many Europeans. Nevertheless the proposal was accepted
by the Organisation for European Economic Co-operation,
which included the six prospective members of the EEC;
and the French attitude seemed favourable at that time.
However, when the Treaty of Rome came into force in January
1958, and the question of Plan G was brought up again, that
attitude changed, and de Gaulle's return to power later
that year did not help. In November 1958 discussions on
Plan G were finally terminated by an official French statement to the effect that it was not possible to create a
free trade area between the Common Market and the rest of
the OEEC.

British policy then turned to the creation of a more limited free trade area, including only those West European
states left outside the EEC, and agreement was reached with
those six states in November 1959 to set up the appropriate
organisation, known as EFTA (the European Free Trade

Association). Many people would now consider that this scheme, completing as it were the division of West Europe into two competing blocs, was misconceived and did Europe, and Britain's own cause, more harm than good. It appeared to many Europeans to be designed as a wrecking exercise – hostile, that is, to the EEC – though it does not seem to have been intended as such. Macmillan himself states that he regarded it as 'a temporary measure pending the final unification of the economy of Europe' and this also seems to have been Lloyd's view. In a memorandum to Lloyd at that time, Macmillan also stressed that Britain should not try to disrupt the EEC, and he certainly hoped that some kind of bridge could be created between the two organisations.[49] It was not perhaps unreasonable in the face of the creation of a powerful economic bloc in Western Europe to look for some such alternative, if only to create the possibility of 'negotiating from strength' which in other contexts was considered a virtue. But both Macmillan and Lloyd came fairly quickly and at about the same time to the conclusion that EFTA, though valuable enough in its own limited sphere, was insufficient for Britain's needs. It had become clear to them that Britain's proper course was to apply to join the EEC. The decision to do so, however, was not finally made until after Lloyd had left the Foreign Office.

V

To sum up the character and achievements of Selwyn Lloyd over nearly five years is not easy. Perhaps, indeed, no one who has held the office of foreign secretary in the post-war era presents like difficulty. There were then, as there still are, conflicting views about the man and his work. Some of these have already been glanced at. Both of the prime ministers under whom he served have paid him glowing tributes in their memoirs; his junior ministers, with some exceptions, mostly connected with the Suez crisis, regarded him with respect and liking: his senior officials include some who never saw cause to revise early and unfavourable judgements; but most, as they came to know him, also came to respect him and to admire certain of his qualities very much.

Most of the foreign statesmen, too, with whom he negotiated regarded him with respect; and he was able to

141

form valuable personal relationships with foreign ministers as different as the American Dulles, the German von
Bretano, the Dutchman Luns, the Greek Averoff and others.
Of the Americans, the formidable Dean Acheson formed a low
opinion of him, but Acheson was a pretty severe judge.[50]

It is hardly in dispute that Lloyd was an exceptionally
dedicated and industrious administrator, and a skilled,
patient and effective negotiator. On what might be
called the executive side of his work he was clearly
strong, as Macmillan testifies, and his officials and junior ministers for the most part regarded him as prudent,
courageous and generally decisive; though in his early
days, a little slow and diffident in reaching decisions.
He was effective too on the plane of personal diplomacy,
in international conferences and in overseas missions.
It is clear, for example, that his handling of the crucial
Anglo-Greek-Turkish conference on the difficult and potentially explosive problem of Cyprus in 1959 was one of his
major triumphs and that Macmillan's tribute to his 'consummate skill' is justified. Eden also pays tribute to
his ability in personal negotiations.[51] He was less effective in Parliament, and so great a part does effectiveness
in that forum still play in shaping a man's public image
that his reputation has probably suffered more than it
ought on that account. But he certainly had the qualities
necessary for success in some important aspects of his
work and did in fact enjoy a considerable measure of suc-
ces in those fields. Was he, however, sufficiently quick
to adapt his thinking to a rapidly changing world and
Britain's changing place in it? It can fairly be argued
that both in the Suez crisis and subsequently in his attitude to European unity Lloyd revealed deficiencies in this
respect. Yet so did Eden and Macmillan, neither of whom
was usually thought of as lacking imagination, judgement
and flexibility in relation to foreign affairs. It could
however also be argued that Lloyd would have been in a
stronger position to take on the Foreign Office a few
years later than he did; and that Eden did him a disservice when he appointed him in 1955 - apart from the
fact that Lloyd thereby became 'the Foreign Secretary of
Suez'.

A final and important question must be considered, namely how far Lloyd possessed original ideas and how far his

142

contribution to foreign policy was creative. The question
is more than usually difficult to answer in Lloyd's case,
precisely because he worked so closely with his prime
ministers, and particularly with Harold Macmillan; it was
difficult even for his contemporaries to be sure as to
whether the basic ideas and particularly the new ones came
from him or from Macmillan. But it is clear that Lloyd
<u>did</u> have creative ideas, particularly in the broad sphere
of disarmament and detente with the USSR; and it is probably for his part in these matters that he would most wish
to be remembered. In more detailed matters of negotiation
he was undoubtedly capable of being resourceful and imaginative, for example in the Cyprus negotiations, where some
of the more important elements of the 1959 settlement,
particularly the 'sovereign bases' idea, came from him;
and again in his handling of the rather awkward problem
posed by the Formosa Straits crisis of 1958, that of reconciling a public posture of support for the United
States with a private desire to avoid too great an appearance of commitment to the US policy of support for Chiang
Kai-shek.[52]

Finally, one should say of Selwyn Lloyd that he had to
a marked degree the quality of dogged persistence, of
keeping on in the face of arduous and discouraging experiences which would have deterred most others. It was a
quality which sometimes enabled him to salvage something
from an apparently hopeless situation. This is always an
admirable quality, and one the British people generally
admire, partly indeed, though one hopes not mainly, because it is thought to be particularly British. Future
historians will probably consider that he was a dedicated,
capable and efficient foreign secretary, if not a great
one, and may well conclude that he was underestimated and
undervalued by his contemporaries.

CHAPTER 7

LORD HOME

I

No appointment to the Foreign Office in the postwar period
was greeted with more surprise or received more immediate
criticism than that of Lord Home.* The objections rested
partly on the view that he was an obscure figure – 'insuf-
ficiently distinguished' as The Times put it. Certainly
he was not well known to the general public, partly for
the very reason that membership of the Lords had kept him
out of the limelight; and partly because he had for five
years held an office – that of commonwealth relations
secretary – which was not often the centre of political
controversy or the focus of public attention. But the
main objections centred around Home's status as a peer.
It was argued by the critics, particularly the Opposition,
that it was politically and constitutionally objectionable
for the principal foreign affairs spokesman not to be
available for questioning in the Commons, and for major
statements on foreign policy to be made in the Upper
House.[1]

As sometimes happens, the critics spoilt a good case by
over-stating it. It was true that there had not been a
foreign secretary in the Lords for twenty years; true
also that Eden has passed over Salisbury for the Foreign
Office in 1955 on the ground that he was a peer.[2] Nor

* The title by which he is now known. As Lord Dunglass
he was MP for South Lanark 1931–45 and 1950–1; as the
fourteenth Earl of Home, minister of State, Scottish
Office 1951–5, commonwealth relations secretary, 1955–60
and foreign secretary 1960–3: as Sir Alec Douglas-Home,
prime minister 1963–4, leader of the Opposition, 1964–5,
foreign secretary 1970–74. Now Lord Home of the Hirsel,

was it unreasonable to assert that the objections to a
prime minister in the Lords applied almost as much to the
foreign secretary. But whatever the political objections
to the appointment, it was certainly not unconstitutional;
and on the other side of the controversy there were, of
course, some good arguments, including that used by Macmillan himself, that an able man should not be debarred
from the highest offices simply by birth. Also there were
advantages of a practical nature to be gained from such an
appointment. In the Commons a minister's burden is made
heavier by an MP's parliamentary and constituency duties.
Relieved of divisions, late-night sittings, committee work
and constituency business, a peer has more time for the
work of his department and is a good deal fresher. The
advantage is particularly great in the case of the Foreign
Office, where the sheer volume of work involved is acknowledged to be particularly heavy and unremitting, with very
little 'let-up' even at weekends, a fact acknowledged by
many recent holders of the office. The burden of travel
alone now imposed on all foreign secretaries is considerable.

Home, however, took the view that it need not be a killing
job if one decentralised effectively and there was no doubt
in his mind, nor in that of the officials who served under
him, that he gained greatly from being in the Lords. One
essential requirement, though, was that the Foreign Office
should be represented by a competent 'No 2' in the House
of Commons, who in these special circumstances would need
to have the status of a cabinet minister. The novel procedure of 'double-banking' the Foreign Office in the Cabinet was therefore adopted by Macmillan, apparently at the
suggestion of the outgoing minister, Selwyn Lloyd.[3] Edward
Heath was appointed to the Foreign Office under Home, with
special responsibilities for European affairs. The fact
that these were soon to bulk very large, with Britain's
application to join the EEC, helped, with other things, to
take the sting out of the objections to the foreign secretary's own absence from the Commons.

More important, however, was the fact that it very soon
became clear that the new foreign secretary was fully up
to his job. Home took over control with a competence and
authoritativeness which were quickly apparent, and to
which both his background and character contributed.

145

Indeed his wealth, and status probably contributed to a certain sense of detachment about office and the rewards of political life which was a source of strength.

Home was born in 1903, the heir to one of the senior Scottish Earldoms. From Eton and Oxford he had entered Conservative politics, but his close association with Neville Chamberlain in the Munich period had been a disadvantage to him in the post-war years, when he returned to public life after a long and critical illness. He had concluded from the failure of Chamberlain's appeasement policies, however, that it did not pay to conciliate dictatorships, and he was one of the first critics of the Yalta agreements in 1945. This independence of mind probably recommended him to Churchill, who brought him back to office in 1951. In 1955 he entered the Cabinet for the first time as commonwealth relations secretary and in 1957 became leader of the House of Lords. It is clear that not only Eden but also Macmillan formed a favourable opinion of his diplomatic gifts and administrative ability during this period.

On Selwyn Lloyd's transfer to the Treasury in 1960, therefore, Macmillan had little doubt that Home was fitted by character and experience for the Foreign Office. Home himself had some doubts about his qualifications, but was afterwards to judge that the CRO with its opportunities for contacts with a variety of political leaders of different races and viewpoints around the globe, had been in fact an excellent preparation for foreign affairs. The Premier himself had some reservations about Home's health and membership of the Lords, but these were outweighed by his belief that Home was the right man.

Judgement of character was clearly as important a factor as experience in Macmillan's decision and that of the colleagues he had consulted. Home was popular and respected, primarily for his integrity and straightforwardness,[4] and because he had the moral courage to say unpopular things. He had, too, a natural shrewdness and a sense of judgement which, though sometimes narrow, was usually penetrating. In addition he had acquired, after nearly ten years in office and five in the Cabinet, an instinctive authoritativeness and self-confidence. Also, and most important for a foreign secretary, he had good nerves and a relaxed

approach to the problems of power and decision-making. He
did the day's work in the day, refused to worry about de-
decisions once made,[5] and wisely tried to avoid being constantly at full stretch. He had learnt over the previous
decade the wisdom of decentralising and delegating as much
as possible, and this not only contributed to his effectiveness as an administrator but also helped him to keep
something in reserve, both physically and mentally.

On the other hand, he was perhaps a little short of creative imagination and intuitive sympathy with other people's
patterns of thought, especially when motivated by what
seemed to him unreasoning emotion, as in relation to Spain
or South Africa. Level-headed judgement was his strong
suit, rather than intuition or imagination. But this very
fact made him a particularly useful foil and complement to
a prime minister who was both imaginative and creative,
but temperamentally a man of moods.

Home's judgement on most of the major problems of international politics was as fully formed by 1960 as his character. As a realist, he was pretty well aware after Suez,
and with the liquidation of empire, that British power had
declined charply. This meant — and here he shared the general view of foreign secretaries of the period — that so
long as the cold war continued, the American alliance was
paramount.[6] Only the United States could provide the guarantee of our shipping lanes which was still vital so long
as Britain had worldwide interests, as in 1960 it still
did, and worldwide commerce and trade. It is clear that
Home throughout his term at the Foreign Office tried always
to avoid public disagreements with the United States, while
at the same time being prepared to talk frankly and toughly
to American leaders in private, when he thought they were
in the wrong. Such occasions were sometimes to occur in
the 1960s, for example in relation to US policy in the
Congo, the development of nuclear weaponry and the Berlin
crisis.[7] Moreover, desirable though an independent British
deterrent and perhaps ultimately a European deterrent might
be, it would be some time before Europe could do without
the American 'nuclear umbrella' in its dealings with the
USSR. Home had no doubt that it was the 'balance of terror'
more than any other factor which had kept Europe at peace
since 1945 and induced the Russians to back down in a number of situations where there was a real risk of war.[8]

147

This view clearly influenced him in his reactions to the second Berlin crisis of 1958-62 and later in the Cuban missile affair.

Towards the Soviet Union, indeed, his attitude was simple and uncompromising, but not narrowly ideological. He saw the Soviet Union as a vigorous, aggressive and expansionist state, in a phase of growing power, already controlling half of Europe and with avowed objectives threatening British interests there and elsewhere. It was these facts, more than the nature of the Soviet state or the ideological content of its policy, which were important. Russia should therefore be confronted as a state in whose policies realpolitik was likely to be more important a factor than ideology. In dealing with such a state vigilance and firmness were the first prerequisites: then a clear indication to Soviet ministers that one was under no illusion about their objectives and tactics. Conciliatory gestures were useless, unless given in the context of an immediate <u>quid pro quo</u>; otherwise they would simply be interpreted as a sign of weakness. Concessions from the other side could only be expected if it seemed clearly in the Soviet interest to make them.[9]

Home was not, however, opposed to detente and an improved climate of relations with the USSR. But he was less optimistic and more sceptical than Macmillan in his approach. Detente he seems to have felt would probably at best be partial: and if it came, it would come as a result of Soviet appreciation of the situation created by such factors as the 'balance of terror' and the Sino-Soviet dispute, rather than from genuine goodwill. Progress was only likely in areas where an agreement was of equal advantage to the Russians as to the West, and where that fact was sufficiently obvious to be accepted by the most suspicious member of the Politburo.

Home also differed to some extent from Macmillan on the tactics to be followed in pursuing detente. 'Summit meetings', had no appeal to him. He thought, and remains of the same opinion today, that the consequences of a failure such as 1960 were disastrous, both for public morale and for the morale of the participants themselves.[10] Therefore one should never have such a meeting, unless it had been so far prearranged that there were at least two significant

achievements certain to emerge in the final communique.
Otherwise 'summit' meetings were a trap.[11] In this he
held similar views to his predecessor, Selwyn Lloyd, but
Home's distrust of 'summits' was if anything greater.
Both were probably influenced to some extent by Foreign
Office doubts about the value of such meetings. But there
was also a personal feeling that great and intractable
issues which had not yielded to the normal processes of
diplomacy were unlikely to be solved in a few days by discussion among heads of government. Such a meeting might
still be helpful, even without concrete achievements, if it
contributed to an improved international climate or enabled
the leaders of great states to know and understand each
other better. But Home considered that the risks of such
meetings were always considerable and apt to outweigh the
gains.

He recognised, however, that 'personal diplomacy', in
the sense of regular contacts between ministers below head
of government level, could be valuable. Home felt that informal contacts in such meetings had enabled him to establish useful relationships with the Americans Christian
Herter and Dean Rusk and in his second term of office with
William Rogers and Henry Kissinger; Rusk indeed thought
him 'one of the ablest foreign ministers he dealt with'.[12]
Home also established good relations with the German,
Walter Scheel, and even to some extent with the Frenchman
de Murville. In general, however, he preferred to work
by means of the traditional processes of diplomacy,
through contacts with and messages to ambassadors; occasionally summoning an ambassador home for consultation,
and regularly having all the envoys from each of the main
areas back for the conferences which were a regular part
of Foreign Office routine. It was the judgement of at
least one of his colleagues that Home's success at the
Foreign Office stemmed partly from this firm reliance on
the traditional methods of diplomacy.[13] It certainly added
to his popularity with his senior officials. It seems
agreed, however, that Home was usually very good in personal negotiations; and that while he might not succeed in
reaching solutions to intractable problems, 'he never made
a position worse,' as a ministerial colleague put it, 'and
he often made it better'.[14]

For reasons which will be evident, Home was not disposed

to be particularly yielding on the main East-West issues,
particularly that which was the most troublesome in the
early sixties, namely Berlin and the related questions of
relations with East Germany. On the other main European
question, that of Britain's relations with the EEC, Home's
views had gradually, like those of his principal colleagues, been moving in favour of membership. He did not see
such membership as necessarily incompatible with the American Alliance, provided French suspicions could be assuaged
by bringing them into that alliance as equal partners.
When it came to the point, however, de Gaulle, though de-
manding closer consultation with Britain and the US, tended to reject such overtures. He did not really wish to
'get closer to the Americans'.[15] Characteristically,
having come to the conclusion that Britain should probably
join the EEC, Home expressed his view firmly in a speech
to the Lords in 1961, even before Macmillan had announced
the British application for membership. Home was influenced to some extent by his experience at the CRO, which
had, he felt, shown that increasingly both old and new
members of the Commonwealth were taking their own path
economically and politically: and since this process
might be expected to continue, Britain must also look more
to her own interests, while safeguarding Commonwealth interests where she could.

So far as the other main centres of Britain's interest
were concerned, the Middle East was in 1960 relatively
quiescent. Home had no doubt that he should continue to
preserve Britain's position in the area, which had recovered somewhat thanks to Macmillan's and Lloyd's 'rescue
operation' after Suez, and that to do so, it was essential
not to permit any divergence with the Americans. He considered also that the British position east of Suez should
be maintained and supported by a naval presence in the
Indian Ocean - which meant keeping the links with South
Africa through the Simonstown agreement.[16] The realism of
this scenario is in fact open to some question, since
British naval forces could have made relatively little impact on the situation vis-a-vis the USSR; and in the event
of a full-scale global war much would be happening elsewhere to reduce the significance of this area. Nevertheless a belief in the 'east of Suez' policy was not confined to Home. It was continued by the succeeding Labour
government, until economic pressures forced its abandonment

150

For Home, however, the cardinal feature of British policy
was the American alliance, though it remained important to
restrain any American tendency to become militarily involved in the Far East, to the detriment of the Western
'Watch on the Elbe'. But Home also recognised that one
could not expect American co-operation in Europe unless
British co-operation were offered in other parts of the
world.

II

In achieving his objectives as foreign secretary, Home had
the advantage of the kind of standing in the party and in
the government which derived from years of continuous service at cabinet level. This, added to the respect felt
for his personal qualities, was a considerable asset. His
position on the right of the party did him no harm in this
regard. He owed his stature with the party to his personal
qualities, not to his right-wing views; but the latter
were seldom a handicap.

Home therefore had little difficulty with the parliamentary party on the whole. When he did it was usually over
some issue where he was rather less right-wing than some
of his party desired - for example, over the Congo and
even more over Rhodesia.[17] Certainly a substantial section
of his party were disappointed that he did not after 1970
impose a settlement in the interests of the white population and that, after his failure to reach an agreed settlement, he continued the Labour government's policy of sanctions and adherence to the famous 'five principles', designed to provide safeguards for African advancement in the
context of Rhodesian self-government.[18] In the Congo
crisis, too, in the sixties there was some feeling that he
acquiesced too readily in UN actions. On the other hand,
there were members of the liberal wing of the party who
were occasionally critical of his defence of British ties
with South Africa or Portugal, and thought him sometimes
too inflexible and unyielding vis-a-vis Russia. But these
issues caused him little difficulty, and on the whole
brought him into confrontation with the Opposition rather
than with his own party. This also applied to his views
on Israel in his second term of office, expressed in a
characteristically unequivocal fashion in a speech at
Harrogate in 1971, when he advocated the evacuation of

much of the occupied Egyptian territory in return for a more satisfactory Israeli frontier and iron-clad guarantees of Israeli security. It was the Labour Party, in which pro-Israel sentiment is greatest, which reacted most strongly, though Home had some pro-Israel members on his own side to deal with. Yet he was advocating a realistic and sensible policy, as others were later to see.

In general Home was held in high regard by the bulk of the party, and assured of their support. This was even more the case in his second period of office than his first, after he had gained additional respect by his surrender of the leadership and his willingness to serve under his successor. His prestige thereafter was supremely high, and it is generally agreed that no one else could have persuaded reluctant Conservative backbenchers to accept the sanctions policy against Rhodesia year after year.[19]

For one whose views were often anathema to a large section of their members, Home also had surprisingly good relations with the Opposition, particularly after his return to the Commons in 1963 brought him into closer contact with them. He was therefore able in general to maintain a fairly high degree of 'bipartisanship'. This was achieved partly through his essential likeability – he was almost invariably courteous to the Opposition – and partly by his accessibility to Opposition spokesmen on foreign affairs.

Home, as has been noted, was also in a strong position in the Cabinet from the beginning, and this too became stronger as time went by. His colleagues liked and respected him personally, and came to respect his judgement in foreign affairs more and more. One minister who sat beside him in Cabinet thought that in general 'once he had spoken the matter was decided', a judgement which suggests that his authority in Cabinet on his own ground was comparable to that of Anthony Eden at his peak. Partly this was due to the fact that he was careful to discuss issues with his prime minister before Cabinet decisions. Home was, of course, occasionally opposed in Cabinet, for example over the Congo intervention, and later over the policy of relying on the US to help Britain out of the dilemma caused by the cancellation of the Skybolt missile in 1962, when the minister of defence, Peter Thorneycroft, wished to adopt a tougher line with the US than Home advocated.[20] However, those who already were, or subsequently became, his colleagues soon came to recognise, as Lord Hill has put it, 'a tough and penetrating mind'.[21] At an early stage of Home's first period at the Foreign Office his conduct of the Laotian crisis and especially his handling of the Americans in that crisis commanded their respect.[22] His authority was increased by the evident fact that he had Macmillan's full support as prime minister in the 1960-3 period and that Heath generally appeared to defer to his judgement on foreign affairs in the 1970 government - or at least seldom openly dissented from it in Cabinet. This relationship is always important, and on this point it is clear that Home was on generally good terms with both prime ministers and enjoyed their confidence and support.[23] But the two relationships were different, if only because Home's stature as an 'elder statesman' and former prime minister was much higher in 1970 than ten years earlier; and Macmillan's prestige and experience as a successful prime minister was at its height in 1960, while in 1970 Heath still had to create his.

It helped considerably in the first case that both Macmillan and Home were aware from their own experience of the difficulties which could arise from any divergence between premier and foreign secretary and of the importance of avoiding it. Home had observed at close quarters the unhappy results of Neville Chamberlain's breach with Eden. He therefore made a point of insisting that he saw the prime minister alone about once a week for a brief discussion of current foreign issues.[24] As a result partly of this sort of precaution, and partly because on most issues their views were not too far apart, no serious divergence ever emerged between Home and Macmillan. There were, however, occasions when they differed. Apart from the issue of 'summitry', on the major issue of Berlin and the German problem Home was chary of concessions and more cautious than Macmillan in recommending them to the Americans. Home indeed was adamant on the status of West Berlin; and on other German issues took his customary position that concessions should only be made in return for a substantial quid pro quo.[25] Home, however, was loyal to his political chief, even where he differed from him, and on certain issues recognised that the prime minister would 'make the

153

running'. This particularly applied to the nuclear test-
ban treaty and the application to enter the EEC, where he
recognised that Macmillan's heart and mind were deeply engaged, and which to some extent were handled directly between Macmillan and Kennedy or de Gaulle. Nevertheless
his junior ministers who were engaged in the detailed negotiations on these issues always felt that he knew what
was going on and was fully 'in the picture'.[26]

Much the same might be said about European issues and
entry into the Common Market in the 1970 government, where
Home likewise recognised not only Heath's ultimate authority as premier, but also his dominant concern and expertise in this field.[27] Here again he took care to insist
on frequent and regular meetings with the premier, so that
he was always fully informed; and the two men were in fact
agreed on the necessity of entry.

Home's relationship with Heath was, as has been indicated,
different from that with Macmillan, though in both cases a
fairly close identity of view was preserved throughout on
most issues, and Home, it is clear, felt he could rely on
the support of both. Heath, however, had the reputation
of not being the easiest man to work with and the circumstances were difficult for both men, as they are bound to
be when a former subordinate becomes the senior. It is to
the credit of both that they worked well together for three
and a half years. Heath was very conscious of his authority as prime minister — few men have been more determined
to exercise it to the full. But he was equally conscious
that Home's prestige and experience were considerable
assets to his government, and that some of the party had
an even higher respect for Home than they had for him. It
is clear that he was always anxious to maintain a cordial
relationship with Home.[28]

Some differences of opinion there undoubtedly were.
Over the issue of arms for South Africa, for example, Home
was as strongly in favour of the policy as Heath, but was
more conciliatory than the latter in his handling of pro-
tests from the African Commonwealth members. There also
seems to have been some difference between the two over
British policy towards the Indo-Pakistan war of 1970.
Heath was rightly concerned to repair British relations
with India, which had deteriorated under the previous

government. He was prepared to accept the independence of
Bangladesh, even if it meant Pakistan leaving the Commonwealth; as in fact it ultimately did. Home however had
always felt that the partition of the Indian sub-continent
had been a tragedy, and that further partitition should be
avoided if possible. He may also have been influenced in
his attitude a little - he would not have been human if he
had not - by his recollection that India had always seemed
to him to have had an unrealistic and unhelpful attitude
in the cold war, and had shown a tendency towards the
'double standards' of which he so much disapproved, by
using force to annexe Goa, while condemning Britain for
using force at Suez. It was argued by defenders of the
Indian action that the use of force is justifiable in a
good cause. But that argument, Home felt, is almost invariably used to justify the use of force, whatever the
circumstances. Basically, Home wished to keep links with
both countries and to try to build bridges between them.
But Britain was not in fact in a position to intervene to
any effect in the conflict; and eventually Home seems to
have decided that Heath as premier must have the last
word.

In his relations with the Foreign Office itself there was
never any doubt from the beginning who was in charge. Home
was a good listener, and respected the expertise of advisers, who he recognised were very good in their own field.
He recognised, too, that it was the duty of officials to
put the arguments before him, if their views differed from
his, and his to listen to them. Equally, he had the clearest possible idea of what the functions of the civil servant and the minister were, and had no difficulty in exercising the minister's function to decide. Since the best
civil servants prefer a minister who knows his own mind -
provided it is a sensible mind - he very soon won their
respect and regard. For his part he regarded the Foreign
Office as probably the best department he had worked in,
and staffed by the ablest men; and he approved of the way
in which juniors were brought into office meetings on sub-
jects they specialised in and encouraged to speak their
minds.[29]

There were, of course, occasions when he had differences
of opinion with his advisers. On the highly controversial
matter of a Rhodesian settlement after 1970, he recognised

no doubt, that he himself was prepared to go further in
the direction of conciliating white opinion in order to
get a settlement than many of his advisers thought wise or
desirable. Indeed Sir Hugh Foot, the British representative at the UN, resigned on this issue. In this context
his officials were more inclined to worry about Commonwealth reactions, especially in Africa; particularly
since by 1970 the Foreign Office had absorbed the Commonwealth Relations Office, and thereofre its advice reflected Commonwealth opinion more strongly.

Much the same was true on the issue of arms for South
Africa, where the sale of frigates to that country by the
UK in 1970 was also opposed by the weight of official advice, largely because of African reactions. On the crucial question of detente with Russia, on the other hand,
there were in the sixties different views within the
Office, some leaning more to Macmillan's flexibility,
some towards Home's cautious approach. Home always felt,
however, that whatever the differences of opinion with
them, once the decision had been made, he received the
most complete co-operation from the officials.[30] He never
felt in danger of being unduly 'managed' by them: and
they found him a decisive and authoritative minister, who
they felt could be relied upon to put a case clearly in
Cabinet and to foreign governments, and whose high standing was an advantage, both in commanding attention for
his point of view and in convincing foreign diplomats that
what he said would be supported by the government as a
whole. Moreover, they appreciated the fact that he was unlikely to commit himself to any initiative which his colleagues would not support or which for other reasons the
British Government could not perform.[31]

In his management of the Office, as in other matters,
Home was not temperamentally an innovator. If the machine
was running well he saw no reason to tamper with it. He
recognised, however, in his first period, that the eventual amalgamation of the Foreign Office with the CRO and
Colonial Office was probably inevitable and desirable in
the long run. As commonwealth relations secretary he had
experienced the disadvantages of the dual and conflicting
responsibilities of the two ministries, for example in relation to the Central African Federation.[32] In his second
term of office, after the amalgamation of the three

156

departments, he found that it had the incidental disadvantage of increasing the foreign secretary's burdens, since he had more countries and more envoys to deal with. He himself had now returned to the Commons after relinquishing his hereditary title, and consequently had an MP's normal parliamentary duties to perform. He also had less junior ministers to help him than had been the case in the previous Labour government — three instead of five — but he made full use of them, continuing, as in his previous tenure, to allot a wide area for each to deal with, and giving them a good deal of discretion, relying on their common sense to know when to consult him.[33] This sensible policy both lightened his burdens and made him a popular minister to work for.

Though successful in so many fields — with his colleagues, his juniors, his officials and his backbenchers — Home was less successful, at any rate in his first term, in putting himself over to the public. He was not very effective on television, and was not the kind of colourful character who provided good copy for reporters: nor did he specialise in the kind of meaningful ambiguities and occasional indiscretions which made R.A.Butler, for example, popular with the press. This did not matter much between 1960 and 1963. Home in the Lords supervised the detailed conduct of foreign policy and controlled the Office, while that superb performer Harold Macmillan looked after the problems of public relations and public opinion with consummate mastery of the necessary techniques. In this respect, as in others, the two men admirably complemented each other. A poor 'public image' was more of a disadvantage to Home later, as prime minister; but by the time he returned to the Foreign Office in 1970 he was better known to the general public, and his qualities were more widely appreciated.

In his conduct of British foreign policy spanning a period of nearly fourteen years, Home was of course subject to the same constraints as other foreign secretaries. The diminishing power and authority of Britain through her persistent economic weakness and the shrinking of empire lessened the choices open to a foreign secretary and diminished the effectiveness of his initiatives. The contrast in this respect between 1960 and a decade later was very marked. In the earlier period Britain still controlled large areas of the globe and was active in Europe, the Middle East, South-East Asia and Africa, where imperial problems still bulked large. In addition Britain was still very much one of the 'Big Three'. Her policies counted for a great deal in East-West relations, for example, in the disarmament negotiations and over Berlin and Germany; and she was very active at the UN. The 'special relationship' with the US remained significant, and although there were divergences between Britain and the US, for example over the Congo, the US government was always anxious to know Britain's views.[34] By 1970 much of this had gone and Britain's effective sphere, as well as her commitments, had virtually been reduced to Europe.

His appreciation of the lessening significance of the Commonwealth has already been discussed. It stemmed both from a realistic appraisal of the diminishing economic ties and from the judgement that the Commonwealth, lacking any kind of political unity or harmony of views, could never really be an effective force in international affairs, useful though it might be as a multi-racial forum for the discussion of common problems. He saw that its members frequently differed with each other, as well as with the mother country. Moreover, the Asian members as well as Canada had shown little sympathy for Britain in her desire to protect her vital interests at the time of the Suez crisis. On what Home probably regarded as the main issue in the post-war world, the cold war, there was no Commonwealth unity whatsoever and the difference of view if anything increased with time. In 1971, indeed, India signed a twenty-year treaty with the Soviet Union, Britain's main antagonist in the world for the past twenty-five years, while Pakistan had already moved close to China and in 1973 left the Commonwealth. South Africa was expelled from the Commonwealth in Home's first period, yet the defence links with her remained stronger than those with new Commonwealth members. One could not realistically feel that Britain's shaky fortunes could be allowed to rest on such an uncertain foundation.

In addition, by 1970 the Anglo-American 'special relationship' had declined considerably from the importance it had had in the days of Macmillan and Kennedy, when the two men corresponded regularly on a wide variety of common international problems and talked daily to each other on

the 'hot line' during major crises such as that over Cuba.
In the seventies the United States showed little inclination to consult regularly or fully with the British government, even on issues where British policy had been made to
depend on US policy, such as the detente with Communist
China and the withdrawal of recognition from the Nationalist regime on Taiwan. There was in fact some feeling in
the Foreign Office that the US had stolen a march over
Britain on this issue, after originally asking her to hold
back.[35] There was also little consultation on the Middle
East, still of vital concern in Britain, with the closure
of the Canal and the threat of Arab oil sanctions.
Kissinger's celebrated initiatives were largely conducted
on a unilateral basis. Not surprisingly, British and
American policies sometimes diverged, for example in relation to the Indo-Pakistan war of 1971 and later in
Cyprus. Home drew the obvious conclusions from all this.
In 1960 he had already become cautiously convinced that
economics and politics both dictated that Britain opt for
Europe. By 1970 he was probably as sure as his leader
Heath that 'the three-circle concept of British foreign
policy was for all practical purposes eclipsed... there
could be no other circle for Britain than Europe'.[36]

III

In judging Home's conduct of British foreign policy it is
clear that a good deal of weight must be attached to his
handling in his first term of three major crises - Berlin,
Laos and the Congo. In the first two cases the US was
directly involved, and the respective balance of power
between the two countries meant that Home's ability to
make British policy effective depended mainly on his and
Macmillan's ability to influence the Americans. As it
happened, events favoured them in this task, though it
did not seem so at first. At the height of the Berlin
crisis and at the outset of that on Laos the Eisenhower
administration left office. A young and untried president
succeeded, with a secretary of state in Dean Rusk who, it
must be said, was a promoted civil servant who never
seemed quite to make the transition from an executive and
adviser to a policy-maker.[37] These two men succeeded
Eisenhower and Christian Herter, with whom Macmillan and
Home respectively had had very good relations - in the
case of the Macmillan-Eisenhower relationship, based on

an old friendship. Eisenhower, however, was a senior and experienced statesman. Kennedy was not; but he was prepared to listen to anyone who seemed to have ideas, and therefore to listen to Macmillan who had plenty. Fortunately the two men established a close and friendly relationship almost from the beginning, at meetings in Florida, Washington and London in 1961.[38] Home too made a good impression on the new administration during the Washington visit.

Inevitably the Kennedy administration took a little time to find its feet, and in the spring and summer of 1961 was groping towards a policy on both Laos and Berlin. Kennedy found the State Department under Rusk irritatingly slow and weak, and was not helped by this. It was possible therefore for skilful diplomacy by Home and Macmillan to exert some influence on him, though it was probably greater on Laos than Berlin. In so far as it had effect, that diplomacy probably served most usefully in strengthening Kennedy against the 'hawks' in his own administration.[39]

As has been noted, the Berlin crisis dated from 1958. The West was being pressured, as in the crisis of 1948-9, to abandon Berlin, and to recognise East Germany - and this with no effective Soviet concession in return. The situation in the spring and summer of 1961 was certainly a dangerous one, as Kennedy strove to find some middle way between the tough line, virtually ruling out negotiations, advocated by Dean Acheson, and the belief of others in his administration in a 'negotiating position', though without a very clear idea of what it should be. In this situation Macmillan, afraid that the US without a clearly defined policy might blunder into war, urged various possible concessions as bargaining counters, with a view to getting detente moving again after the collapse of the 1960 summit meeting with Khrushchev. Negotiations over Berlin might form part of a general German and European settlement, and help towards progress on disarmament, particularly in the area of test-ban treaty negotiations.[40] Home, however, felt that there should be no yielding on the crucial point of Western rights in Berlin and the essential freedom of Berliners to have what political and other links with the West they wished; and that the Oder-Neisse line should only be recognised as the frontier between Germany and Poland in return for a substantial and concrete quid pro quo. He was not in fact very optimistic about the prospects of general negotiations on German problems, embarked on under threat, though prepared to negotiate on the limited issue of Western access to Berlin, if the Russians looked like being reasonable. He was perhaps not very far from de Gaulle's position, which was that general negotiations with the Russians could only lead to the erosion of Western rights. De Gaulle and Adenauer, indeed, were if anything more inflexible than Home, as were some of Kennedy's advisers such as Acheson.[41] Home took the view that if one stood firm, the Russians usually backed down, and they could be expected to in this case. Macmillan, anxious to secure a real detente and as its first-fruits a test-ban treaty, was more flexible in his approach. No major divergence between the two opened up, perhaps because West German obstruction and Soviet unresponsiveness prevented a deal on Berlin. So Macmillan's theories were never really put to the test.

Throughout the crisis Home was content to try to exercise a restraining influence on the US, while remaining firm in the fact of Russian threats. This he thought might eventually lead Khrushchev to back down. Perhaps negotiations might then be worthwhile, to get the Russians to reaffirm the status quo in Berlin: but basically there was very little to negotiate about. His skill was shown mainly in reconciling the slightly different points of view of himself and his chief in dealing with the Americans and in helping to maintain a united front in facing the Russians, in spite of differences of view within the camp of the Western powers. At the Western Foreign Ministers' conference in August 1961, he was prepared to support a four-power conference with the Russians if necessary, but was probably not unduly perturbed when French objections and American hesitancy ruled this out.

Finally Khrushchev broke the 'log-jam' by building the Berlin Wall and so staunching the massive flow of refugees to the West through this outlet - the main concern of both the Soviet and the East German governments in the whole business. It seems possible that the firm Western posture which Home had played his part in maintaining was beginning to convince the Russians that the West was not going to give way, and that continued pressure involved the risk of nuclear war. Having, at all events, secured his minimum

objective by this expedient, Khrushchev was able to retreat a little on the maximum aims, and in October 1961
withdrew his threat to sign a separate peace treaty by
the end of the year. With this volte-face, the crisis
began to diminish, though the situation remained dangerous. Occasional harassment of Western air-traffic continued, and on one occasion in 1962 Home and Rusk had to
talk in very strong terms to Gromyko, the Soviet foreign
minister, and impress on him the risks of this course.[42]
It was clearly the Cuban missile crisis of 1962 which
finally jolted Khrushchev into a more cautious attitude,
in Berlin and elsewhere,[43] and one should not exaggerate
the influence of British policy in all this, or the particular role of Home himself. But undoubtedly Home played
a valuable and steadying part.

In the Laotian crisis, which came to a head at the beginning of 1961, rather similar factors obtained, in that
initial US doubts and uncertainties about policy enabled
Britain to exert some leverage. Here Home had a particular instrument to hand, in that Britain was co-chairman
with Russia of the International Control Commission for
Indo-China, set up by the Geneva Conference of 1954, but
persistently hamstrung in its work by the vetoes of the
Communist members. In Laos the right-wing royalist government, backed by the Americans, was threatened by
Communist insurgency in the north, likewise supported by
the Russians with arms. American policy under the Eisen-
hower-Dulles regime had made things worse by undiscrimina-
ting support for right-wing groups, which had driven the
neutralist elements into the arms of the Communists.
Kennedy, in fact, fairly soon came to the conclusion that
a neutral Laos, rather than a Laos committed to the US,
was the right objective to aim at. But the position was
not simple. US prestige had to some extent become committed, and there was a risk of a complete Communist takeover in Laos: it might not be possible to win the neutralists back and persuade them to join in a government
acceptable to both the US and Russia. The problem was to
warn off the Russians by giving the impression of possible
massive US intervention in Laos, without in fact becoming
committed to such intervention.[44]

Home sympathised with the dilemma and with the objective.
But British military advice was that intervention was not

162

'feasible or likely to be successful':[45] and, as always, Britain wished the US to avoid too deep a commitment in the Far East which might open up opportunities for Russia in Europe. The best answer seemed to be to reactivate the International Control Commission and hope that the Russians would allow it to work and co-operate in encouraging the formation of a neutralist government. It seemed likely that they might, since there was some evidence that the USSR was no more anxious to become heavily committed in Laos than the US. But it would probably help in urging the Soviet leaders in this direction, if the impression were given that US intervention would otherwise be inevitable, supported by her allies. Accordingly, Macmillan, summoned urgently to meet Kennedy in Florida in March, gave a conditional but cautious promise of British support,[46] and Home, always convinced that it was best to talk bluntly to the Russians, simultaneously made a forthright speech at the SEATO conference in Bangkok, pointing out that the security of Thailand, a SEATO member, might be threatened by a Communist Laos, so that all SEATO members were affected.[47]

At the Florida conference and the subsequent Anglo-American meeting in Washington in April, US and British policy towards Laos was harmonised – all being well, the immediate aims were the re-convening of the ICC plus an agreed cease-fire in Laos, followed by a fresh international conference of all the interested parties, including the USSR; the object, a neutralist Laos. At worst, if the policy failed, limited US intervention might then follow, to stiffen Laotian resistance and Thai morale. It is clear that the president was under heavy pressure from some of his advisers to intervene on a large scale and in effect continue the Eisenhower policy of unconditional support for the right-wing contender Phoumi; clear also that, as with Berlin, the new president and his administration were taking time to find their feet and work out a new and more effective policy. Macmillan and Home were able to strengthen Kennedy's hand in resisting more extreme counsels and it is probable that it was partly because of their diplomacy that he took the line he did, overruling a powerful body of State Department and Pentagon opinion.[48] At all events, the medicine worked and at the end of April the Russians accepted Anglo-American policy, joined with Britain in calling for a cease-fire, which was accepted, and supported the re-convening of the ICC and the summoning of a conference. The major crisis was now over, though it took a year's negotiation to bring about a coalition government (in June 1962) and permit the withdrawal of the limited US forces which had been sent. Even then Laos continued to be divided by internecine rivalries, and the conflict between Communist and anti-Communist factions was to continue, until engulfed in the larger Vietnamese war. But the major threat, of a direct US-Soviet confrontation in Laos, had been averted. Because of this, and the fact that two-thirds of Laos remained non-Communist, Home considered the settlement fairly satisfactory.

Home was afterwards to regard this as one of the two or three occasions when Britain was able to influence US policy significantly through Kennedy, the others being the signing of the Test-Ban Treaty and the 'Polaris' agreement in 1962.[49] This was less true of the other major crisis of the period over the Congo. Indeed, Home felt this was one of his failures, since he would if anything have preferred to see an independent Katanga, which seemed to him the most stable element in the situation. He eventually concluded, however, and Macmillan agreed, that to support Katanga would mean an enormous loss of goodwill so far as African leaders were concerned.[50] Nearly all of them were concerned for the security of their frontiers in what were to a large extent artificial states, their limits defined originally by the impact of European colonialism: they regarded attempts to split up the Congo as indirectly a threat to themselves.[51] In these circumstances it seemed wise to accept the idea of UN intervention - even military intervention, as authorised by the Security Council resolution of 14 July 1960 - as the best way of avoiding any pretext for Soviet interference. Home hoped that a unified but federal Congo would emerge. He was equally positive in his view that UN military action should be limited to keeping the peace between rival factions and should not be used to impose a settlement. This qualification, however, was not to be observed.

In the case of the Congo, the Kennedy administration had a clear and definite policy from the beginning, and this limited possible British influence. President Kennedy recognised from the outset that the Congo was the most important African problem and took the same initial view as the British Government, namely that the UN was the best assurance against great-power conflict in the Congo. As his assistant Arthur Schlesinger puts it, 'From the start the new President had a simple and constant view: that unless the UN filled the vacuum in the Congo, there would be no alternative but a direct Soviet-American confrontation... but this would not work unless the central government in Leopoldville possessed authority... a unified Congo therefore seemed the condition for the success of UN policy.'[52] Congolese unity should therefore be preserved.

Holding this view, Kennedy did not share Home's reservations about forceful UN action to preserve that unity and was prepared to support UN forces in their military action against Katanga in September 1961 - action which Home regarded as disgraceful and which he opposed, partly because he thought the UN might be taking on responsibilities which it was inherently unfitted to bear. There was a clear difference of opinion between him and the US, as he subsequently conceded - and in this instance it was US policy which prevailed.[53] Home might still have been able to salvage some elements of British policy objectives from the situation - a reasonably autonomous Katanga under Moishe Tshombe in a federal Congo - but these objectives were vitiated by the unreliability of Tshombe himself. The latter could never be trusted to honour an agreement with the central government, though on more than one occasion Home by patient diplomacy helped to secure one.[54] The British Government therefore had reluctantly to acquiesce in further UN action against Katanga in December 1962, as a result of which Katanganese resistance collapsed and Tshombe finally fled the country. Home regarded the affair as a minor defeat, demonstrating once again that Britain could not prevail in direct opposition to US policy. His prime minister, Macmillan, conceded that US policy in this matter had at least the advantage of being clear and effective. One might add that it was probably the right policy, and certainly what most of the African states and the Western powers were prepared to support.

It was not the case, however, that the UK could never act independently of the US. In the Middle East, for example, Britain was able in July 1961 to intervene militarily to defend Kuwait against the threat of annexation by Iraq, in spite of US doubts; and two years later Britain pursued her own policy of establishing a pro-British federation in Aden and the neighbouring territories of the Persian Gulf and defending the new federation vigorously against attacks from the republican government of the Yemen. In the latter case there was a clear divergence from the US policy of recognising and conciliating the Yemeni republic, but British policy was pursued nonetheless.[55]

Similarly, in South East Asia, towards the end of Home's first term at the Foreign Office, the British policy of creating a federation of Malaysia embracing Malaya, Singapore and the British colonies in North Borneo was pursued in the face of US objections. The Kennedy administration was concerned in this case by the opposition of both the Philippines and Indonesia to the proposed federation. The former was a long-standing US client and SEATO ally, the latter potentially a powerful and wealthy state, whoe movement towards the Communist camp under President Achmed Sukarno should if possible be checked. In this instance Macmillan tended to brush aside US objections; and the policy of vigorous military resistance to Indonesian attacks was pursued from the moment these began, in April 1963, to the end of Home's term of office. But it is perhaps noteworthy that both in relation to the Yemen and Malaysia, Home was, it seems, more concerned not to offend the US than was Macmillan.[56]

A word must also be said about the most dangerous crisis of all – the Cuban missile crisis of October 1962. In this study of Lord Home's work at the Foreign Office it is justifiable to deal with it summarily, if only because, as Home himself recognised, it was largely a matter for American decision; and the British role, though not completely unimportant, was confined largely to providing reassurance and support at the end of the 'hot line'. It is probable that the more cautious attitude of the British helped Kennedy to combat the 'hawks' in his own administration,[57] but in general it was clearly a crisis which the US had to resolve by its own actions. Home's most valuable contribution personally was probably to make it clear to the Russians that Britain would not be led into attempting mediation. He was satisfied at all events not only that US policy was right, but that Britain had been adequately consulted.[58]

In October 1963 Home unexpectedly became prime minister,
only to lose the 1964 election after a year in office.
Soon afterwards he retired from the leadership and magnan-
imously agreed to serve under the new leader Edward Heath
as foreign affairs spokesman. When Heath in turn unexpectedly won an election victory in June 1970, Home again
accepted the Foreign Office.[59] Something has already been
said of the major preoccupations of this second period.
What dominated everything was the renewed application to
join the European Economic Community. In this matter de
Gaulle's resignation had transformed the scene, though
there is some evidence that even that inflexible statesman had been having second thoughts on the issue. Germany
had not proved quite the reliable ally that de Gaulle had
wished. With Brandt as foreign minister she was already
showing disturbing signs of flirting with the concept of
an 'Ostpolitik', involving fundamental concessions to the
Soviet bloc on such issues as the Oder—Neisse line and recognition of the East German regime. There might be something to be said for having Britain in Europe after all,
especially with such an exponent of realism in one's dealings with the USSR as Home at the Foreign Office. De
Gaulle's successor Pompidou, with his more pragmatic,
businesslike approach, had apparently no difficulty in
coming to this conclusion.

Home had little doubt that Britain now had no sensible
choice but to enter the EEC if at all possible.[60] All
that had happened since 1964 helped to confirm this view.
During that time Britain's power had further declined, and
the basic cause, the economic malaise, had persisted. The
Commonwealth had been further strained by the prolonged
arguments over Rhodesia. In addition, Commonwealth economic
ties had also become weaker. With the United States the
close ties of the Macmillan era had not been continued to
the same extent under Presidents Johnson and Nixon. So
far as detente with Russia was concerned, that had to some
extent been achieved. As one commentator has put it, 'The
new mood in Soviet—American relations... seemed to be based
in both their minds on a tacit mutual acceptance of the
status quo in Europe, including the division of Germany,
as for all practical purposes a permanent state of
affairs.'[61] But one result of the partial Soviet—American

detente after the Cuban missile crisis had been that the two super-powers tended more and more to deal <u>a deux</u>. In spite of the talk of 'seats at the top table' there seemed little room for Britain in this partnership of the super-powers.

The conclusion was inescapable. Britain needed to be part of the EEC both to rebuild her economic strength within the confines of a larger market and to have any chance of exerting some influence comparable to that of the two super-powers. A divided Europe could not hope to do so. Home therefore supported Heath's policy of renewing the bid for negotiated entry, while leaving the detailed conduct of the negotiations to another minister, and the occasional initiatives, designed to overcome difficulties with the French, to the prime minister. It was Heath who finally established with Pompidou the Anglo-French entente which was a necessary prerequisite to a satisfactory outcome of the negotiations. Home was content to keep himself fully informed of all the stages of the negotiations, but seems to have had no doubts about supporting the acceptance of the terms finally agreed in the summer of 1971. His influence was necessary, for more than thirty Conservative MPs remained opposed to entry - about the size of the government's majority. Indeed the Treaty of Accession was approved in January 1972 by a bare majority of twenty.

Home was no doubt confirmed in his view by various developments already referred to in Anglo-American and Commonwealth relations. He probably felt, as did Heath, that Britain had been inadequately consulted by the Americans about their approach to Communist China in July 1971 and the consequential withdrawal of recognition from the Chiang Kai-shek regime on Taiwan; and he shared his leader's doubts about the American policy of support for Pakistan in the conflict with India and Bangladesh which began in November 1971. Here again he regretted the divergence of Anglo-American policies; but, while not courting a public breach with the United States, saw this, no doubt, as further proof that the 'special relationship' was largely a thing of the past. On the Commonwealth side he found the Afro-Asian members not only unhelpful on the vexed Rhodesian question, but also on the necessity, as he saw it, to build up Britain's position in the Indian Ocean and strengthen links with South Africa. Though he accepted their criticisms with his usual courtesy, they probably helped to confirm his view of the Commonwealth as a waning asset. Even more, perhaps, the Indian decision to sign a treaty of alliance with the Soviet Union reinforced this view.

Home's main concern, in fact, in the early years of the Heath government, was not so much Europe as Rhodesia and southern Africa. He was aware that the party looked to him to achieve a settlement of the former problem, which had been a potent source of Conservative disunity since 1964 - a settlement which would safeguard the interests of the white population, while containing sufficient safeguards for African advancement to make it acceptable to the Rhodesian Africans and the African Commonwealth, and so perhaps to the UN also. He may well have thought that he was possibly the one man who had a chance of success. He was trusted by the Rhodesian leaders, had the confidence of his party, and was familiar with every aspect of the issue.[62] As prime minister, Home had tried to persuade Ian Smith in September 1964 to refrain from pushing for absolute independence. But when Smith nonetheless unilaterally declared independence in 1965, much though Home doubted the wisdom of the Labour government's policy towards Rhodesia, he had felt bound to say that the act was illegal, and to advise the Conservative conference not to vote against sanctions, since this might be taken as an indication of support for UDI.[63] Now, five years later, Home was faced with a problem of whose intractable nature he was all too well aware. Nevertheless he was prepared to risk his reputation to attempt a solution and was very anxious to secure one. Such a result would, he felt, be in the interests of both black and white and would put an end to the damage which had been done for the past six years to our relationships in Africa. Accordingly he visited Rhodesia and succeeded in arranging a settlement with Smith which envisaged a gradual though probably very slow transition to black majority rule - not in itself a disadvantage, Home thought, since it would give Africans more time to prepare for self-government. He was extremely disappointed when the Pearce Commission eventually found that the Rhodesian Africans' opinion was hostile. The Africans did not like the settlement nor did they trust Smith. Home himself probably felt that to impose the settlement would have been a service to both Africans and whites. But he was committed by his promise to respect the findings of the Pearce Commission and was forced to leave the Rhodesian problem still unsolved when he left office for the last time in February 1974. He had felt bound also in the meantime to continue to support the 'five principles' and the UN mandatory sanctions, little though he probably believed either in the moral justification or the practical effectiveness of the latter. He felt, it seems, that the British Government was committed to these policies and could not now abandon them without doing grave harm to Commonwealth relations. But the failure to achieve a solution was one of the biggest disappointments of his political life.

As is so often the case in international politics, one issue here was linked with others. The raison d'etre of Home's South African policy was the necessity of naval bases for the West, to safeguard the routes for oil and other supplies, after the closure of the Suez Canal in 1967; but he also seems to have hoped, with some reason, for South African assistance in bringing about a Rhodesian settlement. Certainly South African policy has been more helpful in this regard in recent years. But the oil problem also made it desirable to repair British links with the Arabs; and the 1971 Harrogate speech on the Arab-Israeli dispute was perhaps prompted by this consideration among others. Home also considered, no doubt, that Israel ought to give back some of the occupied territories; and that it would be wise policy, for at this moment she had the best opportunity for securing peace with Egypt. Dr Kissinger's policy in this regard certainly had his support, though Britain now had little power in most of the Middle East to influence the parties towards a settlement.

On the same flank the issue of security in the Indian Ocean was linked to the question of policy in the Persian Gulf and towards the Indian sub-continent. With India moving towards closer ties with the USSR and Pakistan with China, neither of Britain's main Commonwealth partners could be considered reliable. The Central Treaty Organisation — the old Baghdad Pact — was largely dead, but of the original partners Iran could be considered a firm ally. The policy of winning her friendship and helping to build up Iranian armed strength with supplies of modern weapons was therefore adopted. By the same token it was necessary

to play down to some extent the policy, to which both Home
and Heath were committed, of rebuilding the British 'presence' on the other side of the Gulf. The British-supported
minor sheikhdoms of the area were encouraged to form a
closer union, but in deference to Iranian and Saudi Arabian
opinion no attempt was made to recover the position surren-
dered by the Wilson government in Aden and South Yemen. A
powerful Iran seemed a more secure ally to rest on than the
sheiks.

V

To sum up satisfactorily Lord Home's work at the Foreign
Office in one respect presents great difficulty, since so
short a time has passed since he left office. The contemporary historian always has the disadvantage of being close
to the events in question, so that a proper perspective is
difficult to achieve. In the case of Lord Home, anyone
writing only a year or two after his departure from office
must be particularly conscious of the difficulty.

Some aspects of contemporary judgement, however, are not
likely to be reversed by future historians. They will probably accept the contemporary verdict on Home's character
and ability. His competent and authoritative management
of the Foreign Office, his patience and skill in directing
the traditional processes of diplomacy, are not likely to
be denied. That his character commanded the respect of
both officials and colleagues at home and of foreign statesmen abroad is clear. The latter particularly found him always explicit and clear in his exposition of policy, so
that they knew where they were with him: and moreover knew
that he had the support of his government and could usually
deliver anything that he promised. This straightforwardness and refusal to be ambiguous or over-elaborate in his
exposition of foreign policy undoubtedly made that exposition more effective and was generally an advantage in diplomacy. As a public man he never lacked courage; his
decision in his second term of office to expel over a hundred Soviet diplomats for espionage was an example of this.
He was not especially creative: as his biographer puts it,
'he seldom bubbled with new ideas and fresh initiatives'.[64]
But this very quality made him in many ways the ideal foil
for Macmillan's creativeness and imaginativeness, supply-
ing a sometimes useful touch of cold common sense. As a

colleague put it, 'he always kept his feet firmly on the ground'. He was apt, perhaps, to over-simplify, but that also could be an advantage.[65] Certainly the simplicity, even bluntness, of his utterances was often a healthy thing. Whether his views were right or wrong, he helped to clear the air of cant. He himself thought that one of his most valuable services to Britain during his public life was his determination to defend Britain's colonial record, particularly with regard to the grant of self-government, against unfair attacks, and to draw attention to the double standards of those who, at the UN and elsewhere, criticised Western imperialism while turning a blind eye to the Soviet variety.[66]

On his views on some aspects of foreign policy there was and will be less unanimity. Though aware that British power was in decline, he was a little slow to recognise the full implications of this, and continued in the sixties to talk of Britain being in 'the first four batsmen', when the question was whether we could still make the first eleven. In this respect as in relation to some other matters discussed here, his views could sometimes be considered old-fashioned to the point where they became unrealistic. It is still in doubt whether he was right in thinking that a policy of firmness, rather than over-conciliatory appeasement, was the best course in the central issue of our time, the cold war. The fruits of detente are still uncertain and the question is still arguable. But he recognised that there were times when flexibility was appropriate. He was not, that is to say, blindly intransigent, or unwilling to negotiate where there seemed any point in doing so. He was more open to criticism in his attitude towards racialist regimes in southern Africa and Fascist dictatorships in Spain and Portugal, sometimes showing, too, a lack of appreciation of the force of deeply felt moral objections to these regimes. Yet in practice he did in fact realistically often allow Britain's policy to be influenced by considerations of regard for African and world opinion, even when he regarded that opinion as wrong-headed - in relation to Rhodesia for example, or the Congo - and it is, after all, on the policies he actually pursued in the light of all the relevant factors that a foreign secretary must be judged.

There is also a case to be made at least for his views on some of these issues (one that does not rest solely on strategic grounds), though, on balance, not a case that is accepted by the present writer. It could at least be argued that years of boycotts and moral disapproval had made comparatively little impression either on South African apartheid policies (of which Home in fact disapproved) or on the Franco dictatorship. Home was in fact consistently opposed to trade boycotts, against Cuba no less than against South Africa.[67] A more conciliatory attitude might, he thought, have more effect at least in producing a more helpful policy externally. An examination of the development of South African policy in recent years, externally if not internally, suggests that there may perhaps be something in this view; but also that the weight of international and Commonwealth opinion is not a factor that any British foreign secretary can or should ignore.

One final point should perhaps be made, which applies to Home, as it does to most of those whose work at the Foreign Office is described here. Wellington once said that the most difficult test of generalship was the conduct of a successful retreat. To preside over a country's foreign policy in a period of rapidly declining power is equally perhaps the acid test of a foreign minister's capacity, and one from which Lord Home emerged in general with credit.

CHAPTER 8

R A BUTLER

It is never a very rewarding task to fill a high office
of state at the end of a government's term of office, with
the knowledge that it will not be very long before one has
to vacate it. This was the experience of R.A.Butler, the
last of five Conservative ministers who conducted Britain's
foreign policy between 1951 and 1964. Butler came to this
office following Macmillan's resignation from the premiership, at a time when it seemed that the succession lay between himself and Viscount Hailsham. But it was Lord Home
who unexpectedly took over the premiership, and Butler
accepted the Foreign Office.[1]

He was well qualified for the post. None of his predecessors had had a wider variety of ministerial experience.
He had served in a number of junior ministerial offices,
including the Foreign Office, in the thirties and as
Minister of Education during the Second World War. From
1951 onwards he had been continuously a member of the
Cabinet, holding a succession of high offices, including
the Treasury and the Home Office. He also had his liabilities, however; his association with the 'appeasement
policies' of Neville Chamberlain and his supposed opposition to the Suez 'advanture' in 1956 had not endeared him
to the right wing of the Conservative party. It was this,
probably, added to his part in winding up the Central
African Federation which decisively cost him the Premiership in 1963.

Throughout his political career, in fact, Butler was
something of a puzzle even to his closest associates. Few
questioned his intellectual and administrative ability or
his constructive contribution to politics. Loyalty to his
party and to the government of which he was a member may
well have prevented him fron considering resignation over
Suez and certainly induced him to serve under Lord Home.
Yet his critics still considered that there were flaws in

his character and record. They accused him, not of lack of integrity, but of lack of toughness and decisiveness and a certain tendency to ambiguity in thought and deed.[2] They were not always sure where they were with him, and, so far as the Right were concerned, when they were sure, they did not always like it. He was certainly by temperament a natural conciliator and mediator, and a man of the 'Establishment', who preferred, when unsuccessful in his aims, to remain within the fold and try to influence events, rather than to stage a dramatic resignation. These characteristics, too, did not appeal to those of his party who preferred to see both domestic and foreign politics as a contest to be waged to the death.[3]

On the other hand, Butler had considerable assets at this stage of his career. Not only was he able and experienced, but there was much sympathy for his position in the parliamentary party, many of whom (including some of his cabinet colleagues) thought that Butler should have become first minister. His willingness to serve under Home was applauded; and these factors ensured a sympathetic hearing in the Commons. His officials, too, respected his ability and expertise and he had good relations with them.[4] In his actual management of the office, Butler had little time or instinct to make changes, but he took the opportunity to implement the recommendations of the Plowden report, improving the conditions and allowances for staff; and he noted how much more important a factor economic matters had become in foreign policy, and how since his previous term in the thirties, a large economic section had come into being in the Foreign Office as evidence of this fact. In his relations with other departments and particularly in dealing with the Commonwealth and Colonial Office he had the invaluable assistance of an able minister of state in Lord Carrington,[5] who spent much of his time on problems of interdepartmental liaison. Like previous foreign secretaries, Butler found that the overlapping responsibilities of the two departments could occasionally cause difficulties, especially as Cyprus, Malaysia and Arabia were all trouble-spots during this period. Fortunately there was little friction between the two departments.

Butler came to the Foreign Office, which he would much have preferred to have achieved earlier in his political

career,[6] under the disadvantage of knowing that an election must follow within at most a year and that his party
would probably lose it. In addition Butler had accepted
office as a matter of loyalty, and at the end of twelve
arduous years of ministerial service.[7] Not surprisingly,
he gave the impression to some of his colleagues of a
tired and disappointed man, whose heart was not really in
it.[8] Although his duties were adequately performed he
sometimes gave the impression of being inadequately
briefed and uninterested. One senior official recounts
the story of how a new French ambassador went to see
Butler to obtain an up-to-date picture of British policy
towards France. The ambassador returned after a long and
enjoyable talk of an hour, but on sitting down to write
his report, realised that he had been told exactly nothing.
Perhaps on this occasion, however, Butler was merely repay-
ing Couve de Murville in his own coin. Another senior
official, however, thought Butler ineffective, for two
basic reasons - tiredness after more than a decade in high
office and a short tenure of the post. On the second
point, it is the nature of foreign policy that it takes a
year or two to initiate decisive changes and to set a firm
imprint on its course.[9], Moreover, foreign governments
tend to 'wait and see' and hold back from commitments,
when a government is not expected to remain long in office.
This affected particularly relations with the US and
Russia, both of which for different reasons were during
this year apt to be non-committal in their foreign policies. In Moscow the internal struggle which was to result
in the fall of Khrushchev was already under way and Butler
found the Soviet leaders unresponsive to suggestions that
a further relaxation of tension could be achieved by progress in nuclear disarmament, perhaps by means of a more
comprehensive test-ban treaty or a non-proliferation
treaty. Surprisingly, the Russians were quite anxious for
him to visit Moscow in July 1964, but though he found
Khrushchev and the other Soviet leaders friendly and not
unsympathetic to certain aspects of these proposals, no
immediate progress could be made.

In Washington the Johnson administration, after the
shock of Kennedy's assassination, was still preoccupied
largely with the task of binding up the domestic wounds
and creating a climate of reassurance at home. Butler
was anxious to test the reality of the 'special relationship'

under the new administration, but did not find his visit
to Washington in May 1964 particularly reassuring in this
respect, though he was well-received, as the prime minister
had been a few months earlier. But in a meeting with the
president, which he did not particularly seek, Butler received the distinct impression that the former's mind was,
to put it mildly, on other things. It was fairly clear
that in their relations with Britain the Americans, like
the Russians, were 'marking time' pending the result of
the 1964 election.[10]

So far as Western Europe was concerned, the outlook was
not much more promising. It was too soon after de Gaulle's
brutal cutting off of the Common Market negotiations to do
very much towards getting the advance towards greater unity
in Europe and British membership moving again. With a view
to improving Anglo-French relations, Butler took the opportunity that occurred of attempting to melt a little the
glacial Couve de Murville. But nothing much could be done
so long as de Gaulle stood like a giant road-block in the
way, and in this as in other respects, de Murville was the
perfect instrument of his master's will.[11]

British policy had more importance in relation to three
lesser but difficult problems which persisted during
Butler's year in office - those relating to Malaysia,
southern Arabia and Cyprus. It will be evident from the
previous chapter that American and British policy had diverged somewhat over Malaysia. The US had continued to
give Indonesia aid, even after the latter's President
Sukarno had launched a policy of harassment and guerrilla
activity, designed to break up the British-sponsored
Malaysian Federation and annexe the North Borneo Territories which belonged to it. American pressure had been
brought to bear unsuccessfully on Britain to soften her
policy of vigorous resistance to Indonesian attacks, which
the US thought might drive Sukarno further into the Communist camp. Home's visit to Washington, during which he
talked plainly to the Americans, had helped in this respect,
and produced a communique in which President Johnson publicly identified the US with 'the peaceful national independence of Malaysia'. What helped more, however, was
Sukarno's steady progress towards close links with communist China and his domestic reliance on the Indonesian
communist party. Eventually the US, disillusioned,

withdrew its support, but during Butler's year in office it was always necessary for him to maintain pressure on the Americans. A settlement did not come until some time later, and in the meantime British troops and ships continued to fight off Indonesia at considerable cost.[12]

In relation to southern Arabia also, British and US policy had diverged somewhat towards the end of the Macmillan era. In the civil war in the Yemen between republican and royalist factions, which broke out in 1962, the former supported by Egyptian troops and the latter by Saudi Arabia, the US had sought to conciliate President Nasser of Egypt by recognising the republican government, while at the same time trying to satisfy its Saudi Arabian friends by persuading Nasser to withdraw. Britain, having little faith in Nasser's goodwill and anxious for the security of its Aden base and the friendly Gulf sheikhdoms if the republicans won, had adopted a more pro-royalist stance, which had the incidental advantage of restoring more friendly relations with Saudi Arabia, after previous difficulties over the Buraimi Oasis and Abu Dhabi. Arguments between London and Washington had continued, with Britain still withholding recognition, but here too the Johnson administration began to show signs of disillusionment with its protege President Nasser, who like Sukarno seemed to be turning more and more to the communist world for aid, though to the USSR rather than China. Moreover, US policy had not produced the withdrawal of Egyptian troops, which had indeed attacked Saudi Arabia. The Egyptian presence in the Yemen seemed therefore to threaten the vast US oil interests in that quarter.[13] This put a different complexion on the matter. By 1964, therefore, US policy in the area had shifted to the point where Butler could subsequently write, 'The Americans were usually, but not invariably sympathetic about areas where British troops were involved in action.'[14] But on this matter too, it was always necessary for the Foreign Office to maintain pressure through the US ambassador.

It was Cyprus, however, which seemed likely in this period to prove the most dangerous, involving the risk of a direct confrontation between two NATO allies, Turkey and Greece. Since Cyprus had become an independent Commonwealth country in Selwyn Lloyd's settlement of 1960, the question of 'Enosis' or Cypriot Union with Greece, which

178

Turkey violently opposed, had dropped for the time into the background. On the other hand, the treatment of the Turkish minority by the Greek majority under the government of President Makarios had not been wise, though again there had been provocation on both sides. In the early months of 1964 violence broke out and Turkey threatened to invade Cyprus to protect its minority; fresh troops had to be dispatched to British bases on the island. During the crisis Butler worked closely with the US ambassador, with whom he saw the Turkish ambassador almost every day.[15] Their combined pressure averted the threatened invasion, and the dispatch of a UN peace-keeping force in March 1964 defused the crisis. The importance and scope of this achievement can be measured by the events of 1974 when, with Britain weaker and US policy less helpful, the catastrophe of a Turkish invasion actually occurred.

Overall, in spite of the factors which tended to weaken British influence in Washington, the essential unity of the Anglo-American alliance was maintained. On defence and economic matters Butler was personally less involved, and he played little part in the abortive discussions on the American proposal for a multilateral force,[16] designed to give NATO countries, including West Germany, some access to the nuclear deterrent. He remained in office, however, just long enough to see the conference begin at Geneva on the 'Kennedy round' of trade talks, designed to reduce world tariff levels.

In all his dealings with Washington, Butler had the support and help of the prime minister, Sir Alec Douglas-Home, and a word should be said about this relationship, always so important for a foreign secretary. For obvious reasons the situation could have been a difficult one, but Home's tact and the call of other matters on his mind in this period, most of all the necessity of making himself known to the British electorate, prevented any friction. Home's natural good sense precluded unnecessary interference, and he was no doubt satisfied to leave the day-to-day conduct of foreign policy in experienced hands. Home's biographer suggests that Butler welcomed a lead from the prime minister in foreign policy matters, but Lord Home's natural preference was always for the avoidance of unnecessary interference.[17]

As Butler has himself said in his memoirs, his aim in the limited time he had in this post was 'not so much to achieve, as to probe'.[18] Indeed, there were few achievements on the cards in the international and domestic circumstances described. He was able to keep relations with Washington on even keel, to indicate to Moscow and Paris that doors were still open, to continue the defence of British interests in South-East Asia and southern Arabia, and to help avert real dangers in Cyprus. With that he was probably content. His standing in the history books will rest on other and more substantial achievements than his conduct of British foreign affairs for a brief period at the end of his political career.

CHAPTER 9

PATRICK GORDON-WALKER

Patrick Gordon-Walker was not even a Member of Parliament
when he became the first Labour foreign secretary for
thirteen years in October 1964. Along with Harold Wilson,
the prime minister, and James Griffiths, the secretary of
state for Wales, Gordon-Walker was a survivor from the
Attlee cabinet and still active on the Labour Party front
bench. He had been the secretary of state for commonwealth relations from 1950 until the Labour government
left office in October 1951. Prior to that he had been
under-secretary at the same office for three years and,
in 1946, only a year after his election to Parliament, he
had become the parliamentary private secretary to Herbert
Morrison. After the loss of office, he remained a Member
of Parliament for the whole of the period in Opposition.
He was elected to the Parliamentary Committee (shadow
cabinet) of the Parliamentary Labour Party in November
1957 and had from that date held the shadow portfolio in
home affairs and defence before becoming, in 1963, the
shadow foreign secretary. It was ironic that at the moment when the Labour Party returned to power and Gordon-
Walker found himself once more a cabinet minister he
should lose his Parliamentary seat in Smethwick, a seat
which he had held for nineteen years.

Gordon-Walker was both by background and temperament
very different from the two other post-war foreign secretaries which the Labour Party had provided. He was neither
a trade union leader nor an experienced political opera-
tor in local government. His background was almost exclusively in education and then in politics. Even after
Labour's defeat in 1951 he was active in the conduct of
the Opposition as a young former cabinet minister, although he had to wait some years before he was elected to
the shadow cabinet. His experience in government was limited to commonwealth relations, but his scope had been
broadened during his years in opposition. In the run-up

to the 1964 general election, Gordon-Walker had spent some
time preparing to become the secretary of state for defence
should Labour be victorious. However, with the death of
Hugh Gaitskell and the subsequent election of Harold
Wilson to the leadership, Gordon-Walker was invited to fill
the vacant post of shadow foreign secretary. This promotion was a considerable personal achievement for a man who
had no identifiable personal following within the Parliamentary Labour Party. As a man who was probably right of
centre he could not expect left-wing support, nor was he
assured of the support of trade union members. It was,
thus, a measure of the respect he commanded within the
parliamentary party that he was elected to its Parliamentary Committee, which was the subject of annual, highly
competitive, elections. However, outside Parliament, he
never really made a mark in the Labour hierarchy. A
little over a year after this appointment, he found himself established as the first Labour foreign secretary for
thirteen years.

The fact that he was not a Member of Parliament does not
seem to have substantially affected Gordon-Walker's position as foreign secretary except in the rather obvious way
of preventing him from speaking or answering questions in
the House of Commons. Indeed, there was a lot of sympathy
for him from his fellow ministers and from Labour supporters generally. This sympathy was based on a dislike of
the methods used by the supporters of Mr Peter Griffiths,
the Conservative candidate who won Smethwick from Gordon-
Walker with a swing of 7 per cent, very much against the
national trend. It was widely believed that the introduction of the immigration issue into his campaign had affected the result.[1] The tactics used in the campaign were
roundly condemned and the prime minister was in the forefront of those who reacted strongly against them. In his
speech during the debate on the Government's legislative
programme, Harold Wilson referred to the absence of the
foreign secretary after 'a squalid campaign' and ended by
warning that the new member for Smethwick might find himself being treated as a 'parliamentary leper'.[2] Many
Opposition members took exception to this remark which
clearly demonstrated the strength of government feeling
over the issue of race in British politics. Although
Gordon-Walker could expect a reasonable honeymoon period,
it was clear than an early return to Parliament was

essential for the new foreign secretary. The simplest
solution would have been to ennoble him, as Wilson was to
do to another minister, Alun Gwynne Jones, who as Lord
Chalfont became minister of state at the Foreign Office.
This solution appears not to have been considered feasible,
Harold Wilson recorded in his memoirs that Gordon-Walker
'would be looking for an alternative seat'.[3] In addition
Labour was in a cleft stick on the question of having a
foreign secretary in the House of Lords as a result of its
vitriolic attacks on the appointment of the then Lord Home
as foreign secretary by Harold Macmillan in 1960. Hence
Gordon-Walker had to combine his activities as foreign
secretary which involved a fair amount of travelling and
a full-time commitment with the equally arduous task of
seeking and winning a parliamentary seat. Ultimately this
task proved beyond him, and, having failed on a second
occasion, this time at Leyton, to gain a seat at Westminster, Gordon-Walker resigned as foreign secretary three
months after his appointment.

Despite the shortness of his period in office, Gordon-
Walker did play an active role both in the conduct of
foreign policy and in the introduction of a number of new
ideas. However, he was not a believer in the idea of
'socialist' foreign policy, in so far as it implied a
radical change in the content of the foreign policy to be
pursued. Neither the ideas of neutralism nor those of unilateral nuclear disarmament appealed to him; he accepted
the view that the immutable facts of geography meant that
little change was possible.[4] On the other hand, he was
determined to widen the basis of foreign-policy-making not
only by improving the planning machinery but also by the
introduction of a process of high-powered discussions between Foreign Office officials and outside experts, a process which was extended by George Brown when he took over
the Foreign Office. In addition to this, Gordon Walker
set out to change the emphasis given by the Foreign Office
to various parts of the globe. For instance, he sought to
increase the importance of the ambassadorial posts in
Eastern Europe which he regarded as 'true nations, not
satellites',[5] thus foreshadowing a period when relations
with that part of the world would become increasingly significant to the Western alliance. He was also responsible
for the appointment of Sir Paul (now Lord) Gore-Booth as
the successor for Sir Harold (Lord) Caccia as permanent

secretary at the Foreign Office, even though the former did not take up his appointment until after Gordon-Walker had left office. Gore-Booth was in some ways a controversial appointment in so far as he was not the person whom many of the Foreign Office establishment had expected would get the job. Gordon-Walker had known and liked Gore-Booth from his previous ministerial experience and his qualifications were clearly acceptable.

In general the relations between Gordon-Walker and his officials were quite good and the change from a Conservative to a Labour administration went as smoothly in the Foreign Office as it did in other departments of state. One reason for this was clearly the fact that although he was intent on changing some of the emphasis within the Foreign Office, no fundamental changes were expected or contemplated by him in the overall strategy of British foreign policy. Whilst it was probably true that the idea of Britain being at the focal point of the Churchillian interlocking circles had ceased to be the underlying philosophy of British foreign policy, it was not clear at this time what had taken place. The application to join the European Economic Community (EEC) had been opposed by Labour in opposition, but Gordon-Walker does not seem to have gone to the Foreign Office with any real alternative 'grand strategy'. He was, like many Labour ministers, prepared to modify the existing policies whilst carefully avoiding any more fundamental reform. This is not to place the blame exclusively on Gordon-Walker; indeed the Labour Party itself had few well-conceived ideas about changing British foreign policy. The Labour manifesto,[6] for example, concentrated much more on domestic policy and domestic reform. On foreign policy there was little more than the usual trite phrases. The major areas of difference seemed to be in the primacy to be given to relations with the Commonwealth whilst still seeking to 'achieve closer links with our European neighbours'[7] and the dispute over nuclear defence. The manifesto promised the appointment of a minister for disarmament, promised a new lead at the United Nations and outlined a number of policies to be pursued to reduce cold war tension. All these proposals, however, were made within the general parameters of the bipartisan foreign policy strategy and no attempt was made at reformulating Britain's long-term foreign policy goals.

184

Despite the fact that it may have lacked a clear long-term strategy in foreign policy, the Labour Party in general and Gordon-Walker in particular had given some thought to more immediate questions. In addition to the changes mentioned above, Gordon-Walker had also suggested in an article published before he became foreign secretary[8] a number of policy areas which a future Labour government would regard as being of high priority. Whilst much of this article could be regarded as being common ground between the two main parties, there were some areas of distinction. Whilst the Labour Party shared the Conservative Party's acceptance of the importance of the Western alliance and the necessity to maintain British interests around the world including east of Suez so that Britain would be 'the most significant of (the) great powers',[9] they differed from them in their interpretation of how to achieve these ends. The most significant areas of difference lay in the approach to the future development of the Atlantic Pact. The need for change was accepted by all parties because the demands from Western European states for a share in the control over the alliance's nuclear strategy had to be met.

The initial proposal was President Kennedy's 'grand design' for an Atlantic partnership consisting of two equal pillars: one American, the other European. The rejection of Britain's EEC application by de Gaulle, who was becoming increasingly maverick in his attitude towards NATO in general and the United States in particular, marked the final demise of the 'grand design'. It was against this background that the United States proposed the multilateral force (MLF) as an alternative. The Labour Party rejected both the proposals for the MLF, a device for spreading control of nuclear weapons without spreading the weapons themselves to NATO members including West Germany, and the maintenance by Britain of a nuclear strike force. Gordon-Walker promised that new arrangements with Washington would be negotiated in an effort to give all the Alliance partners a real say 'in the formulation of the ideas, policy and strategy'[10] of the Alliance. This, the Labour Party believed, was a preferable alternative to the MLF. Before undertaking this task, the Labour Government conducted a review of defence and foreign policy and found that despite its promise to phase out the British nuclear force, 'production of the (Polaris) submarines was well past the point of no return'.[11] The discovery that the Nassau Agreement could not be fundamentally renegotiated and that the phasing out of the British deterrent was unlikely to occur for the foreseeable future, led to the floating by the Labour Government of the idea of an Atlantic nuclear force (ANF). Under this plan Britain would pledge her nuclear submarines along with a number of US nuclear submarines to NATO for as long as the Alliance lasted. These vessels would thus be under the control of the NATO supreme commander. This proposal had, from the Labour Government's viewpoint, several advantages over the MLF. Firstly, it made it clear that Britain had no intention of retaining possession of her own nuclear deterrent; secondly, it avoided the spread of nuclear weapons to West Germany, which many critics had seen as likely to have adverse consequences for relations with the Soviet Union and her allies. Finally, it still gave a more equal share to all NATO members in decisions about the future strategy, tactics and deployment of nuclear weapons and a definitive US commitment to Europe.

The British plan was the basis of the talks which took place early in December 1964 in Washington between the American president, Johnson, and the new British prime minister. Before the meeting the British had been under considerable pressure to modify their opposition to the MLF,[12] but this was stoutly resisted by the Labour Government despite a division of opinion between the Foreign Office and the Ministry of Defence over the proposal.[13] The Washington meeting was cordial and highly successful. The British, after initial discussion between Defence Minister Healey and Gordon-Walker for Britain and Secretary of State Rusk and Defense Secretary MacNamara, achieved their objective. Wilson pursuaded Johnson to drop his support for the MLF and back the British counter-proposal of the ANF. In addition the British resisted an attempt by President Johnson to get a British contingent sent to Vietnam; 'even a token force so long as the Union Jack is there'.[14] The trio of Labour ministers thus returned from Washington with a considerable degree of success and a vindication of their views on both the MLF and the fact that they were still 'welcome at the top table',[15] despite their willingness to give up possession of nuclear weapons.

In other areas as well the new Labour Government sought to differentiate its policy from that of its predecessors. In the article, referred to above, Gordon-Walker adopted a fairly cautious policy towards the EEC, and the Labour Government followed suit. 'A Labor Government would not risk a second failure of negotiations to enter the Common Market; that would have catastrophic consequences... Our general policy would be to create as close relations as possible between ourselves and the European Community. We would seek to proceed by pragmatic steps.'[16] In addition he pointed out the need to resolve the fundamental question of whether Britain could join the EEC and still retain her traditional relations with the United States and the Commonwealth. However, he concluded that a Labour Government 'would want to take part in any discussion of steps toward a closer political union in Europe'.[17] These questions had not been resolved when he left office, nor indeed were they when the Labour Government itself left office five years later. Generally, the relations with Britain's European Free Trade Area partners began rather badly with the decision by Britain to impose a 15 per cent import levy, and Gordon-Walker had the task of defending this decision and promising an early review of the situation at the EFTA meeting in Geneva early in November 1964. This decision had been made unilaterally and caused considerable anger among the remaining EFTA members. The unilateral decision had been forced on the Labour Government by the gravity of the economic situation facing them at home and abroad. The initial decision to maintain the parity of the pound sterling was to act as a major constraint on foreign policy in the early years, just as the devaluation of the pound was to force major reversals of foreign policies in the later years of the Wilson government. The decision to raise the import levy was hardly an auspicious start in the Labour government's relations with the rest of Europe.

The final areas of difference lay in the attitude of the Labour Party to the question of 'North-South relations'[18] and the granting of aid without strings, which many in the Labour Party regarded as being equally important to East-West relations. To this end, Harold Wilson created a separate department of state, the Ministry of Overseas Development, with Barbara Castle as the minister in charge. He also gave her a seat in the Cabinet. This appointment was

part of a process whereby a number of functions in the
general field of foreign affairs were assigned to individual ministers: Lord Chalfont was appointed to lead the
British attempts at disarmament and Lord Caradon was
appointed as permanent representative at the United
Nations; both men held the rank of minister of state at
the Foreign Office. This arrangement seemed to work well,
although at a later date the presence of two Foreign
Office ministers in the Cabinet was regarded by many as
highly unsatisfactory. The need to delegate work in
foreign affairs is, however, generally accepted by foreign
secretaries. This delegation of authority works within
the understanding of the constitutional principle that it
is the foreign secretary who retains overall authority as
the minister ultimately responsible for the conduct of the
affairs of state.

The relationship between the foreign secretary and the
prime minister was, at this time, close and Gordon-Walker
discussed most important issues of foreign policy with
Wilson as often as was necessary. In addition, he would
normally report orally about once a week to the Cabinet.
This sometimes created problems as not all ministers received copies of Foreign Office documents or at best received edited summaries. The normal procedure was for the
foreign secretary to make an oral report and then answer
questions on it. There was rarely much discussion except
of major foreign policy decisions such as the MLF which
was discussed over a weekend at Chequers. This lack of
discussion is hardly surprising, given the urgency of the
domestic situation at this time. The normal procedure for
a major foreign policy decision was the circulation of a
paper by the foreign secretary and a full Cabinet discussion of the matter. All foreign policy decisions except emergency or routine decisions were discussed by a
Cabinet sub-committee normally chaired by the prime
minister. A good working relationship between Gordon-
Walker and Wilson was particularly important at this point,
especially as the former was outside Parliament. Although
they occasionally disagreed,[19] the two men seem to have
got on well together, although Wilson's relations with his
ministers were clearly tempered by his views of the role
of the prime minister as the 'managing director as well as
(the) chairman of his team'.[20] In turn Gordon-Walker's
relations with his senior Foreign Office officials were

generally cordial and, again, the fact that he was not in Parliament does not seem to have affected his relationship with them. The fact that he was a Labour minister seeking to make changes in one of the more conservative institutions may have been resented by some people in the Foreign Office, as indeed was his selection of the new permanent head, but this is only to be expected and in no way affected the professional relationship between the minister and his advisers.

Gordon-Walker's tenure at the Foreign Office ended almost before it had begun. It is clear, however, that even at this early stage in the life of the Labour government the prime minister was seeking to play an important role in foreign-policy-making. 'What is clear is that Harold (Wilson) himself is taking a predominant interest in foreign affairs and defence.'[21] This was not merely a consequence of Gordon-Walker's absence from Parliament, but also a reflection of a trend which had started when the Conservatives were in power, and it was clearly a trend which Wilson wished to continue.

The brevity of Gordon-Walker's tenure of office makes it difficult to make a firm judgement of his potential. Some critics have suggested that he arrived at the Foreign Office 'too late' and with an air of one who 'knew it all'.[22] Others have gone further and suggested that the whole of the Labour government's foreign affairs team of Gordon-Walker, Douglad Jay (president of the Board of Trade) and Arthur Bottomley (commonwealth secretary) were 'really all pretty hopeless', and that Gordon-Walker had been 'no good' as foreign secretary.[23] These judgements appear to be rather harsh, for Gordon-Walker certainly appeared to be well-qualified for his post and to have thought out at least some of the things he wished to do. He was not there long enough to make a real impact, and a general conclusion based on such scant evidence would seem rather unfair. He was not, for instance, able to carry out some of his ideas for creating a better relationship between Parliament and foreign-policy-makers. In a book published in 1970 after he had left the Labour government Gordon-Walker suggested that: 'the Foreign and Commonwealth Office should, for a period, be subjected to investigation by a select committee. In all fields of policy a Cabinet needs the backing of an informed public opinion, but particularly so in foreign policy, which has too long and too impenetrably been wrapped in secrecy'.[24] It is, of course, not clear whether he held these views before or after he had been at the Foreign Office. What is clear is that he did not have an opportunity to put them into practice. In some respects it would be fair to say that Gordon-Walker was unlucky; his career at the Foreign Office was prematurely curtailed and Britain lost a potentially sound, if not particularly outstanding, foreign secretary.

CHAPTER 10

MICHAEL STEWART

What is most surprising about Michael Stewart, who was
twice foreign secretary during the Wilson governments, is
that he was seriously considered for the office immediately
Harold Wilson won the 1964 election.[1] The circumstances
of his subsequent appointments were in some respects similar in that on both occasions he replaced a minister who
had resigned. In the first instance it was following the
defeat of Gordon-Walker at Leyton and the second following
the resignation from the Cabinet of George Brown. Michael
Stewart rose to prominence during the 1964-70 period although he was an influential figure in the Labour Party
before that. His appointment on the first occasion did
not come as a great surprise to him,[2] although he apparently had some regrets at leaving the Department of Education and Science.[3] The basis for his lack of surprise
can be seen from the fact that he had accompanied Harold
Wilson and Gordon-Walker as part of the official Labour
Party delegation to Moscow in 1963 shortly after Wilson
had won the leadership of the party. However, in terms
of seniority the appointment was a little unexpected.
Some members of the Cabinet were keen to see Dennis Healey,
the defence minister, transferred to the Foreign Office,
but Wilson would not consider this.[4] The decision to move
Stewart was clearly also taken because it was a relatively
painless change. Few ministers would be keen to move from
an appointment after three months and at a time when they
were beginning to find their feet. In this respect Michael
Stewart was no exception. On the day that Gordon-Walker
was losing the Leyton by-election, Stewart 'enjoyed a
triumph such as few enjoy in a lifetime in Parliament'[5] in
answering an attack on his policy for ending selection in
secondary education. At this moment of triumph he was
whisked away to the Foreign Office because the prime minister regarded him as 'a wise and authoritative figure capable of filling any position in the Government'.[6]

Certainly, Stewart came to the Foreign Office with a
wealth of experience in a number of junior posts in
government and front bench experience during Labour's
opposition years. He entered Parliament for Fulham East
in 1945 and was soon appointed to a post in the Whips
Office of the Attlee government (first as vice-chamberlain
and then controller of His Majesty's Household). In 1947,
he became under-secretary for war, a post which he held
until 1951, when for the last few months of the Attlee
government he was parliamentary secretary at the ministry
of supply. During the first years in opposition, he spoke
often on foreign and defence issues but later was given
front bench briefs on education and, in November 1959,
housing and local government. He was, however, not elected to the Shadow Cabinet until 1960. This was evidence
of the lack of a 'power base' within the Labour Party as
a whole, but he was a highly influential and respected
member of the Parliamentary Labour Party. It is perhaps
important to make this point because Stewart's public
image was by no means as high as the reputation he had
among his parliamentary colleagues.

When Stewart came to the Foreign Office in January 1965,
his appointment was welcomed by senior officials because
it meant that an end had been reached to the rather artificial situation which had prevailed under Gordon-Walker.
He arrived at the Office as the first effective Labour
foreign secretary for almost fourteen years. As noted in
the previous chapter, Gordon-Walker had been able to get
things done, but his absences caused by his need to return
to Parliament meant that there was 'no firm top-level
Ministerial direction of day to day foreign policy'.[7] As
a stop-gap measure, the then permanent under-secretary,
Sir Harold Caccia, instituted a regular daily meeting for
top officials. This process, although regarded as a temporary measure, was continued after Stewart became foreign
secretary.[8] In general the smooth working relations which
had begun with Gordon-Walker continued with Michael Stewart
and there is little doubt that a situation of mutual trust
and confidence grew up between the minister and his senior
advisers.

Stewart came to the Foreign Office believing that
Britain had to adjust to her new position of being a
'major power of the second rank'.[9] By this he meant

'Britain's former dominating position is gone. But...
Britain retains a position of considerable influence all
over the world.'[10] This view, which became much more popular at a later date, was also shared by his advisers.[11]
The fact that the thinking of the minister and of his top
advisers was so similar, not just on this issue but on
other issues which were to rise to importance over the
years, goes a long way to explain the existence of a high
level of rapport between them. The question clearly arises
as to how far the process was one between equals and how
far the advisers, who all appear to have thought very highly of him, were allowed to have their own way. Stewart
was certainly well liked by the Foreign Office. He was
also a formidable debater, questioning all advice, not
just in relation to British interests but also from the
viewpoint of what was morally right for Britain and the
world. This was particularly true on the question of
Biafra, where he was opposed not only by a large section
of the Labour Party but also by a substantial section of
the Conservative Opposition. As noted below, Stewart
refused to be moved from his policies and was fortunate
to have the support of Sir Alec Douglas-Home on the issue,
otherwise he and the Government might well have been
placed in an untenable position. This example tends to
bear out the view that although he was never a 'pushover',
once convinced of the validity of a case, Stewart was prepared to fight all the way to get his position accepted by
his colleagues and, having achieved that, he would defend
the policies to the best of his ability against all-comers.
However, in comparison with George Brown he appears to
have been a much more 'manageable' minister. 'Michael
Stewart spoke and thought like an official himself; consequently his officials had little difficulty in guiding
him.'[12] This latter point is perhaps borne out by a
comment made by Harold Wilson in his memoirs that Michael
Stewart had the right temperament to give a department
'a period of quiet and orderly administration'.[13]

In the course of both the periods when he was at the
Foreign Office, Stewart dealt with many very thorny problems and presided in October 1968 over the amalgamation
of the Foreign and Commonwealth Offices, a reform which
had been first mooted by the Plowden Committee in 1964.
Another report suggesting change in the administration of
the Foreign Office was also made during Stewart's second

term. This was the Report of the Duncan Committee, charged
with examining the structure of the Diplomatic Service and
the requirements of Britain for overseas representation.
Although the Commonwealth and Diplomatic Services had been
amalgamated in 1964, this further review was necessitated
by the economic circumstances of the day and the need to
economise in every aspect of government expenditure. It
was clear that Britain's terrible economic position was
not just having an effect on the policies to be pursued
but also on the officials who were to carry them out. The
Duncan Report was published in 1969 and caused a considerable stir not just among diplomats but also in academic
circles.[14]

  Although these changes and proposals for change were
long in the future in 1965, the seeds, particularly the
economic seeds, had already been sewn. However, despite
Stewart's view of Britain's role, the Labour Government in
general and Harold Wilson in particular seemed to be committed to the idea of not reducing Britain's world position
or its sphere of influence. Although some Labour back-
benchers favoured a large readjustment of the areas of
British interest, particularly east of Suez, such changes
were not acceptable to the Government and only became so
when the measures necessary to make devaluation effective
were taken in 1967. In a sense there was no conflict of
view between Wilson and Stewart on this issue. Both men
felt that Britain still had an important role to play,
first in relation to the Commonwealth and the remnants of
Empire, second as permanent members of the United Nations,
an organisation which all Labour politicians feel obliged
to support strongly, and finally as an important member of
the NATO alliance. In line with this Stewart regarded
Britain as the 'pivot' of NATO forming a useful bridge between the European members and the allies on the other
side of the Atlantic; a British withdrawal from NATO
would, in his view, have been fatal for the organisation's
future, although it was able to survive French withdrawal.[15]
In general, therefore, the relations between the prime
minister and foreign secretary were very cordial during
both periods under consideration. Stewart rose steadily
in influence in the Cabinet and was, in 1966 when he transferred to the Department of Economic Affairs, third in
order of precedence in the Cabinet. After the resignation
of George Brown he became the established 'number two' in

the Cabinet, although Brown remained as deputy leader of
the party.[16] The good relationship between the two men
did not mean that they always agreed, or indeed that
Wilson would always back up the foreign secretary in
Cabinet. When, for instance, Stewart circulated a paper
to the Cabinet which was highly critical of French policy,
particularly with regard to the future of the EEC and relations with the Soviet Union, a group of Cabinet colleagues led a revolt against the line taken in the paper and
successfully had it dropped. In winding up the debate
Wilson indicated that his sympathies lay with those who
were critical of the paper.[17]

Another issue which divided the Cabinet at this time
and about which Stewart felt strongly was membership of
the EEC itself. The Foreign Office were very favourable
to renewing the British application for membership, although they were very hostile to de Gaulle and his policies, particularly since the veto in 1963. The longer he
remained at the Foreign Office the stronger became
Stewart's conviction that Britain would prove a valuable
member of the EEC and act as a counterbalance to both
France and Germany.[18] Another leading member of the
Government, George Brown, was also in favour of renewing
the application, and one estimate is that by January 1966
there was a majority of the Cabinet in favour of pressing
the application.[19] However, despite a request from the
foreign secretary that a paper advocating this course
should be circulated in December 1965, Harold Wilson refused to allow it to go forward for Cabinet discussion.[20]
The reasons for this are fairly clear. Firstly the effect
of changing course so soon after roundly condemning the
original application made by the Macmillan government
would be tremendous, and, more important, the effect on
the Labour Party would be dynamite and could have easily
disturbed the unity of the party at a time when the narrow-
ness of the Parliamentary majority indicated that an election was imminent. Furthermore, it was not clear that at
this time the prime minister was fully convinced of the
desirability of membership. The Labour manifesto in 1964
had clearly come down against British membership and had
emphasised the importance of relations with the Commonwealth, particularly trade relations.[21]

By 1966, however, the position had changed substantially.

The new manifesto published for the election on 31 March stated that 'Labour believes that Britain, in consultation with her EFTA partners, should be ready to enter the European Economic Community, <u>provided essential British and Commonwealth interests are safeguarded</u>'.[22] This point was amplified by Harold Wilson who told an Election Meeting in Bristol: ...'given a fair wind, we will negotiate our way into the Common Market, head held high, not crawl in. <u>And we shall go in if the conditions are right</u>... Negotiations? Yes. Unconditional acceptance of whatever terms we are offered? No. <u>We believe that given the right conditions it would be possible and right to join EEC</u> as an economic community.'[23] Although this marked a major shift in policy, it was also phrased in such a way that all Labour members, whether in favour of membership or not, could support it because the phrases could be interpreted to mean all things to all men, as indeed they were. 'For my own part, I felt that during the 1964-66 Parliament I could not, consistently with party and government policies, make a positive approach to the EEC; but after the 1966 Election it was right to do so.'[24] Stewart's view, however, was not the unanimous view of the Cabinet, several of whom were opposed to entry, and Crossman, one of the leading opponents, sought to bring 'into the open the contradiction between the speeches of George Thomson and George Brown and the assurance given us in private that there is no real prospect of getting into the Common Market'.[25] When, just over a year later, the Government decided to pursue the application for membership, Stewart was not at the Foreign Office. However, these negotiations were not successful,[26] and Stewart had the task of initiating further talks which were successfully concluded by the Heath government in 1972.

Despite the promise in the manifesto on relations with the Commonwealth, and the amalgamation of the two offices in 1968, there was no marked improvement in relations between Britain and the former colonial peoples. As noted in the previous chapter, there was much concern among ministers over the problems of developing countries, and modest efforts were made to improve their plight. Stewart saw the United Nations as playing an important role in this work.[27] During the whole of the period of the Labour government there were frequent rumours that the Commonwealth was on the point of breaking up, especially after the Rhodesia problem had developed. However, none of these rumours had much substance and the Commonwealth continued in existence. Trade between Britain and the Commonwealth continued to decline and, as we have seen, Britain looked elsewhere for her future economic relations. Although Stewart did not hold particularly strong views on the Commonwealth, there was a natural propensity in the Labour Party to favour the Commonwealth over other groups. This was a result of a combination of factors. Firstly the fairly close personal friendship which existed between leaders (particularly in the New Commonwealth) in Commonwealth countries and Labour Party members; and secondly, the Labour Party's traditional suspicion of the conservative (and Catholic) leadership in Western Europe. Nevertheless, whatever their personal sympathies, Labour leaders were forced to re-examine their views because of the economic situation and reluctantly came to the conclusion that Britain's future could be better safeguarded in Europe than in an attempt to revive flagging Commonwealth trade. This view was also gradually, if grudgingly accepted by most of the members of the Commonwealth.

A further issue on which the Government felt under increasing strain during both Stewart's periods at the Foreign Office was Vietnam. Britain was a co-chairman with the Soviet Union of the Geneva Conference on Indo-China and Harold Wilson was anxious to play an important role in any moves to end American involvement in Vietnam. The American commitment increased dramatically in the early years of the Labour Government, although after 1968 the US Government was anxiously trying to extricate itself. This desire to play a role in the Vietnam situation had several difficulties. Firstly, there was a clear conflict of loyalties between Britain and her relationship with the United States on the one hand, and the apparent need as co-chairman of the Geneva Conference to appear impartial over Vietnam on the other. Secondly, the Government by refusing to condemn all but a few of the American actions or to disassociate itself from American policy in Vietnam found itself under increasing pressure from a substantial number of members of the Labour Party both inside and outside Parliament. The policy of the prime minister was actively supported by his foreign secretary who felt strongly that there was a case for the American presence there, a view which was

shared by many in the Foreign Office.[28] Although a num-
ber of members of the Government shared the view that the
Americans did have a case, they were equally convinced of
the need for Britain to take the initiative in seeking to
end the war. For almost the whole of his periods at the
Foreign Office, Stewart was involved in diplomatic moves
to get a settlement in Vietnam, as was the prime minister.
It is not within the scope of this essay to detail Harold
Wilson's role in the attempts to reach a settlement in
Vietnam, except in so far as it reflected upon the role
of the foreign secretary or involved the Foreign Office
in general and Michael Stewart in particular.[29] This was,
however, clearly an issue which the prime minister regarded as being of sufficient importance to warrant his personal attention. This is not to downgrade the role of
either the foreign secretary or the Foreign Office. As a
loyal minister, Stewart was prepared to allow the prime
minister to take any credit from the situation, whilst he
took any brickbats.

One of Stewart's first actions on taking office was to
fly to Washington for talks with the American leaders,
talks which took place against the background of growing
American military involvement in Vietnam. Despite Wilson's
fear that the Foreign Office might persuade Stewart to
offer unqualified support to the Americans, he roundly
attacked the American use of gas in Vietnam and the idea
that America had placed no limit on potential escalation.
His forthright opposition was applauded by the press, and
Wilson records that 'with his firm, persuasive and often
underrated authority, he had a marked effect in helping
domestic US pressures to steer American thinking away
from negative attitudes to negotiations'.[30] Two months
later, after the failure of proposals for a Commonwealth
Prime Ministers' mission to Vietnam, which Stewart and
the Foreign Office had viewed with favour, the prime
minister proposed to send Harold Davies, a left-wing
Labour MP on a personal mission to Hanoi. This proposal
was supported by Stewart, but when, because of a leak,
the Foreign Office man, Mr Donald Murray, had to drop out,
the official advice became more negative. 'One could but
advise, with all respect due to Mr Harold Davies' personal
qualities and knowledge of the area, that his mission
could... only be a failure.'[31] Stewart tried again on
his visit to Moscow in December 1965 but this also was

unsuccessful. A renewed attempt by Wilson to get a more
amenable attitude on the part of the Johnson administration was frustrated more than somewhat by the renewal of
the bombing of North Vietnam, an action which had, unbe-
known to Wilson, brought a favourable response from the
British Foreign Office.[32]

These were not the only times during the labour governments that information was either 'leaked' or given out
in such a way as to cause embarrassment to the Government.
Later, in 1969, another and much more damaging leak
occurred while Stewart was foreign secretary when the substance of a conversation between Christopher Soames,
British ambassador to France, and the French president,
de Gaulle, was circulated by someone in the Foreign Office.
'L'affaire Soames', as it became known, did little to
improve Anglo-French relations and further reduced the
possibility of a successful application for EEC membership. However, Stewart saw circulation of the British
version as a necessary move in order to show the other
members of the EEC that 'we sincerely wanted entry to the
EEC — that this was the firm objective of our policy and
that we would not accept any substitute for entry'.[33] On
the more general point about the Foreign Office, George
Brown has been reported as saying: 'We were very leaky.
Things were in the press and it was being used... to
mould decisions in the Cabinet Room.'[34] The ultimate
responsibility for such things clearly lies with the
minister, although it would be unfair to criticise the
foreign secretary too much on this score.

On Vietnam, the chapter of failures and 'near misses'
continued after Stewart left the Foreign Office, although
when he returned to the Foreign Office in March 1968 the
problem seemed to be nearing a solution when President
Johnson announced the cessation of bomb attacks on North
Vietnam, called for renewed talks at the Geneva Peace
Conference, and, finally, announced his retirement from
the presidency.

A second issue which, although not strictly within the
jurisdiction of the Foreign Office until its merger with
the Commonwealth Office in 1968, was to cause the Government much anguish was Rhodesia, which declared UDI in
November 1965. This action was to have increasingly

severe diplomatic consequences for Britain, particularly
in regard to relations with the New Commonwealth. The
Rhodesia issue was the first real test of the Labour
Government's view of the role the UN should play in the
world. Whilst insisting for some considerable time that
the Rhodesian problem was 'a British problem', the Government nevertheless sought UN backing for the implementation
of economic sanctions against the rebel regime. The Labour
Party view that a Labour government would 'reassert British
influence in the United Nations'[35] and would 'continue to
give full support to the authority and efficiency of the
United Nations'[36] came under considerable strain as a result of the attitude of many Third World countries in the
General Assembly not only towards the Rhodesia question
but also on the other 'colonial' issue of Gibraltar and
the Falkland Islands. This came about despite the decision
to appoint a Foreign Office minister to lead the British
delegation. One of the first acts of Lord Caradon on
taking up this appointment was to begin work on proposals
to fulfil the promises made in the 1964 Labour manifesto
to improve both the conciliation machinery and the effectiveness of peace-keeping forces. Despite the good work
of both Stewart and Caradon and a fairly well received
speech by Wilson at the General Assembly late in 1965 in
which these proposals were made explicit, these efforts
came to nothing. Indeed, after this time they were almost
forgotten, but 'will go on bobbing up as long as countries
take the UN seriously'.[37]

With regard to other promises made in the manifesto, the
Labour Government was somewhat more successful. The promise to appoint a minister for disarmament was honoured.
However, his work seemed to be at an end when the Geneva
Disarmament talks broke down in the summer of 1965. It
was fortunate that the prime minister and foreign secretary
shared the same holiday retreat, the Scilly Isles, because
this enabled Stewart to propose and have approved the idea
that Lord Chalfont should be permitted to attempt to revive
the talks with a new initiative. This led ultimately to
the signing in 1967 of the Nuclear Non-proliferation Treaty,
and therefore was a decision of considerable importance.
In other areas, too, Stewart's first period at the Foreign
Office was marked by success. Two long-running disputes
were resolved. Firstly, the confrontation with Indonesia,
which had made claims to sovereignty over parts of Malaysia,

was satisfactorily ended. Furthermore, relations between
Britain and Indonesia improved quite considerably and
Stewart had even been able to make a gift of food to the
Indonesian government during the confrontation. 'It was
made, partly as a matter of common humanity (because there
was a drought in Indonesia), and partly to demonstrate to
Indonesia that, although we felt obliged to help Malaysia,
we still desired to be on friendly terms with Indonesia.'[38]
Secondly, in 1966, an end appeared to be in sight to the
Aden problem when Britain announced her intention of with-
drawing from the base in 1968.

   During his second period of office, from March 1968 to
June 1970, Stewart found less success. Taking over from
George Brown he found that some issues were no nearer
solution than they had been almost two years before. The
Rhodesia problem remained unsolved; Vietnam, although
seemingly moving towards a solution, was still presenting
problems, and the EEC application was still 'on the table'
but lying dormant following the unsuccessful attempt to
join that had been initiated in 1967. In addition to
these continued problems were the economic difficulties
of Britain and the consequential effect of the devaluation
of sterling on foreign policy objectives, the amalgamation
of the Foreign and Commonwealth Office already discussed,
the aftermath of the 1967 Middle East war, the diplomatic
consequences of the Northern Ireland problem, and the war
in Nigeria. All these problems combined to give Stewart
a difficult time at the Foreign Office. On some of these
issues, such as the EEC application and the amalgamation
of the two offices, progress was made. A renewed attempt
to join the EEC was made in 1970 and the reorganisation
of the Foreign Office went relatively smoothly; on other
issues such as Northern Ireland and the Middle East little
was achieved. The remaining issues were in one way or
another resolved. In addition, the British took action in
the Caribbean when trouble arose over the future of
Anguilla, which had formed part of the Federation with
St.Kitts-Nevis. At the request of the Commonwealth states
in the area, the British sent a squadron of police to the
island to restore order. This action was subsequently
attacked as 'imperialist' by the very people who had invited it. The abrupt change of attitude caused considerable
annoyance both to the foreign secretary and to the Foreign
Office.[39]

By far the most serious issue, however, was the war in
Nigeria. The plight of the Biafrans was skilfully used
in a propaganda exercise to arouse sympathy for the cause.
There was also considerable disagreement within the Labour
Party as to the policy to be pursued by the Government in
relation to the question of arms sales to the Federal
Government. There was a broad measure of opinion outside
Parliament and on the back-benches that the arms trade
should stop.[40] Despite the considerable pressure to
change policy, the Government stuck firmly to its view
that support should be given to a Commonwealth government
in trouble and that the supply of arms gave Britain a more
effective say in Lagos. This argument suggested further
that Britain's influence could still be effective and
would act as a counterbalance to the growing influence of
the Soviet Union, which was the other main supplier of
arms to the Nigerian Government. Most important of all,
however, was the argument concerning what the effect on
Africa would be if Ojukwu's rebellion was to succeed. It
was feared in many quarters but most particularly in
Africa that such a success might trigger off a series of
secessions which would turn Africa into a continent of
tribal warfare. Such a turn of events would have meant
that all efforts to defeat white racialism in Africa would
have been doomed to failure. This was the reasoning behind the support of Ojukwu from South Africa, Rhodesia
and Portugal and the opposition to him from 'the great
majority of black African States... The other considerations (British influence in Nigeria, the desire to prevent
the growth of Russian influence etc) were only make-
weights in comparison'.[41] This was the basis upon which
the Government's case was founded. It was strongly supported by the foreign secretary[42] and by ministerial
colleagues[43] against vigorous and often bitter attacks.
When the war finally ended in January 1970, the foreign
secretary was swift to take action to ensure that relief
aid became immediately available, although some in the
Foreign Office were more cautious.[44]

Stewart saw the role of a British foreign secretary as
being concerned with developing a more rational approach
to change. He regarded change as inevitable and believed
that all efforts should be made to ensure that changes
came about peacefully.[45] In so far as few British sol-
diers were killed on active duty for most of the two

periods when Stewart was at the Foreign Office, this policy
was effectively carried out. However, it could be argued
that in many areas British policy was weak and ambivalent
and frequently lacking in success. In the area of detente
and disarmament the Labour Government, prompted partly by
idealism and partly by financial necessity, was most
active. Indeed, Stewart regards the work done by his
junior ministers on disarmament and the general contribution Britain made to the success of moves towards detente
as by far the greatest achievements of his period at the
Foreign Office.[46] The general moves towards detente took
a severe blow with the Soviet intervention in Czechoslovakia in August 1968, soon after Stewart's return to the
Foreign Office. As it happened, the effects of the crisis
were short-lived although an immediate effect was to make
the renewal of the NATO alliance almost automatic. Nevertheless Stewart was a strong supporter of policies designed
to reduce tension in Europe and in May 1970 urged the NATO
ministerial meeting to make a positive response to the
renewed Soviet offer of a European security conference.[47]
Regrettably, Stewart left office before he could see the
results of this initiative. In other policy areas,
Stewart was less successful in achieving his aim. He
accepted the view that with hindsight a change in the
attitude towards American involvement in Vietnam might
have been a more effective way of achieving the aim of
bringing peace to South-East Asia.[48] However, it is not
clear whether such a change would have been effective.
His successor and predecessor, George Brown, has blamed
Britain's failure to play a significant role in Vietnam
on lack of prior consultation with the Americans.[49] On
the other hand, a more vigorous condemnation of American
policy would certainly have been popular among a large
section of the Labour Party.

It would be true to say that Stewart was a moderate
foreign secretary operating in difficult times and seeking
to prevent the decline of Britain's effectiveness in the
world. He was, by all accounts, a good administrator but
he lacked any personal flair or desire to innovate. He
was a sharp contrast to George Brown and, in some respects,
just what was required. Opinions as to his effectiveness
are sharply divided. One colleague saw him as little more
than a subordinate: 'As for Foreign Affairs, I suspect
that under Michael Stewart, even more than under Gordon

Walker, the Prime Minister has been the prevailing personality.'[50] It was certainly admitted by most people that Stewart worked hard and performed his duties in a conscientious if unenterprising way. He was 'sound' on the basic issues such as relations with the USSR, the United States and the EEC. Like all Labour ministers he was anxious to reform the Oxbridge image of the Foreign Office, a task which always proved difficult.[51] All in all, he was well liked, by his officials, by his colleagues and by the prime minister who paid a handsome tribute to him in his memoirs: 'Recalling now the press vilification and the violence of the demonstrations that marked Michael Stewart's two periods at the Foreign Office, I have every reason for saying that his critics were as wrong in their misrepresentation of what he was seeking to achieve as in their persistent under-valuation of his untiring efforts, his influence - and his achievements'.[52] This view is also shared by Lord Gore-Booth: 'With closer knowledge I agree with Harold Wilson'. He adds that Stewart possessed 'a deep-seated idealism, a staunchness in difficult atmospheres (politically speaking) and a crisp, choice use of the English language',[53] all of which he regarded as important qualities in a foreign secretary.

Although Stewart's occupations of the Foreign Office were at difficult times, he carried out his task efficiently and to the best of his ability. However, towards the end of his period of office, he, like his fellow-ministers, began to show the strain of six difficult years in power. Furthermore, his second period at the Foreign Office was to some extent marked by the legacy of George Brown's personality and style, which was almost the complete opposite to that of Stewart. Nevertheless, history will judge Michael Stewart as a competent if unspectacular foreign secretary of clear views and sound judgement who worked hard and gained limited successes.

204

CHAPTER 11

GEORGE BROWN

George Brown's appointment as foreign secretary was both
imaginative and controversial. The controversy lay not so
much in doubts about Brown's political strength and ability
to do the job, but from doubts about his temperament and
sobriety. The problem for an author writing about George
Brown is to distinguish fact from fiction, especially when
dealing with the innumerable anecdotes told by journalists,
officials and other people about the period Brown spent at
the Foreign Office.[1] This aspect of Brown's character was
always to play an important part in his life and led ultimately to his downfall. However, in terms of political
prestige as deputy leader of the Labour Party, it was undoubtedly true that George Brown was the man for the job.
Furthermore as a former trade union official, Brown had
gained valuable experience, particularly in the field of
negotiation which would prove a useful asset as Foreign
Secretary.[2]

There were, of course, those who had strong reservations
about Brown's suitability for the post. They recalled
that, during the visit of the Russian leaders, Bulganin
and Khrushchev, in 1956 he had been involved in an incident
which had been sensationalised in the press. At a dinner
given in honour of the two Soviet leaders, Brown audibly
commented on the content of the speech by Khrushchev, who
stopped and asked him to repeat the remark. It would
appear that both men were angered by the comments of the
other. Brown subsequently met the Russian leaders but his
attempt to patch up the affair was snubbed by Khrushchev.[3]
Nevertheless most people, including the press, felt that
in the decade that had elapsed since this incident and
especially since he had been in the Government, Brown had
matured greatly, and his appointment was generally regarded as an interesting move. Indeed the press welcomed
the appointment and copy editors headlined the news
'Brown of the F.O.', alluding to a popular film 'Carlton-

Browne of the F.O.'[4]   This honeymoon with the press did
not last long, however, and they were soon criticising him
unmercifully, as, for example, over the incident when he
'frugged' with the wife of a friend during a visit to the
Queen Mary whilst in New York.[5]

The appointment was welcomed by some of his fellow cabinet ministers[6] as well as the Foreign Office, since it was
thought that George Brown might aspire to be a second
Ernie Bevin. More important, perhaps, was the fact that
he was a senior member of the Labour Party, a highly influential character with a power base of his own. It was
this that attracted the attention of the Foreign Office.[7]
Brown also made it clear that he regarded his role at the
Foreign Office as that of the policy maker in the field
of foreign affairs. In an interview, published the weekend after his appointment, Brown, whilst still admitting
that 'none of this, of course, affects the fact that Prime
Ministers, as heads of government, are nowadays inevitably
bound up with the whole process of foreign policy making',[8]
stated clearly his views on the role of the Foreign Secretary: 'So long as I am Foreign Secretary, Foreign Office
policy will be made in the Foreign Office. That's what a
Foreign Office is for.'[9] This message was also relayed
to his officials when he arrived at the Foreign Office.[10]
Other features that endeared Brown to the Foreign Office
were his staunch anti-communism and his positive views on
the EEC. Brown had been a determined pro-marketeer even
during the days in opposition when Gaitskell had held a
strongly anti-market position as leader. Indeed, many
commentators believe that Brown made one of his finest
speeches to the 1962 Party Conference when he managed to
convey his pro-market convictions and remain loyal to his
leader.[11] Others have gone further and suggested that
this, coupled with his support of Gaitskell against the
left-wing unilateral disarmers two years earlier, and his
'reputation for impulsiveness, truculence and insensiti-
vity which more than offset his other qualities'.[12] cost
him the leadership of the Labour Party.

It was, however, his clear conviction on Europe which
enabled Brown to achieve his ambition to become foreign
secretary which he regarded not as a job but as 'the
job'.[13] The appointment would also clearly give conviction to the renewed application for membership of the EEC.

On the other hand, his view of the role of the foreign secretary and the political antagonism which he felt towards the prime minister meant that the relationship between the two men was at times strained. This strain was increased by the growth of the tradition that one of the Foreign Office officials was attached to Downing Street as a foreign policy adviser. This has been commented on both by Brown himself[14] and by his permanent under-secretary, Paul Gore-Booth.[15] Furthermore, the relationship was strained by the division between the two men over economic policy, Brown favouring devaluation while Wilson did not. This was another reason for Brown's move to the Foreign Office, the need to harmonise policy among the Labour government's economics ministers.[16] The matter had been brought to a head by the acute financial crisis in July 1966. The appointment thus killed two birds with one stone, and these reasons go a long way to explain the rather atypical appointment of a 'strong' foreign secretary by Harold Wilson.

The more vigorous conduct of foreign policy envisaged by Brown on his arrival in his new post was not the only change he wanted. He regarded the procedures of the Foreign Office as requiring reform. He instituted a change in the submission of recommendations in order to reduce the amount of paperwork and sought consultations with members of the Office of whatever rank in order to encourage a more fruitful discussion of the issues.[17] This view was not shared by all Foreign Office officials. 'People like Brown and Chalfont made the mistake of thinking that diplomatic problems could, occasionally at least, be solved.'[18] Nevertheless Brown's chief adviser, Lord Gore-Booth, sees some merit on this approach. 'Ideas come from below, from Committees, from Ministers (George Brown was very fertile). The tradition, fully observed, is no inhibition on the part of juniors arguing with seniors - except that of common courtesy.'[19] Brown himself was also aware of the great benefits and the pitfalls of the Foreign Office machine and seems to have been keen to avoid the trap of allowing the advisers to make decisions for him. It required a man of determination and strong will to do that! 'The Foreign Office is equipped to give the best information, the best of briefing on any international issue one cares to mention. But what bothered me, made as I am, was the thought that it was they who were deciding the areas I should be briefed about, and I quickly became aware that, unless I was very determined, I would inevitably become the purveyor of views already formed in the Office.'[20]

Furthermore, he made the Foreign Office more 'outward looking' by stimulating contacts with other ministries, particularly the Ministry of Defence with whom regular meetings took place to discuss matters of mutual concern. This might also have been a reflection of the fact that in an era of economic crisis both the Foreign Office and the Defence Ministry found themselves rather isolated. Never more so, perhaps, than on the vexed issue of trade with South Africa. Relations with South Africa always tend to be strained when the Labour Party is in office: the moral condemnation and repugnance of apartheid permeate the party both inside and outside Parliament. Brown was, however, on this issue 'a heretic',[21] being prepared to sell defensive arms to the South African Government. He was in favour of such a move for economic and political reasons. Economically the sale of Buccaneer aircraft and naval equipment could be regarded as a much-needed boost to Britain's external trade at a time of severe crisis; politically it would reinforce the defence of the Cape shipping routes which had gained in importance since the closure of the Suez Canal after the June war of 1967, and it might also 'buy' South African co-operation in resolving the Rhodesia situation. In at least some of these views, Brown was supported by the defence minister, Dennis Healey.[22] The outcome of the debate about this policy was a victory for those opposed to the resumption of the arms trade. The manner of the defeat had a profound effect on Brown who felt that he had been the victim of some prime-ministerial sharp practive.[23] Apart from this issue, and the more general feeling of isolation, there were other sound reasons for close co-operation between the Foreign and Defence ministries. It is to Brown's credit that he brought such meetings about. It is now clear that this co-operation has continued in recent years.

Other areas of change which he sought to achieve lay in the area of recruitment to the Foreign Service and the deployment of personnel. As noted in the previous chapter, efforts to widen the basis of entry into the Foreign Service proved less effective than had been hoped.[24] On the

208

other hand, Brown's approach to deployment was much more successful. He was opposed to the idea of self-selection by officials and believed that what should be done was to 'marry men and their abilities to particular posts'.[25] This process resulted in the decision to appoint Sir Denis Greenhill as Gore-Booth's successor. This method of selection was not without its problems, and some people were aggrieved at not getting the jobs they expected. However, they generally came to accept it. 'Once I'd explained what I wanted done, they didn't try to obstruct me... They were, indeed, very good about my whole approach to diplomatic appointments.'[26] Since leaving the Foreign Office both Brown and Gore-Booth have written of their experiences; Gore-Booth effectively replying to several of the criticisms made by the former foreign secretary.[27]

Despite his subsequent criticism of the Foreign Office and the fact that relations with the prime minister were not always easy, Brown's period at the Foreign Office was far from disastrous. He set out for the Foreign Office determined to steer Britain more closely towards Europe and to change British policy towards the Middle East on to 'more sensible lines'.[28] In both these fields he met with limited success. His fall from power had nothing to do with lack of success or the hostile criticism levelled at him both by the press and by some members of his own party but from a complete breakdown of his relations with the prime minister. Nevertheless, these other factors played their part. Brown's relations with his colleagues were as subject to his whims as were all his other relationships. By his own account, he had lost the party leadership in 1963 because his traditional base of power - his fellow trade unionist MPs - had deserted him in favour of Wilson.[29] This was, as we have seen, not the only reason for his defeat, and he still had the support of a large section on the right wing of the Labour Party. Criticism came mainly from the left and he was subject to a two-pronged attack, as was Michael Stewart, over Vietnam and the EEC application. He was quite capable of dealing with these criticisms and was frequently at his best when defending the policies he believed in.[30] It is perhaps interesting to note that whereas his relations with colleagues both in Cabinet, in Parliament and in the party outside were sometimes strained, he was very warmly regarded by many of the rank-and-file, and still is. He also got on reasonably well with his junior colleagues in the Foreign Office, trying hard to get his advisers to accept their decisions on his behalf. This idea was frequently frustrated by the officials who naturally wanted the minister in charge to make the final decision in the event of disagreement and because he was the man ultimately responsible.[31]

In his general approach to Foreign Office work, Brown held the view that it was essential that decisions should be based on good and reliable information; he believed in the need for some measure of planning in foreign affairs, although he recognised that the techniques of internal economic planning such as those used at the DEA were not applicable to the Foreign Office. On his arrival at the Foreign Office Brown found the planning machinery 'very weak' and attempted, while he was there 'to step it up'. However, at that time career diplomats regarded the planning department as 'an interruption of their career'.[32] In common with Gordon-Walker and Stewart, Brown did not believe in a 'socialist' foreign policy although, also like them, he saw a Labour government placing different emphasis on some areas of policy.[33] As we have already noted, however, he took a far more pragmatic view of world affairs than did either of the other two.

It was both pragmatism and idealism that first led George Brown to espouse the cause of European union. He saw it both as a means of revitalising Western Europe and a way to 'stop the polarisation of the world around the two superpowers'.[34] The decision to renew the application for membership of the EEC was announced to Parliament in such a way that it was clear that the Government intended to 'test the water' before proceeding. It is clear that a majority of the Cabinet were in favour of this policy, but it is not clear what the outcome was likely to be. Certainly the appointment of the strongly pro-market Brown as Foreign Secretary had not harmed Britain's chances, but the question must be raised as to the seriousness of the attempt to join the EEC in 1967. This is not to call into question the sincerity of many of the pro-marketeers, but it is necessary to question their political judgement on this issue.

The real stumbling block to entry, as it had been in the

210

1960-3 negotiations, was the attitude of the French and of de Gaulle in particular. Anglo-French relations were no better in the post-veto period, although the Foreign Office had fought hard to preserve the Anglo-French 'Concorde' programme against the attacks from various quarters. This success did not extend to the continuation of British participation in the European missile project (ELDO). In more general terms, Anglo-French differences over a whole range of issues were very wide indeed. In 1965, France had announced her intention to withdraw from the military aspects of NATO, a decision greeted with some hostility by Britain and others. In addition, France had also decided to continue the development of her own independent nuclear deterrent, the <u>force de frappe</u>. This also led to considerable British disapproval. The French decision in both these matters was clearly the result of a major division of opinion between them and the other NATO allies over American intentions, and de Gaulle continued to view the British as the American 'Trojan horse' in Europe despite the change of government. But it was not just in the area of European defence and the role of Western Europe in the bi-polar world that divided Britain and France. They were also bitterly at odds over the question of policy towards the Middle East and especially the provision of arms to the two sides in that conflict. To that had later to be added the dispute over Nigeria, with the French openly siding with the separatist Biafrans.

Despite all these areas of apparent disagreement, some members of the Cabinet believed that the French veto on British entry into the EEC no longer applied. In 1965, for example, the then Foreign Secretary, Michael Stewart, had expressed precisely this view at a press conference.[35] Throughout 1966, the French attitude had been unclear, although Pompidou, on a visit to London, had allegedly made the dropping of the veto conditional upon the devaluation of sterling[36] a condition which Wilson and a majority of the Cabinet at that time had found unacceptable. Nevertheless, convinced that the remaining EEC partners were favourable to British entry, Wilson announced that he and Brown would tour the capitals of the Six early in 1967. The purpose of this tour was to establish the possible outcome of formal negotiations to enter the EEC. Prior to this tour, Brown had an unofficial and apparently cordial meeting with de Gaulle in Paris.[37] The tour of

the European capitals by the two men does not need a detailed discussion here;[38] it is merely important to
record that, despite a sympathetic hearing, they were not
able to convince the French that they should change their
minds. Indeed, the French Government refused to allow the
formal application by Britain to be considered, but Brown,
with the approval of the Cabinet, was able to circumvent
this obstacle by presenting the British case and the application at the meeting of the Western European Union in
July 1967. Although Brown was able to make Britain's
point, and the prime minister was able to claim defiantly
that the British application was 'on the table', negotiations on British entry did not begin until after Brown had
left the Foreign Office.

While the decision to apply for membership was being
debated in the Cabinet and party, another debate was going
on over the future of Britain's role in the area east of
Suez. The debate lay between those who saw the decision
over the EEC and the acute economic crisis as indicating
the immediate end of a British presence in the Middle and
Far East and those who did not. Patrick Gordon-Walker, a
Cabinet colleague, has, however, pointed out that: 'The
movement of opinion in the Cabinet in favour of entry into
the Common Market marked an equivalent trend away from
support of the East of Suez policy: it temperamentally
implied a recognition that Britain was a European and not
a world power... But... the two things were not directly
or intellectually related. Each policy was being separ-
ately considered in the Cabinet.'[39] While this may be
true and a valid criticism of the way the Cabinet dealt
with this important issue, it is essential to realise that
this was an issue on which both the prime minister and the
foreign secretary were reluctant converts. Certainly
Brown was only a reluctant supporter of a change in policy:
'I cannot accept the proposition that our role East of
Suez has come to an end... Whether we like it or not, we
have still got responsibilities East of Suez.'[40] However,
the following year the Defence White Paper (published in
July 1967) marked the first public indication that the
Government was about to change its east of Suez policy.[41]
Although he disagreed with the 'speed and time-table to
which we subsequently decided to adhere',[42] Brown resol-
utely defended the policy at the annual conference against
demands for an immediate end to the British role east of

Suez.[43] Similarly the prime minister was only a late and reluctant convert to this changed situation, a mistake which he has subsequently admitted.[44]

This reluctance to drop the British role east of Suez, at least on the part of the prime minister, might well have been the result of a desire to add credibility to his attempts to reach a settlement in the Vietnam war. These attempts reached their height in the early months of 1967. The details of what happened during the visit of Mr Kosygin to London in February 1967 are beyond the scope of this essay.[45] It is sufficient to say that after what appeared to be a promising start the attempt at peace-making petered out into dismal failure. It is important to see what light this threw not just on the relations between Wilson and Brown, but also on the difficulties facing a foreign secretary when his prime minister decides that the issue is of such importance that it must be conducted at the highest level. In his account Wilson clearly places the blame for the breakdown of negotiations on the 'hawks' in Washington.[46] Brown on the other hand, places part of the blame on the lack of close liaison with the Americans, certain aspects of the American political system, the unreliability of the 'hot line' between London and Washington, and the fact that Kosygin 'never had any authority to do what he claimed to be doing'.[47] Added to these 'external' difficulties was the fact that although 'our Foreign Office officials worked magnificently over the whole period... we had No 10 Downing Street trying to maintain a private Foreign Office... We were all stultifying one another'.[48] This is a practical example of the difficulties discussed earlier in the chapter. A harsher verdict would be to agree with Joseph Frankel that this incident 'proved disastrous to Wilson's – and Britain's – standing in the eyes of the Russians, and, to say the least, was unhelpful for Anglo-American relations'.[49]

However, even when the prime minister and foreign secretary are involved in some kind of co-operative venture, this is still no guarantee of success. An example may be seen in the discussion of possible British action during the Middle East war of June 1967. Brown, as noted earlier, had regarded the Middle East as an area requiring specific attention. He had been, on his appointment as foreign secretary, keen to resolve the difficulties surrounding

Anglo-Egyptian relations. Relations had been highly unstable since the 1956 Suez adventure, and although official diplomatic relations had been resumed in 1961, they
had been broken off by Egypt in 1965 over the Rhodesia
question. Brown knew the Middle East quite well and was
acquainted with President Nasser. With what might be
regarded as an inspired piece of opportunism, he succeeded
in making contact with Nasser through one of his close
assistant, Field-Marshal Hakim Amer, when they were both
in the Soviet Union. As a result of this initiative, it
was agreed to restore diplomatic relations and to appoint
Sir Harold Beeley as British ambassador. The appointment
was welcomed in Cairo and 'it was largely due to him that
we were able to open a whole new chapter in British relations with Nasser'.[50]

It was thus a great surprise when, in the following year,
for reasons which it is not possible to discuss here, the
Egyptian President ordered the removal of the United
Nations emergency force from Egyptian territory. The
speed with which the Secretary-General of the UN accepted
the ultimatum has been criticised in many quarters, not
least by George Brown.[51] The decision also meant that
there was little time to take action to prevent the outbreak of hostilities, which was almost certain, given
Israel's repeatedly stated view that the closure of the
Straits of Tiran would constitute a casus belli. In a
desperate effort to avoid war, Brown 'with the approval
of the Prime Minister',[52] tried to organise a group of
maritime powers so that 'if necessary an international
naval force would be assembled to escort convoys through
the straits'. He adds that 'this operation never did get
under way, partly because of the reluctance of the Americans to support it, and partly because we got overtaken
by events'.[53] This issue is also briefly mentioned in
Wilson's memoirs.[54] However, in his book, The Cabinet
Patrick Gordon Walker produces a thinly disguised account
of these events,[55] which suggests that an additional reason for the failure of the Brown proposal was that the
Cabinet led by defence minister Dennis Healey[56] was not
prepared to support such a move. The account from this
source is dismissed by the former foreign secretary as
'distorted',[57] suggesting that a Labour foreign secretary
has particular difficulties with Cabinet colleagues and
with the Parliamentary Party: 'All (Cabinet Ministers)

214

are convinced that the Foreign Office is stuffy and preju-
diced... And so all the views of the Foreign Secretary,
however carefully considered, tend to be contested by
colleagues who cannot have the same access to all the
balancing arguments and may themselves have been exposed
to highly sophisticated pressures... But what is true in
the Cabinet is multiplied four-fold or more in the Parliamentary Party...'[58] Nevertheless, it would certainly
appear that on this occasion there is some evidence that
'Mr Harold Wilson and his Foreign Secretary were... once
overruled by the Cabinet'.[59]

Whilst Brown was unsuccessful in his attempts to prevent
war in the Middle East, he was primarily responsible for
the adoption of Resolution 242 of the Security Council,
which he regarded as one of his greatest achievements.[60]
The resolution was indeed a triumph and due credit must
be given to George Brown and his advisers for their efforts
to get it adopted. Although it could be argued that the
resolution was broadly based and inexact in its meaning,
this was necessary if it was to appeal equally to Israel
and the Arab states. Furthermore, it provided a basis for
further talks between those states most intimately involved, and this is still the case today. If it is true that
this was an outstanding success in Brown's career it is
equally to be regretted that he was not able to capitalise
on it. This is also a source of regret to him.[61] He was,
in his view, trying to do what Henry Kissinger has done in
more recent times in the Middle East and was concerned to
get talks going between the parties. However, Brown had
left the Foreign Office before he could capitalise on the
UN Resolution, and at that time there was no one to take
over the work which he had envisaged for himself.

It is commonly thought that a foreign secretary is constantly dealing with 'high politics' and affairs of state.
It is often forgotten that he is in charge of an extremely
large ministry and that much of what he does is routine
and very often the success which he achieves lies in small
areas of policy rather than in the settlement of major disputes. George Brown had his successes and frustrations
during his time. One area of policy which changed during
his period at the Foreign Office was the attitude to a
number of people who had been held at Sachsenhausen during
the war, but had been excluded from compensation on a

technicality.[62] He was greatly concerned with other
issues which were sometimes routine and sometimes almost
impossible to solve. The life of the foreign secretary
is, for example, concerned with problems of security, and
Brown was no exception, the Philby affair first coming to
light during 1967. Another decision of importance was
when Brown agreed that Gore-Booth should visit one of the
more neglected areas as far as Britain was concerned,
Latin America. This it was hoped would improve morale
among British diplomats in the area and possibly bring
'big dividends'.[63]

However, much of the routine of the Foreign Office is
the result of inherited problems. Brown found added frustration in having to deal with perennial and almost insol-
uble problems such as Gibraltar. He was also forced to
deal with the tidying up of Britain's former imperial
role, particularly with regard to Aden and the Trucial
states of the Persian Gulf, a necessary consequence of the
decision to withdraw from the area east of Suez. In
addition there was the problem of Rhodesia which remained
unsolved despite an attempt at a negotiated settlement.
This failure had led to the imposition of mandatory UN
sanctions. Faith in the UN had been shaken by the action
of the UN Secretary-General following Nasser's ultimatum,
and by the failure to enforce the sanctions against
Rhodesia by some member states. Despite this, the future
of the UN and its improvement were a matter of great concern to Brown: 'Unless a British Foreign Secretary
emerges... who really thinks that we can return to the
days of gunboat diplomacy, then the creation of a world
authority, effectively able not only to decide but to
enforce its decisions, must be the aim of any occupant of
that post. Therefore, how we maintain the present United
Nations, keep it operating and seek to build up its authority must be present in one's mind at every point and in
every issue that arises.'[64] Nor was Brown particularly
successful in either his Middle East diplomacy or in his
efforts to get Britain into the EEC. In both areas he
moved policy forward quite substantially and deserves
credit for that, but he did not stay at the Foreign Office
long enough to see his policies mature into success.

To the normal frustrations facing a foreign minister
dealing with the international system was added in

November 1967 the devaluation of the pount sterling.
Although such a policy had been long advocated by George
Brown, he could not have been enthusiastic about its consequences for Britain's position in the world.   Devaluation marked yet another point at which British pretensions
to a world role could seriously be questioned.   Although
some people might argue that this was the final straw,
this view was not entirely shared by the Cabinet.   'Even
the devaluation of November 1967 did not persuade the government openly and frankly to face up to Britain's diminished role in the world.   Certainly major defence cuts
were announced in January 1968.   But when it came to re-
assessing Britain's foreign policy in the light of her
deminished power, the Cabinet evidently decided it couldn't
face the task.'[65]   Even though he was a convinved 'European', Brown still believed in Britain's world role.   But,
to the attempt to enter the EEC and the consequential
measures needed to make devaluation effective, could be
added the decline of Britain's 'special relationship' with
America and the changing political and economic relationships with the Commonwealth.   Together these all spelt the
end of an era for Britain and marked her transition into
a 'second-rank power'.   This transition had not been and
indeed was not a very palatable one: 'Minds long inured...
do not readily accept the need for a downward revision of
expectations to what is required of a second-rank state
with strictly regional interests... (This led to a) tendency to be driven towards decisions and policies not
because they (were) the most desirable, or least undesi-
rable, options but because other options (had) ceased to
be available.'[66]   The policy-making of the Labour Government in many areas, including foreign affairs, certainly
seemed to bear out this observation.   Devaluation did,
perhaps, bring reluctant agreement that some changes in
Britain's foreign policy were necessary.   Equally it was
agreed that it would take some time before the necessary
adjustments and reorganisation of resources could take
place, and it might well be thought that George Brown, a
man of great vision and drive, was the kind of minister
who would have made a success of such a job.

However, the time Brown needed was not available to him
because less than two years after his appointment he resigned from the Government.   As noted earlier he had

considerable policy disagreements with the prime minister,
added to which he became increasingly dissatisfied not so
much with the decisions of the Cabinet, as with the manner
in which they were made. It was a combination of factors
which led in March 1968 to his resignation. The events
of the evening of 14-15 March have been told by the two
main protagonists, and although they offer a somewhat divergent account of what happened, the end result was that
George Brown's ministerial career finished very abruptly.[67]
Such an end was always on the cards, given Brown's temperament; it can be seen not just as a personal tragedy but
in some respects a national one. Brown had so much to
offer, which was of fundamental importance in his original
appointment. 'The Foreign Office... could do with a shake-
up and a little more dynamism... we would have to take a
decision about Europe, and George Brown seemed to me the
appropriate leader for the task which might lie ahead.'[68]
In the words of another commentator, 'George Brown was determined to get things done, and he did'.[69] This view is
shared by Harold Wilson's private secretary, Marcia
Williams (Lady Faulkender) who, writing about George
Brown's period at the Foreign Office comments that 'there
is no doubt he achieved a great deal'.[70] A more critical
appraisal has been given by Joseph Frankel:

   A forceful Foreign Secretary can command full co-
   operation for his initiatives as long as his own
   views are in basic agreement with those prevalent
   among the officials, as was the case with Ernest
   Bevin. George Brown, however, soon fell out with
   his officials and could not prevail against them.[71]

Perhaps a more accurate and balanced conclusion would be
that George Brown did not achieve as much as he thought he
did. He did not claim to be, nor was he, a second Ernest
Bevin as some had hoped and expected, but equally he had
exceptional insight into the nature and problems of a
foreign minister:

   The fact of the matter is that foreign affairs,
   whether for Britain or any other nation, are not
   just a catalogue of unconnected events. They most
   certainly aren't just a question of relations with
   this or that foreign power. They are a kaleidescope
   of inter-related pieces, all of which must somehow

be juggled with, virtually at the same time and certainly in relation to each other.[72]

He even considered the idea of a parliamentary committee on foreign affairs but dropped it when he realised what it entailed.[73] It was not just for these reasons that his departure was so much regretted by his fellow party members:

... it was sad for all of us to see George Brown go. He was a man of first class ability, a forceful and indeed imaginative administrator, respected by his parliamentary colleagues, and commanding more affection in the wider Labour movement than any of us. His strengths far exceeded his weaknesses, but it was his weaknesses which ended his ministerial career.[74]

It is hard to disagree with this conclusion. Brown laid the groundwork for a successful career at the Foreign Office. He had arrived expecting it to be 'a bit of a rest'[75] after the DEA. In this view he was mistaken. His short period at the Foreign Office was packed full of activity. He arrived at the Foreign Office in an atmosphere of good will and enthusiasm. He was worn down by the constant press criticism. He believed that stories about him were being fed to the press by disaffected Foreign Office members who maintained close contacts with the diplomatic correspondents (often former diplomats themselves) and by the effect this had on his family.[76] This last point is strenuously denied by Foreign Office officials. 'The agony of the Foreign Office, which is a loyal place, was keeping loyally mum about episodes which the press knew to have occurred and preserving a more "don't know anything about it" exterior.'[77] When he left the Foreign Office some at least of the good will had gone, but he could look back on a job well done. He had brought a considerable amount of flair to it and had been responsible for the appointment of non-career diplomats to important posts. He had appointed Sir Christopher Soames to Paris and John Freeman to Washington. He thought that Soames had been a successful appointment but had his doubts about Freeman.[78] These doubts were not shared by Henry Kissinger.[79] He had also made the Foreign Office more aware of the economic aspects of foreign policy.[80]

There is no doubt that the flair George Brown brought
to the offices he held would have been of great value
during the later years of the Wilson government. According to one colleague he has a 'warm and imaginative mind
mind',[81] adding that 'whatever ministry he is in at the
moment is a booming, zooming ministry'.[82] His premature
departure from the government leads one to the ultimate
conclusion that he failed to achieve all that he wanted
and that, given more time, he might well have proved to
be one of Britain's better foreign secretaries.

POSTSCRIPT

It is one of the quirks of post-war British history that two men, from different political parties, should have two periods at the Foreign Office and that their second terms should have been consecutive. This was the case with both Michael Stewart and Sir Alec Douglas-Home, who between 1968 and 1974 each enjoyed a 'second innings'. Their careers and personalities have been dealt with in separate chapters, but it is perhaps useful by way of postcript to recall a few salient points about the years 1968-74 and to add one or two comments on Stewart and Home during their second terms of office.

It is usually regarded as an advantage for a minister to serve a second term in an office of state, particularly in relation to one of the major and long-established departments which often have firmly entrenched policies on major issues and tend to have the ablest civil servants to recommend these policies to the unwary minister. Indeed one of the continuing themes which runs through this book is the extent to which the various ministers considered were able to put a personal imprint on the course of British foreign policy, placed as they are between the often conflicting pressures from departmental advisers, the prime minister and Cabinet and the wishes of their party. To have had previous experience of the department, to have become familiar with its policies, personnel and machinery and to have had the opportunity to weigh up each of them should be an advantage in this respect. The careers of Palmerston and Salisbury in the nineteenth century and Eden in this seem on the whole to confirm this proposition.

In the case of Michael Stewart and Lord Home, the former had experienced only a relatively brief period of office in his first term and had only just 'got into the saddle'

when he left. The gap, too, was a relatively short one,
so that it is easy to see Stewart's tenure of the Foreign
Office as one continuous term, broken by an interregnum.

The circumstances surrounding Stewart's reappointment
to the Foreign Office in March 1968 are of interest. As
soon as it became clear that George Brown was on the
point of resigning, Harold Wilson put into effect plans
already made to meet the eventuality.[1] This action effectively ruled out any alternative to the appointment of
Michael Stewart. By this account, George Thomson, the
commonwealth secretary, was not in the running; nor was
Dennis Healey, although the strength of his claim was
greatly enhanced by his successful period as defence minister and several colleagues thought he deserved promotion.[2]
Stewart's appointment perhaps gives an insight into the
prime minister's view of the importance of the foreign
secretary. Despite the fact that Stewart was high in the
Cabinet pecking order,[3] unlike Brown he had no clearly
identifiable support in the parliamentary party and could
therefore not be regarded as a threat to Wilson. The
decision to reappoint Stewart was clear evidence that the
prime minister was determined to maintain overall control
of foreign policy strategy during the difficult days
following the devaluation of the pound.

The failure of the British economy had a considerable
impact on the conduct of Britain's foreign policy, not
least in bringing about the premature end of the basic
premise of Labour's foreign policy to that date, namely
the pursuit of a world role. The scaling down of
Britain's position in the world could be traced directly
to the failure of the Labour Government to prevent the
collapse of sterling. The unpleasant measures taken to
make devaluation work had, of necessity, to include cuts
in defence expenditure, most notably in the area east of
Suez. The consequences of these cuts were also felt in
the Foreign Office in so far as they reduced the means
available for achieving the policy goals. The Foreign
Office was thus a rather different place from the one
which Michael Stewart had left in 1966.

A useful source of comparison can be found by reference
to a speech, made by Stewart in June 1966 during his first
period at the Foreign Office. The speech, given to

members of the Australian Institute of International Affairs,[4] is a careful documentation of the British position on most of the important issues in international affairs at that time. In his discussion of Asia, Stewart called for the admission of the People's Republic of China to the UN and condemned American bombing of North Vietnam. In addition, he offered some words of comfort to those who doubted Britain's interest in and ability to carry out a world role: 'There are, I think, those that fear that the United Kingdom... may be tempted to abandon her role in the Far East, evacuate Singapore, and go home. This is quite wrong... Far from opting out of a world role we will be very much still in business in the Far East as elsewhere... So you can take it from me that we have neither the wish not the intention to turn our backs on the world East of Suez.'[5]

When Stewart returned in 1968, British pretensions in the area east of Suez had been cut almost to nothing.[6] Furthermore, he returned to find that many of the problems he had left in 1966 were still unresolved. In Vietnam, for example, despite President Johnson's offer to negotiate, the war dragged on. Indeed, it was still an issue when Labour left office, as was Rhodesia, where despite the application of mandatory economic sanctions by the UN, the white supremacist regime of Ian Smith continued to hold effective power. The British application for membership of the EEC remained 'on the table' but little progress was made until shortly before the defeat of the Labour Government in the 1970 election. All Stewart could do in this direction was to ensure that the application did not lapse. To these areas of continuing concern had been added new ones. Civil war in Nigeria had broken out and British Government support for the Federal Nigerian Government came under heavy fire from many quarters, although the policy was supported by the Conservative front bench. Overshadowing all, however, was the situation in the Middle East in the aftermath of the 1967 war. Of these issues, only the Nigerian one had been resolved when Michael Stewart handed over the Foreign Office in June 1970 to his Conservative successor, Sir Alex Douglas-Home, to whom many of these problems also appeared familiar both from his previous experience as foreign secretary and, in the more recent past, as shadow foreign secretary.

Sir Alec Douglas-Home returned in 1970 to a department which he knew well and which respected him, and to take his seat in a Cabinet where he was very much an elder statesman, under a prime minister who had previously served him as No 2 at the Foreign Office. He had, too, great prestige in his party and a certain prestige and reputation internationally. There is no doubt that all these were advantages and strengthened his position. He carried very great weight in the Cabinet and in Parliament, and his views were heard with respect by foreign statesmen.

Nevertheless, Home's second term of office was not marked by any very outstanding achievements, competently though he guided British foreign policy between 1970 and 1974. The reason is twofold. Partly it lay in the fact that Home was not by nature a very creative minister. But mainly it lay in the fact that British power and consequently the scope and influence of this country's foreign policy had sharply declined since Home's previous term of office. Home recognised, to a greater extent than the preceding government had done, the limitations which this imposed on his conduct of affairs, and the fact that Britain now, for example, had little power to influence the course of events in Vietnam or in the Middle East conflict. He could indicate, as in the case of Israel and the Harrogate speech, which way he thought events should go, but that was all.[7] He recognised, too, the extent to which the 'special relationship' with the United States and the Commonwealth connection had become dwindling assets.

It was all the more evident to him, as to most of the political leaders on both sides and ultimately to the British people, that if this country was to play again any major part in the world's affairs, and indeed if British interests were to be adequately protected, it could only be as part of a larger political and economic unit, in other words through membership of the EEC. It is a truism to say that the one major achievement of the Heath government was to take Britain into Europe, and although Home, partly because of the prime minister's overriding interest, did not play a major part in the negotiations, he lent the full weight of his prestige and authority to the task of keeping the Conservative Party committed to the policy and securing its acceptance of

224

terms which were not widely regarded as favourable. When
Home left the Foreign Office in 1974, therefore, it marked
the end of a long era in British foreign policy and the
beginning of a wholly new role for Britain, the nature and
scope of which has yet to be determined, in Europe and
perhaps in the world.

NOTES

CHAPTER 1: THE FOREIGN SECRETARY AND THE MAKING OF BRITISH FOREIGN POLICY

1   Hans J.Morgenthau, <u>Politics among Nations</u> (New York,
    Knopf, 2nd ed, 1954), 528
2. Hans J.Morgenthau, <u>In Defence of the National Interest:
    A Critical Examination of American Foreign Policy</u>
    (New York, Knopf, 1951), 242
3   For a different view see Joseph Frankel, <u>National
    Interest</u> (London, Pall Mall, 1970), 27
4   R.D.Snyder, H.W.Bruck and B.M.Sapin (eds), <u>Foreign
    Policy Decision Making: An Approach to the Study
    of International Politics</u> (New York, The Free Press
    of Glencoe, 1962), 65
5   Ibid, 67
6   The most useful and comprehensive account is F.S.
    Northedge, <u>Descent From Power: British Foreign
    Policy 1945-1973</u> (London, Allen & Unwin, 1974).
    Another recent and outstanding survey which deals
    with the background to policy-making as well as the
    substance of policy is Joseph Frankel, <u>British
    Foreign Policy 1945-1973</u> (London, Oxford University
    Press, 1975)
7   For a similar classificatory scheme see James N.
    Rosenau, <u>The Scientific Study of Foreign Policy</u>
    (New York, The Free Pres, 1971), 108-9
8   Kenneth Boulding, 'National Images and the Interna-
    tional System', <u>Journal of Conflict Resolution</u>, 2
    (June 1959)
9   Margaret and Harold Sprout, 'Environmental Factors
    in the study of International Politics', <u>Journal
    of Conflict Resolution</u>, Vol I No 4 (1957); see
    also Joseph Frankel, <u>The Making of Foreign Policy:
    An Analysis of Decision-Making</u> (London, Oxford
    University Press, 1963), 4-5
10 David Vital, <u>The Making of British Foreign Policy</u>
    (London, Allen & Unwin, 1968), 52
11 Harold Macmillan, <u>Tides of Fortune</u> (London,
    Macmillan, 1969), 529

12 William Wallace, The Foreign Policy Process in
    Britain (London, The Royal Institute of International
    Affairs, 1975)
13 For a detailed account of the relevant groups and
    agencies see Robert Boardman and A.J.R.Groom, The
    Management of Britain's External Relations (London,
    Macmillan, 1973)
14 For a fuller account of Parliament's role see
    P.G.Richards, Parliament and Foreign Affairs
    (London, Allen & Unwin, 1967)
15 Henry A.Kissinger American Foreign Policy: Three
    Essays (London, Weidenfeld & Nicolson, 1969), 95
16 George Brown, In My Way (London, Gollancz, 1971), 129
17 Kenneth Younger, 'Public Opinion and Foreign Policy',
    British Journal of Sociology, VI (June 1955), 169
18 Ibid, 171
19 F.S.Northedge (ed), The Foreign Policies of the
    Powers (London, Faber, 1969), 14
20 Report of the Review Committee on Overseas
    Representation, (HMSO, 1969, Cmnd 4107)

CHAPTER 2: ERNEST BEVIN

1   For an excellent biography of Bevin which covers his
     career up to 1945, see Alan Bullock, The Life and
     Times of Ernest Bevin, Vol I: Trade Union Leader
     1881-1940 (London, Heinemann, 1960) and Vol II:
     Minister of Labour 1940-1945 (London, Heinemann,
     1967)
2   Francis Williams, A Prime Minister Remembers: The
     War and Post-War Memoirs of Earl Attlee (London,
     Heinemann, 1961), 5
3   C.R.Attlee, As It Happened (London, Heinemann, 1954),
     69
4   Williams; A Prime Minister Remembers, 150
5   Ibid
6   Herbert Morrison, Government and Parliament (London,
     Oxford University Press, 1964), 50
7   Max Beloff, New Dimensions in British Foreign Policy
     (London, Allen & Unwin, 1961), 121 and 153
8   Quoted in Trevor Evans, Bevin (London, Allen & Unwin,
     1946), 210
9   Hugh Dalton, High Tide and After: Memoirs 1945-1960
     (London, Frederick Muller, 1962), 240
10   George Brown, In My Way (London, Gollancz, 1971), 57
11   Geoffrey Williams and Bruce Reed, Denis Healey and
     the Policies of Power (London, Sidgwick & Jackson,
     1971), 51
12   R.H.S.Crossman, The Charm of Politics (London, Hamish
     Hamilton, 1958), 76
13   Ernest Bevin, The Balance Sheet of the Future (New
     York, Robert M.McBride, 1941), 111
14   Sir William Hayter, A Double Life (London, Hamish
     Hamilton, 1974), 76-7
15   Lord Strang, Britain in World Affairs (London, Faber
     and Andre Deutsch, 1961), 344
16   Sir Roderick Barclay, Ernest Bevin and the Foreign
     Office 1932-1969 (London, published by the author,
     1975), 84
17   See, for example, Labour Party Conference Report, 1946.
18   Sir Ivone Kirkpatrick, The Inner Circle (London,
     Macmillan, 1959), 203-4
19   Hayter, A Double Life, 77

20 Letter from Lord Sherfield to the author, 6 May 1975
21 Lord Strang, Home and Abroad (London, Andre Deutsch, 1956), 288
22 Lord Strang, The Diplomatic Career (London, Andre Deutsch, 1962), 110–11, and Lord Gladwyn, The Memoirs of Lord Gladwyn (London, Weidenfeld & Nicolson, 1971), 226–7
23 The Observer, 6 and 13 March 1960
24 Kirkpatrick, Inner Circle, 202
25 The Observer, 6 and 13 March 1960
26 Ibid
27 See, for example, Paul-Henri Spaak, The Continuing Battle (London, Weidenfeld & Nicolson, 1971), 143; Dean Acheson, Present at the Creation: My Years in the State Department (London, Hamish Hamilton, 1969), 271; and Dirk W.Stikker, Men of Responsibility (London, John Murray, 1965), 285–6
28 House of Commons Debates vol 437 col 1965, 16 May 1947
29 James F.Byrnes, Speaking Frankly (London, Heinemann, 1947), 79
30 Quoted in the autobiography of Francis Williams, Nothing So Strange (London, Cassell, 1970), 244
31 Hugh Dalton's Diary, entry for 27 July 1947, in the Dalton Papers deposited in the London School of Economics and Political Science
32 Quoted in Harold Nicolson, Diaries and Letters 1945–1962 (London, Collins, 1968), 49
33 Ibid, 107–8
34 Trygve Lie, In the Cause of Peace: Seven Years with the United Nations (New York, The Macmillan Company, 1954), 31–2
35 Ibid, 309–13
36 Geoffrey L.Goodwin, Britain and the United Nations (London, Oxford University Press, 1957), 51–8
37 Francis Williams, Ernest Bevin: Portrait of a Great Englishman (London, Hutchinson, 1952), 262
38 Williams, A Prime Minister Remembers, 171
39 Williams, Nothing So Strange, 245
40 It is ironic that Bevin took the events in Greece as incontrovertible evidence of Communist intentions. Communist insurgency in Greece was the work of internal forces; it was not Soviet-inspired. Indeed, Stalin instructed that 'The uprising in Greece must be stopped, and as quickly as possible'. See

Milovan Djilas, <u>Conversations with Stalin</u> (Pelican Books, 1969), 140-1

41 Millis, <u>The Forrestal Diaries</u>, 292
42 <u>The Listener</u>, 14 June 1956
43 Joseph M.Jones, <u>The Fifteen Weeks</u> (New York, Harcourt Brace, 1955), 36 and 255-6; and Robert Murphy, <u>Diplomat Among Warriors</u> (London, Collins, 1964), 377
44 Herbert Morrison, <u>An Autobiography</u> (London, Odhams, 1960), 260
45 W.W.Rostow, <u>The United States in the World Arena</u> (New York, Harper & Brothers, 1960), 211
46 Jacques Dumaine, <u>Quai D'Orsai 1945-1951</u> (Paris, Rene Juillard, 1956), 204-5; and Vincent Auriol, <u>Journal du Septennat</u> 1947-1954, Vol I (1947), edited by Pierre Nora (Paris, Armand Collin, 1970), 311-12
47 Attlee, <u>As It Happened</u>, 170
48 Christopher Mayhew, 'British Foreign Policy Since 1945', <u>International Affairs</u>, October 1950
49 <u>House of Commons Debates</u>, Vol 445, col 1881
50 Attlee, <u>As It Happened</u>, 171
51 <u>House of Commons Debates</u>, Vol 446, col 383-409
52 Cmd 7212 (1947) <u>Treaty of Alliance and Mutual Assistance</u>
53 Spaak, <u>Continuing Battle</u>, 147
54 Cmd 7367 (1948) <u>Treaty of Economic, Social and Cultural Collaboration and Collective Self-Defence</u>
55 The Papers of R.G.W.Mackay, Group 7, File 2, deposited at the London School of Economics and Political Science
56 Viscount Montgomery of Alamein, <u>The Memoirs of Field-Marshal Montgomery</u> (London, Collins, 1958), 498
57 Harry S.Truman, <u>Memoirs</u>, Vol II: <u>Years of Trial and Hope</u> (New York, The New American Library, 1956), 280; and George Kenna, <u>Memoirs</u> (London, Hutchinson, 1968), 398
58 Millis, <u>The Forrestal Diaries</u>, 372
59 Truman, <u>Memoirs</u>, Vol II, <u>Years of Trial and Hope</u>, 281-2
60 Lord Ismay, <u>NATO: The First Five Years 1949-1954</u> (Paris, 1956), 10
61 Ibid, 37
62 <u>House of Commons Debates</u>, Vol 464, col 2016, 12 May 1949
63 Labour Party Conference Report, 1949, 189
64 Attlee, <u>As It Happened</u>, 172

65 House of Commons Debates, Vol 468, col 2204
66 The Royal Institute of International Affairs, Britain and Western Europe (A Report by a Study Group, London, 1956), 8
67 House of Commons Debates, Vol 456, col 106
68 The New York Times, 13 July 1947
69 House of Commons Debates, Vol 469, col 2210
70 'Mr Bevin's Record', The Economist, 17 December 1949
71 Strang, Home and Abroad, 290
72 House of Commons Debates, Vol 456, col 106
73 Dalton Diary, 19 November 1948
74 Strang, Home and Abroad, 890
75 Brown, In My Way, 207
76 Dalton Papers, Letter from Ernest Bevin to Herbert Morrison, 22 January 1951
77 Dumaine, Quai d'Orsai 1945–1951, 497
78 Dean Acheson, Sketches From Life (New York, 1961), 35–9
79 Cmd 7970 (1950), Anglo-French Discussions Regarding French Proposals for the European Coal, Iron and Steel Industries, May–June 1950
80 Vincent Auriol, Non Septennat 1947–1954, edited by Pierre Nora (Paris, Gallimard, 1960), 265
81 Cmd 7970, 13–14
82 In this he followed the advice of the British ambassador to Paris. Letter from Sir Oliver Harvey to Ernest Bevin, dated 10 June 1950 (copy in the Dalton Papers)
83 Anthony Nutting, Europe Will Not Wait (London, Hollis & Carter, 1960), 32
84 Kirkpatrick, Inner Circle, 240
85 House of Commons Debates, Vol 481, col 1173–4, 29 November 1950
86 Arthur Bryant, Triumph in the West 1943–1946, based on the Diaries and Autobiographical Notes of Field Marshal the Viscount Alanbrooke (London, Collins, 1959), 533
87 Williams, A Prime Minister Remembers, 176
88 Nadav Safran, From War to War (New York, Pegasus, 1969), 99–100
89 Dalton, High Tide and After, 190
90 House of Commons Debates, Vol 419, col 1361–2, 21 February 1946
91 Ibid, Vol 475, col 2083

92 Acheson, _Present at the Creation_, 329
93 Interview with Sir Kenneth Younger, 16 May 1975
94 For two perceptive discussions of these issues see
    Richard Rose, _The Relation of Socialist Principles_
    to British Labour's Foreign Policy 1945-1951
    (unpublished DPhil thesis, Oxford 1961) and
    M.R.Gordon, _Conflict and Consensus in Labour's_
    Foreign Policy (California, Stanford University
    Press, 1969)
95 Piers Dixon, _Double Diploma: The Life of Sir Pierson_
    Dixon (Londo, Hutchinson, 1968), 179
96 Strang, _Britain in World Affairs_, 338-9
97 In 1950, for example Bevin said: 'I tried from the
    day I took office until 1947 to be friends with
    Russia'. _Labour Party Conference Report_ (1950), 146

CHAPTER 3: HERBERT MORRISON

1   Herbert Morrison, An Autobiography (London, Odhams,
    1960), 273. For more detailed and critical dis-
    cussion of Morrison's career, see B.Donoughue and
    G.E.Jones, Herbert Morrison: Portrait of a
    Politician (London, Weidenfeld & Nicolson, 1973)
2   Morrison, Autobiography, 164
3   C.R.Attlee, The Granada Historical Records Interview
    (London, Panther Record, 1967), 49
4   The full Labour delegation was: H.Morrison, H.Dalton,
    W.Whiteley (all members of the Government), Seymour
    Cocks, Aidan Crawley, Maurice Edelman, Peggy
    Herbison, Fred Lee, L.Ungoed-Thomas, T.Nally, and
    R.W.G.Mackay who was a leading supporter of the
    Harold Federalist cause in the Labour Party
5   Macmillan, Memoirs Vol 3: Tides of Fortune (London,
    Macmillan 1969) 169
6   Ibid 171
7   Dalton Papers: Strasbourg File. Letter from Dalton
    to Attlee, 10 September 1949
8   Macmillan, Tides of Fortune, 174
9   Ibid, 169
10 Council of Europe, Consultative Assembly Official
    Report (First Session; sixth sitting, 17 August
    1949), Vol 1, 232
11 Ibid, 228
12 Macmillan, Tides of Fortune, 183
13 The Times, 10 March 1951
14 For details of the crisis, see B.Donoughue and
    G.Jones, Herbert Morrison, 84ff
15 House of Commons Debates, Vol 485, col 1059-60,
    (12 March 1951), and a week later, col 2095-9 and
    2102-3
16 Ibid, Vol 487, col 1954 (May 1951)
17 Lord Gladwyn, Memoirs of Lord Gladwyn (London,
    Weidenfeld & Nicolson, 1972), 252
18 M.A.Fitzsimons, The Foreign Policy of the British
    Labour Government 1945-51 (Indiana, University of
    Notre Dame Press, 1953), 146
19 H.Nicolson, Diary with Letters (Vol 3: 1945-1962)
    edited by H.Nicolson (London, Fontana, 1971), 192-3
    1 August 1951

20 Donoughue and Jones, <u>Herbert Morrison</u>, 498
21 Joseph Frankel, <u>British Foreign Policy 1945-73</u>
    (London, R.I.I.A. by Oxford U.P, 1975), 132;
    Morrison's statement to the House of Commons on
    20 June 1951; his speech in the debate the
    following day: House of Commons Debates, Vol 489
    col 519-26, col 822-32; and his performance in
    the debate on 11 July 1951: Ibid, Vol 450,
    col 424-8
22 Dean Acheson, <u>Present at the Creation</u> (London,
    Hamish Hamilton, 1969), 556f
23 Donoughue and Jones, <u>Herbert Morrison</u>, 503
24 <u>House of Commons Debates</u>, Vol 424, col 67-70
    (12 February 1951)
25 Dalton Papers: Miscellaneous 1951. Marginal note by
    Dalton on a letter to Attlee, dated 14 March 1951.
    The note was added some time after the letter was
    sent.
26 <u>Germany No 10 (1952)</u> Cmd. 8626. p3 quoted in
    F.S.Northedge, <u>Descent from Power</u> (London, Allen
    & Unwin, 1974), 157; and Saul Rose, 'The Labour
    Party and German Rearmament: A view from Transport
    House', <u>Political Studies</u>, Vol XIV, No 2 1966,
    133-44
27 <u>House of Commons Debates</u>, Vol 496, col 969-74
    (26 February 1952), also Harold Nicolson, <u>Diary with
    Letters</u> Vol 3, 205, 3 March 1953
28 Dalton Papers: Diary, 16 September 1951
29 Hugh Dalton, <u>High Tide and After</u> (London, Muller,
    1962), 360f
30 Lord Gladwyn, <u>Memoirs</u>, 251. Gladwyn expressed a
    preference for McNeil
31 Attlee, <u>Granada Historical Records Interview</u>, 55, 49
32 A.Husler, <u>Contribution a l'etude de l'elaboration de
    la politique etranger brittanique, 1945-56</u> (Geneva,
    1961), p30, quoted in D.Vital, <u>The Making of British
    Foreign Policy</u> (London, Allen & Unwin, 1968), 70
33 Fitzsimons <u>Foreign Policy</u> 151
34 Quoted in Donoughue and Jones, <u>Herbert Morrison</u>, 498
35 Interview with Sir Kenneth Younger, 16 May 1975
36 Donoughue and Jones, <u>Herbert Morrison</u>, 514

CHAPTER 4: ANTHONY EDEN

1   Apart from Eden's own 1800-page account of his career
     and the flood of publications on inter-war and post-
     war British foreign policy in which he figures pro-
     minently, a considerable number of biographies and
     critical studies are devoted specifically to him:
     Dennis Bardens, Portrait of a Statesman: The
     Personal Life Story of Sir Anthony Eden (London,
     Fredrick Muller, 1955); Lewis Broad, Sir Anthony
     Eden: The Chronicles of a Career (London, Hutchinson,
     1955); Alan Campbell-Johnson, Sir Anthony Eden
     (London, Robert Hale, 1955); Randolph S.Churchill,
     The Rise and Fall of Sir Anthony Eden (London,
     MacGibbon & Kee, 1959); and Geoffrey McDermott,
     The Eden Legacy and the Decline of British Diplomacy
     (London, Leslie Frewin, 1969)
2   Winston S.Churchill, The Second World War, Vol IV:
     The Hinge of Fate (London, Cassell, 1951), 337
3   Anthony Eden, Foreign Affairs (London, Faber, 1939);
     Anthony Eden, Freedom and Order (London, Faber,
     1947); Anthony Eden, Days for Decision (London,
     Faber, 1949)
4   See, for example, Harold Macmillan, Tides of Fortune
     (London, Macmillan, 1969), 46, Lord Chandos, The
     Memoirs of Lord Chandos (London, The Bodley Head,
     1962), 291-2 and Herbert Morrison, An Autobiography
     (London, Odhams, 1960), 297-8
5   The Earl of Avon, The Eden Memoirs: Full Circle
     (London, Cassell, 1960), 247
6   Eden, Full Circle, 249
7   Valentine Lawford, 'Three Ministers', The Cornhill
     Magazine, No 169 (1956-8)
8   Lord Moran, Winston Churchill: The Struggle for
     Survival 1940-1965) (London, Constable, 1966), 576
9   Ibid, 592
10   Ibid, 556
11   Ibid, 627 and 559
12   Robert Rhodes James (ed), Chips: The Diaries of Sir
     Henry Channon (London, Weidenfeld & Nicolson, 1967),
     entry for 5 November 1952, 470

13   Moran, <u>Winston Churchill</u>, 501-2
14   Ibid, 710
15   Ibid, 724
16   The Earl of Kilmuir, <u>Political Advanture</u> (London,
       Weidenfeld & Nicolson, 1964), 193
17   Chandos, <u>Memoirs</u>, 291
18   Kilmuir, <u>Political Adventure</u>, 257
19   David Dilks (ed), <u>The Diaries of Sir Alexander
       Cadogan</u> (London, Cassell, 1971), 376
20   Moran, <u>Winston Churchill</u>, 592
21   Interview with Lord Gladwyn, 7 May 1975
22   Related in Moran, <u>Winston Churchill</u>, 627
23   Harold Nicolson, <u>Diaries and Letters 1939-1945</u>
       (London, Fontana, 1970), 337
24   Ibid, 345
25   Sir Harold Nicolson, <u>Diplomacy</u> (London, Oxford
       University Press, 3rd ed, 1963), 52-4
26   Eden, <u>Full Circle</u>, 188
27   The Royal Institute of International Affairs,
       <u>Documents on International Affairs 1951</u> (London,
       Oxford University Press, 1954), 34607
28   Eden, <u>Days for Decision</u>, 212
29   Ibid, 126
30   Quoted in <u>Western European Co-operation: a Reference
       Handbook</u> (London, Central Office of Information,
       November 1955), 14
31   The Earl of Avon, <u>The Eden Memoirs: Facing the
       Dictators</u> (London, Cassell, 1962), 351
32   Ibid, 597
33   Ibid, 367
34   The Royal Institute of International Affairs,
       <u>Documents on International Affairs</u>, 1952 (London,
       Oxford University Press, 1955), 41-2
35   Eden, <u>Full Circle</u>, 49
36   Alan Thompson, <u>The Day Before Yesterday</u> (London,
       Sidgwick & Jackson, 1971), 105
37   Anthony Eden, 'Britain in World Strategy', <u>Foreign
       Affairs</u>, Vol 29, No 3 (April 1951)
38   Dwight D.Eisenhower, <u>The White House Years: Mandate
       for Change, 1953-1956</u> (London, Heinemann, 1963), 142
39   R.N.Rosencrance, <u>Defence of the Realm: British
       Strategy in the Nuclear Epoch</u> (New York, Columbia
       University Press, 1968), 199
40   <u>House of Commons Debates</u>, Vol 494, col 34,
       19 November 1951

41 Dean Acheson, Present at the Creation: My Years in the State Department (London, Hamish Hamilton, 1969), 630

42 House of Commons Debates, Vol 504, col 1709, 31 July 1952

43 The full text of the Eden memorandum is given in the Department of State Bulletin, 8 February 1954, 186-7

44 House of Commons Debates, Vol 524, col 401-16, 24 February 1954

45 Lord Boothby, My Yesterday, Your Tomorrow (London, Hutchinson, 1962), 57; Kilmuir, Political Adventure, 177

46 Thompson, Day Before Yesterday, 104

47 Documents on International Affairs 1952, pp 43-4

48 Kilmuir, Political Advanture, 186

49 Council of Europe, Consultative Assembly, Fourth Ordinary Session (First Part) 26th - 30th May 1952, Documents, Vol I, Document II, pp 288-90

50 Anthony Nutting, Europe Will Not Wait (London, Hollis & Carter, 1960), 44-5

51 House of Commons Debates, Vol 520, col 316, 5 November 1953

52 Cmd 8562 (1952), Treaty between the United Kingdom and the member states of the European Defence Community

53 Eden, Full Circle, 33-4

54 Ibid, 165-6

55 Interview with Lord Gladwyn, 7 May 1975

56 Nicolson, Diaries and Letters 1945-1962, 237

57 House of Commons Debates, Vol 531, col 811, 29 July 1954

58 Acheson, Present at the Creation, 511

59 Eden, Full Circle, 77

60 Ibid, 105

61 Anthony Eden, Towards Peace in Indo-China (Oxford University Press for Chatham House, 1966), p XI

62 Anthony Nutting, No End of a Lesson: The Story of Suez (London, Constable, 1967), 25

CHAPTER 5: HAROLD MACMILLAN

1   Earl of Kilmuir, <u>Political Advanture</u> (London, Weidenfeld & Nicolson, 1964), 243, 256

2   Harold Macmillan, <u>Tides of Fortune</u> (London, Macmillan, 1969), 695

3   Kilmuir, <u>Political Adventure</u> 193

4   Lord Butler, <u>The Art of the Possible</u> (London, Hamish Hamilton, 1971), 181

5   Macmillan, <u>Tides of Fortune</u>, 638

6   Ibid, 696

7   Earl of Avon, <u>Full Circle</u> (London, Cassell, 1960)

8   Lord Butler records that Macmillan 'exploded' when he first learnt that Eden's doctor had advised him to leave the country for a complete rest during the Suez crisis (Butler, <u>Art of the Possible</u>, 194)

9   This was more clearly seen later in his failure as prime minister to give a more positive lead on Europe, and in another aspect in his celebrated mis-understanding with de Gaulle at Rambouillet in 1962. Cf J.R.Bevins, <u>The Greasy Pole</u> (London, Hodder & Stoughton, 1965), 32, 34

10   Eden, <u>Full Circle</u>, 336 and <u>passim</u>

11   See Chapter 6,

12   Macmillan, <u>Tides of Fortune</u>, 620

13   Ibid, 584. Cf Lord Gladwyn, <u>Memoirs of Lord Gladwyn</u> (London, Weidenfeld & Nicolson, 1972), 276

14   Cf Sir William Hayter, <u>A Double Life</u> (London, Hamish Hamilton, 1974), 174.

15   By the mid-sixties officials of the Turkish Foreign Office were describing it as 'a dead duck' (in con-versations with the author)

16   The Pact was signed and Britain adhered to it before Macmillan became foreign secretary, though Macmillan as defence minister was of course much concerned with it.

17   Macmillan, <u>Tides of Fortune</u>, 108

18   Ibid, 637

19   Harold Macmillan, <u>Riding the Storm</u> (London, Macmillan, 1971), 82, 84

20   Ibid, 434, 435. See below, Chapter 6 on this issue

CHAPTER 6: SELWYN LLOYD

1   Evidence of a senior official (private information).
     But cf Earl of Avon, Full Circle (London, Cassell,
     1960), 166-7
2   Cf Avon, Full Circle, 318, 449, 488; H.Macmillan,
     Riding the Storm (London, Macmillan, 1971), 119,
     144-5, 169, 186, 472
3   Cf Avon, Full Circle, 274
4   The exception is Kilmuir Political Advanture, 312-13,
     But it is difficult to know how much the generally
     'vinegary' tone of Kilmuir's memoirs was affected by
     his still active resentment at his summary exclusion
     from the Cabinet in 1962
5   Rt Hon Lord Harlech, KCMG, in an interview with the
     author, 19 March 1975. Lord Harlech was parliamen-
     tary private secretary to Selwyn Lloyd as minister
     of state, later under-secretary at the Foreign Office
     1956-7, and himself minister of state 1957-61,
     Ambassador to Washington 1961-5
6   Lord Harlech to the author; cf Michael Howard
     Disengagement (London, Penguin, 1958); Lord Gladwyn,
     Memoirs (London, Weidenfeld, 1972),176
7   Cf Gladwyn, Memoirs, 265. Also private information
     from a Minister in the Eden government
8   Evidence of a minister in the Eden government
     (private information)
     After serving more than one term as prime minister
     and foreign secretary of his native Belgium, M.Spaak
     became the second secretary-general of NATO in the
     late fifties cf P.H.Spaak, The Continuing Battle
     (London, Weidenfeld & Nicolson, 1971), 236-7
     Some significant conversations on these points with
     Monnet, the 'father' of the European idea, are re-
     corded by Lord Gladwyn, Memoirs, 349, Sir W.Hayter
     A Double Life (London, Hamish Hamilton, 1974), 91-2,
     and C.L.Sulzberger The Last of the Giants, (London,
     Weidenfeld, 1970), 854
9   A ministerial colleague of Lloyd's in a letter to the
     author (private information). Cf Hayter, Double
     Life, 91

10 Lloyd's attitude, however, was not hostile to the EEC.
    Lord Gladwyn, who was ambassador to France, records
    that the Foreign Office was 'indignant' at this
    suggestion that Britain might have the intention of
    'trying to sabotage the Common Market'. On the con-
    trary the idea was 'welcomed, if indeed it could be
    formed'. Gladwyn, Memoirs, 294
11 See above Chapter 5. Cf also Avon Full Circle, 343-4
    for a contrary view
12 Cf Gladwyn, Memoirs, 253
13 For Eden's view of Lloyd as a parliamentarian see
    Avon Full Circle, 318. This view is confirmed by
    colleagues to whom the author has spoken
14 For this point I am indebted to one of Lloyd's
    ministerial colleagues at the Foreign Office
15 Cf Hayter, Double Life, 156
16 It is generally thought that only Sir Walter Monckton
    (Viscount Monckton of Brenchley) had real reserva-
    tions on Suez, though it is believed that R.A.Butler
    and others had their doubts, particularly towards
    the end, Thomas Suez Affair, 81-2, 104-5, 181.
    Butler himself, while slightly enigmatic as is his
    wont, does not claim to have dissented, or to have
    spoken against the use of force, Butler, The Art of
    the Possible (London, Hamish Hamilton, 1971), 188-9.
    There were no resignations from the Cabinet on this
    issue. Cf also Lord Birkenhead, Walter Monckton
    (London, Weidenfeld & Nicolson, 1969), chapter 31
17 Avon, Full Circle, 481
18 Macmillan, Riding the Storm, 286, 472. Cf Kilmuir,
    Political Adventure, 312; A.Sampson, Macmillan
    (London, Penguin, 1967), 142
19 Macmillan, Riding the Storm, 186
20 Macmillan was on occasion subject to 'crises de nerf'
    - not surprisingly in view of the responsibility he
    carried - which made him sometimes physically ill;
    notably at the abortive 'U2' Summit in May 1960,
    when Khrushchev broke up the meeting with Macmillan,
    Eisenhower and de Gaulle after the American U2 plane
    had been shot down over Russia
21 Macmillan, Riding the Storm, 192. Macmillan's tribute
    to Zulueta's valuable contribution is confirmed by
    all the ministers and officials to whom the author
    has spoken.
22 Lord Harlech to the author

23 Lord Harlech to the author
24 Hon A.Nutting, minister of state, Foreign Office,
    1954-6, under-secretary, Foreign Office 1951-4.
    Nutting has told his side of the story in his book
    No End of a Lesson (London, Constable, 1967). On
    the 'official' reaction, see Lord Gore-Booth, With
    Great Truth and Respect, (London, Constable, 1974),
    229-33
25 Opinion expressed to the writer by a senior official
    of that period (private information)
26 Hayter, Double Life, 156
27 Opinions expressed to the writer by senior officials
    of that period (private information)
28 Thomas, Suez Affair, 127-8. Only the Permanent
    Under Secretary, Sir Ivone Kirkpatrick, the deputy
    under-secretary of state, Sir Patrick Dean and the
    secretary of the Cabinet, Sir Norman Brook, were
    early and fully informed, according to Thomas, who
    cites a Cabinet minister as his authority and also
    says that Kirkpatrick himself was 'dubious' about
    the proposed action.
29 It has been suggested by a recent unfavourable critic
    of the higher civil service that a minister's private
    secretary may put his loyalty to the service and to
    his permanent head before his loyalty to the minister
    M. Williams, Inside No.10 (Weidenfeld & Nicolson,
    London, 1972), 199, 347-8. A good private secretary,
    however, would be able to reconcile these loyalties,
    and whatever may have been the case during the
    1964-70 Wilson government, there is no reason to
    doubt that Lloyd's secretaries did so.
30 Notably in recent years the late Iain Macleod and
    R.H.S.Crossman. Cf also J.R.Bevins, The Greasy Pole
    (London, Hodder & Stoughton, 1965), Chapters 6 and 7.
    Cf also Kenneth Harris, Conversations (London,
    Hodder & Stoughton, 1967), 270-1. A minor but inter-
    esting example is recorded in Leslie Smith, Harold
    Wilson (London, Fontana, 1964), 103-6. It illus-
    trates the point that even a very new and junior
    minister need not come off worse in such encounters.
31 Cf Thomas, Suez Affair, 47
32 Ibid
33 Ibid, Chapter 8, pp 69, 76, 80, 94, 149
34 Cf Gladwyn, Memoirs, 291-3

35 Opinion expressed to the writer by a senior Foreign
    Office official and a Cabinet minister of the period
    (private information)
36 Thomas, _Suez Affair_, 78, 86, 101, 107. Menzies always
    believed there was an outside chance of getting an
    acceptable settlement up to the moment when Eisen-
    hower said the use of force was not contemplated.
    Cf Menzies' own account of the Suez crisis in his
    book _Afternoon Light_ (London, Cassell, 1967),
    Chapter 8
37 Thomas, _Suez Affair_, 81, 113
38 Ibid, 181
39 Macmillan, _Riding the Storm_, 119. Avon, _Full Circle_,
    449, 488, 503, etc. Cf also K.Young, _Sir Alec
    Douglas-Home_ (London, Dent, 1970), 95
40 A point made by two of Lloyd's ministerial colleagues
    to the author (private information)
41 Macmillan, _Riding the Storm_, 153, 169, 172; Lord
    Harlech to the author
42 Cf Avon, _Full Circle_, 63-4, 98-9, 332, 335-6
43 Macmillan, _Riding the Storm_, 282; Hayter, _Double Life_,
    156; Thomas, _Suez Affair_, 168; (confirmed by private
    information)
44 Cf Hayter, _Double Life_, 155
45 Ibid, 173-4; Gladwyn, _Memoirs_, 277
46 A view expressed to the author by a number of his
    former colleagues
47 Macmillan, _Pointing the Way_ (London, Macmillan, 1972)
    63-5
48 Cf Macmillan, _Riding the Storm_, 432; Hayter, _Double
    Life_, 95; Sampson, _Macmillan_ 256-7 and others record
    a 'leak' in the _Washington Post_ in March 1960 of
    remarks hostile to the EEC supposed to have been
    made by Macmillan. Unfortunately one cannot be sure
    how reliable a 'leak' is as evidence. Macmillan was
    certainly apt to talk 'for effect' sometimes: but
    shortly after this he said in Parliament that Britain
    did not want to weaken the Six, or widen the gap in
    Europe
49 Macmillan, _Pointing the Way_, 51, 55-6
50 Dean Acheson, _Present at the Creation_ (New York, 1970),
    583, 656, 701-5
51 Macmillan, _Pointing the Way_, 695; Avon, _Full Circle_,
    318

52 At this period the 'off-shore islands' of Quemoy and
    Matsu held by Chiang Kai-shek's Nationalists were
    being bombarded by the Chinese Communists. The US
    was committed to supporting Chiang Kai-shek

CHAPTER 7: LORD HOME

1   K.Young, <u>Sir Alec Douglas-Home</u> (London, Dent, 1970),
    121; cf Harold Macmillan, <u>Pointing The Way</u>, 231;
2   Earl of Avon, <u>Full Circle</u> (London, Cassell, 1960)
    274
3   Lord Butler, <u>The Art of the Possible</u> (London, Hamish
    Hamilton, 1971), Young, <u>Douglas-Home</u>, 133. Lord
    Home's own views were expressed in an interview
    with the author, 6 March 1975; they are shared by
    ministerial colleagues and officials to whom the
    author has spoken. Cf Lord Home, <u>The Way the Wind
    Blows</u>, (London, Collins, 1976) p 71
4   See Earl of Kilmuir, <u>Political Adventure</u> (London,
    Weidenfeld & Nicolson, 1962), 313; Lord Hill of
    Luton, <u>Both Sides of the Hill</u> (London, Heinemann,
    1964), 243, 244; Young, <u>Douglas-Home</u>, 85;
    Macmillan, <u>Pointing the Way</u>, 135, 230, 165 and
    <u>passim</u>. These opinions are confirmed by other
    colleagues to whom the author has spoken. It seems
    generally agreed that these qualities helped to
    make him a good man to work with
5   A quality particularly testified to by one of his
    senior officials to the author. Cf Young, <u>Douglas-
    Home</u>, 118-19
6   Lord Home to the author, cf Home, <u>The Way the Wind Blows</u>, 173-!
7   Lord Harlech to the author, 24 April 1975
8   Young, <u>Douglas-Home</u>, 103, 125, 150, 105 cf also Home,
    <u>The Way the Wind Blows</u>, 144-5, 148, 171 for his
    views on relations with the US and Russia
9   Lord Home to the author; cf Young, <u>Douglas-Home</u>, 63
10 Cf Chapter 6 note 34 For Home's views on negotiating
    with the Russians, cf Home, <u>The Way the Wind Blows</u>,157-8
11 Lord Home to the author. Cf Young, <u>Douglas-Home</u>,
    124; Butler, <u>Art of the Possible</u>, 258
12 Private information
13 Kilmuir, <u>Political Adventure</u>, 313
14 Rt Hon J Godber (parliamentary under-secretary,
    Foreign Office, 1960-1, minister of state, Foreign
    Office, 1961-3 and 1970-2) in an interview with the
    author, 16 April 1975; and Lord Harlech to the
    author

15 Cf Macmillan, <u>Pointing the Way</u>, 101, 107, 112--14,
    184-5
16 Young, <u>Douglas-Home,</u> 244 cf Home, <u>The Way the Wind Blows</u> 46
17 Cf Macmillan, <u>Pointing the Way</u>, 449-51
18 The 'five principles', later extended by Harold Wilson
    to six, were first enunciated in talks between Home
    and Ian Smith, the Rhodesian premier, in September
    1964, (Young, <u>Douglas-Home</u>, 201); cf F.S.Northedge,
    <u>Descent from Power</u> (London, Allen & Unwin, 1974),
    224
19 A point particularly made by a minister in that gov-
    ernment to the author
20 Cf Harold Macmillan, <u>At the End of the Day</u> (London,
    Macmillan, 1973), 342-61
21 Hill, <u>Both Sides of the Hill</u>, 243; Lord Hill was a
    member of the Macmillan Cabinet 1957-62
22 Kilmuir, <u>Political Advanture</u>, 313
23 Lord Home to the author
24 Lord Home to the author; cf Home, <u>The Way the Wind Blows</u>, 71
25 For Macmillan's view on possible concessions over
    Berlin and Germany see Macmillan, <u>Pointing the Way</u>,
    408. President Kennedy himself and other American
    leaders were not unsympathetic, but the West German
    Chancellor, Adenauer, could not be moved on these
    points (Lord Harlech to the author; Rt Hon J.Godber
    to the author)
26 Rt Hon J.Godber to the author
27 Evidence of a minister in the Macmillan and Heath
    governments (private information)
28 Evidence of a minister in the Macmillan and Heath
    governments (private information)
29 Lord Home to the author, cf Home, <u>The Way the Wind Blows</u>, 241
30 Lord Home to the author
31 The views of senior officials, expressed to the author
    (private information)
32 Cf Young, <u>Douglas-Home</u>, 113-14, 143
33 Rt Hon J.Godber to the author
34 Lord Harlech to the author
35 Evidence of a minister in the Heath government
    (private information)
36 Northedge, <u>Descent</u>, 354
37 Cf Schlesinger, <u>A Thousand Days</u> (London, Mayflower,
    1967), 337, 356, and elsewhere
38 Macmillan, <u>End of the Day</u>, 336; Schlesinger,
    <u>Thousand Days</u>, 315-16

39 Lord Harlech to the author
40 Macmillan, End of the Day, 380-92
41 On Acheson's views, see Schlesinger, Thousand Days,
   315, 318-23. Acheson was one of Kennedy's unofficial
   advisers on foreign policy
42 Young, Douglas-Home, 132
43 Lord Harlech to the author
44 Young, Douglas-Home, 116. Young misrepresents President Kennedy's views; the latter viewed the possibility of military intervention without enthusiasm.
   Cf Schlesinger, Thousand Days, 280-2; Macmillan,
   End of the Day, 337
45 Young, Douglas-Home, 332
46 Ibid, 337
47 Ibid, 127
48 Ibid
49 Lord Home to the author. Cf Home, The Way the Wind Blows, 169-70
50 Macmillan, End of the Day, 261-2
51 Rt Hon J. Godber to the author. Cf Schlesinger,
   Thousand Days, 458
52 Ibid, 458-9
53 Young, Douglas-Home, 135
54 In December 1961, and again in September 1962.
   Cf Macmillan, At the End of the Day, 284
55 Ibid, 276; see also Chapter 8, below p 179
56 Ibid, 258, 175-6. The US eventually came round to
   the British position on Malaysia (Schlesinger,
   Thousand Days, 428)
57 Lord Harlech to the author. Lord Harlech was ambassador to Washington at the time. Cf Schlesinger,
   Thousand Days, 632, for Lord Harlech's part in the
   crisis. Some members of the British Cabinet, however,
   believed we had very little influence (Lord Duncan-
   Sandys to the author)
58 Young, Douglas-Home, 145. Cf Macmillan, End of the
   Day, 213-4. Lord Home to the author
59 These events are described in Young, Douglas-Home,
   chapters 16-26 and by Lord Home, The Way the Wind
   Blows, chapters 13-16
60 Ibid, 283
61 Northedge, Descent, 268
62 For fuller accounts of this complex problem, see Young
   Douglas-Home, chapter 21; Lord Birkenhead, Walter
   Monckton (London, Weidenfeld & Nicolson, 1969), 343-4,
   358-9; Butler, Art of the Possible, Chapter 10;

Sir Roy Welensky, Welensky's 4000 Days (London,
Collins, 1964) cf Home, <u>The Way the Wind Blows</u>, 251-8

63 Young, <u>Douglas-Home</u>, 236

64 Ibid, 271

65 Some of the crises of this period could hardly be discussed at manageable length, either verbally or on
paper, without a considerable degree of 'over-
simplification'. This applied for instance to the
Laotion imbroglio, the case and plot of which resem-
bled one of the more fanciful Gilbert and Sullivan
operas.

66 Notably in a speech at Berwick in December 1961,
delivered to a small audience, but which received
wide publicity. Young, <u>Douglas-Home</u>,137-8; Home,
<u>The Way the Wind Blows</u>, 160-5

67 Young, <u>Douglas Home</u>,197

CHAPTER 8: R A BUTLER

1   Harold Macmillan has given his account of these events
    in The End of the Day, Chapter 15, Butler in his
    memoir The Art of the Possible (London, Hamish
    Hamilton, 1971), Chapter 11. See also Randolph
    Churchill, The Fight for the Tory Leadership (London,
    Heinemann, 1964), and an article by Iain Mcleod in
    The Spectator (March 1964)
2   Cf The Earl of Kilmuir, Political Adventure (London,
    Weidenfeld, 1962), 191-2, 185-6; Lord Hill of Luton,
    Both Sides of the Hill, (London, Heinemann, 1964),
    283-40, 238-40. Kilmuir said Butler 'played his
    cards too close to his chest'. Lord Mcran, Churchill,
    The Struggle for Survival, (London, Sphere Books,
    1968), 473 says he had the reputation of 'backing
    his horses both ways'. These views may have been
    unfair, but they did Butler great harm.
3   Cf J.R.Bevins, The Greasy Pole (London, Hodder &
    Stoughton, 1965), 145;
4   Particularly with the permanent under-secretary, Sir
    Harold Caccia, a very able official (Lord Butler
    to the author, 13 May 1975)
5   Butler, Art of the Possible, 257. Carrington's
    valuable contribution was confirmed by Lord Butler
    in a recent letter to the author
6   Butler, Art of the Possible, 196, 231
7   Ibid, 249, citing the opinion of the then lord
    chancellor, Lord Dilhorne. Cf Bevins, Greasy Pole,
    145
8   Evidence of a ministerial colleague (private
    information)
9   A view strongly held by Lord Butler himself. (Lord
    Butler to the author)
10 Butler, Art of the Possible, 254-7. This passage
    contains a particularly good specimen of the non-
    ambiguous ambiguities at which Lord Butler is so
    adept.
11 Ibid, 252-3

12 Cf F.S.Northedge, <u>Descent from Power</u> (London, Allen
    & Unwin, 1974), 230-99;   Arthur M.Schlesinger, <u>A
    Thousand Days</u> (London, Mayflower, 1967), 427, 488;
    K.Young, <u>Sir Alec Douglas-Home</u> (London, Dent, 1970),
    197;   L.B.Johnson, <u>The Vantage Point</u> (London,
    Weidenfeld & Nicolson, 1971), 135

13 Harold Macmillan, <u>Pointing the Way</u>, (London, Macmillan,
    1972), 382;   <u>Tides of Fortune</u>, (London, Macmillan,
    1969), 641;   <u>At the End of the Day</u>, Chapter IX;
    Schlesinger, <u>Thousand Days</u>, 452;   Johnson, <u>Vantage
    Point</u>, 290

14 Butler, <u>Art of the Possible</u>, 257

15 Lord Butler to the author

16 Lord Butler to the author

17 Lord Butler to the author;   Young, <u>Douglas-Home</u>, 195;
    cf Ibid, 183-4

18 Butler, <u>Art of the Possible</u>, 253

CHAPTER 9: PATRICK GORDON-WALKER

1   N.Deakin (ed), Colour and the British General Election
    1964 (London, Pall Mall Press, 1965), 77-105
2   House of Commons Debates, Vol 701, col 70-1
    (3 November 1964)
3   Harold Wilson, The Labour Government 1964-70. A
    Personal Record (London, Weidenfeld & Nicolson and
    Michael Joseph, 1972), 4
4   Interview with Patrick Gordon-Walker, 23 January 1975
5   The Times, 17 June 1964
6   'The New Britain', reprinted in The Times Book of the
    House of Commons 1964, (London, The Times, 1965),
    267-82
7   Ibid, 278
8   P.C.Gordon-Walker, 'The Labour Party's Foreign and
    Defence Policy', Foreign Affairs, Vol 42, No 3,
    391-8
9   Ibid, 393
10 Ibid
11 Wilson, Labour Government, 40
12 Ibid, 46
13 Ibid, 42
14 Interview with Gordon-Walker; see also Wilson,
    Labour Government, 46-50
15 Wilson, Labour Government, 51
16 Gordon-Walker, 'Foreign and Defence Policy', 395
17 Ibid
18 Ibid
19 Interview with Gordon-Walker
20 Wilson, Labour Government, 45
21 Richard Crossman, Diaries of a Cabinet Minister, Vol 1.
    Minister of Housing, 1964-66 (London, Hamish Hamilton
    and Jonathan Cape, 1975),68 (22 November 1964). This
    source should be regarded with some caution. The
    diary is rather gossipy in places and it is not clear
    how reliable a source it really is. However, it is
    valuable in so far as it gives one minister's impres-
    sion of his colleagues and of the events at the time.
22 Private information
23 Crossman, Diaries, Vol 1, 70 (24 November 1964), and
    137 (22 January 1965)

24 Patrick Gordon-Walker, <u>The Cabinet</u> (London, Fontana, revised edition 1972), 168

CHAPTER 10: MICHAEL STEWART

1   Anthony Shrimsley, The First Hundred Days of Harold
     Wilson (London, Weidenfeld & Nicolson, 1965), 16
2   Interview with Michael Stewart, 16 January 1975
3   Richard Crossman, Diaries of a Cabinet Minister,
     Vol 1 : Minister of Housing 1964-66 (London, Hamish
     Hamilton and Jonathan Cape, 1975), 136
4   Ibid
5   Harold Wilson, The Labour Government: A Personal
     Record (London, Weidenfeld & Nicolson and Michael
     Joseph, 1971), 66
6   Ibid,
7   Paul Gore-Booth, With Great Truth and Respect
     (London, Constable, 1974), 35
8   Ibid; see also William Wallace, The Foreign Policy
     Process in Britain (London, RIIA, 1975), 54
9   Interview with Michael Stewart
10   M.Stewart 'British Foreign Policy Today', Australian
     Outlook, Vol 20 (1966), 109-24
11   Paul Gore-Booth, Great Truth, 424
12   Geoffrey McDermott, The New Diplomacy and its
     apparatus (London, Plume Press and Ward Lock, 1973),
     48
13   Wilson, Labour Government, 272
14   For the detailed recommendations, see the Report of
     the Review Committee on Overseas Representation
     1968-1969 (London, HMSO, 1969), Cmd 4107. For
     comments see George Brown, In My Way (London, Penguin,
     1972),157; and articles in International Affairs:
     M.Donelan, 'The Trade of Diplomacy', Vol 45, No 4,
     605-16; F.S.Northedge, 'Britain as a Second Rank
     Power', Vol 45, No 1 37-47; and Andrew Shonfield (a
     member of the Duncan Committee), 'The Duncan
     Committee and its critics', Vol 46, No 2, 247-68
15   Interview with Michael Stewart
16   Wilson, Labour Government, 273
17   Crossman, Diaries, Vol 1, 442 (31 January 1966) and
     445 (3 February 1966)
18   Interview with Michael Stewart
19   Crossman, Diaries, Vol 1, 442 (31 January 1966)
20   Ibid

21 'The New Britain', reprinted in <u>The Times Book of the House of Commons 1964</u>, (London, <u>The Times</u>, 1964), 278-9

22 'Time for Decision', reprinted in <u>The Times Book of the House of Commons 1966</u> (London, The Times, 1966), 283 (my emphasis)

23 Wilson, <u>Labour Government</u>, 218 (my emphasis)

24 Letter to author from Michael Stewart, 7 June 1975

25 Crossman, <u>Diaries</u>, Vol 1, 563, (7 July 1966)

26 See below, Chapter 11

27 Stewart, 'British Foreign Policy', 111-13

28 Gore-Booth, <u>Great Truth</u>, 336

29 For the part played by the prime minister in these attempts, see Wilson, <u>Labour Government</u>, <u>passim</u>

30 Ibid, 86

31 Gore-Booth, <u>Great Truth</u>, 337

32 Wilson, <u>Labour Government</u>, 204. Wilson adds that had he known he would 'not have agreed to a statement in those terms'. However, Stewart did give his approval for the statement because it was a <u>quid pro quo</u> for obtaining the bombing halt. Letter from Michael Stewart to the author, 4 June 1975

33 Letter from Michael Stewart to the author, 4 June 1975 However, for a slightly different view, see Wilson, <u>Labour Government</u>, 609ff. It is possible that the two men are referring to slightly different incidents

34 Quoted in Robert Boardman and A.J.R.Groom (eds), <u>The Management of Britain's External Relations</u> (London Macmillan, 1973), 19; see also T.M.Franck & E. Weisband (eds), <u>Secrecy and Foreign Policy</u> (London, Oxford University Press, 1974)

35 'The New Britain', reprinted in <u>The Times Book of the House of Commons 1964</u>, 280

36 'Time for Decisions', reprinted in <u>The Times Book of the House of Commons 1966</u>, 282

37 Letter from Lord Gore-Booth to the author, 16 June 1975. For details of Wilson's speech, see <u>U.N. Chronicle</u>, Vol 3, No 1 (January 1966), 73-5

38 Letter from Michael Stewart to the author, 4 June 1975

39 Interview with Michael Stewart; also from private information

40 See, for example, the resolutions carried at the 1968 and 1969 Labour Party Annual Conference. The full text of the motions and the debate appear in <u>Report of the 67th Annual Conference of the Labour Party</u>,

Blackpool 1968 (London, The Labour Party 1969),
260ff; and Report of the 68 Annual Conference of
the Labour Party, Brighton (London, The Labour Party,
1970), 212ff

41 Letter from Michael Stewart to the author, 4 June 1975.
    For an earlier and similar reaction, see the dis-
    cussion of the Congo crisis, in Chapter 7 above
42 See, for example, Stewart's speeches to the House of
    Commons during most of his second period at the
    Foreign Office
43 See, for example, a speech by Lord Shepherd (a junior
    minister at the Foreign Office) to the party's
    annual conference in 1968, Report, 262-3
44 Wilson, Labour Government, 744
45 Interview with Michael Stewart
46 Ibid
47 Ibid. See also Keesing's Contemporary Archives,
    Vol XVII (1969-1970), col 24032-3 for an account of
    the May 1970 NATO Foreign Ministers Meeting and
    Stewart's remarks. House of Commons Debates,
    Vol 768, col 1681-8 (July 18 1968 - one month before
    the Czech crisis)
48 Interview with Michael Stewart
49 George Brown, In My Way (London, Penguin, 1972), 139.
    Also see below p 213
50 Crossman, Diaries, Vol 1, 203 (18 April 1965)
51 Gore-Booth Great Truth, 407
52 Wilson, Labour Government, 86
53 Letter from Lord Gore-Booth to the author, 16 June
    1975

CHAPTER 11: GEORGE BROWN

1   See, for example, Anthony Lewis, 'Mr. Brown: An
    American View', The Observer, 15 January 1967. The
    opening paragraph records three allegedly typical
    George Brown anecdotes. However, this article and
    one the following week (22 January 1967) provide an
    interesting and probably fair assessment of Brown as
    seen by a distinguished American columnist
2   George Brown, In My Way (London, Penguin Books, 1972)
3   For Brown's account, see Ibid, 65-9
4   Ibid, 117
5   Cf a similar incident involving Herbert Morrison;
    see above, p 77. For the effect of this and another
    incident involving a photographer at the party con-
    ference in Scarborough, see Marcia Williams, Inside
    Number 10 (London, Weidenfeld & Nicolson, 1972), 202.
6   Richard Crossman, Diaries of a Cabinet Minister:
    Vol 2, Lord President of the Council and Leader of
    the House of Commons, 1966-8 (London, Hamish
    Hamilton and Cape, 1976), 29
7   Paul Gore-Booth, With Great Truth and Respect (London,
    Constable, 1974), 347
8   George Brown (interviewed by Kenneth Harris), 'Why I
    am What I am', The Observer, 14 August 1966
9   Ibid (emphasis in the original)
10 Gore-Booth, Great Truth, 347
11 For the full text of the speech, see the Report of the
    61st Annual Conference of the Labour Party held at
    Brighton (London, The Labour Party, 1963)
12 Robert McKenzie, British Political Parties (London,
    Mercury Books, 2nd ed. 1963), 631
13 The Observer, 14 August 1967 (emphasis in original)
14 Brown, In My Way, 125
15 Gore-Booth, Great Truth, 349-50
16 Interview with Lord George-Brown, 28 January 1975
17 Brown, In My Way, 124-5
18 Quoted in Geoffrey McDermott, The New Diplomacy and
    its Apparatus (London, Plume Press and Ward Lock,
    1973), 49
19 Letter from Lord Gore-Booth to the author, 16 June 1975
20 Brown, In My Way, 119

21   Interview with Lord George-Brown
22   Brown, In My Way, 163-7; Geoffrey Williams and Bruce
      Reed, Denis Healey and the Policies of Power (London
      Sidgwick & Jackson, 1971), 231-2
23   For the contrasting versions see Brown In My Way,
      163-7 and Harold Wilson, The Labour Government 1964-
      1970 A Personal Record (London, Weidenfeld & Nicolson
      and Michael Joseph, 1971), 469ff
24   See above, p 204
25   Brown, In My Way, 120
26   Ibid, 121
27   For Brown's comments on the Foreign Office, see Ibid,
      Chapters 7 and 8. For a staunch rebuttal of many of
      them, see Gore-Booth, Great Truth, 407ff
28   Interview with Lord George-Brown
29   Brown, In My Way, 76-7
30   See, for example, his speeches on foreign policy to
      the annual party conference in 1966 and 1967 and
      particularly his speech on the EEC application in
      1967. Also his speeches to the House of Commons on
      6 December 1966, 20 July 1967, 2 November 1967 and
      24 January 1968
31   Interview with Lord George-Brown
32   Ibid
33   Ibid
34   Brown, In My Way, 133
35   Nora Beloff, 'Getting Wilson to Market', The Observer,
      23 October 1966
36   Ibid
37   Brown, In My Way, 214-15
38   For a full account, see Wilson, Labour Government,
      Chapters 18, 20 and 21
39   Patrick Gordon-Walker, The Cabinet (London, Fontana,
      revised edition, 1972), 128-9
40   Report of the 65th Annual Conference of the Labour
      Party, held at Brighton (London, The Labour Party),
      271
41   Statement on Defence Estimates (Cmd 3203, London,
      HMSO, 1967)
42   Brown, In My Way, 133
43   Report of the 66th Annual Conference of the Labour
      Party, held at Scarborough (London, The Labour Party,
      1968), 234
44   Wilson, Labour Government, 243

45 The details can be obtained by reference to Wilson,
    Labour Government, Chapter 19; Brown, In My Way
    133-40; Gore-Booth, Great Truth, 355-62 and
    Chester L.Cooper, The Lost Crusade (London,
    MacGibbon & Key, 1971), 350-68
46 Wilson, Labour Government, 357
47 Brown, In My Way, 140
48 Ibid
49 Joseph Frankel, British Foreign Policy 1945-1973
    (London, Oxford University Press for the Royal
    Institute of International Affairs, 1975), 165
50 Brown, In My Way, 132. The account is based on
    Brown's memoirs, 129-32
51 Ibid, 128. Some of the detail of the criticism is
    disputed by Gore-Booth, Great Truth, 365. However,
    he adds that 'for all this I believe, and I believed
    at the time, that Mr.Brown is right in substance'
52 Brown, In My Way, 127
53 Ibid, 128-9
54 Wilson, Labour Government, 396-7
55 Gordon-Walker, Cabinet, 138-51. Also The Sunday
    Times, 9 April 1972
56 Frankel, British Foreign Policy, 138
57 Brown, In My Way, 127
58 Ibid, 126
59 Gordon-Walker, Cabinet, 93
60 Interview with Lord George-Brown; for the text of
    the resolution see Brown, In My Way, 270-1
61 Interview with Lord George-Brown
62 Brown, In My Way, 140ff
63 Gore-Booth, Great Truth, 379
64 Brown, In My Way, 157-8
65 Brian Lapping, The Labour Government 1964-70 (London
    Penguin Books, 1970), 65
66 F S.Northedge, 'Britain as a Second-Rank Power',
    International Affairs, Vol 46, No 1 (January 1970),
    40
67 Brown, In My Way, Chapter 9; Wilson, Labour Govern-
    ment, 506ff; Williams, Inside Number 10, 241-4;
    Crossman, Diaries, Vol 2, 712-4
68 Wilson, Labour Government, 272
69 McDermott, New Diplomacy, 48
70 Williams, Inside Number 10, 151
71 Frankel, British Foreign Policy, 103
72 Brown, In My Way, 158

73 William Wallace, <u>The Foreign Policy Process in</u>
    <u>Britain</u> (London, RIIA, 1975), 293
74 Wilson, <u>Labour Government</u>, p.512. See also a sympa-
    thetic assessment of Brown in Crossman, <u>Diaries</u>,Vol 2,
    714—16
75 <u>The Observer</u>, 14 August 1966
76 Interview with Lord George-Brown
77 Lord Gore-Booth to the author, 16 June 1975
78 Brown, <u>In My Way</u>, 121—4
79 Quoted in Ibid, 272
80 Wallace, <u>Foreign Policy Process</u>, 169
81 Crossman, <u>Diaries</u>, Vol 2, 57
82 Ibid, 110

POSTSCRIPT

1   Harold Wilson, The Labour Government 1964–70: A
    Personal Record (London, Weidenfeld & Nicolson and
    Michael Joseph, 1971), 511
2   Private information and Richard Crossman, Diaries of
    a Cabinet Minister, Vol 2 (London, Hamish Hamilton
    and Cape 1976), 649, 716–7, 719
3   See above, p 194–5
4   For the text of the speech see M.Stewart, 'British
    Foreign Policy Today', Australian Outlook, Vol 20
    (1966), 109–24
5   Ibid, 117–19
6   For a fuller discussion of British policy east of Suez,
    see Phillip Darby, British Defence Policy East of
    Suez, 1947–1968, (London, Oxford University Press,
    1973); Wilson, Labour Government; Geoffrey Williams
    and Bruce Reed, Denis Healey and the Policies of
    Power, (London, Sidgwick & Jackson, 1971); Patrick
    Gordon-Walker, The Cabinet (London, Fontana, 2nd ed,
    1972); and Brian Lapping, The Labour Government,
    1964–70 (London, Penguin Books, 1970). In 1972
    a Conservative cabinet minister, speaking to one of
    the authors, described the British contingent at
    Singapore as 'merely a token'
7   See above, p.170.

INDEX

265

75